T0274642

La última frontera

Julia Assante, PhD,
Prólogo de Larry Dossey, MD

La última frontera

Una exploración del Más Allá y la
transformación de nuestro miedo a la muerte

EDICIONES OBELISCO

Si este libro le ha interesado y desea que le mantengamos informado de nuestras publicaciones, escríbanos indicándonos qué temas son de su interés (Astrología, Autoayuda, Ciencias Ocultas, Artes Marciales, Naturismo, Espiritualidad, Tradición…) y gustosamente le complaceremos.

Puede consultar nuestro catálogo en www.edicionesobelisco.com

Colección Espiritualidad y vida interior
La última frontera
Julia Assante

1.ª edición: junio de 2023

Título original: *The Last Frontier*
Traducción: *Luisa Rondon*
Corrección: *M.ª Jesús Rodríguez*
Diseño de cubierta: *Enrique Iborra*

© 2012, Julia Assante.
Publicado inicialmente en Estados Unidos
en 2012 por New World Library
(Reservados todos los derechos)
© 2023, Ediciones Obelisco, S. L.
(Reservados los derechos para la presente edición)

Edita: Ediciones Obelisco, S. L.
Collita, 23-25. Pol. Ind. Molí de la Bastida
08191 Rubí - Barcelona - España
Tel. 93 309 85 25
E-mail: info@edicionesobelisco.com

ISBN: 978-84-1172-009-0
DL B 8195-2023

Impreso en los talleres gráficos de Romanyà/Valls S. A.
Verdaguer, 1 - 08786 Capellades - Barcelona

Printed in Spain

A mi esposo, Walter

PRÓLOGO

Hacia el final de una vida en la cual intentó ver la verdad, el escritor Arthur Koestler dijo, «somos espías mirando por la cerradura de la eternidad. Por lo menos podemos intentar quitar el relleno del ojo de la cerradura que nos obstruye lo poco que podemos ver».[1] En *La última frontera*, la doctora Julia Assante no sólo quita el relleno del ojo de la cerradura, sino que derriba la cerradura por completo, junto con la puerta que la contiene. Assante nos deja felizmente maravillados, cara a cara con un esplendor insospechado.

Si *La última frontera* no le deja sin aliento, debería hacerlo, ya que pone en entredicho casi todas las suposiciones de la vida que aceptamos inconscientemente como hechos reales. Assante muestra que los dos grandes hitos que marcamos en la vida (el nacimiento por un lado y la muerte por el otro) no son acontecimientos absolutos y puntuales, sino que son transiciones en nuestros estados de ser. La duración entre la cuna y el crematorio no es un tiempo unidireccional y fluido, sino una expresión no duradera de la eternidad. Assante muestra la inutilidad de aspirar a ser inmortal; revela que ya somos inmortales, aunque seamos demasiado ciegos para darnos cuenta. La inmortalidad es nuestro derecho de nacimiento, dice. Viene incorporado de fábrica, forma parte de nuestro equipamiento original. No es necesario adquirirla o desarrollarla. No vivimos *hacia* la eternidad; estamos hasta el cuello en ella *ahora*.

---

1. Koestler, A.: *Janus: A Summing Up.* Random House, Nueva York, 1978, p. 282.

El resultado natural de esta revelación es la disipación o superación del miedo a la muerte, que a lo largo de la historia de la humanidad ha causado más sufrimiento que todas las enfermedades físicas juntas. Por eso este libro es un ejercicio en la disolución del temor a la muerte, ese miedo y desasosiego oscuros que forman parte de la condición humana.

Muchas tradiciones de la sabiduría han reconocido el toque humorístico que se produce cuando un ser humano atormentado por la muerte se da cuenta de repente de que la finalidad de la muerte ha sido malinterpretada desde un principio: como el adepto zen que ríe a carcajadas al alcanzar la iluminación. La apreciación de que la infinitud de la vida no necesita ser desarrollada, sino que sólo tiene que ser captada, ha cogido por sorpresa a los poetas y místicos de todas las épocas. De ahí la euforia de Emily Dickinson: «Así que, en lugar de llegar al cielo, por fin, he estado en camino desde el principio».[2] O la afirmación de santa Teresa de Ávila en el siglo XVI: «El camino al cielo es el cielo».[3]

Para los que creen que estamos arruinados desde el nacimiento por el pecado original, esto es algo radical. Assante se enfrenta a esta sombría imagen con firmeza. Está singularmente cualificada para ello, por su formación académica como experta en las culturas y creencias del antiguo Cercano Oriente. Su trabajo destaca que el atributo distintivo de la humanidad no es la pecaminosidad sino la valía inherente. Coincide con Henry David Thoreau, un original estadounidense, cuando, en su lecho de muerte en Concord (Massachusetts) en 1862, su tía Louisa pregunta que si él ha hecho las paces con Dios. Thoreau responde: «No sabía que habíamos discutido».[4]

Aquellos individuos que han aprendido a despreciar los conceptos de «médium» y «vidente» han de darse cuenta de que Assante, que es ambas cosas, tiene a la ciencia a su favor. *La última frontera,* en esencia, es una exploración de las manifestaciones no locales de la conciencia,

---

2. Dickinson, E.: *The Complete Poems of Emily Dickinson.* ed. Thomas H. Johnson, n.º 324, stanza 3. Little Brown, Boston, 1960.

3. Atribuido a santa Teresa de Ávila.

4. Thoreau, H.D.: citado en Carlos Baker: *Emerson among the Eccentrics.* Penguin, Nueva York, 1996, p. 435.

de las que existen pruebas abrumadoras.[5] La no localidad es un concepto asombroso al que los ciudadanos del siglo XXI debemos acostumbrarnos. Como dice Henry P. Stapp, decano de los teóricos cuánticos de la Universidad de California-Berkeley, la no localidad puede ser «el descubrimiento más profundo de toda la ciencia».[6] La no localidad revela que existe una conectividad inherente, una totalidad ininterrumpida, que es un rasgo fundamental del universo. Esta totalidad no sólo existe entre partículas subatómicas, sino también entre las mentes. Como escriben el destacado físico Menas Kafatos y su coautor, Robert Nadeau, «Cuando la no localidad se incorpora a nuestra comprensión de la relación entre las partes y el todo en la física y la biología, entonces la mente, o la conciencia humana, debe verse como [un] fenómeno en ese todo interconectado sin fisuras llamado cosmos[…] Las implicaciones […] son bastante asombrosas […] es una nueva manera de relacionar a la mente con el mundo».[7] Assante se siente a gusto con la no localidad, y la «totalidad interconectada sin fisuras llamado cosmos» es el lienzo sobre el que ella pinta.

Para aquellos que no son físicos, lo *no local* puede equipararse generalmente a lo *infinito*. Si algo es no local o infinito en el espacio, es omnipresente. Si algo es infinito en el tiempo o no local, es eterno o inmortal. La mente no local, por lo tanto, es infinita, eterna y una –una, porque no puede haber separación entre mentes que no tienen límites en el espacio y el tiempo–. Esta asombrosa realidad ha sido acogida por algunos de los más grandes físicos, como el ganador del premio Nobel Erwin Schrödinger, quien proclamó: «El número total de mentes es sólo uno. La verdad es que sólo hay una mente»[8] y el distinguido físico David Bohm afirmó: «En el fondo, la conciencia de la humanidad es una. Esto es prácticamente cierto y si no lo vemos es

---

5. Dossey, L.: *One Mind: How Our Individual Mind is Part of a Greater Consciousness and Why It Matters.* Hay House Inc., Carlsbad, California, 2013.
6. (citado en Kafatos, M. y Nadeau, R.) Stapp, H. P.: *The Conscious Universe: Parts and Wholes in Physical Reality.* Springer, Nueva York, 2000, p. 70.
7. Nadeau, R. y Kafatos, M.: *The Non-local Universe: The New Physics and Matters of the Mind.* Oxford University Press, Nueva York, 1999, p. 5.
8. Schroedinger, E.: *What Is Life? and Mind and Matter.* Cambridge University Press, Londres, 1969, pp. 139, 145.

porque nos estamos cegando a ello».[9] Con la inmortalidad y la unicidad en su lugar, el tratado de Assante empieza a parecer no radical sino conservador.

Una de las eternas críticas a los fenómenos que describe Assante es que no pueden ser ciertos porque contradicen las leyes de la naturaleza. Se dice que, si existieran los espíritus no corporales, la telepatía, la clarividencia y la precognición, tendríamos que descartar toda la ciencia y empezar de nuevo. Ésta es una objeción exagerada que no tiene fundamento. El caso es que no existen leyes establecidas sobre la conciencia que pudieran ser contradichas por la sobrevivencia de la conciencia a la muerte del cuerpo o por los llamados fenómenos paranormales. Como nos recuerda el científico cognitivo Donald Hoffman, de la Universidad de California-Irvine, «El estudio científico de la conciencia se encuentra en la embarazosa posición de no tener una teoría científica de la conciencia».[10] Y como dijo el eminente físico Gerald Feinberg, «Si tales fenómenos [mentales no locales] ocurren realmente, no sería necesario ningún cambio en las ecuaciones fundamentales de la física para describirlos».[11] El físico O. Costa de Beauregard va Más Allá, diciendo: «Lejos de ser "irracional", lo paranormal es postulado por la física actual»,[12] y «La física actual permite la existencia de los llamados fenómenos "paranormales" de telepatía, precognición y psicoquinesia.

El concepto mismo de «no localidad» en la física contemporánea requiere que exista esta posibilidad».[13] Este permiso es enormemente importante, porque fomenta una actitud abierta hacia las experiencias

9. (citado en Weber, R.) Bohm, D.: *Dialogues with Scientists and Sages*. Routledge & Kegan Paul, Nueva York, 1986, p. 41.

10. Hoffman, D.: «Conscious Realism and the Mind-Body Problem», *Mind and Matter*, vol. 6, n.º 1, p. 90. (2008).

11. Feinberg, G.: «Precognition — a Memory of Things Future», *Quantum Physics and Parapsychology*, ed. Laura Oteri: Parapsychology Foundation, Nueva York, pp. 54-73 (1975).

12. Costa de Beauregard, O.: «Wavelike Coherence and CPT Invariance: Sesames of the Paranormal», *Journal of Scientific Exploration,* vol. 16, n.º 4, pp. 653 (2002). (Las cursivas son mías).

13. Costa de Beauregard, O.: «The Paranormal Is Not Excluded from Physics», *Journal of Scientific Exploration* vol. 12, n.º 2, pp. 315, 316 (1998).

humanas que, con demasiada frecuencia, se han descartado como imaginaciones descabelladas de cerebros enfermos.

Y además está el asunto del tiempo. En *La última frontera*, vemos al tiempo expandido, comprimido, en bucle, invertido y aquietado. Estas proezas temporales parecieran ir en contra de las leyes de la física y demuestran que Assante está descuidando la forma en que funciona el mundo. Pero no. Tal y como ocurre con la conciencia, el mundo de la física está hecho un lío con respecto al tiempo.[14] Cuando le preguntaron qué era el tiempo, el célebre físico Richard Feynman respondió: «¿Qué es el tiempo? Nosotros, los físicos, trabajamos con él todos los días, pero no me preguntes qué es. Resulta muy difícil razonar sobre ello».[15] También el físico y escritor Paul Davies describe esta incertidumbre: «En la imagen que está surgiendo de la humanidad en el universo, el futuro (si existe) seguramente traerá consigo descubrimientos sobre el espacio y el tiempo que abrirán perspectivas totalmente nuevas sobre la relación entre la humanidad, la mente y el universo. Nociones como "el pasado", "el presente" y "el futuro" parecen ser más de carácter lingüístico que físico. No hay nada de esto en la física[…] Nunca se ha realizado ningún experimento físico para detectar el paso del tiempo».[16]

Los lectores deben saber que Assante no es una voz insolente. Tiene numerosos aliados en las ciencias «sólidas» que también defienden una visión ampliada de la conciencia. Véase la opinión de Robert G. Jahn, antiguo decano de ingeniería en la Universidad de Princeton, y su colega Brenda J. Dunne, quienes han investigado los comportamientos no locales de la conciencia durante tres décadas: «Un individuo puede relatar que su conciencia parece haberse liberado totalmente de su centro y vagar libremente por el espacio y el tiempo. En lugar de formar sus experiencias en el "aquí"… y ahora", la conciencia puede decidir

---

14. Glanz, J.: «Physics' Big Puzzle Has Big Question: What Is Time?», *New York Times*, junio 19 (2001).

15. (citado en Boslough, J.) Feynman, R.: «The Enigma of Time», *National Geographic*, marzo, pp. 109-132 (1990).

16. Davies, P.: *Space and Time in the Modern Universe*. Cambridge University Press, Nueva York, 1977, p. 221.

probar el "allí y entonces"».[17] El teórico cuántico Henry P. Stapp: «La nueva física presenta pruebas razonables de que nuestros pensamientos humanos están vinculados a la naturaleza por conexiones no locales: lo que una persona decide hacer en una región parece afectar inmediatamente lo que es cierto en otra parte del universo. Nuestros pensamientos HACEN algo».[18] Y el astrofísico David Darling presenta esta visión de lo que ocurre tras la muerte: «Lo que éramos nosotros se habrá fundido de nuevo con el océano intacto de la conciencia. Habremos regresado al lugar de donde vinimos. Estaremos en casa de nuevo y libres».[19] Y no sólo libres, sino, asegura Assante, también eufóricos y llenos de amor.

He salpicado mis observaciones con comentarios de autoridades de la ciencia, que durante tres siglos ha tenido la fama de ser enemiga de las expresiones de la mente más allá del cuerpo, para mostrar que la ciencia se está acercando cautelosamente a una visión no local de la conciencia. En la ciencia, nada seguirá igual en lo que se refiere a la conciencia. Los cerebros son entidades locales; se aferran al aquí y al ahora. La conciencia no hace eso. Se comporta de forma no local; puede hacer cosas que los cerebros no pueden.[20] Para cualquiera que preste atención, está claro que el hábito materialista de equiparar la conciencia con el cerebro está tan muerto como un clavo. Es un zombi disecado y andante, carente de signos vitales, que piensa que aún está vivo. Como muestra Assante, estas nuevas maneras de ver el espacio, el tiempo y la materia nos permiten reajustar nuestro concepto de lo posible para incluir la supervivencia a la muerte corporal. La idea deja de parecer descabellada. Podemos estar de acuerdo con Voltaire: «No es más sorprendente nacer dos veces que una».[21]

17. Jahn, R. G. y DunnE, B. J.: *Margins of Reality: The Role of Consciousness in the Physical World*. Harcourt Brace & Co., Nueva York, 1987, pp. 280-281.
18. Stapp, H. P.: «Harnessing Science and Religion: Implications of the New Scientific Conception of Human Beings», *Science & Theology News*, 8 de febrero (2001).
19. Darling, D.: *Soul Search*. Villard, Nueva York, 1995, p. 188.
20. Dossey, L.: *One Mind* (2013).
21. Voltaire: «La princesse de babylone», *Romans et contes*. Editions Garnier Frères, París, 1960, p. 366.

Las barreras entre la ciencia y una visión no local de la conciencia, si bien no han desaparecido, se están desmoronando. *La última frontera* muestra por qué. Así como nuevas estructuras fueron construidas sobre los cimientos de las civilizaciones que la Dra. Assante ha excavado como arqueóloga, ahora ella construye una nueva edificación sobre los escombros de nuestras ideas primitivas sobre la muerte. Ha hecho una majestuosa contribución al bienestar humano al exponer la falsedad de la aniquilación de la conciencia al morir el cuerpo, en favor de la inmortalidad, la alegría y el amor. No puedo imaginarme un logro mayor.

Larry Dossey, MD,
autor de *The One Mind* y *The Science of Premonitions*

INTRODUCCIÓN

¡Sencillamente fuera de este mundo!

Quien haya escogido este libro probablemente tenga cierta convicción acerca de la vida después de la muerte o, al menos, esté abierto a esa posibilidad. Si es así, perteneces a una inmensa y antiquísima mayoría. Desde hace decenas de miles de años, los seres humanos han dejado huellas arqueológicas en entierros y en su arte, de su fe en un universo adyacente que los recibe en espíritu tras el fallecimiento del cuerpo. Durante por lo menos cinco mil años, sacerdotes y sacerdotisas, poetas, profetas y místicos han intentado describir este universo por escrito según los conocimientos de su época. En la era moderna, la verdadera naturaleza de la vida después de la muerte se encuentra en arenas rápidamente cambiantes, y existen opiniones ampliamente diversas. Y es sólo desde hace poco que la existencia misma de la vida después de la muerte está siendo cuestionada. Que alguna parte de la personalidad sobreviva o no es ahora tema de ardiente debate. Entre los convencidos y los incrédulos se encuentran los indecisos que prefieren dejar que la ciencia resuelva la cuestión.

Sin embargo, por primera vez en la historia, se oyen más las voces que provienen de la experiencia personal que las voces oficiales de las religiones o de la ciencia. De forma colectiva, aquellos que han tenido contacto con familiares y amigos fallecidos o que han estado clínicamente muertos y han vuelto a la vida hablan de manera enérgica y persuasiva acerca de una vida más allá de la muerte. En estas páginas oiremos sus historias. Partiendo de diferentes perspectivas, miraremos muy de cerca lo que se experimenta antes, durante y después de la muerte. Y exploraremos ese carácter tan flexible del Más Allá, en gran medida desde el punto de vista de los muertos que lo están viviendo. Tan sólo ellos tienen la autoridad para contestar la que quizás sea la pregunta más fundamental de la vida: ¿Qué sucede cuando morimos? De lo que nos han dicho hasta ahora, hemos aprendido que donde se encuentran ahora está repleto de centellantes posibilidades y libertades de las que no hemos soñado jamás. ¡Es algo sencillamente «fuera de este mundo»! Y como también es más grande que la vida en todo sentido, el contacto con el Más Allá nos hace crecer de mil maneras.

El objetivo es, más que nada, normalizar la comunicación entre este mundo y el próximo, lo cual es el siguiente paso necesario en el desarrollo de la humanidad, y uno que, al parecer, estamos listos para dar. Contrario a lo que se cree, el contacto con los fallecidos aporta beneficios incalculables a los vivos, el menor siendo el alivio del duelo. El mayor beneficio está en la capacidad de los muertos de reajustar nuestros valores, valores que necesitamos para crear un mundo mejor. Al mismo tiempo, el contacto también favorece a los muertos de muchas maneras importantes.

Es sorprendente que, aunque todos cruzaremos ese umbral, no sabemos casi nada de lo que realmente ocurre al otro lado. Y es ciertamente trágico que muy pocos de nosotros nos planteemos comunicarnos con los muertos para averiguarlo. Cuando se acerca la muerte, pagamos por esa ignorancia. Preguntas evitadas durante tanto tiempo nos inundan: ¿Qué está pasando conmigo? ¿Habrá algo después de mi muerte o será esto todo? ¿Sentiré algo? ¿Estaré sola? ¿Vendrá alguien a por mí? ¿Merezco ir al cielo? ¿Al infierno? ¿Existe un cielo o un infierno? ¿Existe un Dios? En demasiados casos, estas preguntas urgentes nunca se plantean seriamente, porque ¿a quién «en la tierra» podemos recurrir si queremos respuestas honestas? Se hacen promesas en las que apenas nos atrevemos a creer, para tratar de encontrar una forma de comunicarnos, de enviar una señal y de reencontrarse en el Más Allá. Pero sí podemos saber lo que ocurre. Y comunicarse no sólo es posible; también es normal. Es más, no hay que ser un santo, un chamán o un médium para hacerlo, ya que las herramientas que necesitamos ya están incorporadas en nuestro ser. De hecho, ya las usamos a diario.

No sabemos más sobre el Más Allá y sobre cómo establecer contacto por una simple razón: estamos muertos de miedo con respecto a la muerte. Si bien la mayor fuerza en la Tierra es el amor, no me cabe duda de que la segunda más poderosa es el miedo a la muerte. Las expectativas de lo que está por venir afectan cada momento privado, dándole forma a lo que pensamos y hacemos, a lo que esperamos y a aquello que creemos que es el sentido de la vida y de la realidad en general. Actitudes poco favorables sobre la muerte y el Más Allá forman la base de las instituciones de nuestra sociedad. Casi todo lo que se puede nombrar: el derecho, la religión, la ciencia, la educación, las artes, e incluso la economía, está concebido en torno a estas actitudes. Ya sea que confiemos firmemente en la sobrevivencia después de la muerte, que asumamos una posición de espera, o que pensemos que «del polvo al polvo» es el fin literal, no podemos evitar estas actitudes. El miedo de la sociedad a la muerte nos atrapa en una existencia de querer siempre ir a lo seguro, y así dejamos de hacer valer nuestra audacia innata para cumplir con nuestros propios ideales.

Detente un momento y piensa en tus propias reacciones cuando uso el término «los muertos». Podemos apreciar lo sombrías que son las actitudes de nuestra sociedad al ver la diferencia entre oír una frase como «hablar con los muertos» y el acto personal de hablar con la difunta tía Jean. La comunicación con los fallecidos elimina el miedo a la muerte. Lo mismo ocurre cuando nos acercamos a la muerte directamente, como atestiguan los que han tenido experiencias cercanas a la muerte. De hecho, cualquier experiencia significativa que nos ponga cara a cara con la verdadera naturaleza de nuestra inmortalidad reducirá drásticamente ese miedo y enriquecerá nuestra vida.

Mientras trabajaba en este libro, me vi constantemente expuesta a actitudes alarmantes sobre la muerte y el Más Allá. Debido a que soy conocida como académica del antiguo Cercano Oriente, la gente supuso confiadamente que estaba escribiendo un libro de investigación sobre la muerte en la extrema antigüedad. Si explicaba de qué trata realmente este libro, sobre todo la parte de «la comunicación con los muertos», el silencio que seguía era ensordecedor. Una vez que las personas recuperaban la compostura, cambiaban rápidamente de tema. A veces, alguien sentía el deber de advertirme, con grave autoridad, sobre los daños que implica pensar en la muerte, como la depresión y el anhelo suicida. Nada podría estar más lejos de la verdad. Lo irónico es que, si les hubiera dicho que estaba escribiendo una novela en la que la mitad de la población de la Tierra era aniquilada por armas de destrucción masiva o por el impacto de un cometa, les habría fascinado.

Pero luego, en privado, las historias van saliendo poco a poco, algunas de ellas recordadas desde la infancia. Oigo de visitas o presencias sentidas, sueños extraños, intuiciones, sucesos extraños antes y después del fallecimiento de alguien cercano. También escucho punto por punto lo que sucedió cuando alguien consultó a un médium profesional y recibió mensajes de familiares y amigos fallecidos. Todos estos acontecimientos llegan a lo más profundo del corazón y la mente humana. Cuando la gente habla de ellos, su expresión se transforma. Se arriman a mí, sus voces bajan casi un susurro, y se percibe una urgencia en el relato. Estos momentos íntimos son claramente inolvidables, sacrosantos y muy, muy reales.

También estoy al tanto de confesiones de conversaciones secretas con los muertos, casi siempre en silencio y a veces como parte de un rezo. He conocido a más de un ateo que afirma no tener ni una pizca de creencia en la sobrevivencia pero que parlotea mentalmente con sus seres queridos muertos. Resulta sorprendente la cantidad de comunicación con los muertos que en realidad hay, aunque generalmente sea negada. En la actualidad, se requiere mucha fuerza para resistir el bombardeo de dudas y aprensión por «conjurar a los muertos» deliberadamente. La idea de que todo lo que tiene que ver con la muerte invita de alguna manera a la Parca a nuestros hogares es una tontería. En lugar de sentirse atraídos indefensamente por la muerte, quienes la han conocido directamente en experiencias cercanas a la muerte, aunque éstas hayan sido negativas, así como quienes han sido visitados por los muertos, sienten un renovado amor por la vida y un profundo sentido de propósito.

Aunque este libro está dirigido a cualquiera que se interese por la vida después de la muerte, y en especial a los afligidos, también está escrito para los incontables que ya viven en el otro lado. Algunos llevan décadas deseando comunicarnos su amor eterno, para inspirarnos, animarnos, tranquilizarnos, aconsejarnos y advertirnos. Para pedir perdón o perdonar.

Entre la espada y la pared

El porcentaje de personas que declaran haber tenido contacto con muertos en las encuestas varía entre el 42 y el 72 %. El porcentaje de viudas que mantienen contacto con sus maridos fallecidos puede llegar al 92 %.[1] Si las encuestas incluyeran a los hijos y encuentros en el lecho de muerte, cosa que es muy frecuente, los resultados serían aún más elevados. Nada menos que el 75 % de los padres que perdieron a un hijo tuvieron un encuentro durante el primer año tras la muerte del niño.[2] Por otra parte, un triste 75 % de todos los que tuvieron encuentros afirmaron no habérselo contado a nadie por miedo a ser ridiculizados.[3] Es difícil creer que una sociedad pueda negar la validez de una experiencia compartida por gran parte de su población. Pero lo hacemos. Muchas religiones organizadas y no tan organizadas incluso condenan la comunicación con los muertos, una postura que al menos admite que el contacto es posible. Hasta hace poco, los que habían vivido experiencias cercanas a la muerte sufrían mucha angustia ante la

1. Para Estados Unidos, 42 % fue encontrado por Greeley, A. M.: *Religious Change in America.* Harvard University Press, Cambridge, Massachussetts, 1989. 66 % fue encontrado por Vargas, L. *et al.*: «Exploring the Multidimensional Aspects of Grief Reactions», *American Journal of Psychiatry*, vol. 146, n.º 11 (1989), pp. 1484-189. El Proyecto de cinco años llamado The Afterlife Encounter Survey registró la mayor incidencia de 72 %; para una reflexión, ver Arcangel, D.: *Afterlife Encounters: Ordinary People, Extraordinary Experiences.* Hampton Roads, Charlottesville, Virginia, 2005, pp. 277-300. Para los resultados del British Gallup poll de 1987 (= 48 %), Ver Hay, D.: «The Spirituality of the Unchurched», *British and Irish Association for Mission Studies*, 12 de marzo (2007) www.martynmission.cam.ac.uk/BIAMSHay.htm
2. Moody R.: *Reunions: Visionary Encounters with Departed Loved Ones.* Ivy Books, Nueva York, 1994, p. viii.
3. Lester, D.: *Is There Life after Death? An Examination of the Empirical Evidence.* McFarland, (Jefferson, North Carolina, 2005, p. 176.

incredulidad y la burla, silenciados por las personas de las que más deberían confiar, sus familias y sus médicos. Lo mismo ocurre con los que están al borde de la muerte, ya que los fenómenos que suelen experimentar, como las visitas de sus muertos y las visiones del Más Allá, son considerados síntomas de demencia. Todas estas personas están entre la espada y la pared.

Sé lo que es estar entre la espada y la pared, como todo aquel que es testigo habitual de fenómenos psíquicos. Cuando estaba en la universidad, tuve que ocultar que tenía más de treinta años de experiencia como vidente para poder obtener mi doctorado. Incluso hoy, muy pocos de mis colegas académicos lo saben. La mayoría de la gente me ve como una persona lúcida y realista, hasta que menciono algo sobre lo paranormal. Su incomodidad, el escozor de su confusión, su enojo y su impaciencia, todavía me desconcierta. Quizás algunos de vosotros tengáis reacciones similares al leer estas páginas –una reacción de «¡Oh, por favor!»– ya que he arriesgado mi propia credibilidad al contar experiencias personales y profesionales para ilustrar ciertos temas.

Os los digo para prepararos. A medida que os vayáis familiarizando con el mundo de los fenómenos, os daréis cuenta de más cosas en vuestro entorno familiar y de amigos, vivos o muertos. Entonces también os veréis expuestos a arriesgar vuestra credibilidad si os atrevéis a hablar de vuestras experiencias. Cuantos más seamos los pioneros de la última frontera y asumamos ese riesgo, más aumentaremos, juntos, la suma total de conocimientos sobre el Más Allá y sobre la naturaleza de la realidad misma. Cuando ese total crezca lo suficiente, provocará un cambio de marea sin precedentes en nuestra visión colectiva del mundo.

La percepción psíquica desafía y amplía la racionalidad. Sin embargo, el pensamiento crítico es igualmente importante, porque disciplina cualquier tipo de actividad psíquica. La objetividad también importa, porque nos ayuda a evitar el problema de hacer de lo desconocido algo familiar. Por ejemplo, digamos que naciste hace mucho, mucho tiempo con una religión cuya divinidad principal era un legendario hombre santo que llamaremos Akhemotep. Supongamos que en vida Akhemotep tuvo seguidores fieles. Con el tiempo, él y sus seguidores pasaron a ser vistos como seres celestiales: él, identificado con el sol, y sus seguidores, con los planetas. Y luego tuviste una experiencia cercana a la muerte (ECM). Cuando fuiste revivido, en lugar de decirle a la gente lo que realmente viste: un ser de luz y tus propios amigos y parientes muertos, involuntariamente transformaste tu experiencia en lo familiar y lo aceptable. Le dijiste a la gente que te habías encontrado con Akhemotep y sus santos planetarios. ¿Cómo entenderíamos las ECM si fueras la única persona conocida que ha tenido una? Tu interpretación de lo sucedido no sólo sería errónea, sino desagradable para la gente que no cree en Akhemotep. Además, borraría la existencia de un ser de luz, un ser independiente de la religión personal. También impediría que se investigara la supervivencia de los muertos. Tu auténtica experiencia cercana a la muerte acabaría siendo desechada como una tontería mitológica. Así, se puede perder mucho cuando se recubre lo desconocido con lo familiar.

El conocimiento también se pierde cuando ignoramos diferencias. Hace poco leí un libro en el que los autores analizan creencias sobre la vida después de la muerte en varias tradiciones (cristiana, musulmana, judía, hindú, nativa americana, etc.) y llegan a la desconcertante e insostenible conclusión de que todas son fundamentalmente iguales. Este tipo de pensamiento poco crítico puede resultar consolador, pero bloquea caminos de investigación que podrían conducir a una gran cantidad de información valiosa.

Así como las versiones del Más Allá son infinitamente diversas, la polifacética experiencia de morir también es distinta para cada persona, a pesar de su componente biológico. Cada muerte es única. Por lo general, los niños mueren de forma distinta a los adultos, los animales a los humanos, los enfermos de larga duración a los que son víctimas de accidentes. Las experiencias de la vida después de la muerte también varían según las creencias, la cultura y los deseos personales del individuo. Cuanto más sepamos de esas diferencias, más direcciones nuevas descubriremos y más ampliaremos nuestras posibilidades.

Mi objetivo es que te conviertas en un pensador independiente con respecto a los muertos y la esfera que habitan, basando tus conclusiones en tus propias intuiciones y experiencias, pero manteniéndolas abiertas a la evaluación y al cambio. De ahí que gran parte de lo que contienen estas páginas se dedique a desafiar las creencias que impiden una toma de conciencia independiente. Este libro pretende no sólo estimular tu pensamiento crítico, sino también ampliar el abanico de preguntas que te haces sobre la naturaleza del Más Allá y, por tanto, de la realidad misma. También hay otros objetivos aquí. En el capítulo 12, te enterarás de que los que piensan de forma independiente tienen más encuentros con los difuntos. Un tercer objetivo surge de mi propia labor como médium y de los estudios sobre experiencias cercanas a la muerte, tanto positivas como no tan positivas. Ambos muestran que, si una persona muere, clínica o permanentemente, con un puñado de suposiciones dogmáticas no examinadas, puede haber complicaciones en el Más Allá inmediato, mientras que una mente un poco abierta propicia experiencias plenas, profundas y trascendentes.

¿POR QUÉ EXPLORAR EL MÁS ALLÁ?

Quizá te preguntes: ¿por qué perder tiempo explorando el Más Allá si de todos modos vamos a parar allí? Hay tantas razones que apenas sé por dónde comenzar. En primer lugar, son muchos los beneficios para los vivos de tener experiencias directas con el Más Allá, el mejor de ellos es que se pierde el miedo a la muerte. Aquí repasaremos brevemente todo esto y lo trataremos en detalle en los siguientes capítulos. Quienes han tenido experiencias directas de forma espontánea con el Más Allá lo han hecho de muchas maneras. Obviamente puede presentarse en forma de una ECM. Esto le ocurre con mucha frecuencia a las personas moribundas cuando se encuentran en el recién denominado estado de conciencia de cercanía a la muerte (se explicará más adelante). Los encuentros en persona con los muertos son otra forma habitual de experiencia directa. Además, la vida después de la muerte se puede revelar en sueños, ensueños, meditaciones, trances, regresiones hipnóticas y revelaciones, así como durante actividades sencillas como un paseo con el perro.

La experiencia directa de cualquier tipo también te pondrá en contacto con tu propia inmortalidad. Sólo con eso, el miedo a la muerte será menor, si no se erradica. La antigua noción de que a través de la progenie nos perpetuamos, logrando así una especie de inmortalidad genética en la Tierra, es quizás la razón principal por la cual nos enfrentamos ahora a una crisis de población. Si fuese comúnmente reconocido que el verdadero ser, el ser inmortal, trasciende todos los linajes, sean familiares, nacionales o raciales, así como las fronteras de tiempo y espacio, la población mundial rápidamente estaría bajo control. Si comprendiéramos bien el Más Allá, y si nuestro miedo a la muerte desapareciera, podríamos superar la desconfianza crónica que sentimos hacia nuestros propios cuerpos. En lugar de verlos como bombas de tiempo, recuperaríamos una fe de niño en la capacidad del cuerpo para estar sano y curarse, lo que nos proporcionaría una vida más larga y saludable.

A nivel individual, las vivencias del Más Allá provocan cambios radicales tanto fisiológicos como intelectuales, psicológicos y espirituales, que van desde que te toque la lotería hasta provocar transformaciones espectaculares en la visión personal del mundo. En general, la gente deja de estar ciega a lo que realmente importa. Los temores triviales palidecen a la luz de lo milagroso. Innumerables luchas que antes nos resultaban tan importantes de repente parecen un derroche de energía, como la lucha de Don Quijote con los molinos de viento. El afán por el lucro material da paso a un nuevo deseo por el saber, por suscitar un pensar innovador y una reflexión más profunda, por crecer a nivel espiritual. La necesidad de competir con otros da paso al descubrimiento de la autenticidad personal. Se libera espacio en la psique, lo cual permite que las reservas emocionales se destinen a la creatividad y al servicio en vez de perderse en un egoísmo motivado por el miedo. La compasión reemplaza a los prejuicios. Y el amor, al odio. La desdicha insoportable se convierte en alegría.[4] Algunas ECM han logrado curas espontáneas, erradicando enfermedades en su fase terminal sin intervención médica. ¡Imagina un mundo lleno de gente así, que saben quiénes son y tienen claro lo que realmente importa!

Precisamente, comunicarse con los difuntos no sólo nos libera del miedo a la muerte, sino que también acaba con muchas dificultades emocionales relacionadas al fallecimiento de un ser querido, ya sea el

---

4. Según Ring, K. y Valarino, E. E.: *Lessons from the Light*. Moment Point Press, Needham, Massachusetts, 2000, reinpr., 2006, sólo el leer sobre ECM puede causar efectos similares.

duelo, la angustia por lo que le sucede al muerto, sentimientos de abandono, soledad, remordimientos, ira o culpabilidad. Cuando se establece contacto, estos sentimientos mutan con asombrosa rapidez para convertirse en alegría, consuelo, gratitud y asombro. Si la muerte es repentina e inesperada o si no se pudieron decir las palabras que se pensaban decir antes de que fuese tarde, la buena noticia es que nunca es demasiado tarde.

Las relaciones no cesan con la muerte; las esperanzas y las inquietudes por los vivos y, sobre todo, el amor, son cosas que se pueden llevar, y de hecho se llevan, más allá de la tumba. Un impulso común para la comunicación entre ambos lados del velo es pedir perdón. La reconciliación no sólo es posible, sino prácticamente inevitable, aunque no intentes conseguirla. El gran valor terapéutico que tiene el contacto con los muertos está empezando a ser reconocido como tal recientemente gracias al estreno de la terapia de comunicación inducida tras la muerte.[5] En el capítulo 12 contemplaremos algunas de esas impresionantes curas. Asimismo, empezamos a aprender que la interacción con el Más Allá beneficia enormemente a los moribundos y facilita su transición. Es algo que resulta natural para quienes están a semanas, días u horas de la muerte. Según se va acercando el momento final, las percepciones son más frecuentes y profundas, los sueños y las visiones en el lecho de muerte son de una lucidez brillante. Atisbos de otros paisajes de vitalidad superenergizada y radiante son de un esplendor tan indescriptible que cautivan a quien los ve. Este debió haber sido el paisaje que vio Steve Jobs cuando pronunció sus últimas palabras: «¡Oh, wow! ¡Oh, wow! ¡Oh, wow!». Más comunes son las vívidas apariciones de familiares fallecidos que acuden junto a los moribundos, a acompañarlos en su travesía y a brindarles consuelo. Estos extraordinarios aspectos del lecho de muerte son tan comunes que se les ha dado un nombre: conciencia de cercanía a la muerte.[6]

---

5. Ver Botkin, A. L. y Hogan, R. C.: *Induced After-Death Communication: A New Therapy for Healing Grief and Trauma*. Hampton Roads, Charlottesville, Virginia, 2005.
6. Las enfermeras de residencia Callanan, M. y Kelley, P. acuñaron el término por primera vez en su libro *Final Gifts: Understanding the Special Awareness, Needs, and Communications of the Dying*. Bantam Books, Nueva York, 1992.

Cuando descartamos los acontecimientos paranormales que se dan en torno al lecho de muerte, también se pierde una gran cantidad de información esencial sobre el proceso de la muerte y la propia vida después de la muerte, así como mensajes sobre lo que necesitan los moribundos, lo que quieren para nosotros y, a veces, el día o la hora de su última respiración. La conciencia de la cercanía de la muerte suele darse cuando las personas están en paz con la muerte. Es más evidente en aquellas personas cuyo cuerpo se va extinguiendo poco a poco. En situaciones en las que la muerte es repentina, las víctimas de accidentes, crímenes y guerras son asistidas con amor.

Es triste que, incluso cuando es evidente que el final es inminente desde un punto de vista médico, se evite por regla general cualquier mención directa de la muerte a los moribundos. Inconscientemente creemos que hablar de la muerte nos acerca al momento. En muchas zonas del mundo, los médicos incluso prometen a los enfermos desahuciados una mejora de su estado de salud. Si alguien ha de referirse a la muerte ante los moribundos, que sean los expertos los que se arriesguen, los pastores, los sacerdotes y los rabinos, que cuentan con descripciones predefinidas de lo que nos espera. La dolorosa ironía es que, cuando los moribundos han logrado aceptarlo, suelen querer que el hecho de su muerte se conozca. Sólo entonces pueden estar seguros de que sus seres queridos estarán preparados. Si no hablan de la muerte, se debe, nueve de cada diez veces, a que están protegiendo a las personas que les rodean.

No todas las personas admiten que se están muriendo, ni siquiera a sí mismas. Por increíble que parezca, algunas pasan por el proceso de la muerte con tal negación que apenas se dan cuenta de que su condición es irreversible después de haber muerto. Varios muertos con los que he trabajado han necesitado días para asimilar plenamente su nueva situación. Algunos seguían culpando a familiares y amigos meses después de su muerte por haber evadido lo obvio y haber evitado hablar de lo que planeaban hacer en su ausencia. Expectativas falsas y temores no cuestionados también obstaculizan una travesía tranquila. Una minoría se ve abrumada a causa de la confusión, la rabia y, en ocasiones, la desilusión tras la muerte al encontrarse con algo distinto a lo que esperaba. Hay unos cuantos casos de personas con profundas inseguridades que alucinan entornos que coinciden con sus peores temores. Los ajustes difíciles suelen ser de corto plazo, y no duran más que unos días desde nuestro punto de vista. Siempre hay alguien del otro lado que está listo para ayudar. Si los moribundos pudiesen explorar el Más Allá tal y como realmente es, la confusión después de la muerte prácticamente cesaría. Por el momento, esperamos que se aventuren hacia territorios inexplorados, solos y sin preparación, incluso inseguros de la propia sobrevivencia.

Aunque todos acabarán accediendo a esta última frontera, como cultura hemos hecho muy pocos intentos por conocerla. En cambio, gastamos miles de millones explorando el espacio. ¡Sinceramente!, ¿conoces a alguien que irá alguna vez al espacio? Las imágenes tradicionales del Más Allá a los que se recurría en el pasado no son más que fantasías. Hoy en día se están trazando nuevos conceptos de suma importancia a raíz de estudios compuestos de experiencias cercanas a la muerte (*véase* el capítulo 3); aun así, éstos sólo llegan describir la orilla. El resto y las regiones del interior están por explorarse. No puedo imaginar cuánto nos aliviaría a todos saber más acerca de nuestro destino y que no será un lugar de juicios, sino a un lugar de compasión, de autodescubrimiento, repleto de buen humor, de creatividad ilimitada y de encanto absoluto.

Dado a que hasta ahora no se han visto razones para confiar en la comunicación entre los vivos y los muertos, la muerte es muy desalentadora y parece espantosamente definitiva. También esto puede cambiar. El aprender a establecer contacto con los fallecidos disiparía la pesadumbre del lecho de muerte de estar condenado a una separación insuperable y a un silencio interminable. Levantaría ese pesar que ahora es insoportable, a la vez que transformaría drásticamente la forma en que morimos.

La comunicación no sólo es buena para los vivos, sino también para los muertos. A pesar de las absurdas nociones de que no debemos molestar a los difuntos, de que no debemos tratar de «bajarlos» a nuestro nivel, la mayoría de nuestros seres queridos quieren tener contacto por las mismas razones que nosotros. Además, es más difícil presionar a los muertos que a los vivos. Así que, si no quieren contacto, no se producirá. Según lo que he visto, una vez se dan cuenta de que han conseguido una comunicación bidireccional, les invade el alivio. Al contrario de sentirse molestos, se sienten eufóricos y profundamente agradecidos. A través de las décadas los he visto aparecer en casa, en mi oficina, en la calle y durante todo tipo de actos sociales, de tranquilas conversaciones por teléfono a bulliciosas fiestas. Cuando aparecen, no hay ni temor ni hay lámparas de cristal que se estrellen contra el suelo, y no hay personas que sufran ataques cardíacos o desmayos que deterioren el cerebro. Sus visitas son respetuosas y las motivan las mejores intenciones. Vienen, aunque nadie espere verlos, casi siempre para ayudar a algún conocido.

Muchos muertos siguen preocupados por problemas que quedaron por resolver. Algunos de ellos están ansiosos por contactar con los vivos, especialmente si sus muertes fueron inesperadas. Cuando se establece contacto y sus historias son oídas, se libera su exuberancia interior. Otros vuelven para confesar los errores que cometieron en vida. Incluso en el Más Allá, pueden persistir fuertes remordimientos y lamentos que mantienen a los muertos emocionalmente presos. Hasta que no se logre una reconciliación entre las dos personas, idealmente en una comunicación consciente y de corazón, ni los vivos ni los muertos podrán realmente sanar y seguir adelante. El deseo de los muertos puede ser tan constante que pueden esperar décadas hasta ser oídos. Desafortunadamente, sus intentos por atraer nuestra atención suelen ser ignorados o confundidos con una ilusión deseada o un resurgir del duelo.

Cuando logramos establecer contacto, no nos tenemos que conformar con una aparición fugaz o un mensaje de una sola línea. Todos nosotros, de este lado y del otro, somos capaces de mantener una comunicación bidireccional, que puede recurrir indefinidamente. Aunque llevo mucho tiempo hablando con los muertos, no comprendí realmente hasta después de la muerte de mi querido amigo Michael lo directa e interactiva que podía ser la comunicación. Sí que puede serlo. Aquel primer contacto con él duró más de una hora y sigue siendo uno de los acontecimientos más extáticos de mi vida. Él también estaba exultante, animado por el alivio de que alguien aún pudiera verlo y oírlo. Ese primer y deslumbrante encuentro es lo que realmente me inspiró a escribir este libro. Podemos mantener un diálogo real con nuestros seres queridos del otro lado, con preguntas y respuestas, confesiones, malentendidos y confirmaciones. Podemos discutir cosas, estar en desacuerdo e incluso bromear con ellos. La comunicación puede ser apasionada o tranquila, enojada o cariñosa, triste o alegre. Pero sea lo que sea, es muy probable que al final sientas pura euforia.

No es exagerado decir que los fallecidos son una fuente fiable de consuelo, ánimo, inspiración, sabiduría y asombro. Igual de importantes son sus relatos de la vida después de la muerte, cada uno de ellos diferente al otro, que imparten información sobre su realidad que verdaderamente nos deja perplejos. Si lo permitimos, los muertos dotarán a nuestras vidas de un mayor significado y redefinirán nuestro concepto de la realidad. En definitiva, explorar el Más Allá a través del contacto con quienes lo viven es una aventura inigualable.

Una revolución de la conciencia

En las últimas décadas, hemos sido testigos de una explosión de información sobre la muerte y la vida después de la muerte, generada por un número cada vez mayor de psicólogos y psiquiatras, médicos, enfermeras de residencias y consejeros de duelo, experimentadores de experiencias cercanas a la muerte, investigadores de la parapsicología y, por supuesto, médiums, que están trabajando para conseguir una mejor comprensión del mundo venidero. Ésta es una de las muchas señas de que la humanidad está lista para adentrarse en una nueva era, una era que yo llamaría una revolución de la conciencia. Otra indicación es que la creencia en la sobrevivencia después de la muerte va en aumento, llegando al 89 % según algunas encuestas.[7]

---

7. Las encuestas provienen de Lester: *Is There Life after Death?*, pp. 23, 24 y de GAllup, G. Jr.: *Adventures in Immortality* McGraw-Hill, Nueva York, 1982. Los resultados de otras encuestas fueron publicados por Greeley en *Religious Change in America*. Incluyen la Encuesta del Instituto Americano de Opinión Pública (AIPO), realizada casi anualmente desde 1944; la Encuesta Social General (GSS) de la Universidad de Chicago (NORC), información recopilada desde 1944 hasta 1985; y la del Centro de Investigación de Encuestas (SRC) de la Universidad de Michigan, realizada con menos regularidad en cuanto a las opiniones sobre

En los países occidentales, son cada vez más los que creen en un más allá más benévolo. En lugar de un infierno, esperan alegría, el reencuentro con sus seres queridos y la ausencia total de dolor y preocupación. Como los conceptos de la vida después de la muerte son inseparables de los de la divinidad, cuando uno de ellos cambia también cambia el otro. Como es de esperar, el Dios de la antigüedad, que inspiraba miedo, está dando paso a un ser supremo más abstracto cuyas leyes están escritas con un espíritu de amor, compasión y perdón en lugar de juicio.

La creencia en la comunicación con los muertos ha aumentado tanto que el público en general sabe de ella. Ya lo vemos escenificado en las películas y en los populares programas de misterio en la televisión, por muy irreales que sean. La experiencia cercana a la muerte, que combina esta comunicación con la convicción de la sobrevivencia tras la muerte, se ha dado a conocer desde que Raymond Moody publicó su trabajo pionero a mediados de los años setenta.[8]

Según todas las encuestas, la creencia en la supervivencia después de la muerte es extremadamente rara entre científicos, acercándose al 16%.[9] Por eso resulta irónico que la tecnología desarrollada por la misma ciencia parezca ser la plataforma de lanzamiento de tal revolución. La conexión entre la tecnología médica de reanimación y un aumento de personas con experiencias cercanas a la muerte es evidente. Lo cierto es que el cambio de receptividad se produjo mucho antes, en el siglo XIX, primero con la invención del telégrafo (1843) y después con la del teléfono, que Alexander Graham Bell presentó ante un público atónito en 1876 en la Exposición Centenaria en Filadelfia. La presentación de

la vida después de la muerte desde 1950. Ver también la encuesta en Morin, R.: «¿Creen los americanos en Dios?» *Washington Post*, 24 de abril (2000) www.washingtonpost.com/wp-srv/politics/polls /wat/archive/wat042400.htm La encuesta Gallup de 1994 muestra un 75% para los estadounidenses.

8. Con la edición de 1975 de Moody, R.: *Life after Life*. Mockingbird Books, Atlanta.

9. La encuesta de Gallup de 1982 (Gallup: *Adventures in Immortality*) muestra que el 16% de los científicos cree en la sobrevivencia después de la muerte, frente al 67% de la población general. Entre los miembros de la Academia Nacional de Ciencias, todos ellos de ciencias naturales, el 79% a finales del siglo pasado no creía en Dios. Ver Larson, E.G. y Witham, L.: «Leading Scientists Still Reject God», *Nature* vol. 394, p. 3313 (1998).

Bell demostró públicamente que una voz humana incorpórea podía ser recibida y oída desde una distancia invisible (recitando nada menos que el soliloquio de Hamlet), lo cual se asemeja de manera impactante a la comunicación con los muertos. De todos los aparatos inventados en el último siglo y medio, el teléfono es el más presente en los fenómenos de la vida después de la muerte y también es el símbolo más común en los sueños y visiones de contacto telepático.

Desde entonces, la radio ha emitido sonido y la televisión sonido e imágenes en casi todos los hogares.[10] Con estas viejas tecnologías nos pudimos acostumbrar a la idea de que el sonido que no se oye y las imágenes que no se ven se mueven en forma de ondas por el espacio. Una transmisión detectada por un receptor es muy similar a los procesos de proyección y recepción de la telepatía, aunque ésta se dirige generalmente a un destinatario específico y es definitivamente más rápida. Todas estas tecnologías también ayudan a distinguir entre el cerebro y la mente. Como verás en los siguientes capítulos, el cerebro no genera ni contiene pensamientos, sentimientos y recuerdos, al igual que tu televisor no contiene la nave estelar *Enterprise*. Ambos son sistemas de recepción y transmisión.

Internet nos ha entrenado aún más a ampliar nuestros marcos conceptuales, porque se transmite información desde múltiples puntos que funcionan como subdimensiones. La noción del ciberespacio y de la realidad virtual nos acostumbra a dimensiones enteras de actividad en las que el espacio se colapsa y las distancias no existen –sólo se está a una página del sitio en el que se quiere estar–, lo que es análogo a la naturaleza no física y sin espacio de la vida después de la muerte. Al igual que la telepatía, la información y la comunicación se encuentran en todas partes a la vez y no respetan ninguna barrera.

---

10. Probablemente no sea una coincidencia que John Logie Baird, inventor de la televisión, así como de la cámara de infrarrojos (comúnmente utilizada en la investigación paranormal), afirmara que había establecido contacto con Thomas Edison a través de un médium. Ver la publicación de Baird de 1988, *Sermons, Soup and Television – Autobiographical Notes*. Royal Television Society, Londres. Se afirma que antes de morir, Edison estaba desarrollando un teléfono que sirviera de puente entre nuestro mundo y el Más Allá.

Ahora la tecnología nos permite mirar dentro del átomo. Por si aún no lo sabe, en el capítulo 2 verás que los átomos que componen el mundo de la materia están formados casi en su totalidad por energías, oscilaciones y campos de fuerza. La materia apenas es sólida y es mucho menos «real» de lo que creemos, un hecho conocido por los físicos y naturalmente por los muertos, pero que no se ha integrado en el concepto cotidiano de la realidad. Eso significa que nuestros cuerpos no son muy diferentes a los cuerpos energéticos de las personas en los ámbitos no físicos. Esas personas están muy al tanto de que la realidad física es, además, un sistema de proyección o camuflaje, del que suelen extraer elementos para construir sus propios entornos. Saben que los cuerpos que habitan y los lugares a los que van son producto de la proyección del pensamiento. Lo que ves, oyes, hueles o sientes cuando entras en contacto con ellosprocede de la telepatía. En el capítulo 15 explicaré qué es la telepatía y cómo funciona.

Estas nuevas tecnologías, junto con las empresas de noticias y entretenimiento, han desarrollado aún más nuestras capacidades perceptivas para asimilar cantidades cada vez mayores de *bytes* de información con mayor velocidad. Esto ayuda a entrenarnos para los encuentros telepáticos, que suelen transmitirse en imágenes que nos llegan a gran velocidad. La toma exacta de estas imágenes es muy importante para la precisión en la comunicación después de la muerte. En el capítulo 16 aprenderás a hacer todo esto, de manera que la telepatía que ya utilizas a diario sea más perceptible, más exacta y fiable.

Con la aparición de los vehículos aéreos, nuestras antiguas ideas sobre las distancias y cómo salvarlas han desaparecido. Esto y las imágenes de satélite de nuestro pequeño orbe verde y azul rotando en el espacio han alterado por completo nuestro concepto del mundo en el que vivimos. Conscientes de la fantástica inmensidad del universo que nos rodea, en la cual la Tierra está escondida en un rincón poco distinguido, podemos ahora pensar en distancias de años luz tan inmensas que curvan el tiempo y el espacio, y podemos así extrapolar la diversidad increíble que posiblemente existe dentro de él. Ninguna distancia, por grande que sea, es inconcebible que no pueda ser salvada, e imaginarse atravesar el cosmos a destinos apenas imaginables en los siglos venideros ya no es pura fantasía. Si pensamos en lo mucho que la tecnología ha impulsado la apertura de nuestras fronteras conceptuales, promovida a su vez por los medios de comunicación, la idea de explorar la última gran frontera y comunicarse con sus habitantes no sólo parece verosímil, sino incluso inevitable con el tiempo.

Perdido al traducirse

Una y otra vez, los que se han sumergido en el Más Allá tienen dificultades extremas para describir lo que han experimentado. Al igual que en el estado de sueño, el tiempo, el espacio, la secuencia de acontecimientos, las emociones, las capacidades perceptivas y los estímulos sensoriales se ven alterados de forma que no pueden expresarse satisfactoriamente en lenguajes desarrollados en el mundo físico. Las experiencias fuera del cuerpo sin tiempo, en tiempo simultáneo o en tiempo comprimido (hablaré más sobre ello en el capítulo 8) y las visitas de los muertos son casi imposibles de contar sin recurrir a la terminología de los medios de comunicación, como el adelanto rápido, el zoom, las proyecciones de imágenes (¡en el aire!), la semitransparencia y la contraluz.

Al nivel más elemental, quienes han salido de sus cuerpos en las ECM ven sin usar los ojos. ¿Cómo se puede describir ese tipo de visión con los idiomas de que disponemos? ¿Cómo se describe la sensación de tener un cuerpo energético y al mismo tiempo sentirse como un punto en el espacio? Si has tenido un encuentro con los muertos, ¿cómo describes el oír cuando no se han pronunciado palabras? Y luego están esos estados de ánimo increíblemente magníficos que envuelven a las personas en capas y capas de emociones y percepciones fuera de este mundo, dejándolas deslumbradas y bueno… sin palabras. Palabras como «amor» y «belleza» son enloquecedoramente frías e inadecuadas para expresar lo que se percibe en dimensiones fuera de lo físico. Una persona que vivió una experiencia cercana a la muerte exclamó que «el mejor amor que puedes sentir en la Tierra se diluye hasta una parte por millón» cuando se compara con el amor «real» que ella sintió.[11] ¡Y sólo

---

11. Ring y Valarino: *Lessons from the Light*. p. 46.

estaba tratando de dar a entender su primer par de minutos fuera del cuerpo!

Debido a nuestras actuales limitaciones conceptuales, los muertos generalmente dejan de intentar comunicar cosas complejas y satisfacen la necesidad de contacto con unas pocas palabras de amor y consuelo. O entran en nuestros sueños, donde nuestros paradigmas conceptuales son más fluidos. Si queremos saber más, tendremos que desarrollar marcos de percepción más amplios y flexibles.

LA CONCIENCIA

Tal vez los dos conceptos más pertinentes para la vida después de la muerte sean la personalidad sobreviviente y la divinidad. Ambos conceptos siguen evolucionando y adquiriendo nuevos nombres a medida que se amplía nuestra conciencia. Aunque el alma sigue siendo la palabra más común para referirse a la entidad sobreviviente, con el espíritu en segundo lugar, la palabra «conciencia» está adquiriendo cada vez más importancia. La más antigua terminología de alma y espíritu crea disyuntivas innecesarias dentro del ser y entre este mundo y el siguiente. A una persona no se le llama espíritu mientras está viva, sólo después de la muerte. Asimismo, se dice que una persona tiene alma mientras está viva, y que se convierte en alma sólo después de fallecer. En cambio, la conciencia trasciende estas disyuntivas y mantiene la noción del yo como ser independiente de la identidad física. No se tiene conciencia; se es conciencia, esté uno vivo o muerto.

Lo que es la conciencia ha intrigado a los científicos durante décadas. Una vez lo capten, rápidamente aparecerán pruebas concretas de sobrevivencia después de la muerte. Considero que la conciencia es como una energía que siente y que tiende a formar constelaciones de identidad, desde simples células hasta los seres incorpóreos más complejos. Cuando se enfoca en dimensiones materiales, crea materia. La conciencia de cada identidad, sea cual sea la especie, sea de carne o no, es única. Todas buscan la expansión y la plenitud. Las conciencias discretas que componen el yo individual forman parte de identidades más amplias fuera de lo físico, que los místicos llaman «sobrealmas». La sobrealma es mucho más que la suma de sus partes. Organiza las conciencias individuales, incluso las hace nacer. Es entonces en cierto modo una conciencia que engendra. No nos perdemos en esta superentidad masiva, ni nos vemos disminuidos por ella. No sé lo suficiente sobre la sobrealma, pero sí tengo claro que es un recurso inconcebiblemente vasto de conocimiento, inspiración y energía. ¡Si tuviéramos más práctica, tendríamos acceso a ella! Aprender sobre el Más Allá nos ayudará a hacerlo.

Todo Lo Que Es

Y luego está Dios, el gran inefable. Para mí, la palabra «Dios» no es suficiente, pues implica un ser diferenciado que se encuentra en otro lugar, muy lejos, en esferas celestiales enrarecidas. Mi Dios es demasiado inmenso para ser un ser y demasiado intrínseco para estar en otro lugar. Para mí, es una conciencia de tal grandiosidad que hace que el cosmos parezca pequeño. Siempre está dando a luz, engendrando universos enteros y sistemas de realidad, como el físico en el que nos encontramos actualmente. Todos los pensamientos, las acciones y las cosas, corporales y no corporales, humanas y no humanas, vivas e inanimadas, visibles e invisibles, están hechas de su tejido. Como tal, impregna todo lo que es, lo que fue y lo que será, conteniendo todo tiernamente dentro de sí. Pero también permanece aparte. Porque manifiesta todo lo que hay y se manifiesta en todo lo que existe, le llamo Todo Lo Que Es. Pero darle un nombre parece un intento de hacer que quepa en algo pequeño como la cáscara de una nuez.

Mi experiencia de lo divino es más importante para mí que lo que pueda ser en verdad. Porque el encuentro es tan arrebatador que se eleva por encima de toda experiencia previa o posterior. Mi propia experiencia se ve reflejada en la de aquellos que han regresado de eventos cercanos a la muerte. Esforzándose por encontrar palabras, intentan explicar una luz que no es luz, sino algo vivo y consciente con lo que se unen. Intentan convencernos de la profundidad, tan fuera de este mundo, del amor, de la compasión e incluso del humor. En mi opinión, esta luz conocedora es el aspecto de Todo Lo Que Es que mejor puede alcanzar los corazones y las almas de los seres humanos.

Los muertos y algunas personas que han tenido experiencias cercanas a la muerte hablan de otra manifestación de lo divino, no como un ser, sino como una atmósfera radiante que los envuelve en el Más Allá. Lo llamo la Presencia, y ha sido palpable para mí intermitentemente desde la infancia. Lo recuerdo especialmente cuando de niña me subí a la copa de un cerezo en flor. Mientras contemplaba la gloria de aquellas vibrantes flores rosas contra un cielo azul resplandeciente, la frescura que me rodeaba se intensificó, independizándose gradualmente del entorno físico. De alguna manera, se hizo presente, tenuemente al principio, hasta que comenzó a brillar. Sabía que era consciente de mí y de todo lo que me rodeaba, desde el cielo hasta la última brizna de corteza. Lo que más me impresiona ahora es la intensidad de su cercanía. Es íntimamente consciente del carácter singular de cada átomo y reconoce la importancia de cada pensamiento extraviado, buscando siempre alimentar su potencial a medida que avanza por sus caminos individuales a través de la eternidad. A través de tales manifestaciones divinas obtenemos un destello de la magnitud y el amor inconmensurables de Todo Lo Que Es. Intuimos el significado más profundo de la existencia, aunque no seamos capaces de distinguir sus contornos exactos. Y por fin sabemos que la muerte no es un final, sino una elevación hacia esa vasta, sabia y luminosa presencia, en la que todo se desarrolla y se hace posible.

PARTE UNO

LA EVIDENCIA DE LA SOBREVIVENCIA

CAPÍTULO 1

¿SE PUEDE PROBAR LA SOBREVIVENCIA DESPUÉS DE LA MUERTE?

La pregunta de si existe o no la sobrevivencia después de la muerte es algo raro en los tiempos modernos. En gran medida, dudar de ella o rechazarla por completo es el resultado duradero de la Ilustración, cuando la ciencia comenzó a forjarse una identidad frente a la religión. Pasaron algunos siglos más antes de que los científicos del Occidente principalmente cristiano se atrevieran a cuestionar abiertamente la existencia de una vida después de la muerte y más aún antes de que asumieran que era poco más que una patraña religiosa. Tal postura equivalía a negar la existencia de Dios y el principio central del cristianismo, Cristo resucitado. A finales del siglo pasado, la cuestión de la sobrevivencia era un área de investigación legítima y sólida, que inquietaba a algunos de los científicos, académicos y figuras políticas más prominentes de la época, desde físicos ganadores del Premio Nobel a primeros ministros.

Al inicio de la era atómica, la división entre la ciencia y la religión ya era muy profunda. La principal distinción entre la ciencia y la religión es su confianza en las explicaciones materialistas sobre cómo funciona la realidad, en la que las fuerzas espirituales, sobre todo la voluntad divina, no juegan ningún papel. Una segunda diferencia importante es su rechazo del concepto de sobrevivencia después de la muerte, el cual es el eje de todas las religiones. En aquellos vertiginosos días de bombas atómicas y viajes a la Luna, los científicos creían que sólo ellos podían desvelar la verdadera naturaleza del universo, y prometían explicaciones racionales con base objetiva y probada, en vez de la subjetividad y la fe de la religión. La naturaleza humana, demasiado desordenada para ser observada objetivamente y descrita matemáticamente por la ciencia pura, se dejó en manos de las ciencias más ligeras. Incluso allí, la visión materialista se infiltró. Los arqueólogos, por ejemplo, fundaron la «nueva arqueología». Aunque seguían estudiando culturas creadas por el hombre, dieron a la arqueología un aspecto científico, al reducir la saga humana a aburridas secuencias de estadísticas y cambios climáticos. Trataron a los monumentos culturales que son el mito y el ritual como si fueran veneno.

La noción de objetividad sufrió un fuerte golpe cuando los físicos descubrieron que el observador influye en el resultado de las pruebas en el nivel más fundamental de la existencia, el nivel cuántico. Heinz Pagels, antiguo presidente de la Academia de Ciencias de Nueva York, declaró: «No existe la existencia objetiva de un electrón en algún punto del espacio [...] independiente de la observación real. El electrón parece cobrar existencia como objeto real sólo cuando lo observamos[...] La realidad es en parte creada por el observador».[1] Hasta que no se observa, pues, no es un «objeto real»; no tiene existencia objetiva ni ubicación en el espacio o en el tiempo. Parece, pues, que vivimos en un universo subjetivo que se encuentra en el filo de la navaja entre la materia y la no materia.

Yo no diría, a diferencia de algunos, que la espiritualidad es cosa de la religión y no de la ciencia. Para mí, la espiritualidad y la materialidad no son opuestas; ambas son manifestaciones del mecanismo interno de la realidad, cuyo estudio es para todos. Hay mucho margen para la desantificación de la espiritualidad, al igual que para la desmaterialización de las visiones positivistas de la realidad. Por otro lado, la idea de que la ciencia pura debe tener la última palabra es popular, y muchos hoy en día buscan en ella respuestas inequívocas sobre la sobrevivencia después de la muerte. Esta extraña expectativa supone que la vida después de la muerte puede demostrarse como una ley abstracta de la na-

---

1. Citado de Pagels, H.: *The Cosmic Code*. Bantam, Nueva York, 1982, en Gribbin, J.: *In Search of the Multiverse*. Allen Lane, Penguin, Londres y Nueva York, 2009, p. 20.

turaleza, quizá formulada matemáticamente y descubierta en el interior de un átomo o en el núcleo de una estrella moribunda o escondida en el masivo y tenebroso guiso de la materia oscura. En cambio, nadie espera que la ciencia aporte pruebas de otros aspectos invisibles e incuantificables de la realidad, como el amor. Aunque el amor no se puede probar, pocos científicos negarían su existencia.

De momento, los indicios de la sobrevivencia después de la muerte provienen de las ciencias sociales, como la psiquiatría y la psicología, así como de la medicina y la biología, con pistas específicas y potencialmente revolucionarias en la neurobiología, la biología cuántica y la genética. Las pruebas de la sobrevivencia han ido aumentando a lo largo del último siglo, en gran parte debido a los avances médicos que permiten que se lleven a cabo más reanimaciones. Siempre hay más médicos que admiten creer en la sobrevivencia y, por lo tanto, hay más sensibilidad, sobre todo entre el personal de las residencias geriátricas. Por ello, se registran y documentan mejor que nunca los fenómenos de experiencias cercanas a la muerte y de conciencia cercana a la muerte. Además, la tecnología y la ingeniería contribuyen significativamente a la documentación de la presencia de los muertos en sonido e imagen.

En esta primera parte del libro, examinaremos las pruebas desde varios puntos de vista. En primer lugar, exploraremos la ya difunta visión materialista del universo. Los materialistas creen que, si se puede percibir algo con los sentidos físicos o al menos medirlo, es real. Si no puedes, es imaginario. Por lo tanto, el cerebro es real, pero la mente no lo es. Una persona con cuerpo es real, pero una sin cuerpo no lo es. A continuación, pasaremos a las vías más convencionales utilizadas en la búsqueda de pruebas: las experiencias cercanas a la muerte, la comunicación después de la muerte y la reencarnación. Dado que la evidencia se compone principalmente de fenómenos puntuales y algo aislados que no se ajustan a los criterios científicos requeridos como prueba, observación objetiva y replicabilidad, más adelante en este capítulo definiré brevemente la sutil línea que hay entre la prueba y la evidencia, así como los problemas especialmente difíciles que afrontan los parapsicólogos. En aras de la «objetividad», toda la parte I se basa en las conclusiones de otros investigadores, no en las mías. Mi trabajo en esta sección es presentar las pruebas y evaluar si cumplen o no con los estándares de prueba.

La prueba de la sobrevivencia suele tener un nivel de exigencia que rara vez se cumple en otras áreas de investigación, incluso en las ciencias naturales. Si se observa que ocurre esto y aquello, se deduce por qué ocurre. A partir de estas deducciones, se forma una hipótesis factible que luego se pone a prueba. No sabemos con certeza, por ejemplo, si hubo alguna vez un Big Bang, ese impresionante primer momento en el no espacio y no tiempo, cuando algo infinitamente más pequeño que un átomo explotó en lo que 13 700 millones de años más tarde se convertiría en el universo; tampoco sabemos si los agujeros de gusano o incluso los agujeros negros realmente existen. No ha habido ninguna observación directa de estas identidades cósmicas. Las suposiciones de que existen surgen de una serie de condiciones discernibles cuya mejor explicación –en el estado actual de nuestros conocimientos– es un bang o agujero. El tipo de fenómenos que los astrofísicos y los físicos nucleares consideran ahora como posibles condiciones de la realidad también incluyen nociones igualmente fantásticas como la partícula de Dios (el bosón de Higgs), la interpretación de muchos mundos, la teoría de cuerdas con sus once dimensiones –algunas de ellas «compactadas» de modo que no las vemos–, la teoría del campo de punto cero y la de los mundos ocultos, que se leen como la ciencia ficción y hacen que cualquier teoría de la sobrevivencia después de la muerte parezca tan insípida como el agua.

Estas teorías están basadas principalmente en la mecánica cuántica, una rama de la física que describe lo que ocurre a nivel subatómico. La mayoría sostiene que nuestra dimensión interactúa constantemente con otras dimensiones cuya existencia no se ha podido detectar directamente hasta ahora. Y ¡estamos a punto de demostrarlo! Si creéis que es una broma, ved el nuevo bebé de la cuadra, que es un auténtico espectáculo: un objeto físico real llamado «ordenador cuántico». Dado que el ordenador cuántico se basa en la interpretación de que hay muchos mundos, es útil conocer esa teoría. La teoría de los muchos mundos afirma que, por cada evento subatómico, el universo en el que se produce ese evento se divide para crear un segundo universo. Esta bifurcación continua de universos, cada uno tan completo y real como el que percibimos ahora mismo, da lugar a tantos mundos que su suma llega al infinito. Los humanos no nos damos cuenta de cuándo nosotros y nuestro universo se separan, como tampoco nos damos cuenta de qué versiones de nosotros mismos existen simultáneamente en un número astronómico de dichas dimensiones. Es más, se puede estar vivo en un universo y muerto en otro.

La teoría de los múltiples mundos, también llamada interpretación del multiverso, es la más aceptada entre los cosmólogos, los teóricos del campo cuántico y otros científicos, como Stephen Hawking y los premios Nobel Murray Gell-Mann, Richard Feynman y Steven Weinberg. Aunque parezca lógico que los conceptos de multiversos, mundos paralelos y otras dimensiones del espacio-tiempo provoquen un debate acerca de las dimensiones de la vida después de la muerte, nadie que yo sepa, ha cruzado ese puente todavía.

Antes, los físicos pensaban que estos otros universos no podrían afectar al nuestro. Pero David Deutsch, uno de los principales defensores de la teoría, afirma que lo hacen durante todo el tiempo. Y fue él quien ideó el ordenador cuántico. Al menos por ahora, el ordenador no tiene que hacer frente a la casi infinita cantidad de universos que existen, sino que sólo se ocupa de 256 de ellos. Así pues, cuando se le da algo para calcular, lo hará en 256 dimensiones, es decir, en 256 universos diferentes, en 256 ordenadores diferentes, simultáneamente. En consecuencia, lo que podría llevarle a un ordenador convencional muchos miles de millones de años, a un ordenador cuántico le llevaría unos 20 minutos. En teoría, en el futuro será posible calcular en 10^{500} universos a la vez, es decir, el número 10 seguido por 500 ceros. Como el ordenador cuántico ha empezado a funcionar, muchos científicos ahora creen que la interpretación del multiverso ya no es sólo una interpretación de cómo funciona la realidad, sino un hecho.[2]

Como no hay ninguna ley física que impida que se viaje en el tiempo, algunas de las mentes más brillantes de la ciencia han empezado a considerar la interacción entre las dimensiones temporales del pasado y el futuro con el aquí y el ahora. Dado que la teoría del multiverso, la

---

2. Para la interpretación de muchos mundos y el ordenador cuántico, ver Gribbin, J.: *In Search of the Multiverse.*

teoría de las cuerdas y la teoría de los mundos ocultos específicamente plantean dimensiones invisibles e interactivas adyacentes a la nuestra, es muy posible que sean la base para la futura investigación de esa otra dimensión tan importante llamada vida después de la muerte.

La teoría del campo de punto cero está cambiando la forma en que se ve la comunicación. La antigua visión era mecánica o química: las partículas subatómicas y los átomos se atraen o repelen mediante fuerzas, principalmente electromagnéticas; y las moléculas, las células y los genes, debido a una especie de ganchos químicos. Algunos científicos creen que lo que realmente ocurre tiene que ver con las frecuencias de las ondas cuánticas. Se cree que estas ondas se extienden por el tiempo y el espacio hasta el infinito y que conectan cada punto del universo con cada otro. Este avance conceptual es un requisito para la investigación de la conciencia, así como de la telepatía, cuya existencia se ha demostrado ampliamente en pruebas clínicas. El notable científico de sistemas y filósofo Ervin László ha osado proponer que el campo de punto cero es en realidad la conciencia que permea nuestro universo cuatridimensional. No es el único científico que defiende que la conciencia, y no la materialidad, es la realidad primaria.[3] En conjunto, estas teorías actuales parecen estar preparando el camino para la investigación científica del Más Allá.

¿PRUEBAS O EVIDENCIA?

¿Son las evidencias que tenemos ahora de experiencias cercanas a la muerte, comunicación después de la muerte y reencarnación una prueba de la sobrevivencia? Visto objetivamente, lo que se ha logrado hasta ahora satisface la mayoría de los estándares científicos:

— Al considerar un fenómeno, podemos afirmar con certeza que algo real está ocurriendo por sus efectos.

— Podemos deducir un número finito de causas hipotéticas a partir de estos efectos, la mayoría de las cuales pueden descartarse fácilmente al no ser sostenibles.

---

3. Ver, por ejemplo, el trabajo del científico cuántico Amit Goswami.

– De las hipótesis que quedan, la que mejor y más elegantemente explica los efectos observables de un determinado fenómeno resulta ser la existencia de una conciencia organizada fuera del ámbito de la materia, es decir, la vida después de la muerte.

Desafortunadamente, las deducciones realizadas por investigadores individuales en distintos campos no han sido coordinadas, ni se consideran, individual o colectivamente, motivo suficiente para invertir en un estudio a gran escala de la que quizá sea la pregunta más apremiante de nuestra vida. En cambio, hemos invertido unos diez billones de dólares, toda la producción del siglo XIX, en el desarrollo de la bomba atómica. Tampoco nos cuesta invertir miles de millones en el Gran Colisionador de Hadrones, un acelerador de partículas patrocinado por varios gobiernos. Compárese esta coordinación de alto nivel y este gasto alucinante con el de la investigación a pequeña escala, descoordinada, normalmente privada y sin financiación, sobre la vida después de la muerte.

¿Puede la ciencia probar que hay vida después de la muerte? Por supuesto. Si sólo se dispusiera del 0,1 % del dinero y los conocimientos que se emplearon en la invención de la bomba atómica, en pocos años tendríamos esa prueba. El problema es realmente la ideología de la ciencia: no hay vida después de la muerte. Si un científico sigue esta línea de investigación, corre el riesgo de ser ridiculizado y de perder la financiación de sus investigaciones e incluso su puesto.

A pesar de ello, la conciencia en sí se ha convertido en un tema importante en muchos círculos científicos, especialmente en la neurobiología. Se celebran simposios para debatir qué es y cómo puede aplicarse. De hecho, ya se ha planteado el desarrollo de un ordenador consciente. Un investigador incluso ha combinado tejido cerebral vivo con electrónica para localizar la conciencia. ¿No sería mejor estudiar la conciencia donde opera sin ser obstaculizada por la materia: cuando se manifiestan los muertos? Si mi propio cuerpo puede registrar la presencia de los desencarnados de forma tan significativa, seguro que la ciencia, sobre todo las ciencias aplicadas, podrán idear algo lo suficientemente sensible como para registrar patrones electromagnéticos no aleatorios en la atmósfera donde se produce un encuentro.

Incluso si un instrumento pudiera detectar de forma fiable la inteligencia, todavía tendríamos que encontrar la forma de distinguir la identidad de esa inteligencia de una personalidad, digamos, que habita en uno de los billones de multiversos en los que los muertos todavía no tienen una existencia oficial. Eso significa que tenemos que comunicarnos con él, y conseguir que se identifique. Esto también se ha hecho con frecuencia, como se verá en el capítulo sobre la comunicación después de la muerte (capítulo 4).

La prueba de la identidad presenta un enigma que analizaremos con detenimiento en las próximas páginas. Si lo que una persona fallecida da como prueba de su identidad puede ser verificado por registros o por el testimonio de los vivos, el hecho de que las fuentes de verificación ya existan en nuestro mundo descalifica la información. Así pues, si me muriera en los próximos minutos y empezara a comunicarme contigo mañana, diciéndote mi nombre completo, la fecha y el lugar de mi nacimiento, mis publicaciones profesionales y mis datos privados, como que mientras escribía estas mismas palabras estaba sentado en un sofá de terciopelo rojo en casa de un amigo en la calle Daval de París con una perra llamada Lulú a mi lado, los críticos podrían desecharlo todo, porque tú, el receptor de esta información, podrías haberla descubierto por medios «normales», por muy improbable que sea. Otros proponen que se puede conseguir la misma información por medios menos usuales, como la clarividencia. Quizás lo captó telepáticamente de los vivos, de la perra tal vez o, mejor, de su dueño, y no de los muertos. Así pues, cualquier información que exista en nuestro mundo físico es sospechosa, ya que puede adquirirse de forma normal o psíquica. De ahí que no demuestre la existencia de los muertos. Si, en cambio, te contara mis experiencias en el Más Allá, dando información que no existe en el presente físico, no habría forma de comprobarlo. Así que tampoco es una prueba. Ése es el enigma. Y a los críticos les encanta.

A los escépticos les gusta afirmar que, dado que los relatos del Más Allá contados por personas que han tenido experiencias cercanas a la muerte y por los fallecidos difieren entre sí, no pueden ser ciertos. La expectativa de uniformidad en el Más Allá es ingenua, producto de la búsqueda humana por la seguridad. Los líderes religiosos también necesitan versiones canónicas fijas del Más Allá. ¿Cómo podrían los líderes mantener la autoridad si titubean sobre lo que está por venir? De entrada, los conceptos tradicionales del Más Allá se construyen culturalmente y cambian sin cesar a medida que cambia la sociedad, incluso dentro de la misma religión, como explico en el capítulo 6. En segundo lugar, lo que nos cuentan los que han estado a punto de morir y los muertos sobre el Más Allá varía según la experiencia personal del hablante. Supongamos que tú vives en otro planeta con una tecnología que te permite comunicarte con varios terrícolas de diferentes épocas y lugares. Si uno te hablara de su hogar en el año 70 a. C. en la isla que hoy conocemos como Manhattan y el otro de su hogar en 2084 d. C. también en Manhattan, sería difícil creer que estuvieran hablando del mismo lugar. ¿Y si, en cambio, hablara con personas de una misma época, pero de diferentes zonas geográficas, como el Sáhara, el Himalaya, el Amazonas y el moderno Manhattan? ¿Qué zona designarías como representativa de la Tierra? La irreconciliable diversidad podría incluso llevarte a creer que el planeta Tierra es sólo un producto de la imaginación.

Sin embargo, esto no viene al caso. Si el Más Allá existe, no estaría en otro cuadrante del mundo material. Estaría en un ámbito no material, compuesto por formas de pensamiento proyectadas y construcciones de ideas, al menos en las dimensiones más inmediatamente accesibles para nosotros. Los pensamientos no ocupan espacio, pero pueden proyectar la ilusión de espacio, como lo hacen los sueños. El Más Allá no sería un lugar, aunque podría parecerlo. Sería una realidad no local, y el lugar que ocupas en ella sería el resultado de tu estado mental, una construcción mental. Un individuo sería capaz de duplicar las leyes físicas del espacio, el tiempo y la materia si así lo deseara, sin estar sujeto a ellas.

Grupos de individuos reproducirían partes del mundo que dejaron atrás si quisieran. Cada sociedad, cada persona, aportaría un banco de imágenes e ideas de su tiempo y lugar particulares para utilizarlas como componentes de su nueva realidad conforme con lo que conocía anteriormente. Las réplicas pueden incluir paisajes naturales o jardines idealizados, arquitectura, ropa e incluso cuerpos. También pueden incluir situaciones. Las descripciones del Más Allá que nos han transmitido los místicos, los médiums y las personas que han vivido experiencias cercanas a la muerte presentan rasgos tomados de sus respectivas culturas. No podríamos esperar que un analfabeto y poco viajado londinense de la época victoriana reprodujera una yurta en el Más Allá. Por otro lado, un caballero victoriano que hubiera viajado por el desierto de Gobi podría considerar la posibilidad de reproducir uno. Un mongol seguramente recrearía una yurta.

Por supuesto, los muertos no estarían limitados a lo real. Todo lo que pudiera imaginarse, como ciudades de cristal o reinos celestiales compuestos de nubes doradas, incluso el fuego y el azufre, también podría ser creado con el pensamiento. Como todo es producto del pensamiento, cualquier cosa puede cambiarse en un instante simplemente con una intención. Esto significa que la uniformidad en los dominios del pensamiento no sólo es lo último que deberíamos esperar, sino también lo último que deberíamos querer, ya que limitaría seriamente nuestra capacidad creativa.

Claro que los muertos también cambiarían su vocabulario imaginario habitual al crear sistemas de camuflaje similares a los que acaban de dejar atrás. Al ampliarse ese vocabulario con la experiencia –una ley básica de toda conciencia–, en un momento dado se expandiría en direcciones que se encuentran más allá de nuestra comprensión. Puede que a algunos les incomode la idea de la existencia de un más allá sin un terreno sólido en el que apoyarse, por así decirlo. No obstante, las libertades serían ilimitadas, alimentadas por una profunda sensación de seguridad.

Hasta ahora sólo he hablado de lo que ofrecen las comunidades con orientación científica en lo que se refiere a la cuestión de la sobrevivencia. Sin embargo, las pruebas se utilizan regularmente en otros ámbitos para demostrar una cosa u otra, y tengo en mente los tribunales, donde se utilizan desde pruebas forenses hasta pruebas circunstanciales para establecer la culpabilidad o la inocencia. La idea de seguir el procedimiento judicial en lugar del científico para demostrar la sobrevivencia después de la muerte es de Victor Zammit, autor de *A Lawyer Presents the Case for the Afterlife* (Un abogado defiende el caso de la vida después de la muerte). Muchos millones de personas vivas ahora mismo y sin ninguna relación con la ciencia podrían ser llamadas a declarar ante un juez y un jurado. Tú podrías ser uno de ellas. Si cada uno presentara un testimonio personal sobre sus experiencias con el mundo del Más allá y sus habitantes, la suma total constituiría una evidencia tan abrumadora que ni siquiera necesitaríamos un abogado para argumentar el caso. Aunque no habría nadie, ningún experto, ningún testigo, para contradecir ese testimonio, muchos escépticos y cínicos aprovecharían la oportunidad para desacreditar a los testigos. Lo que los escépticos no pueden hacer, ni los científicos, de hecho, lo que nadie puede hacer, es demostrar que la sobrevivencia después de la muerte no existe.

CAPÍTULO 2

¿QUÉ TAN REAL ES LO REAL?

Los opositores más fuertes a la sobrevivencia después de la muerte generalmente se basan en una sola creencia: que el universo material en el que estamos es el único universo real. Consideran que esta creencia es evidente y que la ciencia está de su lado. Como hemos visto en la introducción y en el capítulo 1, aunque la mayoría de los científicos tienen una opinión curiosamente negativa acerca de la teoría de la vida después de la muerte, pocos de los que investigan la realidad desde el punto de vista subatómico y diminuto o desde el punto de vista galáctico y gigantesco afirmarían que el nuestro es el único universo real. Es más, la noción de lo que constituye un universo real está en entredicho. Algunos científicos han llegado a proponer que nuestro universo es una mera simulación informática realizada por los gigantes mentales de alguna supercivilización. ¿Seguiría siendo un universo real?

La mayoría de nosotros nos consolamos asumiendo que sabemos lo que es real. Lo real es sólido. Lo real es el libro que sostienes, el coche que conduces, el cuerpo que habitas, el cerebro con el que piensas. Lo real es lo que se puede ver, tocar, probar, oír u oler. Lo real puede incluso extenderse a lo que sólo puede percibirse a través de aparatos, como una onda de radio, por ejemplo. No obstante, resulta ser perceptible para los sentidos físicos. La diferencia entre las personas que simpatizan con la posibilidad de una vida después de la muerte y las que no lo hacen es sencilla: las primeras permiten la existencia de cosas más allá del horizonte de lo que se puede percibir físicamente, y las segundas, los realistas materialistas, piensan que no hay nada más allá de ese horizonte.

Lo que los realistas materialistas no tienen en cuenta es que lo que consideramos real no es en absoluto lo que suponemos. Los científicos han determinado que el 95,4 % de todo el universo no está formado por algo que podamos percibir. No es ni materia sólida ni la energía que conocemos. Entonces, ¿de qué está hecho ese 95,4 %? El 28 % está compuesto por materia oscura, algo misterioso que sólo se detecta por su atracción gravitatoria. La materia oscura afecta el movimiento de las galaxias y la expansión del universo, y hay seis veces más de ella que de materia bariónica ordinaria. El enorme 72 % que queda es energía oscura, que llena todo el espacio. No es igual a nuestra energía ordinaria y sólo puede detectarse indirectamente porque influye en la forma en que se expande el universo.

El resto, el 4,6 % que los materialistas consideran real, está formado por la materia y la energía a las que estamos acostumbrados. Un muro de ladrillos forma parte, por supuesto, de ese 4,6 %. Pero ¿qué tan real es una pared de ladrillos? Si tuvieras visión especial, verías que esa pared está compuesta de átomos. Te darías cuenta de que casi todo el volumen de un átomo proviene de fuerzas y oscilaciones, no de materia, y de los caminos que siguen los electrones cuando zumban alrededor del núcleo del átomo a velocidades cercanas a la de la luz. Su movimiento produce la ilusión de una nube de electrones. La pared se compone, entonces, de átomos que parecen puntos diminutos en forma de nube. A esta distancia, lo que parece sólido de lejos es más bien un patrón compuesto por estas nubes individuales.

Del mismo modo, si tomáramos una imagen impresa y la miráramos bajo una lupa, veríamos que la imagen está formada por un patrón de puntos o píxeles. Si miras muy de cerca, no podrás ver la imagen completa; sólo los puntos. Lo mismo ocurre con las imágenes que se ven en la televisión y en las pantallas de los ordenadores. Si tuvieras visión especial, nunca verías la imagen completa; nunca verías materia sólida.

Si tu visión se ampliara de nuevo hasta el punto de poder mirar dentro de los átomos, te darías cuenta de que estos puntos apenas tienen sustancia. Verías que cada átomo contiene elementos más pequeños (los neutrones y protones), compuestos por los quarks que son todavía más pequeños, y los gluones que los mantienen unidos, los electrones, así hasta llegar a las doscientas entidades subatómicas actualmente reconocidas. Lo más sorprendente es que las entidades subatómicas se comportan tanto como ondas como partículas u objetos. Cuando estas entidades se comportan como ondas, se les puede considerar campos en lugar de objetos. A la inversa, podemos hablar de algo que no consideramos materia, como la luz o la electricidad, como un flujo de partículas y no de ondas.

Si se quitase todo el espacio de los átomos de nuestra pared de ladrillos, la cantidad de materia se reduciría al tamaño de un alfiler. Si se quitara todo el espacio de los átomos del cuerpo humano, quedaría un punto microscópico. Lo que nos diferencia de los muertos es ese punto.

Para complicar más las «cosas», tal vez, recuerdes del capítulo 1 que un electrón aparecerá sólo cuando lo observemos. En física, esto se llama el efecto del observador. El simple hecho es que, sin observación, el electrón sólo está potencialmente ahí. Eso significa que hasta que lo observemos, está potencialmente en cualquier lugar del universo. Ese abanico de posibilidades es bastante amplio. El efecto observador demuestra magníficamente que la atención hace que la materia se haga realidad. El asunto se vuelve más irreal al nanosegundo cuando se consideran otros componentes de la «rareza cuántica», como que las señales cuánticas viajan hacia atrás en el tiempo y que las entidades cuánticas se comunican instantáneamente a grandes distancias.

Todo esto aún no es el fin del acto de desaparición de la materia. Algunos científicos consideran que los elementos cuánticos aparecen y desaparecen constantemente a una velocidad imperceptible. Sólo percibimos algo cuando aparece, cuando se enciende en nuestro universo, como una luz. El autor y médico Deepak Chopra se refiere al lugar al que van las partículas subatómicas cuando desaparecen como realidad virtual. Un fotón se desplaza de un punto a otro al desaparecer, cambiar de ubicación mientras está en la realidad virtual y reaparecer en otro lugar. En teoría, todos los elementos cuánticos hacen esto.[1]

---

1. Aunque la idea de un universo parpadeante parece provenir principalmente del material de Seth canalizado por Jane Roberts, físicos cuánticos de gran talla, como

Cuando reaparecen ya no son exactamente iguales. Volvamos a la analogía del píxel, sólo que esta vez imaginemos que cada píxel es como un átomo formado por elementos más pequeños, a los que podríamos llamar pixelets, por pura diversión. En las películas, los patrones de píxeles difieren de un cuadro a otro. Lo que hace que el patrón cambie de cuadro a cuadro es el cambio de color e intensidad de cada píxel. En cada cuadro, los píxeles individuales se sustituyen uno a uno. En nuestro modelo, estos cambios ocurrirían en el micronivel de pixelets dentro de cada píxel. Estos ligeros y suaves cambios dan la impresión de movimiento, de modo que una puesta de sol es en realidad una serie de patrones fijos ligeramente alterados y compuestos de pixelets. Cuando esos cuadros pasan con rapidez, crean la ilusión visual de que la cara de una momia se está convirtiendo en polvo, por ejemplo. Asimismo, los minúsculos cambios a nivel atómico y subatómico dan la impresión de movimiento, pero también de crecimiento y envejecimiento. Cuando ves que una planta surge de un brote y se convierte en un árbol en tu patio trasero, está ocurriendo el mismo proceso. En realidad, la planta no está creciendo. Cada vez que las entidades cuánticas de la planta vuelven a nuestra realidad, regresan un poco diferentes, como nuestros pixelets. En las unidades de tiempo más pequeñas posibles, un patrón es sustituido por otro, con más píxeles añadidos o elimina-

David Bohm, miembro del equipo del Proyecto Manhattan, que desarrolló la bomba atómica, la consideran posible. El universo parpadeante está implícito en el hecho de que una partícula subatómica está y no está, dependiendo de si se observa o no. Mientras no se observe, los científicos la ven en una superposición, es decir, puede estar en cualquier lugar del universo o no existir. Las entidades subatómicas no sólo cambian entre partículas y ondas, sino que también cambian de otras maneras igualmente significativas. Por ejemplo, un fotón se convierte en una pareja de un electrón y un positrón. Como un electrón es negativo y su antimateria, el positrón, es positiva, se aniquilan mutuamente y vuelven a convertirse en un fotón. Más importante es quizá la fluctuación cuántica, que habla de partículas como un par electrón-positrón que aparece de la nada y vuelve a desaparecer. La fluctuación dura sólo unos 10^{-21} segundos. Estas partículas «virtuales» no son hipotéticas, sino que se han detectado formando nubes alrededor de otras partículas cargadas. El universo parpadeante también es la base de varias interpretaciones de la teoría del campo de punto cero. El tema es explorado con cierta profundidad en Chopra, D.: *Life after Death: The Burden of Proof.* Harmony Books, Nueva York, 2006. pp. 211-213.

dos cuadro a cuadro, lo que hace que la planta parezca aumentar de tamaño.[2]

Lo que tú consideras un muro de ladrillos sólido no es sólido, salvo una cantidad infinitesimal de materia. Son más bien fuerzas y espacio, no inmóviles, sino en movimiento, y probablemente no siempre están ahí, sino que entran y salen constantemente de nuestra realidad. Además, es capaz de comunicarse de algún modo con la conciencia debido al efecto observador. Yo diría que los materialistas están pisando un terreno bastante inestable, en sentido literal y figurativo.

Tal vez la muerte sólo sea una cuestión de parpadear en otra dirección, un cambio de enfoque o de intención. Los relatos de comunicación después de la muerte coinciden en que la gente en el Más Allá cambia casi instantáneamente. Una persona anciana y enferma puede volverse joven y sana en un abrir y cerrar de ojos. La única diferencia entre lo que hacemos nosotros, los vivos, y lo que hacen ellos es que nosotros estamos confinados a un patrón organizado en una estrecha secuencia y ellos no. Sin embargo, hay muchas incidencias documentadas en las que algunos objetos aparecen de la nada, normalmente en algún lugar justo debajo del techo. Estos objetos se llaman *apports*, es decir, cosas que desaparecen en un lugar y se materializan en otro, ligeramente calientes al tacto. La mayoría de los *apports* son producto de la intención humana. La teoría del universo parpadeante, combinada con el efecto del observador, explicaría esto: los átomos de un objeto parpadean y desaparecen en la realidad virtual para volver a parpadear y, por intención, reaparecer en otro lugar. Dado que la distancia no es un factor en la realidad virtual, el objeto no tiene que ir de un punto A a un punto B. Asimismo, los muertos no tienen que parpadear en sucesión contigua según nuestro punto de vista, sino que pueden ir, y lo hacen, del punto A al punto X o R o a cualquier otro punto que deseen. Controlan su siguiente posición simplemente con la intención. Y pueden invertir la dirección, rejuveneciendo o envejeciendo, por ejemplo. Y al igual que las entidades cuánticas, pueden lograr una comuni-

---

2. La unidad de tiempo más pequeño se denomina tiempo de Planck, en honor al físico cuántico Max Planck. Mide 10^{-43} segundos, un punto decimal seguido de 42 ceros con un 1 al final.

cación instantánea hacia atrás en el tiempo, como se verá en los dos próximos capítulos. Aunque suelen aparecer como luz y energía, a veces parecen tan sólidos que la gente los ha tocado. En otras palabras, los muertos parecen seguir leyes mucho más cercanas a la física cuántica que a las leyes de la física clásica.

Si crees que el universo a nivel atómico es volátil, espera a oír lo que te explico sobre el universo celular. Una persona que pesa 100 kg está compuesta por aproximadamente 10^{28} átomos.[3] Estos átomos se combinan para formar moléculas, como el hidrógeno y el oxígeno se combinan para formar el agua, que constituye la mayor parte del cuerpo. Entre los 10 y los 70 años, las moléculas viejas del cuerpo se cambian por nuevas unas 60 veces. Eso significa que el cuerpo del año pasado no es el de hoy. Obviamente, si las partículas atómicas, los átomos y las moléculas van y vienen constantemente, también las células deben estar en movimiento. De hecho, 500 000 células del cuerpo mueren y son reemplazadas cada segundo. Cada día, unos 50 000 millones de ellas pasan por este proceso. En promedio, las células de la piel se caen y son reemplazadas cada 27 días, lo que significa que una persona tiene unas 1000 pieles nuevas a lo largo de su vida.[4] El micromundo de los átomos, las moléculas y las células es muy activo. En lugar de ser fija y sólida, la existencia a este nivel tan diminuto está en movimiento incesante, en ciclos constantes de muerte y nacimiento, apariciones y desapariciones. Así, deberías preguntarte, ¿entonces, qué tan real soy?

LA MENTE POR ENCIMA DE LA MATERIA

Al igual que partimos de una división tajante entre lo real y lo irreal, suponemos que, como la inteligencia es real, debe existir en una cosa real: en el cerebro físico. Si esto es cierto o no es objeto de debate. Algunos neurocientíficos, psiquiatras y psicólogos se preguntan si la inte-

---

3. 100.000.000.000.000.000.000.000.000.000 átomos; ver Gribbin, J.: *In Search of the Multiverse*. Allen Lane, Penguin, Londres y Nueva York, 2009.
4. Estas estadísticas provienen de HOGAN. R. C.: *Your Eternal Self*. Greater Reality Publications, 2008, p. 1.

ligencia puede existir fuera del cerebro. ¿Puede lo que llamamos mente, que es la sede de la inteligencia y generadora del pensamiento y la identidad, desprenderse del cerebro físico y actuar independientemente del cuerpo? Si se puede demostrar que opera fuera del cuerpo, hay una base para creer que la mente, la cual alberga la identidad, los recuerdos, los valores, las esperanzas y todo lo que es uno, puede sobrevivir al cuerpo en el momento de la muerte. Para mí, éste es el tema central de la cuestión de la sobrevivencia.

La ciencia ni siquiera puede explicar la memoria, ni puede localizar los recuerdos en el cerebro, a pesar de toda la cartografía cerebral que se lleva a cabo mediante TAC, RMN, PET y EEG. Se pueden estimular pequeños segmentos del pasado mediante electrodos, pero se desconoce dónde están realmente almacenados los recuerdos.[5] El neurocirujano Dr. Wilder Penfield, que fue uno de los primeros en estimular el córtex durante una cirugía cerebral, señala que las actividades mentales del paciente continuaban sin interrupción y sin verse afectadas por la estimulación. Tras años de experimentos, se podían estimular destellos de memoria, pero no las creencias, la resolución de problemas, la toma de decisiones ni cualquier otra actividad del ser pensante.[6] Desde entonces, Penfield y otros han demostrado que los modelos de la neurociencia vigentes no explican la experiencia interna y subjetiva del ser.[7] Con todo, concluyen que la mente no está en el cerebro.

Es habitual establecer una relación entre la dimensión craneal y las capacidades mentales. Cuanto más grande sea el cerebro, mayor será la capacidad para almacenar la memoria y, por ejemplo, para jugar al ajedrez. Si la inteligencia sólo dependiera de la biología, los asiáticos orientales tendrían el mayor nivel de inteligencia humana, ya que en promedio sus cráneos son de mayor tamaño que los de otros grupos de población. Además, no se explicarían las asombrosas proezas mentales

---

5. De la reflexión de Hogan, R. C. sobre el cerebro en el primer capítulo de su libro *Your Eternal Self*, p. 7.

6. Ibíd.

7. Ver especialmente Kelley, E.F., Kelley, *et al.*: *The Irreducible Mind: Toward a Psychology for the 21st Century*. Rowman and Littlefield, Lanham, Maryland, 2006. La noción de la mente extendida o de la mente como entidad suprafísica ha dado lugar a un creciente cuerpo de literatura científica y filosófica.

de algunos animales con cerebros del tamaño de una nuez. Pienso sobre todo en los loros, cuyas capacidades lingüísticas pueden ser asombrosas. Producen oraciones gramaticalmente correctas, tienen un amplio vocabulario y saben contar. Algunos incluso son talentosos telépatas.[8]

Es un hecho que las personas a las que se les ha extirpado quirúrgicamente la mitad del cerebro en una operación conocida como hemisferectomía conservan la memoria y la identidad normales.[9] Los estudios sobre niños que pasaron por este procedimiento demuestran que, de hecho, rinden más en la escuela con medio cerebro que cuando sus cerebros estaban intactos. Y hay casos que desafían a la ciencia en los que adultos con un funcionamiento normal carecen casi por completo de cerebro. Un ejemplo fue el de un funcionario de 44 años, casado y con dos hijos. Los escaneos cerebrales tomados en la Université de la Mediterranée (Marsella) revelaron que su cráneo había acumulado tanto líquido que el cerebro había quedado reducido a una fina lámina de tejido. Sin embargo, llevó una vida totalmente normal.[10] Si la capacidad mental no siempre disminuye al reducirse el tamaño del cerebro, la idea de que la inteligencia reside en el cerebro es discutible.

Una habilidad mental que sobrepasa el ámbito del cuerpo físico es la visión remota. Algunos habitualmente perciben personas, objetos y sucesos en otra parte del planeta; la distancia entre el espectador y el objetivo no tiene importancia. A veces ven un evento mucho antes de que suceda. La habilidad es lo suficientemente fiable y precisa como

---

8. Para el loro telepático N'kisi y otras mascotas psíquicas, ver las obras de Sheldrake, R.: *Dogs That Know When Their Owners Are Coming Home: And Other Unexplained Powers of Animals.* Crown, Nueva York, 1999. y Sheldrake, R.: *The Sense of Being Stared At: And Other Unexplained Powers of the Human Mind.* Crown, Nueva York, 2003.
9. Choi, C.: «Strange but True: When Half a Brain Is Better Than a Whole One», *ScientificAmerican.com*, mayo 24 (2007) y Hogan: *Your Eternal Self.* p. 9.
10. Informado por Reuters, 19 de julio de 2007. El artículo «Brain of a White-Collar Worker», *Lancet,* vol. 370, n.º 9583, julio 21 (2007), disponible en www.thelancet.com/journals/lancet/article/PIISO140-6736(07)61127-1/fulltext Incluye extractos de Dr. Lionel Feuillet en Marsella y comentarios del Dr. Max Muenke, especialista en defectos cerebrales del Instituto Nacional de Investigación del Genoma Humano.

para que el gobierno emplee a individuos que dominan la visión remota para localizar cosas como municiones en territorios enemigos.[11] Si el cerebro dirigiera las cosas por sí solo, únicamente podría operar en la misma zona en la que existe físicamente, algo que no se da en el caso de la visión remota. Además, sólo podría funcionar en las franjas de tiempo en las que existe, es decir, en el pasado y en el presente. Pero la gente, tanto individualmente como en grupo, sabe una y otra vez lo que va a ocurrir, en una franja de tiempo en la que los materialistas coinciden que el cerebro no existe. El número de casos en los que se produce este fenómeno podría llenar muchos cientos de volúmenes. Pruebas increíblemente rigurosas realizadas entre 1935 y 1987 demuestran que personas sin habilidades psíquicas establecidas pueden predecir con éxito qué «objetivos» o imágenes aparecerán en la pantalla de un ordenador antes de que el propio ordenador los haya seleccionado.[12] Los resultados de las pruebas contra el azar son de diez billones de billones a uno. ¿Cómo puede ocurrir esto?

Igual de misteriosos son los relatos de los niños con síndrome del sabio. Un niño, por ejemplo, dominó el finlandés, el árabe y el mandarín a una temprana edad. El niño no sólo aprendió estos idiomas difíciles solo, también lo hizo sosteniendo los libros de cabeza.[13] Otro de los llamados «sabios idiotas» es capaz de echarle un vistazo a un aparca-

---

11. Ver McMoneagle, J.: *Remote Viewing Secrets: A Handbook.* Hampton Roads, Charlottesville, Virginia, 2000. McMoneagle es un veterano del Proyecto Stargate, el programa secreto de visión remota del ejército estadounidense. También instruye a los lectores sobre cómo desarrollar esta habilidad. Ver también Brown, C.: *Remote Viewing: The Science and Theory of Nonphysical Perception.* Farsight Press, Atlanta, 2005.

12. Los informes fueron recopilados y estudiados por Dr. Charles Honorton y sus colegas de la División de Parapsicología y Psicofísica del Centro Médico Maimónides, en Nueva York. La compilación representa dos millones de ensayos. Ver Honorton, C. y Ferrari, D.C.: «Future Telling: A Meta-analysis of Forced-Choice Precognition Experiments, 1935-1987», *Journal of Parapsychology* 53, pp. 281-308 (1989). Investigaciones posteriores en la Universidad de Edimburgo y Cornell han producido los mismos resultados. Para más ejemplos y una excelente visión general del respaldo científico de la investigación parapsicológica, ver Radin, D.: *The Conscious Universe: The Scientific Truth of Psychic Phenomena.* Harper and Row, Nueva York, 2009.

13. Chopra, D.: *Life after Death.* p. 225.

miento y decir la marca, el modelo y el año de cada coche que hay en él.[14] El niño no obtuvo esta información tan detallada a través de revistas de automóviles, puesto que no sabe leer. Además, ¿de dónde proviene su preciso entendimiento de los coches europeos cuando éstos son poco conocidos en Estados Unidos?

Los niños prodigio presentan el mismo desafío. Un famoso Mozart moderno llamado Jay Greenberg ya estaba matriculado en uno de los conservatorios más prestigiosos de Estados Unidos (la Juilliard School of Music) a los 12 años, y ya había compuesto 5 sinfonías completas.[15] Comenzó a dibujar instrumentos musicales y notas a los 3 años, sin conocimientos ni formación previa. A diferencia de Mozart, no provenía de una familia de músicos. El chico nos cuenta que su cabeza se llena de música y que tiene que escribirla para sacarla. Toda una obra para orquesta llega completamente compuesta sin necesidad de revisión. Y parece ser capaz de seguir dos o tres canales diferentes y escuchar más de una composición a la vez, sin perder de vista el canal de la realidad cotidiana al que la mayoría de nosotros estamos sintonizados.

Pruebas de laboratorio realizadas en las últimas décadas sobre la percepción siguen demostrando que las personas reaccionan a estímulos antes de que el cerebro pueda registrarlos. Esto significa que es posible percibir antes de que el cerebro esté involucrado. La documentación sobre este tema es muy amplia y aumenta constantemente, por lo que aquí se presentan sólo dos ejemplos. El neurobiólogo Benjamin Libet, del Centro Médico de la Universidad de California, ha observado que una persona reacciona a una sensación, como la de ser tocado, antes de

---

14. Ver el trabajo de Joseph Chilton Pearce sobre síndrome de savant: PearcE, J.C.: *Evolution's End: Claiming the Full Potential of Our Intelligence.* HarperCollins, Nueva York, 1992. Para el «savant del automóvil», ver su libro PearcE, J.C.: *The Biology of Transcendence: A Blueprint of the Human Spirit.* Park Street Press, South Paris, Maine, 2002, p. 82, también revisado en Chopra, D.: *Life after Death.* p. 226.

15. 15. La historia de Jay Greenberg fue relatada en *60 Minutos*, una producción informativa de la CBS, en 2004. Quien esté interesado, puede consultar www.cbsnews.com/stories/2004/11/24 /60minutes/main657713.shtml; también ver Hogan: *Your Eternal Self*, p. 43. La relación entre el síndrome del savant y el genio se explora en «The Key to Genius», www.wired.com/wired/archive/11.12/ genius_pr.html

que el cerebro sea consciente de ello.[16] Dean Radin, científico experto del Instituto de Ciencias Noéticas realizó estudios mediante la selección al azar, con un ordenador, de dos tipos de imágenes: unas calmantes, como escenas pastorales, y otras emocionalmente perturbadoras, como escenas sexuales o violentas. Los niveles de conductividad de la piel revelaron que las personas reaccionaban neutralmente a las imágenes tranquilas y con estrés a las emotivas. Hasta aquí no hay nada extraordinario respecto a este resultado. Lo que no se esperaba, es que la piel de algunas personas reaccionara consistentemente y de forma acertada a la imagen unos seis segundos antes de que apareciera la misma en la pantalla del ordenador, es decir, también antes de que el ordenador hiciera su selección aleatoria.[17] Está claro que, si el ordenador no sabía qué imagen iba a aparecer, los cerebros de los sujetos de la prueba tampoco lo sabían. ¿Qué área de la mente de la persona lo supo?

Ya que la materia de por sí es casi toda energía y sólo está presente de forma leve en el plano físico, y la mente es mucho más que mera materia, no es un paso demasiado grande razonar que la diferencia entre la mente de los vivos y la de los muertos sea tan infinitesimal como el puntito de materia que hay en cada átomo. Queda hacernos la pregunta central: ¿la mente puede funcionar plenamente estando desconectada del plano material, es decir, separada del cerebro y del cuerpo? La mejor evidencia de esto está por venir. Sólo pasa la página.

---

16. Libet, B.: «Subjective Antedating of a Sensory Experience and Mind-Brain Theories: Reply to Honderich», *Journal of Theoretical Biology* 155, pp. 563-570. (1984). También ver especialmente SheldrakE, R.: *The Sense of Being Stared At.*
17. Los mismos resultados fueron replicados en la Universidad de Ámsterdam y en la Universidad de Utrecht. Ver Bierman, D. y Radin, D.: «Anomalous Anticipatory Response on Randomized Future Conditions», *Perceptual and Motor Skills* vol. 84, pp. 689-690 (1997) y Radin, D.: *The Conscious Universe.*

CAPÍTULO 3

EXPERIENCIAS CERCANAS A LA MUERTE

Si se puede demostrar que la mente funciona independientemente del cuerpo físico, cabe suponer que funciona más allá de las leyes del universo material. Si es así, hay razones para argumentar que la muerte física no la afecta mucho. Créase o no, hay pruebas de que la mente es independiente del cuerpo. Las dos demostraciones más claras tienen que ver con un objeto bastante humilde si se compara con sus elevadas consecuencias: un zapato.[1]

LA BAMBA AZUL

Una trabajadora emigrada llamada María fue trasladada al Centro Médico Harborview (Seattle) con un paro cardíaco. Después de tres días de convalecencia, sufrió un segundo paro cardíaco. Tras la reanima-

---

1. Entre las muchas fuentes publicadas de estos dos relatos está la más técnica de los especialistas en investigación Ring, K. y Lawrence, M.: «Further Evidence for Ve‡ ridical Perception during Near-Death Experiences», *Journal of Near-Death Studies,* vol. 11, n.º 4, pp. 223-229 (1993) Ver también Ring, K. y Valarino, E.E.: *Lessons from the Light.* Moment Point Press, Needham, Masachusetts, 2000; reimp. 2006, pp. 65-68.

ción, le contó la siguiente historia a Kimberly Clark Sharp, una trabajadora de cuidados intensivos en la unidad de medicina coronaria.[2]

María relató que, mientras el equipo médico la reanimaba, se encontró flotando fuera de su cuerpo en dirección al techo. Desde allí pudo observar al equipo mientras trabajaba en su cuerpo. Describió a las personas en la sala, lo que hacían y el equipamiento que utilizaban. Entonces se encontró fuera del hospital, donde se fijó en el diseño de la entrada de urgencias. Aunque todo lo que describía era del todo correcto, Sharp admite que pensó que María estaba inventando un poco y que se habría enterado de los detalles de la reanimación y de la arquitectura del hospital antes de su ingreso. Esto es más difícil de creer dado que María nunca había estado en Seattle.

Entonces María le contó que, mientras se elevaba fuera del edificio del hospital, se acercó a una ventana del tercer piso del lado norte, donde algo en el alféizar de una ventana le llamó la atención. Se trataba de «una bamba de color azul oscuro de hombre, muy gastada, con rozaduras en el lado izquierdo, donde iría el dedo pequeño. El cordón de la bamba estaba trabado bajo el talón». Siguiendo las indicaciones de María, Sharp salió a buscar el calzado, pensando que su búsqueda sería inútil. No se veía nada desde el exterior, así que recorrió las habitaciones del tercer piso. Llegó por fin a la habitación correcta. Cuando apoyó la cara contra el cristal de la ventana y se asomó a la cornisa, lo vio. Desde su punto de vista no podía ver la mancha desgastada en la zona de los dedos del pie que María había visto desde fuera, pero todos los demás detalles eran exactamente como María los había descrito, incluso el cordón de la bamba debajo del talón. Abrió la ventana y alzó la bamba. Efectivamente, había una rozadura en la zona del dedo pequeño del pie.

---

2. Esta historia, que sacudió el mundo de la investigación de las ECM, ha sido publicada por varios autores. Para el relato completo, ver Clark Sharp, K.: *After the Light*. William Morrow, Nueva York, 1995, pp. 3-16. También Ver su escrito original, *Clinical Interventions with Near-Death Experiencers. The Near-Death Experience: Problems, Prospects, Perspectives.* ed. Grayson, B. y Flynn, C.P., Charles C. Thomas, Springfield, Illinois, 1984, pp. 242-255.

EL ZAPATO ROJO

Un incidente similar ocurrió en 1985, en un hospital en Hartford (Connecticut). Una enfermera, Cathy Milne, lo supo gracias a una mujer que había sido reanimada recientemente. La paciente le contó a Milne cómo había flotado sobre su cuerpo y, al igual que María, había presenciado el procedimiento de reanimación. Se sintió entonces impulsada a través de varios pisos del hospital hasta que se encontró por encima del tejado, donde contempló el horizonte de Hartford. A vista de pájaro, detectó un zapato rojo sobre el tejado. Milne relató la historia a otro residente, que en un arrebato de escepticismo consiguió que un conserje le permitiese salir al tejado. Cuando Milne lo vio más tarde, tenía un zapato rojo en la mano. Milne no había oído hablar de la experiencia de María.

• • •

Las dos mujeres que vieron esos calzados se encontraban en las etapas iniciales de las experiencias cercanas a la muerte (ECM), cuando una persona abandona el cuerpo, pero aún permanece en el mundo que reconocemos como real. Los relatos similares de personas que ven y oyen cosas mientras están fuera de sus cuerpos durante esta etapa inicial son innumerables. Se fijan en las cosas más extrañas, así como en las más obvias: por ejemplo, los cordones de los zapatos a cuadros de una enfermera, dónde estaban guardadas unas dentaduras postizas y por quién, o monedas colocadas sobre armarios fuera del campo de visión para una persona de pie.[3] Muchos intentan atraer la atención del personal médico que les atiende. Gritan a los médicos y a las enfermeras, se agarran a sus brazos, todo ello en vano porque están desconectados del reino material.

Dichas personas pueden recordar con claridad, punto por punto, los procedimientos médicos utilizados para reanimarlas, el equipa-

---

3. Ver Morris, L.L. y Knafl, K.: «The Nature and Meaning of the Near-Death Expea rience for Patients and Critical Care Nurses», *Journal of Near-Death Studies,* vol. 21, pp. 139-167 (2003).

miento empleado, las mediciones en los monitores y las palabras habladas. Sus recuerdos de lo que ocurrió mientras estaban fuera del cuerpo tienen un nivel de precisión y detalle que produce escalofríos, sobre todo teniendo en cuenta que pocos de estos sobrevivientes conocen la tecnología médica. El Dr. Michael Sabom, cardiólogo de Atlanta (Georgia), menciona un caso que invita a la reflexión, en el que un sobreviviente que estuvo a punto de morir cometió un aparente error al describir el medidor de desfibrilación. Pero Sabom no tuvo en cuenta que la ECM del hombre había ocurrido en 1973, casi una década antes de la entrevista. Cuando Sabom investigó el modelo antiguo de este aparato, descubrió que el paciente había descrito exactamente el tipo utilizado en 1973.[4]

Los sobrevivientes asimilan todo esto con una claridad asombrosa, mientras sus cuerpos están siendo operados, están en salas de urgencias o tirados en la calle tras ser atropellados. También pueden estar en shock anafiláctico o en coma profundo, teniendo convulsiones, dando a luz, en duelo, en meditación o sueño profundo, sufriendo agotamiento físico o privación de sueño, o corriendo una maratón. Los casos que más desafían toda posibilidad médica son aquellos en los que las personas están muertas, conforme a todas las descripciones convencionales. No hay signos vitales de ningún tipo. Estos pacientes han dejado de respirar, sus corazones han dejado de latir, los electroencefalogramas se han aplanado, las pupilas ya no responden y, sin embargo, ellas ven, oyen, sienten, piensan, razonan y recuerdan.

En ocasiones, la muerte clínica dura varias horas. Esto es una imposibilidad médica, pues el límite de tiempo en que se deja de respirar antes de que el cerebro sufra daños permanentes es de 10 minutos. Sabom describe el relato de un veterano de Vietnam sobre su estado extracorporal que duró casi un día. Comenzó cuando fue gravemente herido en la batalla. Este soldado vio cómo miembros del Vietcong se

---

4. Éste es un ejemplo extraído del estudio de Sabom sobre 32 sobrevivientes cercanos a la muerte. En todos los sobrevivientes recordaron los acontecimientos que tuvieron lugar durante la reanimación con perfecto detalle. Por el contrario, todos los que fueron reanimados, pero no tuvieron una experiencia extracorporal, cometieron errores significativos. Ver el libro de Sabom: *Recollections of Death: A Medical Investigation*. Harper and Row, Nueva York, 1982.

acercaban a su cuerpo y le quitaban el reloj, la pistola y los zapatos. Siguió observando mientras los estadounidenses regresaron más tarde y lo metieron en una bolsa para cadáveres, que luego fue apilada en un camión que se dirigía a la morgue. Cuando el funerario hizo la primera incisión para inyectar líquido de embalsamamiento en la vena femoral izquierda, se dio cuenta de que brotaba sangre de la incisión. Llamó a los médicos, quienes determinaron de inmediato que el hombre seguía vivo. El soldado fue llevado al quirófano, donde observó tranquila y pacíficamente desde arriba cómo le amputaban un brazo.[5]

Cuando las personas están fuera del cuerpo, las facultades mentales y la percepción no sólo continúan, sino que se potencian más allá de lo imaginable. Una de estas facultades es la visión. Las personas suelen captar cantidades de información por encima de lo normal con una visión de 360 grados, observando el techo, el suelo, cada folículo capilar de la cabeza de una enfermera, todo a la vez.[6] Cuando se aventuran a alejarse, perciben de cerca el entorno físico que les rodea, y no sólo los tejados y los paisajes. Algunas, cuyos cuerpos han resultado heridos o arrojados desde coches o motocicletas accidentados, dicen haber leído números en lo alto de los postes telefónicos o pintados en los techos de los autobuses. Algunos visitan a sus amigos durante el tiempo que están fuera de su cuerpo físico.

Aún más significativo es el hecho de que, inesperadamente, los ciegos son capaces de ver. Este sensacional hallazgo presenta la prueba más asombrosa de que la mente y la percepción operan independientemente del cuerpo. Kenneth Ring y Sharon Cooper analizan numerosos casos de ciegos en experiencias extracorporales y cercanas a la muerte.[7] Algunos de sus sujetos de investigación eran ciegos de nacimiento con una falta de sentido visual tan total que antes de sus experiencias cercanas a la muerte no tenían ningún concepto de color o luz. Tampoco eran capaces de soñar con imágenes, sino que soñaban sólo con soni-

5. Esto es descrito en el libro de Moody, R.: *The Light Beyond*. Bantam Books, Nueva York, 1988, pp. 141-143.
6. Para más ejemplos, ver Rommer, B.: *Blessing in Disguise*. Llewellyn, St. Paul, Minnesota, 2000, y Ring y Valarino: *Lessons from the Light*. pp. 60-64.
7. Ring, K. y Cooper, S.: *Mindsight: Near-Death and Out-of-Body Experiences in the Blind*. Institute of Transpersonal Psychology, Palo Alto, California, 1999.

dos, sabores, olores y sensaciones táctiles. Sin embargo, mientras estaban fuera del cuerpo, veían de qué color eran los calcetines que llevaban las personas que les rodeaban, los aparatos y procedimientos utilizados para sus reanimaciones o los nombres escritos en las etiquetas del personal del hospital en otras habitaciones. También se ha verificado infaliblemente la exactitud de sus relatos.

Los fenómenos de ver sin ojos, pensar, razonar, percibir y recordar en ausencia de toda actividad cerebral y signos vitales demuestran que nuestras mentes –todo lo que tenemos como pensamientos, recuerdos, conciencia e identidad, así como nuestras experiencias sensoriales– no necesitan un cuerpo físico ni un cerebro para funcionar. De hecho, parece que la materia los obstruye. Las evidencias en su conjunto demuestran de forma definitiva que la conciencia existe fuera del cerebro y no está sujeta a las leyes de la materia.

Sin embargo, el escepticismo abunda. Incluso los médicos partidarios de la validez de las ECM siguen eludiendo lo médicamente imposible sugiriendo que el cerebro no está «realmente muerto», sino que subsiste a un nivel demasiado profundo para ser rastreado tecnológicamente. Pero nadie ha argumentado hasta ahora, respecto al caso de los ciegos congénitos, que sus ojos físicos estuviesen operando todo el tiempo a un nivel bajo no detectado.

Las evidencias aún no nos permiten afirmar que cuando la conciencia se libera de la materia a través de la muerte, ya sea clínica o permanente, se traslada a una realidad del Más Allá. Sólo en Estados Unidos, unos trece millones de personas que han tenido experiencias cercanas a la muerte insisten en que es así,[8] y millones más en otros lugares y épocas también. Por supuesto, los meros números no hacen que sea cierto. Después de todo, hubo una época en la que casi todo el mundo creía que el mundo era plano. Sin embargo, si trece millones de creyentes hubieran desaparecido por el borde de la Tierra, habrían tenido un ar-

---

8. La encuesta Gallup de 1982 estimó que más de 8 millones de estadounidenses habían tenido experiencias cercanas a la muerte, no todas causadas por situaciones de muerte inminente, lo que representa alrededor del 5 % de la población adulta, o una persona de cada 20. Una encuesta posterior, de 1992, estimó que 13 millones de estadounidenses las habían tenido. Ver Rommer: *Blessing in Disguise*. p. 3.

gumento a favor de un mundo plano. Hay una gran diferencia entre la creencia y la experiencia directa.

Aunque ninguna experiencia cercana a la muerte es idéntica a otra, parece haber cierta homogeneidad entre los tipos que habitualmente se consideran «positivos». Las experiencias cercanas a la muerte «poco positivas», que no son tan comunes, parecen ser más personalizadas.[9] Muestran mucha más variabilidad en las imágenes y los paisajes, en los tipos de acontecimientos que se producen y en los seres con los que se encuentran. El grado de incomodidad va desde la confusión hasta el miedo extremo. En muy raras ocasiones, una experiencia poco positiva puede implicar algunos rasgos estereotipados de un infierno o una sensación de vacío en la que la persona teme no existir.[10] Sea la experiencia positiva, no tan positiva o incluso infernal, los efectos que han tenido luego en los sobrevivientes han sido más o menos iguales. Como veremos a continuación y en detalle en el capítulo 9, todos los sobrevivientes declaran un gran número de beneficios duraderos.

A pesar de que los tipos positivos tienen un carácter más homogéneo, pocos tienen todos los elementos de las experiencias cercanas a la muerte clásicas. Varían en profundidad, desde la iluminación hasta la verdadera trascendencia. No todos pasan por la etapa inicial en la que permanecen temporalmente en nuestra realidad después de salir de sus cuerpos, como lo hizo María. Muchos simplemente despegan: por un túnel o por un pasillo o por un puente o en una niebla. Las representaciones pueden ser diferentes, pero el significado de la imagen (pasar de una «zona» a otra) y su efecto (la sensación de paso) están estrechamente relacionados. Trataré este fenómeno en el capítu-

---

9. El término para las experiencias desagradables cercanas a la muerte fue acuñado por Rommer, B.: *Blessing in Disguise*. Del grupo de estudio de Rommer, el 17,7 % había tenido experiencias poco positivas (24). P.M.H. Atwater estimó que alrededor del 14 % de sus participantes habían tenido ese tipo Atwater, P.M.H.: *Beyond the Light*. Avon, Nueva York, 1995. Muchos investigadores destacados, como Raymond Moody, Michael Sabom y Kenneth Ring, no informaron de experiencias negativas salvo momentos ocasionales de incertidumbre o confusión.
10. Cuando Moody y Ring combinaron sus datos con la investigación del Evergreen State College, en Olympia, Washington, descubrieron que sólo el 0,3 % de los encuestados describieron experiencias infernales cercanas a la muerte, ver Moody: *The Light Beyond,* p. 27. Gallup encontró sólo un 1 %.

lo 11. Este proceso puede ir acompañado de sonidos de silbidos, tintineos o zumbidos.

Es típico que la persona sea recibida por parientes fallecidos. En ocasiones, acuden lo que parecen ser guías o ángeles para brindar apoyo. En varios casos, la persona fue recibida por un familiar o amigo del que no sabía que había muerto. La comprobación posterior de la muerte del saludador en todos los casos presenta un fuerte argumento a favor de la legitimidad de estos hechos. Los experimentadores suelen ver una luz misteriosa en el horizonte o al final de un túnel que los atrae hacia delante. A medida que se acercan, se ven envueltos en sensaciones transformadoras de amor y comprensión. Muchos vuelven con descripciones exultantes de esa luz, que perciben como personalidades de profunda compasión e íntima comprensión, de amor indescriptible y de un sorprendente sentido del humor. Al ser de luz se le ha llamado Cristo, Alá, Dios, el Gran Tipo y el Gran Kahuna, entre otros nombres. Curiosamente, los niños también ven figuras femeninas.[11]

En este momento, muchos experimentan una revisión de su vida. Los recuerdos panorámicos de cada uno de los momentos de su pasado (y a veces de su futuro) aparecen ante ellos a velocidades imposibles o todos a la vez en tiempo simultáneo.[12] A pesar del ritmo de la información, los sobrevivientes no tienen dificultad para absorberla. En este momento espacioso vuelven a experimentar cada uno de sus pensamientos y actos, cada emoción, y sienten los efectos que sus actos tuvieron en los demás. Aunque muchos episodios de las revisiones de la vida provocan vergüenza, no se tiene la sensación de ser juzgado. El propósito más bien es darse cuenta de dónde hay que mejorar. Por el contrario, las revisiones de la vida de las experiencias poco positivas si se sienten como juicios de una fuente externa.[13] Quizá las experiencias poco positivas procedan de sentimientos de culpa muy arraigados, sentimientos que evidentemente se purgan en el proceso de la revisión de

---

11. Para una reflexión sobre una identidad más plausible para este ser, *véase* el capítulo 11.

12. *Véase* el capítulo 8 para tiempo simultáneo y experiencias del no tiempo, especialmente durante revisiones de vida.

13. Rommer: *Blessing in Disguise*, p. 11.

la vida. En ambos casos, la revisión resulta importante cuando se decide si permanecen muertos o regresan.

Las experiencias cercanas a la muerte en distintas culturas comparten muchas características generales, pero también hay diferencias esenciales. En los estudios realizados con sobrevivientes en la India, por ejemplo, casi siempre se encontraban con familiares y conocidos fallecidos y, con frecuencia, con seres de luz. Sin embargo, los relatos de los indios incluían mensajeros que los escoltaban al otro lado y los traían de vuelta, lo cual es desconocido en Occidente. El ambiente es generalmente más burocrático, con secretarios con libros en los que están anotados los nombres y los horarios de las muertes. Cuando se revisan los nombres de los recién llegados con esta lista y resulta que su llegada al otro lado es un error, como una confusión de nombres, no se les pregunta a los experimentadores si quieren quedarse o volver, sino que simplemente se les dice que vuelvan a terminar su vida. En la pequeña muestra estudiada hasta ahora, no ha habido ningún caso de revisión de la vida.[14]

Una cosa es aceptar que las personas que se encuentran fuera del cuerpo pueden ver bambas en el alféizar de una ventana. Otra cosa es cuando lo que informan está ocurriendo en otra realidad. A diferencia de las bambas y los folículos capilares, lo que se ve y se siente no puede verificarse desde nuestro punto de vista. Los relatos de los encuentros con un ser de luz, por ejemplo, parecen más bien fantasías. Hay experiencias más cósmicas en las que una persona parece salir disparada por el espacio intergaláctico que son propias de la ciencia ficción. De ahí que muchos médicos, neurocientíficos, psiquiatras, psicólogos y cosmólogos descarten que las experiencias cercanas a la muerte sean acontecimientos reales.

En los años 1970 y 1980, cuando las ECM aún no habían sido identificadas del todo, los médicos las consideraban signos de trastornos mentales. A pesar del cambio de actitud de hoy, los argumentos de

---

14. Pasricha, S.K. y Stevenson, I.: «Near-Death Experiences in India: A Preliminary Report», *Journal of Nervous and Mental Disease.* vol. 175, pp. 165-170 (1986); S.K. Pasricha: «A Systematic Survey of Near-Death Experiences in South India», *Journal of Scientific Exploration* vol. 7, pp. 161-171 (1993).

los escépticos no han variado mucho. La mayoría aún defiende las hipótesis de alucinaciones. Se cree que los desequilibrios químicos causados por las drogas que alteran la mente y los analgésicos, como la Torazina, el Valium, el Ddemerol y la morfina, son la fuente de las alucinaciones. O tal vez la reacción del cerebro al estrés produzca un torrente de neurohormonas, principalmente las poderosas endorfinas. Por otra parte, las psicosis como la esquizofrenia y los trastornos bipolares también implican desequilibrios químicos que pueden ocasionar alucinaciones.

Las hipótesis de las alucinaciones tienen varios fallos. Los informes de los sobrevivientes muestran que los eventos vividos no eran en absoluto como alucinaciones, sino que eran lúcidos, coherentes, ordenados y eminentemente no parecidos a un sueño. De hecho, y a diferencia de las alucinaciones, son bastante predecibles. Estas experiencias suceden mientras la persona está inconsciente, mientras que las alucinaciones psiquiátricas y las inducidas por drogas se producen durante estados conscientes. En los casos en que la actividad de las ondas cerebrales del sobreviviente ha cesado, las alucinaciones resultarían médicamente imposibles.

Siguiendo la idea de la aberración mental, los críticos de las ECM las han considerado como episodios de disociación, propios de psicosis como la paranoia y la esquizofrenia. También se cree que los trastornos cerebrales orgánicos, como el delirio y la demencia, pueden ser las causas. La epilepsia del lóbulo temporal también se considera sospechosa, pero un trastorno cerebral tan violentamente eléctrico debe aparecer en los electroencefalogramas.

Las enfermedades mentales suelen provocar desesperación, depresión y falta de esperanza, pero los que han tenido experiencias cercanas a la muerte llevan una vida más ajustada y satisfactoria.[15] En general, los que padecen delirio y demencia están fuera de contacto con su entorno inmediato, desorientados e incapaces de concentrarse. Tienden a perder la coherencia y a tener alucinaciones de pesadilla en las que ven insectos y animales. Nada en la literatura de las ECM se asemeja a tales síntomas.

---

15. Ver la refutación de Raymond Moody en *The Light Beyond*, pp. 109-127.

Un estudio en el que participaron pacientes psiquiátricos ambulatorios muestra que los que tuvieron una crisis médica con ECM experimentaron menos angustia en sus vidas después de la crisis y los que no tuvieron una ECM padecieron más angustia psicológica después de la crisis.[16] Asimismo, varios estudios demuestran que las personas que intentaron suicidarse y tuvieron una ECM volvieron con actitudes más saludables y no volvieron a intentar quitarse la vida.[17] En el caso de los que fueron reanimados tras un intento de suicidio y no tuvieron una ECM, la depresión continuó y los intentos de suicidio se repitieron.

La mayoría de las veces, las ECM se atribuyen a que el cerebro «hace de las suyas» por diversas razones fisiológicas. La falta de oxígeno en el cerebro (hipoxia), que presenta síntomas como la visión de luces brillantes y sensaciones de paz y de abandono del cuerpo, es un argumento predilecto. Pero otros síntomas de hipoxia son movimientos espasmódicos de las extremidades, deterioro de la memoria, hormigueo en las extremidades, pensamiento fragmentado y convulsiones, ninguno de los cuales se produce durante una ECM.

También se cree que los episodios de cercanía a la muerte son el resultado de un mecanismo psicológico que se pone en marcha cuando la vida de una persona está a punto de terminar. Esta reacción a la amenaza se llama «despersonalización transitoria». Si una ECM no es más que una reacción automática a una amenaza vital, ¿por qué no le ocurre a todo el mundo que se enfrenta a una muerte inminente? Además, muchas ECM no están provocadas por una amenaza de este tipo. La hipótesis del mecanismo no explica por qué las personas que sobreviven a un paro cardíaco sin tener una ECM desarrollan problemas emocionales de larga duración, como insomnio, irritabilidad, ansiedad y sueños temerosos. Las personas que tienen una ECM, en cambio, no.[18]

---

16. Greyson, B.: «Near Death Experiences in a Psychiatric Outpatient Clinic Popu lation», *Psychiatric Services* vol. 54, pp. 1649-1651 (2003).

17. Para una revisión de estos estudios, ver Lester, D.: *Is There Life after Death? An Examination of the Empirical Evidence.* McFarland, Jefferson, North Carolina, 2005, pp. 57-58.

18. Estos cambios inexplicables han sido trazados desde mediados de la década de 1960. Ver Druss, R.G. y Kornfeld, D. S.: «The Survivors of Cardiac Arrest»,

Sabemos que algo real ocurre durante las ECM, porque los efectos posteriores en los sobrevivientes no sólo son extremos y consistentes, sino también cuantificables. Esto coincide con los requisitos científicos convencionales. Los efectos medibles incluyen la disminución de la temperatura media del cuerpo, la reducción de la presión sanguínea y de las tasas metabólicas, la reducción de los ciclos de sueño, el aumento de las percepciones sensoriales, el aumento de las capacidades intelectuales, la mejora de las habilidades cognitivas y los cambios en el campo electromagnético de los sobrevivientes. En ocasiones, las personas regresan curadas de enfermedades mortales.[19] En el capítulo 9, exploraremos las transformaciones psicológicas y espirituales que los sobrevivientes experimentan. Estos beneficiosos cambios son tan profundos y duraderos que eclipsan los cambios fisiológicos que son más aceptados a nivel científico. Las consecuencias tan espectaculares no dan lugar a dudas de que ocurre algo de gran importancia. Como las experiencias cercanas a la muerte transcurren entre las etapas iniciales y los efectos posteriores verificables, medibles y consistentes, al considerarlas en conjunto sería razonable suponer que lo que ocurre tenga también cierta base en la realidad.

En total, las ECM presentan evidencia limitada de la sobrevivencia, no porque no creamos que algo real haya sucedido, sino porque, por primera vez en la historia, la antigua definición de la muerte (la ausencia de signos vitales) ya no es válida. Ya que ni los médicos pueden estar seguros de la línea divisoria entre la vida y la muerte, no pueden decidir si los experimentadores realmente estuvieron muertos. La mayoría de los médicos dirían que no lo estaban. Y si no, los críticos pueden afirmar que nunca estuvieron en el Más Allá. Con todo, lo que resplandece y queda claro de las investigaciones sobre la supervivencia es que la mente sí puede seguir funcionando fuera del cuerpo, y de hecho lo hace.

Journal of the American Medical Association vol. 201, pp. 291-296 (1967).

19. Para varios casos de desaparición de enfermedades graves, ver MorsE, M.: *Transformed by the Light: The Powerful Effect of Near-Death Experiences on People's Lives*. Villard Books, Nueva York, 1992.

CAPÍTULO 4

COMUNICACIÓN TRAS
LA MUERTE

Seguramente ahora te preguntarás: si la gente sobrevive a la muerte, ¿por qué no vuelve y nos lo dice? Lo hacen –una y otra vez– y lo han hecho desde el principio de los tiempos. La Afterlife Encounter Survey (encuesta sobre encuentros con vida tras la muerte), la más extensa y amplia de este tipo, reveló que el 72 % de los entrevistados creía haber sentido la presencia de los muertos o haberse comunicado con ellos.[1] En otras investigaciones, este porcentaje llegaba al 42 %. Si estas encuestas son representativas de la población general, sugieren que, por término medio, un 57 % del total ha tenido algún contacto con los muertos. Ello supone, prudentemente, unos cien millones de personas sólo en la Norteamérica actual, sin incluir a los moribundos, los niños y los animales domésticos. No me refiero a las observaciones de fantasmas, que, como se explica en el capítulo 14, no son lo mismo.

El problema es que simplemente no queremos creer en la comunicación con los muertos. Esta resistencia es curiosa si se tiene en cuenta la abrumadora cantidad de documentación, el número de testimonios, los innumerables incidentes con información comprobada y los restos materiales, como fotografías en las que aparecen los fallecidos o

---

1. Váse n.º 1 de la introducción y Arcangel, D.: *Afterlife Encounters: Ordinary People, Extraordinary Experiences.* Hampton Roads, Charlottesville, Virginia, 2005, pp. 277-300.

grabaciones con sus voces captadas. Es especialmente peculiar dado que los muertos son los que tienen las respuestas a la cuestión de la sobrevivencia.

En parte, el problema es que la comunicación después de la muerte recibe escaso apoyo de las comunidades científicas, en gran parte porque sólo unos pocos científicos (alrededor del 5 %) creen en ella. Sigue siendo un área de investigación marginal, que interesa a un puñado de especialistas en duelo o parapsicología. La ciencia no puede hacer un seguimiento del contenido del pensamiento ni cuantificar los sentimientos y la intuición, que son los elementos básicos de la comunicación después de la muerte. Ya que hasta ahora no ha logrado dar una explicación para el pensamiento, ¿cómo podría explicar la telepatía, que es el proceso mediante el cual se logra la comunicación después de la muerte? Además, las comunidades científicas evitan la comunicación después de la muerte por su justificado temor al ridículo.

En este capítulo, revisaremos una pequeña muestra de los relatos que mejor demuestran la sobrevivencia después de la muerte, narraciones que los escépticos ignoran o descartan por considerarlos ilusiones o fraudes. Lo que se ofrece aquí no representa la gama completa de maneras en que la gente se comunica con los muertos; para ello, *véase* los capítulos 12 y 13.

LA COMUNICACIÓN ESPONTÁNEA TRAS LA MUERTE

La mayor parte de la comunicación entre los vivos y los muertos ocurre sin esfuerzo consciente. La primera recopilación sistemática de información sobre la comunicación espontánea después de la muerte fue realizada en 1894 por el filósofo Henry Sidgwick, que reunió 1684 relatos en Inglaterra. Desde aquellos primeros años, muchos más han contribuido, con una recopilación realizada por Bill Guggenheim y Judy Guggenheim, fundadores del Proyecto ADC (After-Death Communication o comunicación tras la muerte), que llegaba a 10 000 relatos cuando se escribió este texto.[2] El contacto espontáneo suele ser breve, y la interacción, breve o inexistente, principalmente porque los receptores están demasiado desprevenidos y abrumados para participar. La excepción es la variante de comunicación en el lecho de muerte, en la que la interacción es habitual. Los mensajes transmitidos son, normalmente, reconfortantes, afirmando que el fallecido ha sobrevivido, está bien y es feliz, y que su amor por la persona nunca morirá.

Los encuentros espontáneos pueden darse desde el instante en que una persona fallece hasta muchas décadas después. En algunos casos, han ocurrido justo antes de la muerte de la persona, como veremos. Son más frecuentes en el primer año de duelo. Pueden ser de carácter visual, auditivo o táctil, o de los tres. Suelen ocurrir cuando una persona está relajada, mientras sueña o ensueña, pero también al estar activa y alerta, o cuando su atención está puesta en otra cosa, por ejemplo, mientras conduce. Se producen especialmente en momentos de estrés. En una encuesta de 596 personas que tuvieron encuentros espontáneos, el 21 % de ellos fueron con familiares fallecidos. Los abuelos se comunicaron en más ocasiones que los hermanos y éstos en más ocasiones que los padres.[3] Les siguen en frecuencia los amigos (13 %), los hijos del receptor (11 %), las mascotas (10 %) y los cónyuges (6 %). Más de la mitad de las mascotas aparecían con un miembro de la familia fallecido, aunque la persona hubiera muerto mucho antes de que el animal fuera adoptado por el receptor. Un 11 % fueron muertos desconocidos por los receptores en el momento del encuentro. Muchos resultaron ser parientes que el receptor no había conocido nunca; sus identidades se determinaron posteriormente por medio de fotografías antiguas. Otros en esta categoría eran familiares de amigos. Por su parte, las personalidades espirituales constituyen el 5 % de los encuentros, y las históricas o famosas, el 2 %.

Las narraciones testimoniales incluyen encuentros en los que el difunto revela información que desconocen los vivos y que posterior-

---

2. Judy Guggenheim y Bill Guggenheim fundaron el Proyecto ADC, que dio lugar a su libro Guggenheim, J. y Guggenheim, B: *Hello from Heaven!*. Bantam Books, Nueva York, 1997, basado en 3300 relatos.

3. The Afterlife Encounter Survey (la encuesta sobre el encuentro con la vida después de la muerte), en Arcangel: *Afterlife Encounters*, p. 284.

mente se verifica. En gran parte de estos casos, el encuentro ocurre antes de que el receptor se haya enterado de la muerte por otros medios. Un fascinante grupo se compone de advertencias a los vivos de algún desastre inminente. Otros tratan de acontecimientos futuros insospechados y no amenazantes. Que los muertos les indiquen a sus familiares dónde encontrar objetos también pertenece a esta categoría, al igual que la transmisión de una secuencia de números correctos para ganar la lotería. Que se transmita una información exacta que de otro modo sería desconocida para los vivos es un claro indicio de que la comunicación después de la muerte es real, que implica a personas reales, vivas o muertas, y que no se trata de alucinaciones, fantasías o proyecciones. Indica también que los difuntos existen independientemente de los vivos, y que poseen mentes que no sólo están intactas, sino que tienen mayor amplitud de conocimientos, lo que incluye la precognición.

El momento perfecto

La aparición repentina de un ser querido es aún más insólita cuando se produce en el momento de la muerte. La anécdota de Lillian no es atípica. Había vuelto a casa después de visitar a su esposo en el hospital, ya que él había sufrido un ataque cardíaco. Mientras estaba sentada sola en el sofá, oyó su voz diciéndole que él tenía que seguir adelante; su «trabajo aquí en la tierra» había terminado. Era la 1:56 de la madrugada. Lillian comprendió lo que estaba ocurriendo y esperó una llamada del hospital. Quince minutos más tarde, una enfermera de cuidados intensivos llamó. La hora de muerte se registró a la 1:56.[4]

Un encuentro especialmente conmovedor fue el de un hombre que estaba muriendo de una enfermedad cardíaca mientras su hermana se hallaba en coma diabético en el mismo hospital. Tuvo una ECM incompleta. Ya fuera del cuerpo, se encontró con su hermana, que también había salido de su cuerpo. Cuando ella comenzó a alejarse de él, él

---

4. Para esto y más, ver Guggenheim y Guggenheim: *Hello from Heaven!*, pp. 248-250.

quiso ir con ella, pero ella le dijo con firmeza que no era su momento. Luego desapareció por un túnel. Cuando el hermano recuperó la conciencia, dijo a los médicos que su hermana había muerto, lo que al principio negaron. Finalmente, una enfermera lo revisó y comprobó que él tenía razón.[5]

El momento en que se produjeron estos casos es notable, aunque en todos ellos se esperaba la muerte. Otros encuentros presentan situaciones en las que los vivos no tenían motivos para esperar una muerte y sólo se enteraron de ella por medio de los mismos fallecidos. Dianne Arcangel nos informa de una mujer que vio a su tío resplandeciente a los pies de su cama exactamente a las tres de la madrugada de un domingo.[6] Esta mujer llevaba 30 años distanciada de su tío y de su lado de la familia. El martes siguiente, ella y su marido leyeron en el periódico que su tío había muerto a las 3 de la madrugada de ese domingo. Una mujer llamada Vicky percibió a su abuelo materno a las 2:17 de la madrugada. Como ni siquiera sabía que él estaba enfermo, se volvió a dormir tranquila. Al día siguiente, su hermana le comunicó que su abuelo había muerto poco antes de las 2:30 de esa madrugada.[7] En varios casos, una persona ha muerto en una zona horaria y ha visitado a alguien en el mismo momento en otra.[8]

Son igualmente abundantes los relatos en los que el difunto visitante estaba joven y sano al momento de fallecer. Melinda llevaba más de 10 años sin tener contacto con Tom, su amigo de la infancia. Una noche se despertó de un sueño profundo para verle de pie junto a su cama con su uniforme de la marina. Dijo claramente: «Adiós Melinda. Me voy ahora». Lo que la confundió más es que lo último que había oído era que Tom se había convertido en sacerdote, no en soldado. Tres días después, recibió una carta en la que se le informaba de que Tom había muerto en combate. Era capellán de la marina.[9]

5. Moody, R.: *The Light Beyond.* Bantam Books, Nueva York, 1988, pp. 173-174.

6. Arcangel: *Afterlife Encounters.* p. 22.

7. Guggenheim y Guggenheim: *Hello from Heaven!,* p. 249.

8. Ibíd., pp. 252-254, y Heathcote-James, E.: *After-Death Communication.* Metro Publishing, Londres, 2004, pp. 47-49.

9. Guggenheim y Guggenheim: *Hello from Heaven!,* p. 244.

Varias personas enviaron informes al proyecto Guggenheim a propósito de apariciones destinadas a paliar el golpe de las malas noticias. Una adolescente llamada Heather se presentó ante su madre (Christine) justo antes de que la policía llegara a la puerta. Christine se quedó atónita al ver a su hija, su única hija, junto con el abuelo de la hija parados en el aire. Parecían muy felices y tan sólidos como carne y hueso. El abuelo, que había fallecido seis años antes, le dijo sonriendo: «Está bien, Baby. Estoy con ella. Está bien». «Baby» era su apodo para Christine. Entonces fue a abrir la puerta, donde la policía le informó de que Heather acababa de sufrir un accidente de coche mortal.[10]

De forma similar, Clare vio a su amigo Hugh mientras se despertaba. La pellizcaba para llamar su atención. Su mensaje era extraño: «No lo logré… Adiós». Justo en ese momento se encendió su radio reloj con la noticia de la madrugada según la cual el hidroavión de Hugh había caído en el río Columbia el día anterior. Su amigo no « logró» llegar a la orilla del río y se ahogó.[11]

¿Cómo podemos explicar estos encuentros? ¿Será mera coincidencia que una persona alucine con alguien justo en el momento de la muerte? Si es así, ¿qué lo provocaría? Si son alucinaciones, fantasías o deseos, sería poco probable que la gente imaginara a los muertos alegres y sanos. ¿Podrá ser un deseo lo que lleve a una madre a ver a su hija muerta? Se pueden descartar las fantasías de deseo de muerte, porque ninguno de estos observadores albergaba pensamientos asesinos hacia el difunto que los visitaba. Tampoco se trata de precogniciones ni de conocimientos subconscientes, ya que éstas casi nunca asumen la forma de un encuentro directo, sino que afloran como imágenes mentales de una persona que muere, por ejemplo, en una cama, en un accidente de coche, etc.

10. Ibíd., p. 257.
11. Ibíd., p. 274.

Advertencias

Los casos en los que los muertos advierten a los vivos de la llegada de una catástrofe o los alejan de algún daño ofrecen las mejores pruebas de sobrevivencia. Los Guggenheim han publicado relatos de advertencias que previenen de accidentes de coche, de camión y de avión; crímenes, como robos y estafas financieras; muertes por fuego, rayos y derrumbes de tejados; accidentes en fábricas y obras de construcción; y muertes de niños pequeños. Las advertencias demuestran el conocimiento íntimo que los muertos tienen de nosotros, un conocimiento que rara vez poseemos, y la expansión de la conciencia en el tiempo y el espacio, mucho más allá de los límites normales de los mortales.

Abundan los registros de los muertos que previenen accidentes de tráfico. Mientras Glenda conducía su camión, oyó a su padre muerto gritar: «¡Para el camión!». Tuvo que decírselo dos veces antes de que ella lo hiciera. Justo cuando se detuvo, un coche salió a toda velocidad de una calle lateral dirigiéndose directamente hacia donde ella se hubiera encontrado si hubiese ignorado a su padre. Andy no chocó con un semirremolque gracias a la advertencia de su madre muerta. Jeff oyó el grito de su amigo Phil, «¡Despierta!», justo cuando se estaba quedando dormido al volante. Phil había muerto a los 19 años porque se durmió mientras conducía y chocó con un poste telefónico. Cuando Marsha estaba cruzando las vías del tren y vio un tren a seis o siete metros de su coche, se quedó absolutamente inmóvil. Entonces oyó a su difunto amigo Josh gritarle: «¡Mueve el coche!». Ella siguió paralizada. De repente, sintió que un pie presionaba sobre el suyo el pedal del acelerador. El pedal llegó directamente al suelo y el coche salió disparado hacia delante. Al día siguiente, su pie tenía hematomas. Josh había muerto cinco años antes cuando su coche fue arrollado por un tren. Otros conductores son advertidos por sus seres queridos de problemas mecánicos, como neumáticos a punto de reventar o ruedas desprendidas. A veces los muertos no son tan directos, sino que utilizan tácticas de distracción para alejar a los vivos del peligro.[12]

---

12. Ibíd., pp. 267-268, 293-305.

Salvar a niños pequeños parece ser otra especialidad de los muertos. Debbie estaba visitando a su amiga Donna y a la niña de 6 meses de Donna, Chelsea. Justo cuando salía por la puerta a comprar algunos víveres, oyó telepáticamente la voz de su madre que le decía: «Tienes que asegurarte de cómo está la bebé». Como su madre había muerto la semana anterior, Debbie asumió que estaba reaccionando a su propio duelo y se acercó de nuevo a la puerta. Su madre repitió con firmeza su mensaje, lo cual envió a Debbie a la habitación donde la pequeña Chelsea dormía la siesta. Con gran horror, descubrió que la bebé se estaba asfixiando, y que ya estaba azul debido a la falta de oxígeno. Otra madre fallecida despertó a su hija por la noche y la condujo al dormitorio de la niña de 9 meses. El bebé se estaba ahogando con un trozo de pezón de goma que había mordido.[13] Ambos bebés sobrevivieron gracias a la intervención de los muertos. Varias personas de los archivos de los Guggenheim tuvieron advertencias similares, pero no actuaron. Se arrepintieron amargamente.

Termino aquí con un relato demasiado bello para omitirlo. Cuando un hombre perdió a su amada esposa, Ellie, eso casi lo destruyó. Tras su muerte, visitaba con frecuencia el cementerio. Una vez trajo tres rosas rosas y las puso en el jarrón junto a la tumba. Justo cuando se acomodó en un banco cercano, notó que una de las rosas se levantaba del jarrón. Se apresuró a atraparla antes de que cayera al suelo. En el momento en que la alcanzó, un rayo cayó sobre el banco en el que había estado sentado, así como sobre el árbol que le daba sombra. Fue tan cerca que el rayo le quemó el zapato del pie derecho.[14]

Las cosas que nos dicen los muertos que no sabíamos

Anécdotas en las que los muertos informan a los vivos de algo varían desde lo más espectaculares hasta lo más trivial. Algunos han conducido a la resolución de crímenes. Otros, a que se corrija la colocación de

---

13. Ibíd., pp. 50-51, 293-294.
14. Arcangel: *Afterlife Encounters*. pp. 111-112.

una lápida o a que se conozca a un hermano muerto que el receptor nunca supo que existía.[15]

En el caso de Lucille, el encuentro tuvo que ver con su abuelo biológico, alguien que no había conocido. Éste apareció una noche junto a su cama, llamándola María, el nombre que le dieron al nacer. Cuando fue adoptada, sus nuevos padres le cambiaron el nombre a Lucille. Aunque lo veía claramente, no tenía ni idea de quién era. El hombre dijo: «María, tu madre te quiere. Tu madre te está buscando. Empieza a buscarla. ¡Encuentra a tu madre! Te quiere». Cuando Lucille le preguntó quién era, él sólo respondió: «Ya lo descubrirás», y desapareció. Lo descubrió cuando encontró a su madre biológica. Justo antes de morir, le dijo a su hija que encontrara a su niña, un deseo que él hizo realidad.[16]

Con frecuencia, los fallecidos indican a los vivos cómo encontrar cosas de valor, como dinero en efectivo escondido, pólizas de seguro y herencias. Otros reciben instrucciones para encontrar cosas que no sabían que existían, ocultas en un baúl del desván o detrás de los cajones de un escritorio. Si es necesario, los muertos alertan a un tercero para iniciar un descubrimiento. Uno de estos fallecidos se llamaba Leland y apareció en casa de su amiga Kitty el día después de su fatal accidente de camión. Le pidió a Kitty que le hablara a su viuda sobre una póliza de seguros que había mantenido en secreto y escondida en el dormitorio. Kitty lo hizo y se encontró la póliza.[17]

Comunicación presenciada por más de una persona

Los encuentros *post mortem* presenciados por dos o más personas contribuyen enormemente a asegurar a los observadores que lo que experimentaron fue realidad y no ficción. Curiosamente, los contactos con muertos compartidos más comunes consisten en percibir una presencia

---

15. Guggenheim y Guggenheim: *Hello from Heaven!*, Arcangel: *Afterlife Encounters*, pp. 157-160.
16. Guggenheim y Guggenheim: *Hello from Heaven!*, pp. 286-287.
17. Ibíd., pp. 275-285, para éste y otros reportes similares.

u oler un olor asociado al fallecido. Aun así, los encuentros visuales compartidos no son inusuales. Con frecuencia, varias personas ven a la persona fallecida entrar en la iglesia durante su propio servicio fúnebre, por ejemplo. Lo interesante de estas observaciones compartidas es que cada testigo suele ver al difunto desde su propio punto de vista. No todos tienen una experiencia idéntica a la de los demás. A veces, una persona puede sentir sólo un toque o escuchar una voz, mientras que otra puede ver una aparición.

He aquí un ejemplo, relatado por una mujer llamada Lois. Dos días después de la muerte de su marido (Ray), Lois pasaba por su habitación, donde vio a su hijo Jesse sentado al lado de su cama. Jesse sólo tenía 8 años y no podía afrontar la muerte de su padre. A su lado estaba Ray, con el brazo alrededor de su hijo y hablándole con una voz serena. Ray levantó la vista y le sonrió a su esposa, y luego le hizo un gesto para que se fuera. Se apartó para darles privacidad, y tras una espera de 15 minutos, Jesse salió y le contó lo que le había dicho su padre: «Papá me ha dicho que se ha ido y que no volverá y que no me preocupe por él. Todo se arreglará».[18] Este suceso marcó el giro del niño hacia la curación.

Igual de comunes son las comunicaciones secuenciales después de la muerte en las que el muerto visita a dos o más personas, una tras otra. Leslie experimento una de ellas con su padre 4 meses después de su muerte. Cuando apagó la luz de la cama, lo vio de pie en el umbral de la puerta. Resplandecía. Le dijo que se encontraba bien y que siempre estaría con ella. Entonces le dijo que iba a ver a su madre y a su hijo de 3 años, Curtis, que estaba en la habitación de al lado. A la mañana siguiente, Curtis le dijo que «el abuelo» había estado en su habitación la noche anterior.[19] Los encuentros corroborados ofrecen una cierta evidencia de que se trata de un acontecimiento real. A menos que se cuestione la integridad o la salud mental de los testigos, las comunicaciones dobles, múltiples y secuenciales tras la muerte pre-

---

18. Ibíd., p. 334.
19. Ring, K. y Valarino, E. E.: *Lessons from the Light.* Moment Point Press, Needham, Massachusetts, 2000, reimp. 2006, p. 267.

sentan el tipo de testimonio necesario para constituir una prueba sólida en cualquier tribunal.

Fenómenos físicos

Los muchos encuentros espontáneos que tienen que ver con fenómenos físicos incluyen las imágenes y los mensajes recibidos en contestadores automáticos, dispositivos de grabación, buscapersonas, televisores, monitores de habitaciones, pantallas de ordenadores y de cualquier superficie reflectante, sobre todo los espejos. Los muertos han sido captados en fotografías y en películas y sus voces se han escuchado en grabaciones o interrumpiendo emisiones de radio. Una mujer tuvo tantas dudas sobre un mensaje privado en su contestador automático dejado por su marido, fallecido hacía tiempo, que contrató a unos detectives. Todo lo que pudieron constatar sobre la llamada fue que no era entrante.[20] Otros fenómenos afectan a los aparatos eléctricos y electrónicos, a veces activándolos cuando están apagados, no enchufados o incluso rotos. Con frecuencia, objetos relacionados con el muerto se mueven solos.

Los fenómenos que involucran a teléfonos son tan comunes que hasta se ha escrito un libro sobre ello.[21] La gente recibe llamadas telefónicas de los muertos para darles las gracias, despedirse, avisarles de un peligro, decirles dónde encontrar el testamento y desearles un feliz cumpleaños. Por lo general, el receptor está demasiado sorprendido para responder. Si el receptor no reconoce de entrada que la persona que llama ha fallecido, puede que la conversación dure bastante tiempo. En algunas ocasiones, una persona viva hizo una llamada y tuvo un diálogo excepcional, sólo para descubrir más tarde que la persona con la que había hablado ya estaba muerta.

El fenómeno de la llamada puede involucrar a más de una persona. Un par de horas después de la muerte de una mujer, ésta llamó por

---

20. Arcangel: *Afterlife Encounters*, p. 39.
21. Rogo, D. S. y Bayless, R.: *Phone Calls from the Dead*. Prentice Hall, Englewood Cliffs, Nueva Jersey, 1979.

teléfono a la enfermería de la residencia geriátrica en la que se encontraba. Le dio repetidamente a la enfermera el mismo mensaje: «Dile a mi hijo que estoy bien». El identificador de llamadas mostraba que la llamada procedía de la habitación 256. Cuando la enfermera, bastante nerviosa, junto con el médico, se apresuraron a ver cómo se encontraba la paciente de esa habitación, descubrieron que su cuerpo sin vida ya se había enfriado. No había nadie más en la habitación. El hijo se presentó media hora después y le dijo al médico que acababa de recibir una llamada de su madre, diciendo: «Estoy bien. Te quiero». A pesar de que la línea tenía estática, su voz era inconfundible, por lo que llegó al hospital esperando plenamente que estuviera viva.[22]

Hilda estaba con su hija Greta en casa dos semanas después de la muerte del padre de Hilda. Debido a las obras en las líneas telefónicas exteriores, su teléfono llevaba dos días sin funcionar. A pesar de ello, su teléfono sonó, no una, sino varias veces. Greta contestó dos veces y no había nadie al otro lado de la línea. Cuando Hilda contestó, oyó que su padre le decía en polaco que la quería. Poco después, Hilda salió corriendo a preguntar al personal de la obra si habían restaurado el servicio telefónico. El técnico jefe señaló los cables, que aún yacían desconectados en el suelo.[23]

Un último relato de los fenómenos físicos proviene de Elisabeth Kübler-Ross, la psiquiatra que revolucionó nuestra percepción de la muerte. Tuvo lugar después de un largo día de enseñanza en el Centro Médico de la Universidad de Chicago. De camino a su oficina, se encontró con una mujer vagamente conocida que le preguntó: «¿Le importa que camine con usted?». Mientras charlaban, Elisabeth se preguntaba quién sería esa mujer. Cuando llegaron a su despacho, invitó a la mujer a entrar, observándola detenidamente buscando algún rastro que le refrescara la memoria. Finalmente, la mujer se inclinó hacia ella y le dijo:

—No se acuerda de mí, ¿verdad? Soy la señora Schwartz.

---

22. Lerma, J.: *Into the Light: Real Life Stories about Angelic Visits, Visions of the Afterlife, and Other Pre-death Experiences.* New Page Books, Franklin Lakes, Nueva Jersey, 2007, pp. 172-173.
23. Guggenheim y Guggenheim: *Hello from Heaven!,* pp. 193-194.

—¡Ah, sí! Claro –exclamó Kübler-Ross.

Y se dio cuenta de que la mujer había sido una paciente suya que había muerto el año anterior. En su mente se preguntó si las largas horas de trabajo le estaban provocando alucinaciones. Si se trataba de un auténtico encuentro con la muerte, quería tener algo tangible. Así que le dio a la mujer pluma y papel y le pidió que escribiera una nota para el conserje, asegurándose de que la mujer firmara con su nombre. El conserje del hospital se emocionó mucho.[24]

¿Cómo podemos explicar tantos miles de testimonios de comunicación espontánea, sobre todo cuando ha tenido un impacto en nuestro mundo físico?

COMUNICACIÓN INTENCIONAL TRAS LA MUERTE

Desde el comienzo de la historia escrita, la gente ha inventado medios para comunicarse con los muertos. Han intentado establecer contacto mediante los sueños, las oraciones, los trances, los rituales, la escritura de cartas, la escritura automática y el golpeteo de la mesa, enterrándose bajo tierra, mirando superficies reflectantes como el agua y el cristal, mirando o inhalando humo, ingiriendo sustancias especialmente preparadas, leyendo cartas y los patrones de piedras, huesos, palos, hojas y el vuelo de los pájaros. Entre los desarrollos más recientes se encuentran la Ouija y los instrumentos tecnológicos. En la actualidad, aquellos psiquiatras, psicólogos y terapeutas de duelo que se dan cuenta del valor terapéutico de la comunicación después de la muerte están elaborando nuevas formas de convocar a los muertos.[25] A continuación, examinaremos algunas categorías de comunicación intencional después de la muerte que abordan el problema de la evidencia.

---

24. La historia tiene muchas fuentes. Este relato procede de Arcangel: *Afterlife Encounters*, pp. 106-107.

25. En particular, estas formas de invocar incluyen la terapia de inducción de Allan Botkin y las técnicas de mirar al espejo de Raymond Moody.

Transcomunicación instrumental

Un campo de investigación fascinante y prometedor es el de la transcomunicación instrumental. Éste es un término colectivo que se refiere al contacto con los muertos a través de dispositivos, grabadoras, televisores, radios, teléfonos, contestadores automáticos, ordenadores, vídeos y cámaras. Esta área de estudio de fuerte crecimiento se desarrolló a partir del fenómeno de la voz electrónica, que comenzó a desarrollarse a principios del siglo xx. La transcomunicación instrumental cobró forma en los años cincuenta con los descubrimientos del investigador sueco Friedrich Jürgenson y posteriormente con el libro *Breakthrough* (1971), del Dr. Konstantin Raudive, basado en unos asombrosos 72 000 mensajes grabados. La mayoría de los investigadores de este fenómeno son aficionados que le dedican muchas horas, a menudo con formación en electrónica o ingeniería.

La mayor parte de las voces son desconocidas, suelen estar algo distorsionadas y muestran toda una gama de lenguas y dialectos. Las grabaciones no suelen recoger más que un par de palabras, y pocas parecen ser mensajes personales para el oyente. Combinadas en todo el mundo, representan una cantidad ingente de comunicación sin cuerpo, aunque sus orígenes siguen siendo cuestionados. Los escépticos afirman que surgen del ruido aleatorio o de transmisiones perdidas de radio y televisión. Los menos escépticos creen que podrían surgir de los pensamientos telepáticos de los vivos.

Los mayores logros en la categoría de la comunicación después de la muerte con asistencia tecnológica fueron realizados por el difunto George Meek, un ingeniero y exitoso hombre de negocios que se jubiló pronto para dedicar su vida a la investigación de la sobrevivencia. Él, junto con su equipo, inventó el Spiricom, un complejo instrumento que permite una comunicación bidireccional inequívoca entre los vivos y los muertos. Los participantes, además de Meek, fueron William O'Neill, un estudiante que abandonó la escuela secundaria con talento para la electrónica y la comunicación con los muertos, el físico George Mueller y «Doc Nick», un médico y operador de radios. Lo excepcional aquí es que tanto Mueller como Doc Nick ya estaban muertos. Ni

Meek ni ninguno de sus colegas y conocidos habían conocido a estos hombres en vida y tampoco habían oído hablar de ellos.

A través de O'Neill y del Spiricom, el difunto Dr. Mueller le proporcionó a Meek muchos detalles de su vida para comprobar su identidad. Se presentan aquí en su totalidad, porque representan una de las comunicaciones más extensas y precisas documentadas hasta ahora. El número de la seguridad social que Mueller dio fue confirmado por la Administración de la Seguridad Social de Estados Unidos; su licenciatura en ingeniería eléctrica por la Universidad de Wisconsin en 1928 fue verificada por la oficina de registro de la universidad; su máster, su doctorado en física experimental y una beca de investigación de Cornell fueron validados por un miembro del profesorado de esa universidad; su pertenencia al oscuro Club Haresfoot y a la Fraternidad Triangle fue verificada a través de fotografías de archivo de hace 30 años; su premio al mérito civil fue confirmado por Tom Bearden, secretario del Servicio de Inteligencia de las Fuerzas Aéreas de Estados Unidos (Air Force Intelligence Service), que también confirmó el estatus de alto secreto de Mueller y la naturaleza del trabajo de diseño y desarrollo que éste realizó para el U.S. Signal Corps y el programa espacial de la NASA. El relato de Mueller sobre el lugar y las circunstancias de su muerte coincide con su certificado de defunción.

Mueller también le dio a Meek dos números de teléfono no listados de antiguos colegas, con los que Meek se puso en contacto. Además, Mueller dio los nombres de cuatro familiares que fueron confirmados por su esposa, a quien Meek encontró mediante la Administración de la Seguridad Social. La viuda de Mueller también estuvo de acuerdo con la descripción que su marido hizo de sí mismo. Tras dos años de búsqueda, Meek localizó el folleto de formación que Mueller dijo haber escrito para el Ejército de Estados Unidos («Introducción a la electrónica»), a través de la Sociedad Histórica del Estado de Wisconsin. Meek encontró las dos páginas que Mueller quería que leyera para ayudarle a construir el Spiricom. Mueller fue, realmente, quien dijo haber sido.

Meek me mostró las grabaciones de los experimentos del Spiricom personalmente en mi casa hace algunas décadas. El diálogo técnico que escuché entre dos mundos sobre cómo mejorar sus equipos fue francamente impresionante. Si el Spiricom y el preciso diálogo que facilitó fueron un engaño por parte de Meek, ciertamente le costó muchos años de su vida y una parte considerable de su fortuna personal llevarlo a cabo. Hasta ahora, su integridad nunca ha sido cuestionada. Meek hizo su fortuna con sus patentes, pero en el caso del Spiricom, se negó a solicitar uno. Al contrario, los planes están disponibles de forma gratuita para cualquier persona en la página web de Spiricom. El experimento de Spiricom es una de las pruebas más convincentes que existen hasta la fecha de la sobrevivencia después de la muerte. Si sólo una fracción de lo que gastamos en el desarrollo de la tecnología de la comunicación se invirtiera en la transcomunicación instrumental, en poco tiempo estaríamos conectados al ámbito más apasionante, más urgentemente significativo que existe.

Pruebas de libros

Las pruebas de libros se refieren a cuando los muertos dirigen a los vivos a libros y páginas específicas de su interior. En estas páginas se encuentran palabras o frases que transmiten mensajes o responden preguntas. Aunque los muertos suelen dar pruebas de libros a través de una persona con habilidades de médium desarrolladas, a veces se producen de forma espontánea, como ocurrió con el psicoanalista Carl Jung. Una noche, estando Jung en cama, se presentó un amigo suyo que había muerto recientemente. Le indicó a Jung que lo siguiese. Durante la visión, Jung le siguió fuera de la casa, al jardín, a la carretera y finalmente a la casa de su amigo. Jung fue guiado hacia «el segundo de los cinco libros con encuadernación roja en el segundo estante de arriba».[26] Nunca había estado en el estudio de aquel hombre y, ciertamente, no conocía su biblioteca.

Curioso, a la mañana siguiente Jung visitó a la viuda de su amigo y le pidió permiso para entrar en la biblioteca. «Efectivamente –escribe–, había un taburete debajo de la estantería que había visto en mi visión,

---

26. Jung, C.G.: *Memories, Dreams, Reflections*. trad. Winston, R y Winston, C., Random House, Nueva York, 1963, pp. 312-314.

e incluso antes de acercarme pude ver los cinco libros con encuadernación roja. Me subí al taburete para poder leer los títulos… El título del segundo volumen decía: *El legado de los muertos*». La prueba del libro personal de Jung y sus sueños y visiones de los muertos le hicieron creer que la hipótesis del espíritu era la mejor y más útil explicación para sus experiencias.

Las reliquias de la cruz

Las reliquias de la cruz representan una categoría singular de comunicación después de la muerte.[27] En Redlands (Californi, en 1914, una mujer pobre y analfabeta llamada Violet Parent entró en trances tras recuperarse de una grave enfermedad. Los espíritus de los misioneros españoles y de los nativos americanos empezaron a dirigirla a lugares donde había dinero enterrado. Después de seis años, Violet y su marido (Gregory) tenían suficiente dinero para comprarse una casa y un coche. Durante los 10 años siguientes, los espíritus la guiaron hacía unos 1500 objetos sagrados, en su mayor parte cruces, tanto cristianas como indígenas, de muchos metales diferentes, incluyendo plata y oro. Las cruces indígenas son extremadamente escasas. Antes de estos descubrimientos, sólo se habían hallado 10 cruces, todas ellas procedentes de túmulos. Los Parent también encontraron fajos de billetes, así como piezas de oro y tablillas que databan de 1769-1800, junto con diversos objetos. La mayoría de los descubrimientos se produjeron en lugares salvajes y remotos, enterrados en la arena, en lechos de arroyos, en contenedores oxidados y similares, en un área de unos $200\,000$ kilómetros^2. Las notas de Gregory acerca de dichos descubrimientos ocupan 22 volúmenes.

---

27. Desconocía el fenómeno de las reliquias cruzadas hasta que leí sobre él en el entretenido e informativo libro Allen, M. E.: *The Survival Files: The Most Convincing Evidence Yet Compiled for the Survival of Your Soul.*, Momentpoint Media, Henryville, Indiana, 2007, pp. 98-114. Ver también el ganador del premio Pulitzer Garland, H.: *The Mystery of the Buried Crosses: A Narrative of Psychic Exploration.* Dutton, Nueva York, 1939. Garland encontró dieciséis cruces más a través de una médium que canalizaba a la ya fallecida Violet Parent.

La mediumnidad

Que sepamos, siempre ha habido personas especializadas en la comunicación con los espíritus. Los chamanes y los curanderos han sido miembros indispensables y honrados de las tribus. Algunas sacerdotisas médium y sacerdotes filósofos alcanzaron tal fama que atraían a personas de todo el mundo antiguo. Sin embargo, la opinión pública duda de los equivalentes modernos, los psíquicos y los médiums. La principal diferencia entre un vidente y un médium es el énfasis. Considero la mediumnidad un subgrupo en el abanico de competencias psíquicas, uno que se dedica a canalizar mensajes de seres desencarnados. Para los videntes profesionales, la mediumnidad es sólo uno de los servicios que ofrecen si un ser querido fallecido se presenta. Hasta hace pocas décadas, los médiums solían entrar en trances tan profundos que perdían toda conciencia de su entorno. En la actualidad, el estado alterado es más ligero. Es una especie de concentración profunda, en la que los médiums siguen estando conscientes e interactivos. Debido a que la investigación seria del tema de la sobrevivencia en los últimos dos siglos se ha concentrado en poner a los médiums a prueba, la literatura sobre los fenómenos ocurridos a través de ellos es abrumadora. Aquí puedo ofrecer algunos ejemplos destacados.[28]

Aunque la mediumnidad física, que incluye manifestaciones de objetos, voces, formas humanas y otros fenómenos físicos como la levitación, no se relaciona directamente con la posibilidad de la vida después de la muerte, permite que los muertos dejen huellas en el mundo de la materia.[29] Éstas se pueden rastrear a través de dispositivos tecnológicos

---

28. He omitido muchas cosas, entre ellas las importantísimas Cross Correspondences, que son retazos de oscuros versos y prosa entregados por los muertos a diversos médiums. Se juntaron como piezas de puzle, dando lugar a unos 3000 manuscritos. Para conocer todos los fenómenos relacionados con la cuestión de la sobrevivencia, así como una bibliografía, ver el reflexivo libro de Fontana, D.: *Is There an Afterlife?*. O Books, Alresford, Hampshire, Reino Unido, 2005, pp. 175-85 y passim.

29. Los lectores interesados en la mediumnidad física quizá quieran empezar con los experimentos de Scole. Para muchos relatos completos, ver también Fontana: *Is There an Afterlife?* o buscar en Internet.

sensibles a la luz, el sonido, las fuerzas magnéticas o los impulsos eléctricos. En una serie de experimentos con Rudi Schneider se utilizaron, por ejemplo, cámaras y rayos infrarrojos. Cuando Schneider entraba en trance, algo o alguien aparecía y movía los objetos. El dispositivo estaba preparado para captar y grabar en película cualquier caso de fraude, como la manipulación de los objetos por parte de un cómplice vivo. No se encontró fraude alguno.[30] Puede que esto no sea más que telequinesis por parte de Schneider, pero en los siguientes experimentos, los sucesos paranormales son más difíciles de explicar. Consisten en el fenómeno de la «voz directa», es decir, voces audibles que se manifiestan de la nada en la *cercanía* de un médium, pero que no *proceden* de él.

Se grabaron tres de estas voces en torno a la médium Shirley Bray. Las cintas fueron enviadas a un dispositivo de reconocimiento de voz utilizado por la policía británica en investigaciones criminales. Estos instrumentos analizan parámetros como el ritmo, la cadencia y los acentos y son tan precisos para distinguir identidades como las huellas digitales. El análisis demostró de forma inequívoca que las tres voces en torno a Shirley Bray tenían tres patrones claramente diferentes que no podían haber sido realizados por una sola persona.[31] De forma similar, se utilizó un electroencefalograma (EEG) para medir los patrones de las ondas cerebrales de Elwood Babbitt mientras canalizaba tres «inteligencias» diferentes. Los electroencefalogramas cambiaban drásticamente con cada inteligencia, y ninguno era similar al de Babbitt cuando estaba fuera de trance.[32] Las voces que rodeaban a Etta Wriedt, (una médium de Detroit) eran tan independientes que podía conversar con ellas, es decir, si hablaban en inglés, el único idioma de Wriedt.

30. Carrington, H. *The World of Psychic Research*. Wilshire Book Co., North Hollywood, California, 1974, p. 54.
31. Bray, Shirley: *A Guide for the Spiritual Traveler*. Scroll, Cleveland, Queensland, Australia, 1990, p. 15; también citado en Hogan, R. Craig: *Your Eternal Self*. Greater Reality Publications, n.p.: 2008, p. 116.
32. Hapgood, Charles H.: *Voices of Spirit: Through the Psychic Experience of Elwood Babbitt*. Delacorte, Nueva York, 1975, pp. 224-227; también citado en HOGAN, *Your Eternal Self*, pp. 116-117.

Las distintas voces hablaron holandés, alemán, español, noruego, serbocroata y árabe.[33]

Pruebas de mediumnidad después de la muerte

Los videntes que participan en las pruebas generalmente están apuntándose a un verdadero tormento. A menudo les toca lidiar con la sospecha e incluso la hostilidad de los investigadores, algo que afecta mucho y hace vacilar. Los métodos de puntuación de las evaluaciones suelen ser duros, con normas para los «aciertos» que dejan poco espacio para los matices. El mayor éxito de las pruebas en la investigación se produce cuando el médium está frente a un ser humano, un observador anónimo, ya que por muy neutral que intente ser el observador, la necesidad y la esperanza siguen estando presentes. En todos los casos, las habilidades paranormales alcanzan su máxima expresión en respuesta a una necesidad genuina.

Puede producirse un error humano debido a la forma en que los investigadores preparan las pruebas e interrogan a los sujetos. Los observadores también cometen errores, normalmente porque están demasiado abrumados para pensar con claridad. A veces dan información incorrecta, bloquean la información y dan una afirmación errónea de un médium, para luego descubrir que en realidad era correcta. Y, por último, los médiums no son omniscientes y tienen mucho que afrontar internamente al interpretar las imágenes, los sonidos y las sensaciones que les llegan. En todos los campos que dependen de la interpretación existe un amplio margen de error; la sorprendente tasa de precisión del 85 % o más de muchos psíquicos y médiums es lo más alto que se puede obtener en cualquier ámbito profesional.

Obviamente, los investigadores deben eliminar cualquier posibilidad de fraude. En los experimentos de mediumnidad física, a los sujetos se les han vendado los ojos, se les ha tapado la boca y los ojos con cinta adhesiva y se les ha atado a sillas y mesas, se les ha metido en compartimentos de aislamiento y en cámaras de Faraday, se les ha enterrado, se les ha cubierto con cortinas, se les ha espiado con todos los dispositivos de vigilancia imaginables y se les ha puesto cables de la

---

33. Fontana: *Is There an Afterlife?*, p. 232.

cabeza a los pies. Algunos de ellos han sido pinchados o quemados para comprobar la validez de sus trances. Los investigadores y ciertamente los cínicos han contratado a magos que intentan duplicar los fenómenos mediante trucos «normales». En las sesiones de espiritismo, el papel del mago es permanecer atento a cualquier signo sospechoso, como interpretaciones en frío. Una interpretación en frío no recopila información de forma paranormal, sino mediante pistas recogidas a través de una cuidadosa observación del lenguaje corporal, las expresiones faciales, la respiración, los patrones de voz y las respuestas audibles del cliente, con el fin de formular una conjetura de alta probabilidad.

Gary Schwartz y sus colegas de la Universidad de Arizona idearon una prueba en la que participaron 5 médiums y un observador con un historial de 6 muertes significativas.[34] El observador, que no conocía a los médiums, se limitó a responder con un sí o un no a las afirmaciones que los médiums recibían de los muertos. Al mismo tiempo, Schwartz organizó un grupo de control que realizó interpretaciones sobre el mismo observador basándose en meras suposiciones. El promedio de las afirmaciones correctas fue de un 83 % para los medios y de un 36 % para los controles, lo que representa una probabilidad de 10 millones a uno de que las afirmaciones fuesen aleatorias. Se llevaron a cabo otros estudios en los que se colocó a los observadores detrás de pantallas y no se les permitió responder a las afirmaciones. Los médiums no sabían ni el sexo ni la edad de los observadores. Cada uno de ellos se ocupó de la interpretación de 10 observadores en la primera serie de pruebas y de 5 en la segunda. Los resultados de las pruebas variaron de un 77 % de precisión en la primera serie a un 40 % en la segunda.

Algunos errores en la segunda serie se debieron a la comunicación cruzada cuando llegaba una persona fallecida que no estaba conectada con los observadores. En las situaciones de comunicación cruzada, la información precisa de los muertos no destinada al observador sino a otra persona se consideraba como un fallo, lo que disminuía la pun-

---

34. Ver Schwarz, G.E.: *The Afterlife Experiments: Breakthrough Scientific Evidence of Life after Death*. Atria Books, Nueva York, 2002. Entre los médiums se encontraban algunos de los mejores de Estados Unidos, Suzanne Northrop, John Edwards y George Anderson, con Laurie Campbell y la ministra Anne Gehman.

tuación total. Si un médium no obtenía nada, también se contaba como un fallo. Aunque la segunda serie de interpretaciones silenciosas obtuvo una calificación baja en comparación con la primera, la precisión del grupo de control fue, en promedio, un 50 % menor que la de los médiums, lo cual muestra que no es probable que hayan hecho conjeturas.

El engaño más común en la mediumnidad es la obtención previa a la sesión de información sobre alguien o algo, que el médium luego hace pasar por proveniente de los muertos. De ahí que los minuciosos investigadores hagan todo lo posible para asegurarse de que el médium no tenga conocimiento previo de los sujetos que participan en los experimentos. Los primeros investigadores han exagerado. La gran médium bostoniana Leonora Piper, una de las que fue cortada, pinchada, quemada y expuesta al amoníaco mientras estaba en trance, fue sometida quizás al más duro escrutinio registrado hasta ahora. Llevó a cabo varios miles de sesiones a lo largo de tres décadas, entre el siglo XIX y el XX, bajo el estricto control de cinco investigadores expertos de la Sociedad para la Investigación Psíquica. Todos ellos eran expertos en sus propios campos, como William James (profesor de Harvard) y James Hyslop (profesor de la Universidad de Columbia y un verdadero escéptico). Llevaron a cientos de observadores a estas sesiones bajo nombres falsos. Contrataron a detectives para que siguieran a Piper. Durante su estancia en Inglaterra, fue confinada en la casa del físico sir Oliver Lodge y vigilada muy de cerca. No se le permitía salir sin un miembro de la Sociedad de Investigación Psíquica a su lado. Leían su correo para asegurarse de que no recibía información clandestina. Lodge incluso cambió el personal doméstico durante su estancia para evitar que ella se enterase de aspectos de su vida privada. También se le prohibió leer periódicos en los días de las pruebas. A lo largo de más de tres décadas de este tratamiento y estresante revisión, Piper jamás llegó a cometer un fraude.

Como muchos otros médiums, prefiero no conocer los nombres de las personas que acuden a mí para recibir consultas psíquicas. De vez en cuando tengo alguna información sobre los clientes, especialmente cuando son famosos. Hasta ahora los conocimientos previos rara vez me han resultado ventajosos. Ya sea que mi enfoque implique una vena purista o una ética de trance intrínseca, suelo bloquear todo lo que haya aprendido de esa persona. Si ya sé que una persona tiene diverticulitis, por ejemplo, o es astrofísico, es probable que ignore esa información. En cambio, cuando no conozco esos hechos de antemano, normalmente salen a la luz a través de los canales psíquicos en el transcurso de la consulta. Este sentido ético hace que realizar consultas para amigos y familiares sea difícil.

Distinguir entre lo que sabe o no sabe un médium antes de una prueba no es fácil para nadie. El 7 de octubre de 1930, en una sesión de espiritismo que tuvo lugar en el Laboratorio Nacional de Investigación Psíquica (Londres), se produjo una muestra del problema. La médium era la conocida talentosa Eileen Garrett. La sesión se realizó con la esperanza de contactar al recientemente fallecido sir Arthur Conan Doyle, que en vida fue el creador de Sherlock Holmes y un apasionado partidario de la sobrevivencia después de la muerte.

Garrett entró inmediatamente en trance. En lugar de Doyle, se presentó un hombre que dijo llamarse teniente de vuelo H. Carmichael Irwin. Les dijo que era el piloto del R101, un dirigible construido por el Ministerio del Aire británico que era el más grande que existía en ese momento. Poco sabían las personas presentes en la sesión de espiritismo que, en su viaje inaugural a la India, dicho dirigible se había estrellado en una ciudad al norte de París tres días antes. En ese accidente sólo hubo 6 supervivientes de los 54 pasajeros y tripulantes. Irwin fue uno de los muertos. Claramente angustiado y desesperado por explicar lo ocurrido, irrumpió con un relato del accidente. Como cualquier testigo en estado de shock, hablaba a borbotones excitado y agitado: «Las correas de estribor arrancaron… Imposible subir. No se puede recortar. Casi roza los tejados de Achy. Se mantiene en la vía». El relato fue largo, excepcionalmente detallado, y pronunciado en una jerga técnica que nadie entendía, y mucho menos la propia Garrett. Se entregó una trascripción de la interpretación a la Inteligencia del Ministerio del Aire a fin de que fuera analizada. También se publicó en los periódicos de toda Inglaterra, lo que causó un fuerte impacto nacional y un gran dolor de cabeza para el Ministerio del Aire. Las sesiones posteriores produjeron mucha más información con detalles igualmente técnicos. Otros muertos del accidente también hablaron, incluyendo al ministro de aviación civil. Todos coincidieron con la opinión de Irwin sobre los problemas del dirigible.

A pesar del torrente de detalles precisos que Irwin dio a Garrett en la terminología de los ingenieros de vehículos aéreos, la controversia persistió. No es que se sospechara de Garrett o que se negara la sobrevivencia, sino que el gobierno quería encubrir el desastre. Por eso, las autoridades trataron de desacreditar la exactitud del relato de Garrett o insinuaron que podría haber obtenido los detalles de la construcción del barco a través de comunicados de prensa. ¿Cómo pudo Garrett conocer los detalles del accidente del R101 por medios normales cuando el gobierno lo había mantenido en secreto durante la primera sesión? Además, todos los implicados, vivos y muertos, confirmaron que sólo Irwin conocía todos los hechos.[35]

Durante la Segunda Guerra Mundial, las sesiones de espiritismo realizadas a través de la médium escocesa Helen Duncan revelaron el hundimiento de dos barcos: el *HMS Hood* el 25 de mayo de 1941 y el *HMS Barham* 6 meses después. En el caso del *HMS Hood*, el desastre ocurrió más de una hora después de la sesión. Éste es un ejemplo notable de que los muertos se pueden comunicar hacia atrás en el tiempo. El segundo hundimiento fue revelado por un joven que murió gravemente quemado. En ambos casos, el almirantazgo británico mantuvo en alto secreto las pérdidas navales por razones de estrategia de guerra y para preservar la moral pública. Las autoridades del almirantazgo estaban tan alarmadas por el riesgo para la seguridad que suponían las revelaciones de Duncan que la arrestaron por brujería según una ley del año 1735. Fue juzgada y condenada, con lo que permaneció silenciada mientras duró la guerra.[36]

Las sesiones de Garrett y Duncan muestran lo difícil que es explicar la sobrevivencia por medio de la mediumnidad. La teoría de la super-psi (o super-ESP) afirma que los médiums no reciben información

---

35. Esta famosa sesión de espiritismo ha sido publicada en varias fuentes. Para la mejor revisión de las resmas y resmas de información asombrosamente detallada y complicada entregada por los muertos en cuestión, así como los antecedentes de la sorprendente Garrett misma, ver Fontana: *Is There an Afterlife?*, pp. 144-156.

36. Ibíd., pp. 312-318; y la página web «Helen Duncan: The Official Pardon Site», www.helenduncan.org.uk/

de los muertos, sino de algo que está aquí mismo, a este lado del velo. Así pues, los partidarios de esta teoría acusarían a Garrett de enterarse del accidente aéreo de forma clarividente del entorno y no de Irwin. En términos más sencillos, pudo haberlo captado telepáticamente de los funcionarios que sabían del accidente unos días antes de su sesión, en cuyo caso los parapsicólogos dirían que se trataba de una interacción mental directa entre sistemas vivos, o DMILS. Y Duncan pudo haber visto, de forma precognitiva, el desastre del *HMS Hood* en el futuro y no haberse enterado por medio de los muertos. Yo añadiría la posibilidad de que la información se obtuviera de la conciencia de las masas.

Los DMILS entre un observador y un médium son una preocupación justificada. Me arriesgo al expresar una opinión poco popular entre los defensores de la sobrevivencia: los DMILS pueden funcionar, y de hecho lo hacen, en las interpretaciones y las sesiones de espiritismo, pero normalmente sólo funcionan hasta cierto punto. Cuanto mejor sea el médium y más fuerte sea el contacto, menos recurrirá el médium a la información recibida telepáticamente del observador vivo. Distinguir entre un contacto genuino, que al fin y al cabo es en gran parte un proceso telepático, y un DMILS no siempre es fácil para los investigadores y los médiums.

Hay muchas cosas que las teorías de los super-psi y los DMILS no pueden explicar, tal como el diálogo completo entre los vivos y los muertos, incluyendo las discusiones. Además, hay suficientes casos en los que ninguna persona viva posee la información transmitida en una sesión de espiritismo. Un ejemplo interesante es el caso del hueso perdido. Comenzó en Islandia en 1937 con 5 observadores, que firmaron una declaración jurada sobre el suceso, y el médium de trance Hafsteinn Björnsson. El caso fue investigado exhaustivamente en el transcurso de varias décadas, por último, por el estimado investigador Ian Stevenson (Universidad de Virginia).[37]

---

37. Ver Haraldsson, E. y Stevenson, I.: «A Communicator of the 'Drop-In' Type in Iceland: The Case of Runolfur Runolfsson», *Journal of the American Society for Psychical Research* vol. 69, pp. 33-59 (1979), revisado en Fontana: *Is There an Afterlife?*, pp. 164-166.

Björnsson estaba en una sesión de espiritismo con su círculo habitual de observadores cuando un hombre muerto apareció abrupta y bruscamente, exigiendo tabaco, café y ron. Cuando le preguntaron por qué se había presentado, el visitante anunció que estaba buscando su pierna. Malhumorado y poco cooperativo, se negó a identificarse hasta su reaparición tres meses después, cuando dio su nombre, Runolfur Runolfsson. Entonces relató las circunstancias de su muerte, ocurrida a la edad de 52 años, en octubre de 1879, 58 años antes de la sesión. Mientras bebía en la playa a altas horas de la noche, cayó en un sueño de estupor. Se desencadenó una tormenta y fue arrastrado al mar, donde se ahogó. Cuando su cuerpo se encontró en enero del año siguiente, fue enterrado en el cementerio en Utskalar (Islandia). Sin embargo, su fémur había sido arrastrado al mar. Cuando apareció en la orilla, explicó Runolfsson, fue pasando de mano en mano y acabó en la casa de «Ludvik». Ludvik era Ludvik Gudmundsson, que se había unido recientemente al círculo de sesiones espiritistas. Runolfsson también mencionó que había sido un hombre alto en vida.

Los registros de la iglesia confirmaron la fecha de su muerte, su edad en ese momento y su lugar de enterramiento. Pero no se encontró ningún registro de su hueso perdido a pesar de años de investigación. Gudmundsson, que desconocía la existencia de un hueso en su casa, preguntó a los residentes más antiguos de su pueblo si alguien recordaba haber oído algo sobre un hueso desaparecido. Uno de ellos recordó que un carpintero que había trabajado en la construcción de la casa para el dueño original habló de un hueso que había enterrado entre las paredes interiores y exteriores. Fue puesto allí porque sin identidad no podía ser enterrado en tierra consagrada. Al no poder encontrarlo tras muchos intentos, Gudmundsson y los otros hicieron llamar al viejo carpintero. Les mostró dónde abrir la pared. Y allí encontraron un fémur insólitamente largo, que luego fue enterrado en el cementerio. Quizás por gratitud, Runolfsson pasó a ser el principal control del médium durante muchos años.

Este caso es modesto en comparación con los numerosos y espectaculares asesinatos en los que las víctimas describen mediante médiums las circunstancias exactas de su muerte. Como bien sabe la policía, los detalles descriptivos que dan los médiums suelen dar lugar a condenas.

Sin embargo, la comunicación de Runolfsson satisface mejor los criterios para eliminar los DMILS. Mientras se produce un asesinato, el asesino y la víctima están vivos y, por tanto, son capaces de transmitir telepáticamente el suceso a cualquier persona lo suficientemente sensible como para captarlo. Además, la pura fuerza emocional de muchos homicidios posiblemente deje huellas en la conciencia de las masas, poniendo el suceso en el ámbito público del conocimiento telepático disponible. Aunque personalmente estoy convencida, basándome en mi propia experiencia, de que se establece un contacto genuino con la víctima asesinada, técnicamente existe la posibilidad de que se trate de los DMILS o de super-psi. Sin embargo, en el caso de Runolfsson, el hombre ya estaba muerto cuando se perdió el hueso del muslo. En ese caso, por definición, el conocimiento de su hueso perdido, que sólo obtuvo después de la muerte, elimina la posibilidad de un intercambio telepático entre «sistemas vivos».

Lamentablemente, las sesiones de espiritismo de Runolfsson y otras similares no se llevaron a cabo en condiciones controladas con investigadores documentando los acontecimientos. Tampoco pueden repetirse en un laboratorio. De hecho, la mayoría de las comunicaciones con los muertos, ya sean privadas o a través de instrumentos o médiums, no demostrarán al final la sobrevivencia según los estándares establecidos por la ciencia. Para que los muertos puedan comprobar su identidad, deben dar detalles que los vivos puedan verificar, lo que nos trae de vuelta al enigma mencionado en el capítulo 1. Si los vivos pueden verificar la información dada, entonces los críticos pueden argumentar que la telepatía entre los vivos es la fuente, como entre los médiums y sus observadores en las pruebas de la Universidad de Arizona. En los ejemplos de advertencias y los desastres vistos por Garrett y Duncan, la clarividencia o la precognición podrían ser la fuente. Si, en cambio, los muertos cuentan algo que los vivos desconocen, ¿quién puede verificar que sea cierto?

CAPÍTULO 5

REENCARNACIÓN

La antigua creencia en la reencarnación es central en dos religiones mundiales: el hinduismo y el budismo. Aunque en la actualidad sigue siendo una filosofía predominantemente asiática, fue uno de los principios de ciertas sectas cristianas hasta que el Concilio de Constantinopla la declaró herejía en 553. A pesar de los esfuerzos de la Iglesia, la creencia en la reencarnación no se ha dejado abatir y, en general, va en aumento en Occidente.[1] Si la reencarnación puede establecerse como un hecho, entonces, proporciona una clara evidencia de la continuidad de la conciencia humana.

El recuerdo de vidas pasadas puede ser espontáneo o evocado por la hipnosis y la regresión terapéutica. El motivo por el que tan pocos occidentales recuerdan sin ayuda que han vivido antes –o, más bien, por el que pocos adultos tienen recuerdos infantiles espontáneos de vidas previas– se aborda en el capítulo 8. Además de considerar los recuerdos, los investigadores estudian a los niños prodigio, las habilidades inusuales y los intereses atípicos que surgen de la nada a edades muy tempranas, las fobias, las idiosincrasias de comportamiento, los gustos y disgustos fuertes e inexplicables, las marcadas diferencias entre geme-

---

1. Una encuesta de Gallup realizada en 1969 mostraba que el 20 % de la población estadounidense creía en la reencarnación, el 18 % en Inglaterra, el 25 % en Alemania, el 26 % en Canadá y el 23 % en Francia. En la época de la encuesta de 1982, los estadounidenses llegaban al 23 %, y en 2001, al 25 %. El descenso indicado en la encuesta de 2005 (20 %) ya está en aumento.

los idénticos, la xenoglosia (hablar en una lengua extranjera desconocida por el hablante), las marcas de nacimiento y las deformidades congénitas como posibles signos de vidas pasadas que salen a la superficie.

Deben cumplirse ciertos criterios para que un recuerdo pueda ser considerado evidencia. En primer lugar, el investigador debe ser capaz de determinar si un relato es un verdadero recuerdo de una vida pasada o si es una fantasía de compensación. Como se verá, hay muchas maneras de hacer esta importante distinción. La ausencia de fraudes y engaños también se encuentra en lo más alto de la lista. Los sueños despiertos, la memoria genética, el inconsciente colectivo o super-psi, y la percepción extrasensorial, la clarividencia y la telepatía, así como la posesión, han sido opciones para explicar recuerdos reencarnatorios. También la disociación, como en las personas con personalidades múltiples. Otra posible explicación es que se trate de recuerdos de los muertos. Distinguir un recuerdo verdadero de una historia es especialmente difícil cuando el sujeto hipnotizado tiene una imaginación fértil como un escritor de ficción, capaz de inventar relatos realistas elaborados con hechos históricos. La mayor amenaza para la teoría de la reencarnación es la criptomnesia. La criptomnesia es cuando una persona adquiere información sobre un individuo o un período histórico por medios normales, pero después la olvida por completo. La información puede resurgir bajo ciertas condiciones, como la hipnosis, sin que la persona se acuerde conscientemente de su origen. Afortunadamente, la criptomnesia es relativamente fácil de identificar bajo hipnosis. Todo lo que tiene que hacer un terapeuta es preguntar de dónde procede la información, y el sujeto en trance lo revelará enseguida.

LA TERAPIA DE VIDAS PASADAS Y LA HIPNOSIS

En la década de 1890, en París, Albert de Rochas hizo experimentos poniendo a la gente en trance. Empezó haciéndoles una regresión a su infancia, luego a sus nacimientos, y luego más atrás aún hasta que se hallaran en existencias anteriores. Su trabajo marcó el descubrimiento de la fuente más importante de conocimientos sobre vidas pasadas: la regresión. Él y los posteriores pioneros de lo que se conocería como terapia de vidas pasadas, que son Morey Bernstein (que dio a conocer el sensacional caso de Bridey Murphy), Thorwald Dethlefsen, Edith Fiore, Bruce Goldberg, Denys Kelsey, Morris Netherton, Dick Sutphen y Helen Wambach, han aportado algunos de los mayores avances en la investigación de la sobrevivencia después de la muerte, más allá de los avances realizados por los investigadores de las experiencias cercanas a la muerte ECM).[2] Ni el sujeto-paciente ni el profesional necesitan creer en la reencarnación para que se produzca el recuerdo. Muchos hipnoterapeutas son firmes no creyentes. Uno de ellos fue el Dr. Alexander Cannon, un hombre que recibió títulos de 9 universidades europeas. En su innovador libro, *The Power Within* (El poder interior) (1950), escribe:

> Durante años, la teoría de la reencarnación era una pesadilla para mí e hice todo lo posible por refutarla e incluso llegué a discutir con mis sujetos en trance diciéndoles que decían tonterías. Sin embargo, con el paso de los años un sujeto tras otro me contaba la misma historia a pesar de tener diferentes y variadas creencias conscientes. Ahora se han investigado más de 1000 casos y engo que admitir que existe la reencarnación.[3]

A pesar de las tres décadas de investigación sobre la reencarnación desde la publicación de *El poder interior*, el psiquiatra Dr. Gerald Edelstein no conseguía superar la misma reticencia. A pesar de su fuerte predisposición contra la reencarnación, muchos de sus pacientes cayeron espontáneamente en el recuerdo de vidas pasadas. Los resultados terapéuticos, admite a regañadientes, son fenomenales: «Estas expe-

---

2. Ver Dethlefsen, T.: *Voices from Other Lives*. M. Evans and Co., Nueva York, 1970, Fiore, E.: *You Have Been Here Before*. Coward, McCann, and Geoghegan, Nueva York, 1978, Goldberg, B.: *Past Lives, Future Lives*, Newcastle Publishing, North Hollywood, California, 1982, KelseY, D. y Grant, J.: *Many Lifetimes*. Doubleday, Nueva York, 1967, y Sutphen, D.: *Past Lives, Future Loves*. Pocket Books, Nueva York, 1978.

3. Cannon, A.: *The Power Within: The Re-examination of Certain Psychological and Philosophical Concepts in the Light of Recent Investigations and Discoveries*. Dutton, Nueva York, 1950, p. 170.

riencias, por razones que no puedo explicar, casi siempre conducen a rápidas mejoras en la vida de los pacientes».[4]

El Dr. James Parejko realizó un estudio en 1980 en la Universidad Estatal de Chicago en el que hipnotizó a 100 voluntarios. Noventa y tres de ellos explicaron cosas de vidas anteriores, un porcentaje altísimo. El caso es que los sujetos que dieron los relatos más exhaustivos de sus vidas pasadas eran, por lo general, los que habían negado rotundamente la posibilidad de que se produjera la reencarnación en entrevistas previas.[5] Otros estudios muestran que los sujetos que sí recuerdan vidas pasadas bajo hipnosis son mentalmente más sanos que los que no lo hacen. A diferencia de la creencia popular de que las personas fáciles de hipnotizar son de voluntad débil y se dejan llevar con facilidad, los sujetos que tuvieron éxito tenían un mayor sentido de la identidad propia que los que no tuvieron éxito. También se descubrió que eran más tolerantes al estrés y tenían menos culpabilidad y menos trastornos psiquiátricos.[6]

Un terapeuta de vidas pasadas suele recoger muchos miles de informes en el transcurso de su carrera, lo que nos proporciona una base de datos enorme y extraordinariamente importante de la que se puede empezar a entender el mecanismo de la reencarnación. Uno de los estudios más reveladores es el trabajo de la Dra. Helen Wambach, autora de dos libros muy bien recibidos: *Reliving Past Lives* (Revivir vidas pasadas) (1978) y *Life Before Life* (La vida antes de la vida) (1979). La ambiciosa investigación de Wambach en el Centro Médico de Monmouth (Nueva Jersey) se basa en una serie de pequeños talleres en los que se hipnotizó a personas en grupo. El 90 % de los voluntarios tuvieron conocimientos de vidas anteriores, y un 5 % adicional fue capaz de recordar vidas pasadas bajo supervisión personal.

Wambach distribuyó cuestionarios para que los sujetos los rellenaran en un intento de organizar unos asombrosos 1088 recuerdos. Su análisis de las respuestas al cuestionario es revelador. En primer lugar,

---

4. Fisher, J.: *The Case for Reincarnation*. Diamond Books, Londres, 1993, p. 41.
5. Ibíd., p. 39.
6. Kampmann, R.: «Hypnotically-Induced Multiple Personality», *International Journal of Clinical and Experimental Hypnosis* 24, pp. 215-217 (1976).

casi todas las existencias anteriores fueron aburridas, sin importancia para los acontecimientos mundiales. Según las descripciones de las ocupaciones, la vestimenta, la dieta, la vivienda, la decoración y los objetos utilizados, el 7 % parecía haber tenido una vida en la franja socioeconómica alta, el 23 % en la media y el 70 % en la baja. Nadie relató una vida como personalidad famosa. Muchas vidas pasadas en el grupo de los 70 % se caracterizaban por la violencia, la pobreza y la muerte prematura. Tales recuerdos sombríos, procedentes de un grupo de sujetos del taller compuesto principalmente por estadounidenses blancos de ingresos medios, claramente no son la materia de fantasías de compensación. En cuanto al sexo, el 50,3 % recordó ser hombre y el 49,7 % mujer, una proporción que se aproxima mucho a la proporción real de nacimientos. Un considerable 90 % experimentó sus muertes pasadas como agradables, y sólo el 26 % quería volver a nacer.

Uno de los objetivos del análisis era hallar discrepancias entre lo relatado por los sujetos y lo que se sabe de un período concreto: densidad de población, clima, paisaje, arquitectura, vestimenta, costumbres culturales y moralidades. De los 1088 relatos, se encontraron graves discrepancias en sólo 11 de ellos. Más personas regresaron a períodos y lugares donde se sabe que la población era alta y no a períodos y lugares donde era baja. Sus recuerdos también reflejaban las distribuciones raciales y económicas conocidas para cada período. A pesar de la coincidencia sistemática entre los informes de los sujetos de Wambach y los conocimientos históricos, la mayoría de los investigadores, y especialmente los escépticos, rechazan su trabajo como prueba de la reencarnación alegando que los recuerdos no aportan suficiente especificidad histórica.

Aunque sus conclusiones coinciden con las de otros terapeutas de vidas pasadas, también difieren en algunos aspectos. Los voluntarios de Wambach no participaron por motivos terapéuticos, mientras que los que acuden a una terapia de regresión acuden con una serie de problemas que quieren resolver. El terapeuta tiene entonces que facilitar la localización de las vidas pasadas en las que están anclados estos problemas. Por ello, el tipo de vida pasada que surge en la memoria consciente durante la terapia es casi siempre traumática o incluye una muerte traumática. Al igual que con las experiencias cercanas a la muerte y las comunicaciones tras la muerte, algo real tiene que estar ocurriendo, porque las reacciones son muy fuertes. El recuerdo minucioso suele provocar cambios drásticos en la visión personal del mundo y el rápido alivio de una serie de problemas psicológicos y temas destructivos. Por mi propia participación en la terapia de vidas pasadas como paciente y como terapeuta, estoy de acuerdo con muchos otros en que la terapia de vidas pasadas –que también aborda los problemas de la vida presente– es la terapia integral más rápida y eficaz que se conoce actualmente.

La terapia de vidas pasadas también tiene efectos secundarios físicos sorprendentes y positivos. Conozco personalmente casos de remisiones repentinas de cáncer, la rápida disolución de una parálisis de una duración de 9 años, la desaparición de muchas enfermedades crónicas, como infecciones recurrentes del tracto urinario, problemas gastrointestinales, úlceras, eccemas y otras dolencias de la piel, y el alivio o la eliminación de la artritis, los dolores neurológicos y los ataques epilépticos. Los informes también incluyen el crecimiento del cabello, la reducción de los registros de voz, la mejora de la vista y el aumento del tamaño de los pechos de las mujeres. La esclerosis múltiple, la obesidad, la tartamudez, las migrañas, la depresión, los problemas de aprendizaje, las adicciones, las alergias y todos los tipos imaginables de fobia, los miedos irracionales y las pesadillas recurrentes, así como las insuficiencias sexuales y la infertilidad no biológica, también han desaparecido en muy poco tiempo. Me parece insostenible afirmar que la fantasía, el engaño, la criptomnesia, la memoria ancestral, la posesión, la telepatía, las personalidades divididas o la canalización de los recuerdos de los muertos puedan curar las dificultades personales más profundas de una persona. ¿Desde cuándo la memoria de alguien ha curado a otra persona? También es poco probable que el engaño y los trastornos de personalidad múltiple hagan que una persona se recupere. Y que un niño tailandés recuerde que fue un soldado estadounidense en la guerra civil no puede ser una memoria ancestral.

Recuerdos individuales

El Dr. Morris Netherton, pionero en el campo de la terapia de vidas pasadas (y mi maestro),[7] relata el incidente de una paciente que volvió a su vida anterior como Rita McCullum. Rita nació en 1903 y vivió en la zona rural de Pensilvania con sus padres adoptivos hasta que éstos murieron en un accidente de coche en 1916. A principios de los años 1920 se casó con un hombre llamado McCullum y se trasladó a Nueva York, donde tuvieron una fábrica de ropa en la Séptima Avenida, en el centro de Manhattan. La vida era dura y el dinero escaso. Su marido murió en 1928. En 1929, su hijo murió de poliomielitis y la bolsa se desplomó. Como muchos otros durante la Gran Depresión, Rita sucumbió a la quiebra y a la depresión. En el soleado día del 11 de junio de 1933, se colgó del ventilador del techo de su fábrica. Dado que este recuerdo presentaba hechos rastreables, Netherton y su paciente se pusieron en contacto con el Registro de la Ciudad de Nueva York. Recibieron una fotocopia de un certificado de defunción notarial de una mujer llamada Rita McCullum. Bajo la forma de muerte, decía que había muerto ahorcada en una dirección de la zona oeste de los Treinta, todavía hoy el centro del distrito de la confección. La fecha de muerte fue el 11 de junio de 1933.[8]

---

7. A diferencia de la mayoría de las otras terapias de regresión, el método Netherton no utiliza la hipnosis ni las técnicas de relajación. En su lugar, se recuerda al paciente que ya sabe de cuál momento pasado proviene el problema y que, de hecho, ya se encuentra allí. Por lo general, sin demora, el paciente localiza el momento en el que está anclado el miedo o el problema y comienza a experimentarlo. Es igualmente probable que sea de la vida actual del paciente o de una vida pasada. Como complemento al trabajo psíquico, me convertí en terapeuta de vidas pasadas certificada a mediados de los años ochenta. Me formé en el centro AAPLE de California, fundado por Morris Netherton. Parte del curso consistía en someterse a la terapia como paciente. Puedo decir sinceramente que eso cambió mi vida rápidamente. Un efecto secundario involuntario de la terapia de regresión es la aparición de habilidades psíquicas naturales, sin duda porque en el diván hemos aprendido por fin a escuchar a nuestro yo interior.

8. Netherton, M. y Shiffrin, N.: *Past Life Therapy*. Ace Books, Nueva York, 1978, pp. 197-199.

Otro recuerdo individual validado de Netherton ocurrió mientras impartía talleres en Brasil. Una mujer que sufre de agorafobia se ofreció a ser la sujeto. Cayó en un recuerdo de morir en un campo de concentración. Justo, cuando volvió a experimentar la quemadura de un número en su brazo, empezó a gritar. Aparecieron ampollas rojas en su brazo, que pronto representaron números. Fueron fotografiados rápidamente antes de desvanecerse. La brasileña dio muchos detalles de esa vida, incluyendo su nombre anterior, los de los miembros de su familia y el del campo en el que estuvo confinada en la Alemania nazi. Al parecer, había muerto por estar expuesta durante meses a la intemperie en un clima adverso. El número, y sólo el número, fue remitido al centro del Holocausto en Israel. El informe que los archiveros enviaron de vuelta indicaba su nombre, fecha de nacimiento, nombre de los padres, lugar de nacimiento, fecha de muerte y nombre del campo de concentración, todo lo cual coincidía exactamente con lo que la brasileña recordaba.[9] Hay muchas historias de este tipo en los archivos de los terapeutas de vidas pasadas.

Dos o más personas que recuerdan los mismos eventos de una vida pasada

Aún más convincentes son los casos en los que dos o más personas perciben el mismo acontecimiento según sus respectivos puntos de vista. El hipnoterapeuta Dr. Bruce Goldberg, que ha realizado la regresión de miles de pacientes, nos proporciona un relato extraordinario de dos pacientes que nunca se habían conocido y no sabían nada uno del otro, pero que recordaron individualmente una vida pasada en la que estaban juntos.[10] El primer paciente, un vendedor llamado Arnold, había acudido a Goldberg quejándose de sentirse explotado y dominado por

9. Ver la página web www.centrodifusao.hpg.ig.com.br/morris.htm para Netherton, M.: *The Psychology of Past-Life Regression*. Miles Edward Allen, M.E.: *The Survival Files: The Most Convincing Evidence Yet Compiled for the Survival of Your Soul*. Momentpoint Media, Henryville, Indiana, 2007, pp. 175-176.
10. Ver Goldberg, B.: *Past Lives, Future Lives Revealed*. Career Press, Franklin Lakes, Nueva Jersey, 2004, pp. 101-117.

otros. Después de algunos intentos, Arnold comenzó a contar de su vida como un joven llamado Thayer, que vivió en Baviera en el año 1132. Arnold, en su vida como Thayer, se encontró comiendo debajo de la mesa en la tienda de un maestro orfebre al que nombró específicamente Gustave. Gustave había contratado a Thayer como aprendiz. Lo golpeaba frecuentemente, lo sodomizaba y, cuando estaba fuera de la tienda, lo dejaba encadenado a la mesa, de ahí que Thayer comiera debajo de la mesa. Gustave también lo humillaba delante de los clientes, especialmente de Clothilde, la hija de una adinerada familia local. Finalmente, Thayer tuvo una violenta pelea con Gustave, que apuñaló a su aprendiz en el estómago con una herramienta del taller. Thayer murió.

Dieciocho meses después de las sesiones con Arnold, un abogado llamado Brian se presentó en el despacho de Goldberg, agobiado por una incontrolable compulsión a manipular y dominar a los demás. También padecía de insomnio y trastornos alimenticios. Cuando Brian entró en una regresión, empezó a hablar de su vida en la Baviera del siglo XII, en la que era un maestro orfebre llamado Gustave. Dijo que su aprendiz, un tipo llamado Thayer, era incompetente. Siguió narrando cómo se divertía golpeándolo y abusando sexualmente de él y que una chica llamada Clothilde distraía al chico de su trabajo. Muchos otros hechos coincidían perfectamente con la versión de Arnold. Gustave, el abogado, también le dijo a Goldberg que Thayer se resistió a ser encadenado a la mesa, lo que un día provocó una pelea. Luego mató al joven apuñalándolo en el estómago. Aunque estos relatos le erizaban la piel a Goldberg, el terapeuta estaba obligado a mantener la confidencialidad. Sus dos pacientes no llegaron a saber de la existencia del otro de forma consciente, pero la sincronía de cuándo y con quién ambos buscaron ayuda demuestra que se comunicaban entre sí a un nivel profundo.

Netherton informa de que en un espacio de 10 años llegó a tener 18 pacientes distintos que le hablaron de la misma ejecución.[11] El difunto y muy respetado Dr. Arthur Guirdham, que en su día fue psiquiatra consultor superior en Bath, escribió una serie de libros en los que deta-

---

11. Netherton y Shiffrin: *Past Life Therapy*, p. 7.

llaba las encarnaciones de los cátaros, de los cuales él fue uno en un grupo de ocho que vivían juntos.[12] Los cátaros formaban una secta herética en la que se creía en la reencarnación. Floreció en los siglos XII y XIII hasta que las cruzadas albigenses la exterminaron. Las memorias individuales contenían suficientes datos concretos para que Guirdham pudiera rastrear las identidades de siete de las ocho personas hasta la Francia del siglo XIII utilizando los registros de la Inquisición francesa. Varios dieron detalles sobre los cátaros que al principio parecían incorrectos. La investigación posterior de Guirdham en fuentes poco conocidas, a las que probablemente no llegaron otros miembros del grupo, acabó por confirmar la exactitud histórica de sus informes.

La Dra. Marge Rieder (hipnoterapeuta) dedicó 17 años a recopilar y a documentar este último relato de múltiples vidas pasadas. Entre sus pacientes, encontró a más de 50 que recordaban haber vivido en el pequeño pueblo de Millboro (Virginia) en la época de la guerra civil. Sólo tres de ellos habían viajado a Virginia y ninguno sabía de la existencia de Millboro. Todos, sin embargo, pronunciaron el nombre de la ciudad como «Marlboro», exactamente como lo pronuncian hoy los residentes de Millboro. Sus historias y descripciones de la vida en el viejo Millboro se parecen mucho entre sí. Hablaron de habitaciones enterradas y túneles pintados con colores inusuales, que sirvieron de ferrocarril subterráneo para los esclavos y los militares fugados. No se ha encontrado ninguna mención de un ferrocarril subterráneo en los documentos históricos o en los mapas, y ningún residente de Millboro sabía de uno por tradición oral. Fue necesario excavar en las zonas recordadas por los pacientes de Rieder para encontrar esta ruta hacia el Norte.[13]

---

12. Las principales obras de Guirdham sobre la reencarnación están disponibles en reediciones. Ver Guirdham, A.: *The Cathars and Reincarnation*. C.W. Daniel, Londres, 2004, Guirdham, A.: *A Foot in Both Worlds*. Beekman, Wappingers Falls, Nueva York, 1991, Guirdham, A.: *We Are One Another*. C.W. Daniel, Londres, 2004, Guirdham, A.: *The Lake and the Castle*. C.W. Daniel, Londres, 2004 y Guirdham, A.: *The Great Heresy*. C.W. Daniel, Londres, 1993.

13. Rieder escribió tres libros fascinantes sobre el fenómeno Millboro: *Mission to Millboro*. en 1991, *Return to Millboro,* en 1996 y *Millboro and More,* en 2003, todos con Blue Dolphin Press, Grass Valley (California).

Recuerdo espontáneo

Sólo un pequeño porcentaje de memorias de vidas pasadas son facilitadas por terapeutas e hipnotizadores. Millones de personas en todo el mundo recuerdan otras vidas de manera espontánea por su cuenta. Desde la infancia, Jenny Cockell ha tenido sueños «inundados de recuerdos». En su vida previa se llamaba Mary O'Neil. Tras su muerte, Mary estaba aterrada sobre lo que sería de sus hijos, ya que el mayor sólo tenía 13 años. Sus recuerdos de la casa en que vivía, de su pueblo y de las ciudades cercanas eran tan claros que Jenny pudo dibujar mapas. Finalmente, determinó que su ciudad natal en la vida pasada era Malahide (Irlanda).

Jenny fue a Irlanda y contactó a todos los O'Neil en el área de Malahide. También obtuvo el certificado de defunción de Mary O'Neil y los nombres de sus hijos. Cuando su historia fue televisada a nivel nacional, conoció al hijo mayor de Mary, Sonny, que en ese momento ya tenía 71 años. A instancias de los productores del programa, antes de que Jenny y Sonny se conocieran, ambos redactaron descripciones detalladas de los acontecimientos familiares por separado. Ante la cámara, los dos compararon sus apuntes. Sonny pudo validar los recuerdos de Jenny sobre el pueblo dos generaciones atrás, la casa de campo, que había sido demolida en 1959, el carácter violento del esposo borracho de Mary, los nombres, las fechas, los acontecimientos familiares y una serie de circunstancias privadas que sólo un miembro de la familia inmediata de Mary podría confirmar. Algo que Jenny no sabía era que cuando Mary murió sus hijos fueron separados y vivieron en diferentes orfanatos. A través de Jenny, volvieron a estar unidos.[14]

---

14. Ver Cockell, J.: *Yesterday's Children.* Piatkus Books, Londres, 1993 y Cockell, J.: *Across Time and Death: A Mother's Search for Her Past-Life Children.* Fireside, Whitby, Ontario, 1996.

La memoria espontánea en los niños

Los niños pequeños ofrecen material especialmente revelador a favor de la reencarnación, sobre todo porque se puede descartar la criptomnesia, los pseudomemoria y el *déjà vu*. También carecen de suficiente experiencia como para fantasear al nivel de sofisticación que exhiben sus relatos. Las memorias de vidas pasadas pueden aparecer a partir de los 2 años y suelen haberse olvidado a los 7 años. En ocasiones vuelven a aparecer a los 17 o 18 años. A veces los padres oyen a sus hijos pequeños decir cosas como «Cuando me morí…» o «Cuando era grande…». Un niño de 3 años puede hablar de tener una esposa o un marido y no siempre en pretérito. Es triste, pero los padres suelen pensar que sus hijos se lo están inventando y los ignoran o los regañan. Recuerdos extremadamente claros y detallados suelen señalar una muerte anterior dramática, violenta y repentina.

Tal fue el caso de un pequeño niño en Luisiana, James Leininger, que a los 18 meses ya daba muestras de estar obsesionado con aviones militares, sobre todo con aviones de juguete que se estrellaban. A los dos años y medio exhibía un conocimiento de la aviación que superaba ampliamente el de sus padres (Andrea y Bruce). Ese mismo año comenzaron las pesadillas. Muchas noches a la semana oían sus angustiosos alaridos: « ¡Choca el avión! ¡Avión en llamas! El hombre pequeño no puede salir». Durante los años siguientes, el chico dijo que se había llamado «James II» en esa vida, así como los nombres de otros de su escuadrón, específicamente «Jack Larsen», y otros tres nombres de pilotos que murieron en el mismo ataque aéreo. También les contó a sus padres que había volado un Corsair, que su barco de despegue era el *Natoma*, y que su avión fue derribado de frente, justo en el motor, por el fuego antiaéreo japonés en la batalla de Iwo Jima.

Ahora le tocó al padre obsesionarse. Al principio, Bruce quería desmentir las afirmaciones de su hijo. Pero después de investigar, se enteró de que sí había un *USS Natoma Bay* en el Pacífico. Como se acercaba una reunión de los hombres que habían servido en ella, decidió ir. Allí conoció a un antiguo piloto de retaguardia llamado Ralph Clarbour, cuyo avión estaba justo al lado del que pilotaba el teniente James M. Huston Jr. (es decir, James II). Clarbour vio cómo el avión de Huston fue impactado de frente y justo en medio del motor, tal y como había contado el chico. Lo vio caer en Chichi Jima durante el ataque a Iwo Jima, el 3 de marzo de 1945. Los registros militares atestiguan que un teniente James Huston Jr. realmente había muerto en esta misión con tan sólo 21 años. De hecho, fue el único piloto del *Natoma Bay* que fue derribado en Chichi Jima. También confirmaron que Huston había formado parte de un escuadrón especial que realizó pruebas con aviones Corsair. Bruce Leininger también encontró a Jack Larsen en Arkansas, que resultó haber sido el copiloto de Huston en el Pacífico. Teniente James M. Huston Jr: muerto en 1945. Renacido en 1998.[15]

Es imposible hablar de los recuerdos de reencarnación de los niños sin citar la investigación de toda la vida del difunto Ian Stevenson, fundador de la División de Estudios Perceptivos del Departamento de Medicina Psiquiátrica de la Universidad de Virginia. Stevenson recopiló más de 2000 casos «que sugieren la reencarnación», como dijo con cautela, en la India, Sri Lanka, Tailandia, Birmania, Brasil, África, Turquía, Líbano, Siria, Gran Bretaña y Estados Unidos, especialmente entre los tlingits de Alaska. Examinó exhaustivamente alrededor de 200 de éstos durante años.[16] Todos estos casos evidencian la reencarnación, la cual es imposible de refutar.

En los casos más convincentes de entre los miles archivados en la universidad, las muertes solían ser prematuras y casi la mitad de ellas fueron violentas. El lapso entre una vida y la siguiente oscilaba entre 1-4 años y pocas veces superaba los 12 años. Dado que estos intervalos son breves, las identidades de las vidas pasadas pudieron verificarse en un 75 % de los casos, ya que los familiares de la vida previa de los niños

---

15. La historia de James Leininger apareció en el show Primetime de ABC en 2004. Ver la página web de Ian Lawton: www.ianlawton.com/cp13.htm, «The Past Life Memories of James Leininger».

16. Ver Stevenson, I.: *Twenty Cases Suggestive of Reincarnation.* de 1966, *Cases of the Reincarnation Type.* 4 vols. 1975-1983, *Unlearned Language: New Studies in Xenoglossy* de 1984, todos de University of Virginia Press y *European Cases of the Reincarnation Type.* McFarland, Jefferson, North Carolina, 2003, entre otros. El psiquiatra Jim B. Tucker, quien continua con el trabajo de Stevenson, ha revisado 2500 casos y 40 años de investigación en University of Virginia en TUCKER, J.B.: *Life before Life: A Scientific Investigation of Children's Memories of Previous Lives.* St. Martin's Press, Nueva York, 2005.

seguían vivos. Las memorias son tan vívidas que los niños consideran que sus vidas anteriores son continuas con el presente, manteniendo en gran medida los mismos hábitos, comportamientos y preferencias de su yo anterior. Las fobias, como el miedo al agua, relacionadas al modo de morir, como ahogarse, son comunes, y los lunares o anomalías congénitas suelen coincidir con heridas mortales. Los niños hablan de personas y lugares que nunca han visto en su vida actual con una precisión de hasta un 90 %. Ofrezco aquí uno de los casos de Stevenson para ilustrar la profundidad y complejidad de algunos recuerdos de vidas pasadas en los niños.

Un niño llamado Bishen Chand nació en Bareilly (Uttar Pradesh) en 1921. Cuando sólo tenía 10 meses pronunció el nombre de Pilibhit, el pueblo de su anterior existencia, también en Uttar Pradesh. A los 3 años dio su nombre previo (Laxmi Narain) y detalles sobre su padre como un rico propietario de terrenos de la casta kayastha. En la escuela, que mencionó estaba cerca de un río, había aprendido urdu, hindi e inglés y tenía un profesor de sexto grado que era gordo y con barba. Habló de su casa anterior de dos pisos con una entrada para las mujeres y otra para los hombres. La casa de su tío era, al parecer, verde. Tenía carreras de cometas con su vecino, cuyo nombre dio como Sunder Lal, que también tenía una casa verde, pero con una valla. Habló de su sirviente, un hombre bajo y de piel oscura llamado Maikua, de la casta Kahar, al que recordaba como buen cocinero. En su vida anterior, fue a los tribunales contra algunos miembros de la familia y ganó. Su prostituta preferida era una mujer llamada Padma. Una noche, cuando estaba borracho, vio a un hombre salir de la casa de Padma y le disparó. Con la ayuda de su madre, permaneció escondido después del asesinato hasta que encontró trabajo en Shahjahanpur, donde murió a los 20 años.

Más del 90 % de sus recuerdos fueron comprobados. Cuando su familia lo llevó a Pilibhit, Bishen Chand reconoció su casa y les dijo qué cambios se habían hecho desde que estuvo allí por última vez. Localizó la habitación en la que había escondido un dinero, un dinero que luego encontraron. Conocía la casa de su vecino (Sunder Lal), así como el lugar donde había vivido un comerciante y donde estaba la oficina de un relojero. Él había querido mucho a su madre anterior, y ella lo aceptó como la reencarnación de su hijo. Como despreciaba las circunstancias pobres de su nueva vida, con frecuencia se arrancaba la ropa porque no era de seda y rechazaba la comida, gritando que ni siquiera era adecuada para su sirviente Maikua. En su vida anterior había tocado un instrumento musical, la tabla, el cual, como Bishen, llegó a dominar y abandonó a los 5 años. A lo largo de su vida, Bishen también fue reconocido por su capacidad para hablar urdu, una lengua que nunca había estudiado. A la tierna edad de 5 años, aconsejó a su padre que se consiguiera una amante. Su apego a su amante de la vida pasada, Padma, seguía siendo tan fuerte que cuando tuvo 23 años y se reencontró con ella (para entonces ella tenía 52), se desmayó de la emoción. Sus intentos de reanudar su relación fracasaron. Nunca se arrepintió de haber matado a su rival, y siguió estando orgulloso de ello.[17]

Otros investigadores han descubierto incidentes no menos sorprendentes por su detalle y precisión. Uno de ellos procede de Des Moines (Iowa), donde la pequeña Romy Crees, de cabello rizado, comenzó a narrar todos sus recuerdos en cuanto pudo hablar. Recordó que era un hombre llamado Joe Williams, casado con Sheila, que tenía tres hijos. Recordaba vívidamente haber muerto en un accidente de moto, lo que coincidía con su fobia a las motos. Siendo Joe, vivía en una casa de ladrillos rojos y fue a la escuela en Charles City. Según la niña de 3 años, su madre en aquella vida se llamaba Louise Williams y tenía un dolor en la rodilla derecha. Cuando Romy, junto con su padre y dos investigadores de vidas pasadas, visitaron Charles City, a 140 km de distancia, pudo conducirlos a la casa de Louise Williams, que llegó a la puerta cojeando debido a que tenía un problema en la rodilla derecha. Joe y Sheila Williams habían muerto en un accidente de moto en 1975, 2 años antes del nacimiento de Romy.[18]

17. Stevenson, I.: *Cases of the Reincarnation Type, vol. 1: Ten Cases in India.* University of Virginia Press, Charlottesville, 1975, pp. 176-178.
18. Fisher: *The Case for Reincarnation,* pp. 5-8.

Marcas de nacimiento

Tras décadas de investigación, Stevenson no pudo ignorar los lunares y las anomalías congénitas de algunos niños con recuerdos de vidas pasadas. De 210 de estos niños, encontró informes *post mortem* de 49 de sus vidas pasadas. En el 88% de los casos, los lunares se encontraban a menos de 10 cm de la herida que les había causado la muerte.[19] Thiang San Kla creía que era su tío Phoh renacido. Phoh había muerto de una puñalada. También se sabe que tenía una herida infectada en el dedo gordo del pie derecho y tatuajes en ambas manos y pies. Thiang nació con un gran lunar de nacimiento que correspondía exactamente a la puñalada. Su dedo gordo del pie derecho estaba deformado y sus manos y pies llevaban marcas parecidas a las de los tatuajes.[20]

Catorce niños que recordaban haber sido asesinados a tiros tenían lunares por donde habían entrado y salido las balas en la vida previa. Un chico turco que contó que había sido un notorio delincuente recordó vívidamente que se había disparado bajo la barbilla justo antes de que la policía lo atrapara. Cuando Stevenson vio la marca roja y redonda bajo la barbilla del niño, buscó el agujero de salida y encontró una mancha redonda, roja y calva en la parte superior de la cabeza del niño. Otro niño nació con un patrón de puntos rojos en el pecho que coincidía con el disparo de escopeta que, afirmó, lo había matado. En ocasiones, los lunares aparecen después del nacimiento. Cuando una bebé brasileña tuvo fiebre alta a los pocos días de nacer, aparecieron rayas rojas por todo su pequeño cuerpo. Más adelante, los padres se enteraron de que en su vida pasada había muerto a los 12 años, atropellada por un tren.[21]

---

19. Stevenson, I.: «Birthmarks and Birth Defects Corresponding to Wounds on Deceased Persons», *Journal of Scientific Exploration* vol. 7, pp. 403-416 (1993).
20. Ibíd.; y Tendam, H.: *Exploring Reincarnation*. Trad. Wils, A.E.J., Penguin Arkana, Nueva York, 1990, p. 247.
21. Stevenson, I., *Twenty Cases Suggestive of Reincarnation*. University of Virginia Press, Charlottesville: 1966 reinp. 1974, p., 92 y Tendam: *Exploring Reincarnation*, p. 247.

FOBIAS

Ya hemos visto algunos ejemplos de fobias directamente relacionadas con muertes en vidas pasadas. Las fobias suelen ser los primeros signos de reencarnación que se presentan. La lista de fobias es larga, y algunas de las más comunes tienen que ver con el agua, lo que se observa en el 64 % de los niños que recuerdan haberse ahogado. Otros niños, como Romy, arriba, están aterrorizados por los vehículos motorizados cuando sus muertes en vidas pasadas fueron causadas por accidentes con vehículos. La claustrofobia también está relacionada con frecuencia con existencias anteriores. Los niños pueden temblar de miedo al acercarse a los lugares donde ocurrieron sus muertes. Un niño indio tenía una fuerte aversión al yogur, un alimento básico en la India, porque había muerto a causa de un yogur envenenado en su vida pasada. Sin embargo, los lunares y las anomalías pueden medirse de forma más objetiva que las fobias y, por lo tanto, apoyan mejor la validez de la memoria reencarnatoria.

XENOGLOSIA

He dejado para el final la que quizá sea la prueba más fascinante de las vidas pasadas: la xenoglosia, el habla espontánea de una lengua desconocida para la persona que la habla. La mayoría de las veces, la persona es totalmente incapaz de comprender la lengua, y mucho menos de hablarla, salvo en estados alterados. Stevenson registró muchos ejemplos de este fenómeno en la India. Sin embargo, a veces la lengua persiste, como ocurrió con Bishen Chand, que conservó su asombroso dominio del urdu. Un ama de casa de 37 años de Filadelfia, «T.E.», habló en sueco mientras estaba bajo hipnosis. Nunca había tenido contacto con el sueco en su vida actual y no entendió ni una palabra cuando salió del estado de hipnosis. Bajo hipnosis, su personalidad cambió de mujer a Jensen Jacoby, un campesino del siglo XVII que hablaba sueco coloquial. Al pasar de mujer a hombre, de América a la Suecia del Viejo Mundo, su voz también cambió significativamente, al igual que su visión del mundo. Tras más de 8 años de intensa investigación,

Stevenson, en colaboración con lingüistas, psicólogos y otros científicos, no encontró ninguna otra explicación a la de la reencarnación para este caso tan claro de xenoglosia.[22]

Hay otros casos de estadounidenses que hablan sueco, curiosamente,[23] pero también copto del Egipto del primer milenio. Un instructor deportivo inglés hablaba un egipcio muy antiguo, de la época de los faraones.[24] Un técnico inglés hablaba un francés elegante y de clase alta mientras salía de la niebla de una operación.[25]

Netherton encontró uno de los casos más sorprendentes de xenoglosia en un niño californiano rubio y de ojos azules de 11 años. Por suerte, Netherton grabó al niño mientras hablaba en lo que parecía chino. El ejemplo grabado de xenoglosia fue un monólogo continuo de 11 minutos. Cuando se la entregaron a un profesor del Departamento de Estudios Orientales de la Universidad de California, el filólogo la identificó como un pasaje de un libro perteneciente a una antigua religión prohibida en China.[26]

Dado que los médiums en trance a veces hablan en lenguas completamente ajenas a ellos, sigue existiendo la posibilidad de que la mediumnidad, y no una vida pasada, sea la causa de la xenoglosia. El chico de California podría haber canalizado a un monje chino ya difunto, por ejemplo. Otra causa de la xenoglosia podría ser la posesión, en cuyo caso el niño de California podría haber sido poseído por un monje chino ya fallecido. Sin embargo, si cualquiera de los dos fuera la raíz de la xenoglosia, esto aún demostraría la sobrevivencia de la conciencia después de la muerte. El último caso que narro aquí elimina la mediumnidad y la posesión como explicaciones de la xenoglosia.

---

22. Para este y otros relatos, ver Stevenson, I.: *Unlearned Languages: New Studies in Xenoglossy.* University of Virginia Press, Charlottesville, 1984. Ver también Sylvia Cranston, S. y Williams, C.: *Reincarnation.* Theosophical University Press, Pasadena, California, 1984.

23. Moss, P, y Keeton, J.: *Encounters with the Past.* Penguin, Nueva York, 1981, p. 169.

24. Tendam: *Exploring Reincarnation*, p. 219.

25. Muller, K.: *Reincarnation, Based on Facts.* Psychic Press, Londres, 1970 p. 126.

26. Fisher: *The Case for Reincarnation*, p. 164.

Marshall McDuffie, un prominente médico de Nueva York, y su esposa, Wilhelmina, encontraron repetidas veces a sus bebés gemelos hablando entre ellos en un idioma extraño. Como parecía tener una gramática y un vocabulario coherente, llevaron a los gemelos al departamento de lenguas extranjeras de la Universidad de Columbia con la esperanza de lograr identificarlo. Ninguno de los profesores de allí lo reconoció hasta que llegó un especialista en lenguas semíticas antiguas, quien se asombró al escuchar de la boca de los bebés el arameo, una lengua que floreció en la antigua Siro-Palestina.[27] Si no aceptamos que estos dos bebés eran médiums, cada uno de los cuales canalizaba a una persona muerta distinta de, por ejemplo, la antigua Galilea, o que ambos estaban poseídos, cada uno por un espíritu distinto que hablaba arameo, la única explicación para este caso de xenoglosia es la reencarnación. Si hay reencarnación, hay vida después de la muerte.

---

27. El arameo, que hablaba Jesús, era la lengua del norte de Palestina, principalmente en Galilea y partes de Siria. Todavía se habla en algunos lugares de Oriente Próximo. La historia de los gemelos McDuffie se relata en Cranston, S. y HeaDead, J.: *Reincarnation: The Phoenix Fire Mystery.* Point Loma Publications, San Diego, California, 1994 y en la página web del Dr. Mark Pitstick: www.soulproof.com

PARTE DOS

LA CONSTRUCCIÓN SOCIAL DEL MÁS ALLÁ

CAPÍTULO 6

UNA HISTORIA COMPARATIVA
DEL MÁS ALLÁ

La mayoría de nosotros hemos aprendido a creer que el lugar al que vamos después de morir es un sitio fijo que permanece siempre igual. También nos enseñaron que las religiones a las que pertenecemos saben con exactitud la naturaleza de ese lugar. A medida que exploramos las creencias antiguas sobre la muerte y el Más Allá en este capítulo, queda clara una cosa: desde el comienzo de la historia conocida hasta el presente, cada sociedad, cada culto y secta, ha recreado el Más Allá para adaptarlo a sus propias exigencias, aun dentro de la misma religión oficial. Aquí trazaremos las creencias sobre el Más Allá desde las culturas primigenias de la antigua Mesopotamia, Egipto, Grecia e Israel hasta el Mediterráneo romano de los primeros años del cristianismo. Si contemplamos nuestras propias creencias como parte de un proceso sociohistórico amplio y continuo (pero muy desigual), en lugar de pensar que es un decreto divino, es liberador y nos lleva a examinar nuestros pensamientos privados sobre el Más Allá. Con este fin, he incluido una corta sección dedicada a las creencias tradicionales y personales cuyo desafío a las religiones convencionales despierta una reflexión más detenida.

Casi todas las culturas afirman que sus concepciones del Más Allá son las únicas verdaderas, divinamente reveladas a sus fundadores legendarios, hombres y mujeres santos, sacerdotes y profetas, del remoto pasado. En la Antigüedad más lejana, las revelaciones eran transmitidas verbalmente a través de la mitología de la cultura. Para cuando se escribieron, la mayoría de las sociedades ya se habían convertido en civilizaciones urbanas dotadas de instituciones masivas y clases de clérigos y de élites gobernantes. Entonces, las visiones y la sabiduría oral de antaño fueron frecuentemente editadas, reescritas para servir a las personas e instituciones que detentaban el poder. El imponer versiones doctrinarias sobre el mundo venidero resulta una herramienta política muy eficaz para establecer y mantener un poder centralizado. Si bien una nación o un gobierno pueden amenazar con la muerte corporal, sólo las religiones pueden amenazar con la perdición eterna o la extinción perpetua.

El cristianismo, el judaísmo y el islam, las tres religiones abrahámicas, afirman que las enseñanzas sobre el Más Allá se encuentran en las Escrituras sagradas. Tal vez al leer este capítulo te asombres al descubrir que la Biblia contiene muy poco sobre el tema como para formarse una imagen clara del Más Allá, y lo poco que hay se contradice. Según lo que se puede deducir de los escritos y las prácticas de los primeros cristianos y judíos, de los cuales se desarrolló luego el islam, las creencias de estos antiguos pueblos tiene poco en común con las de la mayoría en el mundo occidental de hoy. Las creencias sobre el Más Allá son flexibles y cambian constantemente. Una vez que se fosilizan como dogma religioso oficial, sirven a fines sociopolíticos.

No hay ninguna cultura conocida del pasado o del presente que no reconozca la existencia de algún tipo de vida después de la muerte. Es, pues, algo que los antropólogos denominan universal. Se consideran universales las creencias o prácticas que hay en todas las culturas, los lugares y las épocas. Son lo que principalmente organiza los comportamientos de grupo. Y hay muy pocos. Otro universal que también practicaban hasta los neandertales es el ritual para la transición después de la muerte, normalmente como rito de entierro. Otra es la creencia en la divinidad, ya sea un solo dios o un panteón de dioses, espíritus de la naturaleza o demonios buenos y malos. Son los elementos básicos que están programados en la psique humana: la creencia en la sobrevivencia después de la muerte, los ritos de transición y la creencia en seres supremos. Un concepto era constante entre los antiguos: la muerte le da forma a la vida. Cada cultura parece haber tenido especialistas que mediaban entre los dos mundos principalmente mediante la comunicación con los muertos, ya que creían que éstos podían interceder en favor de los vivos.

En algunas regiones de la Antigüedad, la sobrevivencia tras la muerte era incierta, pues no se les concedía a todos. En los períodos históricos más antiguos de Egipto, por ejemplo, sólo era accesible para la élite más alta, los gobernantes y sus familias. Con el tiempo, quién sobrevivía ya no se basaba en el prestigio social o la gloria ganada, sino que dependía de la virtud de la vida vivida. Aun así, sin ritos de enterramiento adecuados y, a veces, sin un cuidado ritual regular de los muertos por parte de los descendientes, la continuidad de la sobrevivencia no era segura. En la antigua Mesopotamia y en el mundo grecorromano, el mundo subterráneo recibía a todos, a los devotos y a los pecadores, a los ricos y a los pobres, a los que cumplían la ley y a los criminales. Salvo las personas que habían sido deificadas en el período greco-romano, las condiciones de la vida futura de una persona dependían del ajuar funerario y de las ofrendas rituales realizadas por los descendientes.

Otra gran diferencia entre los sistemas de creencias de la Antigüedad es dónde decían que reside la identidad individual. Si consultamos los archivos, parece que la ubicación de la identidad era un debate continuo. Los antiguos egipcios y los mesopotámicos tenían las descripciones más complejas de la identidad incorpórea. La Grecia clásica desarrolló la noción de un alma inmortal impersonal, una especie de sobrevivencia intelectual, muy diferente a los anteriores personajes homéricos del Hades, que eran coloridos, impulsivos y claramente sin uso de razón. En las tempranas fases de ciertas sectas del judaísmo, el cristianismo y el islam, la identidad estaba localizada en el cuerpo físico. Así pues, la sobrevivencia de la identidad individual exigía la resurrección física. Hoy en día, se considera que la identidad está en el alma o el espíritu, que se supone que está fuera del cuerpo.

La antigua Mesopotamia y Egipto

Las creencias en la antigua Mesopotamia y Egipto son especialmente importantes, porque muestran los primeros rasgos de dos tendencias elementales y divergentes en la forma de pensar sobre el Más Allá: como permisiva e inclusiva o como sentenciosa y excluyente. Aunque las dos culturas coexistieron y ambas dejaron numerosas huellas arqueológicas y de textos, se sabe mucho más sobre la vida después de la muerte de Egipto que sobre la de Mesopotamia. Como Egipto estaba unificado políticamente bajo un solo gobernante y por un solo rasgo geográfico, el Nilo, las narraciones egipcias sobre la vida después de la muerte tienden a ser más uniformes. Los cultos a los muertos se centraban en una única persona divina, el faraón, integrando más sus relatos. Los egipcios, literal y figuradamente, dedicaban sus corazones y sus almas a sus entierros, y lo que ha llegado hasta nosotros de Egipto procede en su mayor parte de sus tumbas. En cambio, Mesopotamia consistía en un conjunto de etnias diferentes y un gran número de ciudades-estado individuales hasta que surgieron las grandes potencias guerreras de Babilonia y Asiria. La desunión dio lugar a una gran variedad de creencias, que son más difíciles de agrupar en un relato comprensible.

Muchos de ustedes saben que la momificación, los hechizos y los ritos eran imprescindibles para la sobrevivencia post mortem en Egipto. En Mesopotamia, todos sobrevivían. Sin embargo, para asegurar un paso sin problemas al inframundo, era necesario que el cadáver fuera enterrado. Los ritos funerarios eran más variados, si bien mucho más sencillos, que los egipcios. Más allá de las diferencias obvias, ambas culturas produjeron importantes obras escritas sobre la muerte y la inmortalidad. Egipto tenía incluso una tradición literaria en la que el autor contaba su historia desde la tumba, siendo el mejor ejemplo la autobiografía *post mortem* de Sinuhe (*c.* 1960 a. C.). Además, ambos honraban a figuras legendarias que visitaban el Más Allá mientras estaban vivos.

Los mesopotámicos y los egipcios mantenían visiones complejas sobre la identidad fuera del cuerpo, todas ellas extrañas para nosotros hoy en día. Los mesopotámicos consideraban que los humanos estaban infundidos por varias fuerzas invisibles. El *napištu* fue el aliento divino que respiraron los primeros humanos, a los que los dioses formaron con arcilla mezclada con sangre divina. Otra fuerza parecida al viento era el *zāqiqu*, que podía operar independientemente del cuerpo. Se le consideraba una criatura alada, porque se le veía revolotear. El etemmu, generalmente traducido como «fantasma», es la identidad que reside en el mundo de las tinieblas después de la muerte. Era el etemmu de una persona a la que los vivos apelaban pidiendo ayuda. También existía el *kuzbu*, un aura o luz que emanaba de las personas carismáticas y que investía ritualmente los objetos y edificios.

Los egipcios también reconocían varios componentes invisibles del espíritu humano. El *ba* se corresponde aproximadamente al zāqiqu mesopotámico ya que también funcionaba de forma independiente del cuerpo y se concebía comúnmente como un pájaro. Los egipcios creían que el *ba* se activaba sólo después de la muerte del cuerpo, mientras que el zāqiqu también estaba activo en cualquier momento en que la persona estuviera fuera del cuerpo, como en el sueño. El *ka* egipcio es más difícil de definir. Muy móvil, podría ocupar la imagen de una persona o estar en el cielo. La tumba se llamaba la «casa del *ka*», quizás porque contenía imágenes de ultratumba en las que habitaba el *ka*. Si el cadáver falleciera, el *ka* podría intervenir por el cuerpo en un intento de continuar la vida después de la muerte.

En Egipto, el frecuentemente mencionado *akh*, palabra que connota luz y resplandor eterno, era el ser trascendente. Originalmente, sólo un faraón podía convertirse en un *akh*; más adelante, la mayoría de la gente podía hacerlo si superaba una serie de pruebas en el Más Allá. Al igual que los mesopotámicos con el etemmu, los egipcios pedían ayuda al *akh*. Para su trascendencia, el *akh* dependía de las elaboradas tecnologías de momificación, en las que los sacerdotes funerarios preparaban ritualmente el cadáver y colocaban objetos mágicos en las vendas. Estos ritos, que duraban entre 30 y 200 días, tenían por objeto revivir a los muertos en el Más Allá. Si no se realizaban o se hacían de forma incorrecta, los muertos no podían pasar al más allá. El espíritu se extinguía o se convertía en un temido fantasma atrapado en la tierra. En cambio, en Mesopotamia, la noción de un aliento divino esencial garantizaba algún tipo de inmortalidad sin importar las circunstancias del entierro.

Ambos pueblos convivían estrechamente con sus muertos. Los familiares sobrevivientes les proporcionaban continuas ofrendas de comida y bebida, generalmente cerveza. En Egipto, estos ritos se realizaban sobre todo donde se depositaban los cadáveres, en los parques de los mausoleos, en los que los egipcios solían merendar. En Mesopotamia, los muertos estaban aún menos apartados. Aunque había cementerios públicos, también se enterraba a los familiares en casa. El entierro doméstico aseguraba que la familia permaneciera unida y que los ocupantes de las tumbas no fueran molestados. Los santuarios domésticos ancestrales eran un lugar para honrar diariamente a los muertos. En las comidas colectivas mensuales se hacían ritos de ofrenda especiales, y en los eventos calendáricos especiales se organizaban banquetes más elaborados.

Los ritos también les servían a los vivos. En un mundo en el que la mayoría de los padecimientos humanos se atribuían a fuerzas malévolas invisibles, la gente trataba de mantener contentos a los muertos. El descuido podía convertir un espíritu amistoso en una amenaza hostil. Incluso el *akh* trascendente podía resultar malicioso.

Los vivos también cuidaban de los muertos para conseguir su ayuda. Aunque ambas sociedades tenían nigromantes y especialistas en sueños, la comunicación era generalmente privada. Los mesopotámicos tenían instrucciones, por ejemplo, sobre cómo hacer visibles a los espíritus para poder conversar libremente con ellos. La escritura de cartas era popular en ambas regiones. Algunas cartas incluyen peticiones sorprendentemente específicas, como la cura de una enfermedad, por ejemplo, o un empleo determinado. Se esperaba que los espíritus ancestrales lucharan por sus familiares contra los espíritus malintencionados o las maldiciones provocadas por la brujería. Los vivos llevaban ofrendas, rezaban y escribían peticiones a los muertos como lo hacían con las divinidades, tratando a los antepasados como dioses menores. Una carta de Egipto ilustra la antigua práctica de lavarse una mano con la otra.

Una carta de Merirtyfy a [su esposa] Nebetiotef: ¿Cómo estás? ¿El Occidente [tierra de los muertos] se ocupa de ti como deseas? Ahora, ya que soy tu amado en la tierra, lucha en mi favor e intercede en mi nombre. No pronuncié un hechizo en tu presencia cuando eternicé tu nombre en la tierra. ¡Elimina la enfermedad de mi cuerpo! Por favor, conviértete en un espíritu ante mis ojos para que pueda verte luchando por mí en un sueño. Entonces depositaré las ofrendas por ti en cuanto haya salido el sol y equiparé tu losa de ofrendas.[1]

El que escribe quiere claramente hacer un trato, y quiere que se verifique en un sueño que el trato fue aceptado. Antes de burlarnos de semejantes prácticas, consideremos que muchos de nosotros hacemos más o menos lo mismo en nuestro interior. ¿Quién no ha pedido ayuda a un pariente o amigo fallecido en tiempos difíciles?

En Egipto, los cultos fúnebres fijaban las características del Más Allá, de forma muy parecida a como lo hacen hoy las instituciones religiosas. Las imágenes en las tumbas muestran un paisaje idílico en el Nilo. En magníficas viñetas de la vida cotidiana, el propietario de la tumba y su familia están retratados en una perfección juvenil y tranquila, con sus sirvientes y trabajadores desempeñando impecablemente sus funciones asignadas. La imagen ordenada e idealizada del Más Allá, dibujada o escrita, se fue haciendo más compleja con el paso del tiempo, sin alejarse de los escenarios naturales de Egipto: huertos y jardines, campos de juncos, vías fluviales onduladas, huertos bien regados, barcos y barqueros, y mansiones, pero sin un chacal o un escorpión alrededor. Hacia el Reino Medio (*c.* 2160-1580 a. C.), el arte funerario comenzó a representar diagramas estelares, imágenes que pueden haber inspirado creencias muy posteriores sobre una esfera celestial. El convertirse en un cuerpo celestial, que antes era privilegio exclusivo de los faraones, podía lograrlo cualquiera que tuviera los ritos funerarios adecuados y supiera pronunciar los conjuros correctos.

También había opciones menos estelares. Uno podía optar por morar en los exuberantes Campos de Ofrendas de Osiris o navegar en un viaje interminable en el brillante barco solar de Ra. Los cultos parecen haber operado en cierto modo como las agencias de viajes. Elaboraron el famoso Libro de los Muertos, el Libro de las Puertas, el Libro de las

---

1. La carta, escrita en el reverso de una estela de tumba, ha sido publicada en varios lugares con ligeras diferencias de traducción. Ver Wente, E.F.: «Letters from Ancient Egypt» Scholars Press, Atlanta, n.º 349, p. 215 (1990) y Parkinson, R.B.: *Voices from Ancient Egypt*. British Museum, Londres, 1991, p. 142.

Cavernas y el Libro de Amduat, las primeras guías sobre cómo llegar al más allá y evitar los peligros del camino. En general, los libros nombran y describen varios demonios que vigilan las entradas. Si el difunto no lograba reconocer y nombrar a estos guardianes, no se le permitía pasar.

El posterior Libro de los Muertos del Nuevo Reino consiste principalmente en indicaciones morales sobre cómo actuar para ser «absuelto» de los delitos que impedirían la entrada al más allá. Así hizo su primera aparición la noción de una vida de comportamiento correcto como billete de entrada al más allá. El dios Thot pesaba el corazón, la sede de la conciencia, contra el *ma'at*, la pluma de la verdad. Si alguien fallaba la prueba de la pluma, era devorado por monstruos sacados de una pesadilla nilótica, que eran parte hipopótamo, parte león y parte cocodrilo.

En Mesopotamia, las características del Más Allá no estaban dictadas por una institución centralizada. De hecho, el portavoz más destacado no fue un sacerdote sino el héroe Enkidu, compañero del legendario rey Gilgamesh. Enkidu viajó al mundo de las tinieblas en un sueño que anunciaba su propia muerte prematura. Relató un universo sombrío y sin luz, en el que el polvo era el alimento común y en el que, inconcebiblemente, los reyes se sentaban junto a los mendigos. Otras fuentes mitológicas nos muestran condiciones más alegres. Describen el mundo de las tinieblas como casi igual al mundo de los vivos, una especie de civilización sombra modelada en la ciudad-estado, con puertas de entrada y palacios en el centro. Sus habitantes incluso disfrutaban de la bebida y el sexo. En este mundo al revés, el dios sol brillaba por la noche. Todas las personas, incluso los primeros reyes deificados, acabaron allí, con una excepción, el Noé mesopotámico prebíblico, al que se le concedió la inmortalidad en la carne. A diferencia de la noción egipcia de juicio *post mortem*, en Mesopotamia no se basaba en la moralidad. Más bien, se aplicaba para mantener el orden social en el mundo de las tinieblas. También hay menciones difusas de almas que vuelven a la vida después de un cierto tiempo.

En un mito sumerio muy antiguo, «El descenso de Inanna a las tinieblas», la más querida de todas las diosas de Mesopotamia, Inanna (su nombre sumerio es Ishtar en acadio), bajó a las tinieblas y visitó a su reina, su hermana Ereshkigal. La historia es demasiado compleja para nuestros objetivos aquí. Es suficiente saber que Inanna, la lujuriosa y atrevida diosa patrona de la guerra y el sexo, prácticamente murió, pero fue salvada y traída de vuelta al mundo de los vivos. La obra discurre como un conjunto de pasos rituales, como la retirada de ciertas vestimentas o joyas en cada una de las siete puertas del inframundo. Los pasos mentales repetitivos y numerados se parecen a las modernas técnicas para inducir la hipnosis. «El Descenso» bien puede ser lo que queda de una antiquísima liturgia, quizá tan temprana como el cuarto milenio a. C., si no más antigua. Voy a atreverme a hablar más como médium que como historiadora. Los textos del Descenso, junto con mi propia experiencia privada de trance, sugieren que en épocas muy tempranas se entrenaba a ciertas sacerdotisas a visitar el Más Allá en trance profundo. En el pensamiento antiguo, cada vez que Ereshkigal se enfurecía –generalmente porque su orgullo era ofendido o sus santuarios descuidados– enviaba «a los muertos a devorar a los vivos». Las sacerdotisas, que representaban a su hermana Inanna, realizaban el descenso en épocas de muerte masiva por desastres naturales, hambrunas o guerras para aplacar a la reina del inframundo y detener la matanza.

Los modelos presentados por las culturas mesopotámica y egipcia son la base de las ideas sobre el Más Allá. Una de ellas es que el Más Allá es una creación social, elaborada de acuerdo con lo que una cultura valora. Los egipcios utilizaban imágenes del Nilo, que era la fuente de la vida y la renovación, y, un poco menos, de los cielos estrellados. En Mesopotamia, el Más Allá tenía la forma de una ciudad-estado, una estructura social que consideraban un regalo de los dioses. En los textos acadios más recientes, Ereshkigal fue obligada a casarse con el dios Nergal, que se convirtió en rey del mundo de las tinieblas. Este cambio político de un gobierno femenino a uno masculino refleja los valores androcéntricos de los nuevos estados militares. Como se verá, la politización del Más Allá en épocas más recientes es más bien una regla que una excepción. Como los ríos dominaban la vida de los pueblos en ambas regiones (Mesopotamia significa «la tierra entre dos ríos»), las dos tenían la tradición de cruzar un río para llegar a la tierra de los muertos.

Un segundo patrón tiene que ver con los monopolios de las instituciones sobre la muerte y el Más Allá. Los cultos funerarios de Egipto, al igual que las religiones más recientes, dictaban que, si una persona no se adhería a los consejos y rituales prescritos, no podía tener una vida eterna. Las sectas que imponían la ortodoxia moral y los ritos obligatorios que realizaban sus propios sacerdotes tenían un inmenso control sobre el comportamiento de sus miembros, y ni qué decir de sus bolsillos. Que también inculcaran miedo es evidente en la preocupación sin igual que había en Egipto por asegurar un lugar en el Más Allá. Para las religiones que estaban relativamente descentralizadas en Mesopotamia y Canaán, así como en las más tardías en Grecia y Roma, la sobrevivencia no dependía de un culto específico. Y lo más importante, a la gente no se le negaba la eternidad ni se le castigaba en el Más Allá por motivos morales. ¡Es una diferencia enorme!

El tercer patrón tiene que ver con cómo se viaja al más allá. El viaje en Mesopotamia era más agradable que aterrador, como un viaje de larga distancia de una ciudad a otra, sólo que en descenso. También el lugar de destino era una cómoda recreación del mundo civilizado conocido, con valores y reglas sociales reconocibles. A pesar de algunas pocas menciones de una travesía por un territorio desconocido, ningún texto advierte explícitamente de amenazas y pruebas antes de llegar a las auténticas puertas de la muerte. En Egipto, el camino hacia la Tierra de Occidente era más largo y estaba plagado de una serie de pruebas y peligros exóticos contra los que la gente se equipaba con un arsenal de objetos apotropaicos y hechizos que debían pronunciar correctamente. Aunque los sacerdotes y los miembros de la familia podían ayudar desde el otro lado, para el gran final en el punto de destino, que era la prueba de la pluma, la persona estaba sola.

La mayoría de las instituciones religiosas de hoy han seguido caminos paralelos a los de Egipto: la obediencia a los credos del culto y la participación en los rituales de muerte del culto. La noción egipcia de las pruebas y el juicio ha sido adoptada por las religiones mundiales más recientes, aunque en éstas la persona se ve sometida a ellas en diferentes momentos después de la muerte: en el cuerpo que yace en la tumba, en el Más Allá o en su siguiente encarnación. Como en las creencias egipcias, la mayoría de las religiones del mundo enseñan que el espíritu se desplaza hacia arriba o hacia abajo. El modelo mesopotámico, en el que se concede a toda la humanidad un viaje relativamente sin esfuerzo a un mundo de más allá familiar, se ve frecuentemente en las sociedades más tradicionales. Curiosamente, a medida que las religiones organizadas se descentralizan en el Occidente moderno, la noción de la muerte como un pasaje inmediato a un cómodo mundo de ultratumba con familiares y amigos está regresando a la creencia popular.

EL MUNDO CLÁSICO

El concepto del Más Allá en la antigua Grecia y Roma no era muy diferente a la tenebrosa morada de los mesopotámicos. En Grecia, había lugares especialmente designados, los *psicomantea*, donde se practicaba la nigromancia, a menudo con oráculos. Según los escritos, los héroes, los místicos y los filósofos abandonaban temporalmente sus cuerpos para visitar los reinos del Más Allá. Uno de los primeros fue el famoso héroe homérico Odiseo, cuya visita a Hades marcó la literatura mística griega más tardía. El típico viaje al más allá recuerda al de Egipto. Los muertos eran guiados por Hermes y se encontraban con Cerbero (el perro guardián de tres cabezas). En el último trecho, le pagaban sus monedas al barquero Caronte para cruzar el río Estigia. Aunque los intelectuales tenían diferentes opiniones sobre el Más Allá, esta versión del Hades era la más popular.

La antigua Grecia ofrece muchas variaciones del significado de la inmortalidad. Grandes héroes mitológicos como Heracles, Perseo y Orión fueron deificados a través de la fama y la leyenda. Por ello, no murieron ni fueron al inframundo como el resto de los mortales, sino que ascendieron a los reinos celestiales para unirse a los dioses del monte Olimpo o para convertirse en constelaciones astrales. Como los griegos veían a los muertos como meras sombras de su antiguo ser, la verdadera inmortalidad sólo era posible si el difunto era conmemorado.

Otros no fueron menos célebres por sus viajes extracorporales, como Orfeo y Pitágoras de Samos. Se fundaron escuelas basadas en las enseñanzas de estos místicos, que incluían la reencarnación. En estos centros de aprendizaje también se enseñaba a los iniciados a realizar viajes de ida y vuelta al más allá. Tales aventuras espirituales eran el sello de la sabiduría en la Antigüedad. Sócrates era uno de estos adeptos, según

Platón. En el *Simposio*, Platón relata una historia en la que Sócrates permaneció inmóvil durante un día y una noche en un viaje de trance (220c). En la última sección de la *Apología*, Sócrates analiza la muerte, planteando la transmigración en cuerpos renacidos, humanos y animales, como el curso más plausible. En el *Fedón*, va mucho más allá, sugiriendo que pasamos por varias encarnaciones para aprender a perfeccionar nuestras capacidades mentales. Cuando se comprende plenamente la separación del alma con respecto al cuerpo, entonces, y sólo entonces, deja de ser necesaria la reencarnación. La recompensa suprema es la liberación total de la existencia física.

Los filósofos griegos, incluido Aristóteles, consideraban que la parte que sobrevive a la muerte física es puramente mental, es decir, una idealización de lo que más valoraban las élites intelectuales. En especial para Platón, el cuerpo era considerado un objeto inferior que mantenía al alma atada. Sus dualismos del cuerpo y la mente (o el alma) empezaron a infiltrarse en el pensamiento cristiano a finales de la Antigüedad en forma de neoplatonismo y siguen afectándonos hoy en día. Platón también imaginó una especie de juicio o proceso después de la primera encarnación. Los que pasan son llevados hacia arriba a una esfera celestial, mientras que los que no lo hacen son enviados bajo la tierra a prisiones. Después de mil años, los dignos y los indignos regresan para elegir su próxima vida.

Los romanos heredaron una vida después de la muerte hadeana y una división similar en el concepto de inmortalidad. Por un lado, todo el mundo tenía una vida inmortal en el inframundo; por otro, las personas con fama podían ser inmortalizadas y obtener un estatus divino o semidivino, y así evitar el Hades por completo. La división se fue complicando aún más por la tendencia crónica de los emperadores romanos a convertirse en dioses. Los emperadores no sólo se elegían a sí mismos y uno al otro para ser dioses, sino que también incluían a sus esposas y amantes. En la *Eneida*, del poeta romano Virgilio (*c.* 70-19 a. C.), vemos las formas de cielo e infierno iniciales, y la recompensa y el castigo, que más tarde se trasladaron al cristianismo.

EL ANTIGUO JUDAÍSMO

Sin duda, la influencia más fuerte en el pensamiento espiritual occidental moderno es lo que nos ha llegado de las Escrituras hebreas. Sin embargo, ofrece un mundo de ultratumba tan alarmantemente vago y escaso que algunos estudiosos afirman que no existía la noción de un más allá en el antiguo Israel. Hay algunas referencias al Seol, normalmente traducido como Hades, y al igual que el Hades y el Mundo de las Tinieblas de Mesopotamia, no era un lugar de recompensa o castigo, sino más bien un destino final para todos. Sin embargo, los numerosos hallazgos arqueológicos nos hablan claramente de una fuerte creencia en la vida después de la muerte. Para entender la disparidad entre la palabra escrita y la creencia popular es necesario conocer un poco las circunstancias históricas en las que se crearon los libros del Antiguo Testamento.

Los escritos, tal y como los conocemos hoy, se plasmaron en dos fases definibles. La primera ocurrió durante el reinado del rey Josías (640-609 a. C.), hacia el final del período del Primer Templo (960-587 a. C.), cuando el dominio militar de Asiria (norte de Mesopotamia) sobre el Cercano Oriente se debilitaba. Josías purgó el judaísmo de la influencia asiria. Con el fin de consolidar el poder y construir una identidad nacional, estableció un culto estatal oficial centralizado en Jerusalén, su templo y su único dios, Yahvé (Jehová). Todos los demás cultos, especialmente los cananeos y otros de los judíos locales, así como sus dioses, fueron declarados abominaciones.

En una acción nunca vista, Josías prohibió los espíritus ancestrales, los *terafim*, a los que el pueblo acostumbraba a consultar y para los que construían altares, como hacían todos los pueblos de Oriente Próximo durante aquella época. A los espíritus ancestrales se les llamaba a veces *elohim*, que significa 'dioses'. Como tales eran «dioses extranjeros», rivales de la autoridad de Yahvé; de ahí que los editores bíblicos los hayan erradicado a ellos y a su morada de las Escrituras. Varias leyes llegaron a impedir que los sacerdotes actuaran en los funerales. El luto y los ritos de duelo se redujeron o se prohibieron por completo. Josías rompió aún más la conexión al echar a los médiums y nigromantes (2 Reyes

23:24). Al eliminar los espíritus ancestrales, eliminó a los muertos y el reino en el que viven.

El segundo cambio ocurrió después de que los judíos, en particular el clero de Yahvé, regresaran a Israel de su exilio en Babilonia (sur de Mesopotamia) a partir del año 539 a. C. Con ello se inicia el período del Segundo Templo (539 a. C.-70 d. C.), y fue entonces cuando la mayor parte del Antiguo Testamento adquirió su forma actual. Durante las generaciones del exilio, los judíos de Babilonia y los que quedaron en su tierra natal habían vuelto a las prácticas mágico-religiosas comunes en todo el antiguo Cercano Oriente, recordadas desde antes de la época de Josías. La creación de un solo culto dedicado exclusivamente al dios de Israel exigió un nuevo esfuerzo para eliminar las influencias «extranjeras».

> Cuando entres en la tierra que el Señor, tu Dios, te está dando, no debes imitar las prácticas abominables de esas tierras. No se encontrará entre vosotros a nadie que haga pasar a un hijo o a una hija por el fuego, o que practique la adivinación, o que sea adivino, o augur, o hechicero, o que haga hechizos, o que consulte a fantasmas o espíritus, o que busque oráculos de los muertos. Porque quien hace estas cosas es aborrecible para el Señor; es por esas prácticas aborrecibles que el Señor, tu Dios, los está expulsando ante ti. Debes permanecer completamente leal al Señor tu Dios. (Deuteronomio 18:9-13)[2]

La idea central de este pasaje del período del Primer Templo es recuperar la identidad de un pueblo fracturado y golpeado. El hecho de ser un estado monoteísta lo hacía distinguirse de todos los pueblos politeístas en su entorno, incluidas las culturas cananea y fenicia, con las que los israelitas estaban estrechamente relacionados. Yahvé se convirtió en la figura nacional. El monoteísmo de aquella época no era igual al actual. Una lectura sin prejuicios de las Escrituras deja claro que para los antiguos judíos el monoteísmo no significaba que no hubiera otros dioses, sino más bien que debían adorar y obedecer sólo a un dios en particular y ningún otro. Se hizo un esfuerzo especial para separar a Yahvé del muy poderoso dios cananeo Baal. El descenso de Baal al infierno y su resurrección lo vinculaban a los difuntos y al más

---

2. Todas las citas bíblicas están tomadas de la nueva versión estándar revisada.

allá. Yahvé, por el contrario, era conocido como «el Dios de los vivos». Esta distinción intencional sacó a Yahvé del Sheol.

El Dios de Israel no estaba presente en el otro mundo. Algunos textos dicen que su morada es el cielo. Sin embargo, el cielo en este período no era un lugar para los muertos, sino un lugar elevado donde moraban los dioses, parecido al monte Olimpo. En ausencia de una deidad del inframundo y con la eliminación de los *elohim* ancestrales, el Sheol se vacía y casi desaparece como concepto viable. El Dios de los vivos y su culto parecen haber tenido una actitud hostil hacia los difuntos y su reino.

Esta vehemente prohibición de la comunicación con los muertos no significa que los antiguos judíos no creyeran en su existencia. El entierro común, que terminaba cuando los huesos secos de una persona se añadían a la pila de huesos de la familia, sugiere una reunión con los antepasados o padres, como se dice en la fraseología bíblica. Seguramente no es una coincidencia que esta práctica de entierro se generalizara en el período del Segundo Templo, cuando se prohibieron los cultos a los antepasados. Antes de las reformas, los judíos enterraban a sus muertos como lo hacía cualquier otra persona en el antiguo Cercano Oriente: en la tierra o bajo el suelo de la casa, con ajuares funerarios para usar en el Más Allá.

Además, creían en la comunicación con los muertos. Los médiums, videntes, hechiceros, brujos, adivinos –cualquiera que cruzara la línea divisoria entre los vivos y los muertos– era denunciado como malhechor y apedreado (Levítico 19:26, 31; 20:6, 27). El famoso episodio de la «Bruja de Endor» es un relato fascinante de una antigua sesión de espiritismo. Por temor al desagrado de Dios, el rey Saúl recurrió a la nigromancia, que él mismo había hecho castigar con la muerte. La nigromante, temiendo por su vida, invoca a «un ser divino» del suelo.

> Cuando Saúl preguntó a Jehová, éste no le respondió, ni por medio de sueños, ni a través del Urim, ni mediante profetas. Entonces Saúl dijo a sus sirvientes: «Buscadme a una mujer que sea médium, para que vaya a ella y le pregunte». Sus sirvientes le dijeron: «Hay un médium en Endor».
>
> Así que Saúl se disfrazó con otras ropas y fue allí con dos hombres. Se acercaron a la mujer de noche. Y dijo: «Consulta a un espíritu por

mí y trae al que yo te nombre». La mujer le dijo: «Seguro que sabes lo que ha hecho Saúl, como ha expulsado de la tierra a los médiums y a los magos. ¿Por qué, entonces, tiendes una trampa contra mi vida para provocar mi muerte?». Pero Saúl le juró por el Señor: «Por la vida del Señor, ningún castigo caerá sobre ti por esto». Entonces, la mujer dijo: «¿A quién debo hacer surgir para ti». Él respondió: «Haz surgir a Samuel por mí». Cuando la mujer vio a Samuel, gritó con fuerza; y ésta le dijo a Saúl: «¿Por qué me has engañado? ¿Tú eres Saúl?». El rey le dijo: «No temas; ¿qué ves?». La mujer le dijo a Saúl: «Veo a un ser divino que sale de la tierra». (1 Samuel 28:6-13).

Después de que el rey persa Ciro liberó a los judíos de Babilonia, vivieron bajo el gobierno persa hasta la conquista de Alejandro Magno en el 333 a. C. Durante esta época, empezó a cobrar forma una creencia distinta sobre la vida después de la muerte: la del apocalipsis. Hay muchas versiones del apocalipsis, pero todas parten de la base de que los muertos resucitarán al final de los días. Muchos historiadores piensan que se originó con el zoroastrismo (la religión estatal de Persia), aunque haya problemas de datación. Más que cualquier otra religión contemporánea, el zoroastrismo se centró en los dualismos de lo correcto y lo incorrecto, el bien y el mal, la luz y la oscuridad. Estos dualismos son interpretados en visiones apocalípticas como luchas de una escala que destroza la Tierra.

El libro de Daniel es el primero que habla claramente de la resurrección física. Las visiones en trance surgen del período macabeo, una época de constantes guerras y revueltas. Daniel escribió principalmente sobre el rey seléucida Antíoco IV, gobernante de Judea, que había saqueado Jerusalén en el año 163 a. C. Antíoco impuso una política de helenización a los judíos. Colocó una estatua idolátrica en el templo que confundía al Dios de Israel con Zeus, destruyó los textos sagrados, prohibió la circuncisión y obligó a los judíos a comer cerdo. El incumplimiento significaba el martirio inmediato, así como morir en las revueltas. Éste es el comienzo de la glorificación del martirio, que desempeña un gran papel en el cristianismo y el islam. Se creía que Yahvé resucitaría a todos los que cumplieran su pacto.

Otra novedad en Daniel es la afirmación de que sólo los justos, los «escritos en el libro», se salvarán; los demás se levantarán del polvo, condenados a la vergüenza y el desprecio eternos. El zoroastrismo, por el contrario, al principio predicaba que el tiempo en la tumba limpiaba a todas las personas de sus pecados y las preparaba para la resurrección.

La creencia apocalíptica es diferente a otras versiones de la experiencia *post mortem*, porque rechaza la realidad de la muerte del cuerpo. Daniel se refiere a la muerte como «quedarse dormido», al igual que otros en la tradición apocalíptica. Una persona acaba despertando en el mismo cuerpo, a la misma realidad. Además, para los judíos postexílicos, al igual que los primeros cristianos y musulmanes, la identidad personal está ligada al cuerpo. La resurrección física niega la inmortalidad sin cuerpo y convierte el Más Allá en un intervalo sin conciencia.

Para los que vivían bajo el dominio aplastante de las potencias extranjeras, como los seléucidas y, sobre todo, los posteriores romanos, el fin del mundo debió de parecer una realidad inevitable. Al no poder defenderse eficazmente, invirtieron su esperanza de venganza en una destrucción masiva sobrenatural. Se esperaba que Yahvé los liberara del dominio intolerable y castigara a los opresores. El apocalipsis suponía una corrección de los desequilibrios en la Tierra, es más o menos un mecanismo de venganza. Así como vengaba la indescriptible impotencia del pueblo, también solucionaba la angustiosa sensación de venerar a un dios que los abandonaba al morir.

No todos creían en la resurrección. Según el historiador judío del siglo I, Josefo, las distintas sectas debatieron acaloradamente toda la cuestión de la vida después de la muerte, y los saduceos rechazaron por completo una vida después de la muerte. Sin embargo, la resurrección era central para grupos extremistas como los esenios y los zelotes.

Los famosos rollos del mar Muerto contienen escrituras que nunca fueron aceptadas como canónicas. Gracias a ellos, podemos vislumbrar varios sistemas espirituales y creencias místicas que circulaban antes de que Jerusalén cayera en manos de los romanos en el año 70 d. C. Uno de ellos es el fenómeno del angelmorfismo, que está reservado a los que han alcanzado el nivel más alto de la sabiduría espiritual. Más importantes son los fragmentos del Libro de los Jubileos, escrito a finales del período del Segundo Templo. Esa obra nos da la mejor evidencia de que existió una visión del universo que no aparece en los textos del judaísmo oficial, una visión que más tarde tendría un enorme impacto en el mundo occidental. Escrito en un ambiente de guerra real y constante, el libro presenta un cosmos en perpetua batalla. Yahvé y sus ángeles son las fuerzas del bien, que se oponen a un enemigo casi igual en poder, Mastema. Es aquí, en una obra de fecha tardía, donde la idea de una poderosa fuerza satánica aparece por primera vez en el judaísmo.

Una figura humana central en la literatura pseudoepigráfica fue Enoc, el padre de Matusalén, en el Génesis. El Libro de Enoc, creado algo después del año 300 a. C., retoma los temas inacabados en Daniel. Contiene una docena de apocalipsis distintos y un enorme elenco de ángeles buenos y malos. El hecho de que Enoc no muera físicamente, sino que sea llevado a «caminar con Dios» muestra cómo se evitaba la mortalidad en el antiguo pensamiento hebreo. En el transcurso de varias visiones, Enoc viaja al cielo, igual que los dos sabios de Mesopotamia (Enmeduranki y Adapa), quienes viajaron al cielo y después crearon sacerdocios adivinos y gremios de profetas extáticos. El cielo de Enoc era un lugar donde habitaban los dioses, no los muertos. Lo describe como fuego y viento y ángeles ardientes. Un palacio de mármol blanco resplandeciente tiene suelos de cristal y una sala del trono, cuyo esplendor le abruma. Viajando hacia el Lejano Oeste, Enoc encuentra una gran fosa en la que cuatro categorías de muertos esperan ser juzgados. Estos espacios de retención constituyen el Más Allá temporal de los muertos y se vacían en la resurrección, momento en el que los ángeles izan a los selectos al cielo con cuerdas.

En la tradición rabínica, la figura de Elías en el Antiguo Testamento es más importante que la de Enoc. Al igual que Enoc, escapa de la muerte y lo suben, esta vez en un carro de fuego vivo conducido por caballos en llamas (2 Reyes 2:11). Lamentablemente, no volvió para contarnos lo que vio, aunque se esperaba que lo hiciese. Entre ciertos judíos, incluido Jesús, se esperaba el regreso de Elías como una señal del comienzo del Fin de los Tiempos. Según dos evangelios, Jesús proclamó a Juan el Bautista como Elías renacido (Mateo 11:10 ss., 17:10 ss.; Marcos 9:11 ss.). Mientras que los primeros judíos consideraban a Elías como un auténtico mesías, los cristianos más recientes lo tomaron como un precursor de Jesús. Ambos son celebrados por haber resucitado a los muertos, y por haber ascendido vivos (1 Reyes 17:17 ss.).

EL TEMPRANO CRISTIANISMO

La noción de un apocalipsis y una resurrección global podría haberse perdido con la diáspora tras la destrucción de Jerusalén si no se hubiera trasladado al cristianismo y al islam. Las enseñanzas de Jesús y de Juan el Bautista, tal y como han llegado hasta nosotros, encajan totalmente en el discurso apocalíptico. La resurrección de Lázaro es nada menos que una demostración de que Jesús está haciendo la obra del Padre. También presagia su propia muerte y resurrección. Según un Evangelio, incluso puso en marcha su muerte (Juan 11:38-53). Aunque el Evangelio de San Juan, en el que se relata el milagro de Lázaro –fue escrito más de 70 años después de la época de Jesús–, el relato destaca como una clara señal de que la trompeta iba a sonar pronto.

En el Evangelio de Marcos, se cita a Jesús dos veces prediciendo un final en su propia generación: «En verdad os digo que algunos de los que estáis aquí no probaréis la muerte hasta que veáis que el Reino de Dios ha llegado al poder» (9:1); y: «En verdad os digo que esta generación no pasará hasta que no hayan ocurrido todas estas cosas» (13:30). El libro de Mateo, algo más tardío, es más descriptivo: «Porque el Hijo del Hombre ha de venir con sus ángeles en la gloria de su Padre, y entonces retribuirá a cada uno por lo que ha hecho. En verdad os digo que hay algunos de los que están aquí que no probarán la muerte antes de ver al Hijo del Hombre llegando a su reino» (16:27-28). Los justos se reencarnan en cuerpos angélicos sin sexo: «Cuando resucitan de entre los muertos, ni se casan ni se dan en matrimonio, sino que son como ángeles en el cielo» (Marcos 12:25).

El apóstol Pablo también esperaba el regreso del Hijo del Hombre, un juicio final y el fin del mundo tal como lo conocía, durante su propia vida. Dado que sus obras son los primeros escritos existentes en el Nuevo Testamento, reflejan el más antiguo pensamiento cristiano. Tal como sus contemporáneos, predicó a los pobres, a los oprimidos y a los subyugados e intentó aliviar su sufrimiento con la promesa de una vida mejor en el mundo venidero. En 1 Corintios (15), relata a los recién convertidos que el Cristo resucitado fue visto por cientos de personas, algunas de las cuales aún viven. Esta declaración verdaderamente asombrosa sirvió para convencer a los dudosos de la resurrección: si Dios

Padre resucitó a Jesús de entre los muertos, entonces, los seguidores de Jesús también podrían ser resucitados.

Según lo describe el Nuevo Testamento, en el Fin de los Tiempos, Dios destruirá a todo gobernante y autoridad en el poder. Obviamente, una visión así sólo podía provenir de los oprimidos. No es sorprendente que el último enemigo en ser destruido sea la propia muerte, lo que refleja de nuevo la incomodidad y la negación características del antiguo pensamiento hebreo. En lugar de descomponerse, los cuerpos mortales se transformarán en cuerpos inmortales con cualidades de ángel.

Algo de esto se reitera en 1 Tesalonicenses (4:14-17), en la que Pablo escribe más directamente sobre los muertos. El duelo es innecesario:

> Pues como creemos que Jesús murió y resucitó, así también, por medio de Jesús, Dios traerá con él a los que han dormido.[3] Pues esto os anunciamos por la palabra del Señor: que nosotros, los que estamos vivos, que quedamos hasta la venida del Señor, no precederemos en absoluto a los que han dormido. Porque el Señor mismo, con un grito de mando con la llamada del arcángel y con el sonido de la trompeta de Dios, descenderá del cielo, y los muertos en Cristo resucitarán primero. Entonces nosotros, los que quedamos vivos, seremos arrebatados en las nubes junto con ellos para encontrarnos con el Señor en el aire; y así estaremos con el Señor para siempre.

En este pasaje, se privilegia a los cristianos muertos sobre los vivos, dando así a los conversos una motivación para aceptar el martirio. La misionización en los primeros años ofrecía ciertos argumentos muy convincentes para la conversión, el más poderoso de los cuales era la promesa de escapar de la muerte. El fin del mundo se acerca. Si se convierte, se salva y nunca morirá. Si no se convierte, la muerte y posiblemente el tormento eterno serán su destino.

Pero el final no llegó. En las generaciones siguientes, el mundo cristiano buscó razones para el fracaso del cumplimiento de las Escrituras. Una fue culpar a una fuerza maligna por ese fracaso, una fuerza que comenzó a crecer en la imaginación como una poderosa bestia de pezuñas hendidas. Como solución, los cristianos empezaron a combinar

---

3. He usado la traducción literal del griego de «dormido» en lugar de «muerto». Ver nota k para este versículo en la nueva versión estándar revisada.

el alma inmortal griega con un más allá corporal. El ajuste más importante fue la reubicación del nuevo Reino de Dios. Fue retirado de su sede terrenal original en la Nueva Jerusalén y trasladado a los cielos, una reubicación sugerida en el verso citado anteriormente. Más sorprendente aún, el Dios de los vivos compartía ahora su reino con los muertos.

Durante las primeras generaciones del cristianismo, la amenaza de un fin del mundo inmediato sirvió para inspirar a los cristianos a tener fe y ser obedientes. A medida que pasó el tiempo, cuanto más se perdió de vista el final y más se alejó la recompensa del bien a un futuro lejano, más se impuso el concepto de cielo e infierno. Cuanto más tiempo prosperaban los pecadores y los opresores sin ser penalizados, más vengativos se volvían los fieles. El infierno se volvió cada vez más horripilante y terminar ahí era cada vez más fácil. Con el tiempo, las zonas intermedias más suaves del purgatorio y el limbo se elaboraron a fin de reafirmar la esencial misericordia de Dios.

Los esfuerzos para establecer una ortodoxia y centralizar el poder en Roma llevaron a múltiples luchas internas y a un silenciamiento brutal. Otras versiones del cristianismo, los gnósticos, ebionitas, marcionitas, etc., fueron suprimidas junto con sus libros sagrados, muchos de los cuales tenían orígenes tan legítimos como los Evangelios canónicos. Los individuos laicos que continuaron practicando la revelación divina, los dones de curación o la comunicación con el espíritu en la práctica apostólica de los carismas fueron perseguidos. La creencia de los primeros cristianos en la reencarnación también fue abolida.[4] La obediencia a la Iglesia y a su clero y la participación en los sacramentos, en especial el bautismo, se convirtió en algo obligatorio para alcanzar el cielo. El cristianismo logró colonizar para sí el reino del Más Allá.

· · ·

El credo del Juicio Final y de la destrucción global aún sigue presente en el catolicismo romano y en casi todas las denominaciones protestan-

---

4. La creencia cristiana en la reencarnación fue prohibida por el Concilio de Niza en el año 533.

tes. Entre los grupos conservadores, este credo está muy vivo. La mayoría de las sectas ignoran el descenso del alma a la tierra. Y muy pocos han intentado reconciliar el alma con el cuerpo físico resucitado, permitiendo que se levanten las antiguas sanciones contra la cremación. Del mismo modo, se sigue esperando el regreso de Cristo, pero no todos los grupos creen que irá acompañado de un Armagedón. Algunas sectas creen que las profecías del Fin de los Tiempos ya han ocurrido o, como creen los Testigos de Jehová, se están desarrollando en este mismo instante. En las distintas sectas de judaísmo e islamismo, también hay mucha diversidad apocalíptica.

Para casi todos nosotros, el apocalipsis literal a modo de guerra celestial ya no es una posibilidad real. En cambio, su esoterismo tentadoramente oscuro, la escala épica del Armagedón y el atractivo antiguo de un enfrentamiento cósmico entre el bien y el mal son algo con lo que nos gusta asustarnos, como sabe muy bien la industria del entretenimiento. Sin embargo, al acercarse el año 2000, las expectativas latentes sobre el fin volvieron a despertar con una furia de rostro secular. La ansiedad por la destrucción del mundo fue alimentada por los medios de comunicación del espectáculo, los rumores fugaces y, ocasionalmente, algunos científicos. Anticipamos que el planeta estallaría en una explosión nuclear o sería destruido por un cometa. Más popular fue la sospecha de una avería informática mundial, causada por el cambio de fecha, que paralizaría a la civilización moderna. Al final, todo esto nace de un miedo a la muerte arraigado en la conciencia judeocristiana, que se proyecta en un paisaje global.

LA DIVERSIDAD SOCIAL DE LAS CONCEPCIONES DEL MÁS ALLÁ

No importa lo que una religión organizada, una secta o una filosofía espiritual enseñe sobre el Más Allá, sus descripciones del cielo y el infierno se ajustan a las condiciones físicas de la época y el lugar en que fueron ideadas. La noción musulmana del paraíso, donde los frutos crecen sin esfuerzo en los árboles para alimentar a los habitantes del Edén, refleja los oasis idílicos del desierto de Oriente Medio. Así como el jardín paradisíaco es la imagen operativa del cielo en el islam, el lado más oscuro del desierto es el modelo del infierno. En la tradición sufí, los pecadores hierven por dentro y por fuera y son torturados con picaduras de escorpiones y serpientes del tamaño de camellos. El infierno en el pensamiento cristiano común es caliente, una característica que se deriva del calor abrasador de la cuenca oriental del Mediterráneo, la cuna del cristianismo. Lo contrario ocurría en la Inglaterra anglosajona, donde los poetas que escribían antes de la invasión normanda de 1066 veían el infierno como un lugar frío y solitario; la expulsión consistía en ser arrojado al mar solo en una pequeña barca, con las manos desnudas remando eternamente por las heladas aguas a través de la gélida penumbra.

Los valores culturales son aún más importantes, aunque no siempre sean tan evidentes. La noción de que la tierra es un plano inferior, por ejemplo, es esencial para muchas religiones y filosofías del mundo, a diferencia de los sistemas de creencias tradicionales basados en la naturaleza, que veremos más adelante. Liberarse para siempre del plano físico es el objetivo final del hinduismo, el budismo y el platonismo. Estos tres sistemas también ven el ego, el producto de la existencia física, no como un aspecto del yo que nos ayuda a crecer, sino como una cosa de la que hemos de librarnos para poder alcanzar estados de conciencia pura. Como veremos en el capítulo 8, el Occidente moderno ha heredado una gran parte de dichas nociones.

Aunque las ideas del Más Allá reflejan lo que una sociedad valora, también refuerzan esos valores. Las nociones budistas e hindúes de la reencarnación refuerzan las jerarquías que dominan el tejido político, económico, religioso y social. La creencia de que el alto o bajo estatus actual de una persona es el justo resultado de vidas pasadas da validez a la jerarquía. La reencarnación tiene un aspecto bastante diferente en las sociedades que se inspiran principalmente en la naturaleza, donde la reencarnación forma parte del ciclo de nacimiento, muerte y renacimiento. No hay rango, ni hay recompensa ni castigo por las vidas anteriores. Las almas simplemente regresan a sus familias, asistidas por chamanes o parteras. Entre los *yolngu* (Australia), el alma sube con las nubes al morir y vuelve a la tierra en forma de lluvia. Cuando las mujeres tienen contacto con el agua, bebiéndola, lavándose en ella, el espíritu del agua las impregna. El ciclo de ida y vuelta, de muerte y renacimiento, es llevado adelante por los elementos naturales, reforzando así la confianza en la naturaleza como reflejo del Movedor de Todas las Cosas.

Para los primeros pueblos teutones, como los vikingos, una sola acción podía decidir el futuro incorpóreo. Si un hombre moría en la batalla, espada en mano, esperaba ir al lugar más codiciado del Más Allá, el Valhalla, y reunirse con otros corazones valientes en las mesas de los reyes para participar de una ronda interminable de bebidas alcohólicas. Las primeras expectativas teutónicas perpetuaron una sociedad guerrera, exhortando a realizar actos de valor y agresión. Las religiones con fuertes preceptos misioneros, como el cristianismo y el islam, prometen el paraíso instantáneo a cambio del martirio, lo que fomenta las cruzadas y las *yihads*. El lugar de una mujer entre los santos implicaba históricamente como requisito previo la virginidad, con lo que la castidad se mantuvo como el ideal espiritual supremo para las mujeres.

Las nociones americanas modernas del Más Allá parecen moverse en dirección a un mundo futuro más amable y permisivo. No obstante, reflejan cada vez más los valores culturales de la educación y la familia. Y en algunas publicaciones recientes, las visiones de los autores sobre el Más Allá recuerdan sospechosamente a la terapia de grupo. Lo que a nosotros nos parece un denominador común del bien social sería considerado insípido para nuestros antepasados y muy limitado para los místicos que ven las posibilidades extáticas de vivir fuera del cuerpo. Para un vikingo semejante más allá sería un infierno de la más inefable deshonra. Los reinos celestiales en las descripciones bíblicas y de los primeros cristianos, con sus palacios, tronos y puertas, y sus rangos fijos de ángeles, serían una prisión insufrible para los pueblos libres y amantes de la naturaleza de la América precolonial. Cuando leí en un libro sobre el Más Allá la frase de que en el cielo hay un órgano gigante desde el que se toca a Liszt, lo primero que pensé fue: ¿cómo puede interesar eso a un watusi?

LA VIDA DESPUÉS DE LA MUERTE
EN LAS SOCIEDADES TRADICIONALES

Al igual que tres de las filosofías más antiguas que se conocen sobre el Más Allá, el mundo de las tinieblas de Mesopotamia, el Sheol de los primeros israelitas y el Hades grecorromano, las filosofías de las sociedades tradicionales solían ser inclusivas: todos sobreviven independientemente de su raza, credo o rango social. El hogar de los muertos era un lugar familiar, y el paso hacia él, tranquilo. Su conocimiento no estaba controlado por una clase sacerdotal, sino que estaba presente en todo el mundo natural. Para muchas sociedades tribales, la naturaleza (los vientos y las aguas, las plantas y criaturas, los cielos y la tierra) era la maestra y la manifestación del espíritu divino. La explotación, el despilfarro y la violencia contra ella eran delitos cometidos directamente contra el espíritu, una moral tristemente muy diferente a la nuestra. La armonía con la naturaleza, más que el dominio sobre ella, era el máximo objetivo espiritual. No todas las sociedades tradicionales tenían esas creencias ideales, pero muchas sí.

En la mayoría de los sistemas de creencias tradicionales (a diferencia de los institucionalizados), los muertos y los vivos permanecen conectados. Los entierros en la casa y el ritual de dar comida a los antepasados en el altar de la casa ilustran la cercanía de un mundo a otro. Para algunas tribus, todavía hoy, el Más Allá no está en otro lugar, bajo la tierra o en el cielo, sino que coexiste en un universo paralelo al mundo de la materia. Entre los yoruba de Nigeria, el Más Allá es muy parecido a la tierra, pero mucho más hermoso, lleno de flores siempre florecientes y de una vegetación perpetuamente verde. Es un universo luminoso donde los amigos y la familia gozan de una paz y una buena voluntad constantes. La gente continúa con lo que hacía en vida, cultivando, cazando y haciendo negocios. La cercanía se lleva al extremo en los pueblos nigerianos del Nembe. Como creen que los muertos quieren seguir participando en la vida de la aldea, se les entierra en sus propias casas o en nuevas casas cercanas.[5]

---

5. Muchos ejemplos antropológicos han sido tomados del libro de Miller, S.: *After Death: How People around the World Map the Journey after Life.* Simon and Schuster, Nueva York, 1997.

Para la mayoría de las sociedades tradicionales el viaje es sumamente fácil. La Vía Láctea es considerada por muchos como el camino hacia el Más Allá, los millones y millones de estrellas como almas brillantes que se mueven a lo largo de su camino. Nada está oculto; no hay ningún conocimiento secreto de la Vía que sólo conozcan unos pocos. En cambio, este maravilloso camino celestial donde pasan las almas está siempre presente, siempre revelado a todos los pueblos de la Tierra, noche tras noche. Los pueblos indígenas de Australia y de algunas zonas de América, como los guajiros, los inuit y varias tribus extintas de nativos americanos cuyas creencias se conservan en sus mitologías, imaginan que los espíritus de los muertos simplemente salen volando de sus cuerpos para unirse a esas almas resplandecientes que se desplazan por los cielos. Qué contraste con el sistema egipcio, en el que el cielo estrellado pertenecía únicamente al faraón, y llegar a él implicaba la ejecución meticulosa de ritos y la sobrevivencia a terribles amenazas.

En las sociedades tradicionales, es el chamán local quien asiste a la transición del alma, a veces acompañando al recién fallecido en la primera etapa del viaje. Sin embargo, en la tradición esquimal, una hija facilita el paso de su padre después de la muerte cantando una canción con aliento mágico. Esta canción conduce su espíritu al cuerpo de un lobo para que pueda cazar el caribú eternamente. Cuando los fon de África Occidental cumplen 90 años, se les reconoce como intermediarios entre los vivos y los muertos. Preparan a otros miembros de la comunidad a la hora de morir hablándoles del Más Allá. Se espera que los familiares y amigos fallecidos ayuden a la nueva alma desde el otro lado.

Algunos en estas sociedades eligen un día para morir, no porque hayan llegado al amargo final, sino porque han alcanzado la plenitud. Todas las cosas están en su sitio, así que es un buen día para dejar esta vida. En lugar de miedo, hay confianza en que el gran espíritu proveerá de un buen lugar para todas las cosas que mueren, como lo hace para todas las cosas que viven. Una persona simplemente se desliza de este mundo al siguiente, con poca o ninguna lucha. Mientras escribo esto, me viene a la memoria uno de mis mensajes favoritos de los muertos en los archivos del Guggenheim, un padre que le dice a su hija: «Cariño, no es nada. Morir es tan fácil como caerse de un tronco».[6]

LA VIDA TRAS LA MUERTE DE CADA UNO

Las creencias privadas difieren tanto de una persona a otra, aunque pertenezcan a la misma comunidad religiosa, y las creencias cambian con la edad y la experiencia. Dónde y cuándo vivimos, qué religión y en qué secta de esa religión hemos nacido, todo ello sigue moldeando nuestras creencias, aunque hayamos rechazado nuestra educación religiosa.

Muchos de nosotros hemos experimentado un cambio radical en nuestras propias creencias a medida que envejecemos. O, sin darnos cuenta, creemos en interpretaciones del Más Allá distintas, a veces contradictorias, al mismo tiempo. Lo hice de niña. Una parte de la imagen que tenía de niña tenía como modelo esa obra maestra del dualismo que es la *Divina Comedia* de Dante, porque había un ejemplar ilustrado en nuestra biblioteca familiar. Las representaciones del infierno y sus torturas eran mucho más gráficas y fáciles de recordar que las del cielo, que incluso mi joven mente veía como algo estático. Sin embargo, los malditos no me hablaban. No eran personas que jamás conocería. A esa tierna edad no podía imaginarme sufrir allí abajo con ellos, como tampoco podía imaginarme tener un cáncer o una enfermedad cardíaca. Era el purgatorio lo que me molestaba. Como nadie en mi familia era un santo, estaba segura de que todos íbamos a parar allí. También tuve pocas dudas de que mi abuela, recientemente fallecida, estaba allí, sufriendo y sola, saldando sus pecados menores, tal vez durante siglos. A los 10 años yo ya pagaba el dinero de la indulgencia para sacarla.

Al mismo tiempo, mi intuición infantil evocó una vida del Más Allá completamente diferente, una llena de una energía dorada y primaveral. Los árboles adornan los prados cubiertos de flores, que brillán ilu-

---

6. Guggenheim, B. y Guggenheim, J.: *Hello from Heaven!* Bantam Books, Nueva York, 1997, p. 45.

minados por el sol. Las ardillas regordetas corren de un lado a otro, felizmente sin miedo a la gente, así que se las puede abrazar como a gatitos. Mi ángel de la guarda está allí junto con un hada madrina sacada del cuento de *Cenicienta* y nuestro perro salchicha Schatzie, que llevaba mucho tiempo muerto. Aparte de la mezcolanza de temas idealizados que han entrado y salido de este cuadro a lo largo del tiempo, el espíritu subyacente sigue constante hasta hoy. Nunca se me ocurrió de niña que tener dos grupos de creencias contradictorias, uno socialmente condicionado y el otro basado en la intuición y en una confianza más profunda, fuera un problema.

• • •

Si observamos la evolución del Más Allá desde la perspectiva de 5000 años, queda claro que las creencias dominantes en el Occidente moderno son sorprendentemente nuevas. También muestra que éstas se oponen a lo que los propios fundadores de las religiones predicaban. A diferencia de nuestra errada confianza en una evolución espiritual, hemos visto también que las versiones más recientes del Más Allá no eran precisamente más iluminadas que las anteriores, sino que tendían a ser más sentenciosas y cada vez más excluyentes. En lugar de ser una verdad única y fija, las ideas del Más Allá son tan flexibles y cambiantes como las poblaciones que las inventan. ¿Sobre qué base, entonces, puede una institución religiosa pretender conocer su verdadera naturaleza?

CAPÍTULO 7

EL ORIGEN DEL PECADO

En el capítulo 6, vimos que hay más o menos dos modelos de lo que nos ocurre después de nuestra muerte. En uno, toda la humanidad va al mismo sitio. En el otro, el juicio individual define las circunstancias *post mortem* de una persona. A pesar de las enormes diferencias, las cinco principales religiones del mundo (el cristianismo, el judaísmo, el islamismo, el budismo y el hinduismo) han adoptado la segunda opción, en la que un juicio de algún tipo decide lo que ocurre después de la muerte. También comparten otra enseñanza esencial e igualmente perjudicial, que es que los humanos son innatamente defectuosos. Cada uno de los nacidos en una de estas religiones necesariamente interioriza el juicio al socializarse. Dado que juzgar a los demás y juzgarse a sí mismo van de la mano, el juicio interiorizado influye en cómo pensamos sobre nosotros mismos, los demás y el mundo en general, y en cómo nos comportamos cada día. Nos demos cuenta o no, influye en casi todas las decisiones que tomamos. También moldea lo que esperamos después de la muerte. El juicio interno nos hace comparar los buenos pensamientos y acciones con los malos. Está tan arraigado que muchos de nosotros ajustamos mentalmente nuestras cuentas personales de débito y crédito moral de forma inconsciente a lo largo de cualquier día.

La noción del pecado también nos carga de culpa, uno de los sentimientos más contraproducentes. La vergüenza acumulada en torno a los supuestos actos pecaminosos levanta un muro impenetrable entre nosotros y el conocimiento de nuestro interior, un conocimiento que conduce al perdón y a la liberación. Por ejemplo, muchos hombres y mujeres que fueron víctimas de abusos sexuales de niños no pueden dejar atrás la barrera de la vergüenza para superar la experiencia. Conozco a una mujer que se vio tan atrapada en su vergüenza por haber sido violada repetidamente en su infancia, que quedó paralizada al convertirse en una joven adulta. La vida en cama con dolor constante, especialmente durante la menstruación, era su forma de castigar su cuerpo pecador. Sin embargo, los niveles extremos de vergüenza también alejaron los eventos intolerables de la infancia. Con sólo dos sesiones de terapia de regresión ligera, en las que revivió con detalle algunos de esos episodios devastadores, traspasó la barrera de la vergüenza y redescubrió su inocencia. Se levantó y caminó.

En el último siglo, el vocabulario del pecado se ha adaptado a las nuevas filosofías. La esencia del pecado es la base del modo en que la psicología juzga a la salud mental frente a la neurosis o del modo en que las comunidades espirituales juzgan a lo positivo frente a lo negativo o a lo superior frente a lo inferior (*véase* el capítulo 8). Caminar por el lado de lo correcto (bueno, sano, positivo) y evitar lo incorrecto (malo, no sano, negativo) es un implacable acto de equilibrio mental que drena la energía creativa y silencia nuestra voz interior más profunda.

Muchas religiones organizadas han mantenido la tensión entre el bien y el mal mediante un sistema de vigilancia. La vigilancia religiosa es bien conocida por épocas tan terribles como la Inquisición y los juicios a las brujas de Nueva Inglaterra. Cualquier secta puede pedir a sus miembros que se vigilen unos a otros, añadiendo así la poderosa arma del desprecio social a su arsenal de control.

Los mecanismos de vigilancia son tan numerosos como ingeniosos. Algunas tradiciones inventaron una fuerza de vigilancia sobrenatural donde se ven, registran y miden las buenas y malas acciones. En el folclore judío, los ángeles acechan a los individuos a lo largo de sus vidas, juzgando y registrando sus actos más insignificantes. La tradición hindú propone perros guardianes de otro mundo que se posan sobre los hombros de la persona. Sus registros acumulados son entregados a un contador cada noche. La idea de que los actos y los pensamientos se recopilan y se calculan recuerda a la prueba de la pluma egipcia, en la que se pesa el valor del alma en una balanza. El mayor vigilante, por supuesto, históricamente ha sido Dios mismo. ¿Cómo empezó todo esto?

Dado que en Occidente se considera que el pecado es el árbitro entre la salvación y la condenación, cabe analizar cómo y cuándo se desarrolló el concepto del pecado. El pecado es una novedad en la escena mundial. Sus primeras huellas quizá sean la prueba de la pluma egipcia, que apareció a finales del segundo milenio a. C. Durante los cambios radicales del primer milenio a. C., la tendencia en el Oriente Cercano a cualificar la sobrevivencia en cualquier forma aumentó significativamente. En general, la sobrevivencia estaba reservada a quienes cumplían ciertas condiciones de un culto, como los cultos fúnebres de Egipto o los cultos apocalípticos de Israel. Los criterios de sobrevivencia también cambiaron, desarrollándose cada vez más en la línea del cumplimiento obligatorio de reglas y códigos morales. Fue durante este desarrollo que nació el pecado.

Estos cambios fueron acompañados por alteraciones en el concepto que tenían de la divinidad. En épocas anteriores, los grandes dioses eran todos bastante bienintencionados, pero ninguno era totalmente bueno, y desde luego que no eran omniscientes. Ninguno era del todo malo, tampoco. Egoísta, quizás, definitivamente grandioso, pero no malvado. Es más, todos los dioses y diosas estaban sujetos a la crítica y, a veces, a la oposición de sus compañeros. Estos controles y equilibrios dentro del panteón prohibían que alguna deidad alcanzara el poder absoluto. Había dioses del juicio, pero no de la moral. Shamash (el dios mesopotámico del sol) era un dios de este tipo en la tierra y en el mundo de las tinieblas, pero además se ocupaba de la ley cívica, como por ejemplo el incumplimiento del juramento en un tratado. Los templos de los grandes dioses y sus sacerdotes y sacerdotisas dejaban el control del comportamiento moral a las tradiciones tribales locales. Como el culto a Yahvé tuvo un desarrollo tribal, las costumbres ancestrales se convirtieron en ley religiosa cuando pasó a ser un culto estatal. Yahvé era el anciano supremo de la tribu, legislador y juez a la vez. A medida que su culto crecía, siguió apoderándose de las convenciones y normas sociales de origen ajeno a él, como los mitos y la literatura de otras culturas, a los que reformuló para imponer su propia moral, como hacen todas las religiones.

La invención del pecado, que se define como un delito contra una única deidad, fue esencial para establecer la ley cúltica. Este paso sin precedentes resultó en una identidad de grupo que buscaba distinguirse del espíritu politeísta de la época. Según los relatos bíblicos, la noción del pecado, que antes no existía, pasó rápidamente a ser la norma social número uno. Esto condujo a que las acciones cotidianas se evaluaran a la luz de lo que agradaría a Yahvé y lo que condenaría como abominación. La obediencia y la desobediencia a la norma separaban lo correcto de lo incorrecto, el bien y el mal, los salvados y los condenados. También nació una forma única de exclusivismo: sólo los fieles a este culto eran los elegidos por Dios.

La creación extrañamente tardía del pecado es uno de los cambios de visión del mundo más cruciales que hayan ocurrido. Nada ilustra mejor el cambio que la comparación de la historia de Noé y el diluvio con los mitos prebíblicos del diluvio. Pocos se dan cuenta de que la historia de Noé tiene su origen en una obra mesopotámica que la precede en por lo menos 1500 años. Las versiones conservadas en tablillas cuneiformes, basadas en una tradición oral aún más antigua, llaman al constructor del arca de distintas maneras: Atrahasis o Utnapishtim. La principal diferencia, y la más reveladora, fue el motivo dado para enviar esa primera arma de destrucción en masa. En el relato del Génesis, Yahvé lo envía como castigo por los pecados de la humanidad. En el de Mesopotamia, ni el pecado ni el castigo desempeñan papel alguno. El pueblo fue destruido porque se sobrepobló. Como eran demasiados, su ruido colectivo molestaba a los dioses. Algunos de estos dioses, pero no todos, decidieron que la solución era eliminarlos, pero no del todo. El mito del diluvio original no tenía nada que ver con la moral; era un argumento arcaico a favor del equilibrio ecológico.

Desde la Segunda Guerra Mundial, la forma de entender al dios de la Biblia ha cambiado rápidamente. El dios furioso y vengativo del Antiguo Testamento, una figura basada en gobernantes despóticos y ancianos patriarcales severos, se ha transformado en un dios de compasión y amor. En la Antigüedad, se habría considerado a un dios de este tipo desagradablemente femenino y endeble, y nadie lo habría seguido.

A medida que la sociedad se vuelve más permisiva, el temible anciano, que nuestros abuelos imaginaban con una barba blanca y sentado en un trono, le da paso a un ser supremo más abstracto. A medida que la antigua imagen de un dios del juicio desaparece, también lo hace el infierno.

EVA Y EL PECADO DE LA DESOBEDIENCIA

El pecado humano es supuestamente inevitable debido a nuestro derecho al libre albedrío. Esta premisa está claramente expuesta en la fábula de origen más grande jamás contada: la historia de Adán y Eva. El relato del Génesis sobre el inicio, base de tres grandes religiones del mundo, fija las dicotomías de «luz y oscuridad» y «bien y mal» como elementos básicos de la infraestructura del universo.[1] La peor transgresión es categóricamente la desobediencia. Ésta impulsa a la acción, provocando la caída y la pérdida permanente del paraíso. Como resultado de que Adán y Eva comieran del árbol del conocimiento del bien y del mal, todos los que provienen de la semilla de Adán están condenados a la muerte. La mortalidad –la muerte, considerada como un hecho *natural* en la mayoría de las filosofías no basadas en Abraham– es, en cambio, el resultado *antinatural* del pecado. Ésta es otra muestra de la incomodidad judeocristiana con la muerte. La desobediencia de Eva y Adán también hizo caer sobre nosotros una serie de maldiciones menores: la vergüenza, la culpa, la impureza, el sufrimiento, el dolor corporal, especialmente al dar a luz, el trabajo físico, el deseo, la tentación, la codicia, el crimen, el sexo, etc. ¿Por qué se puso este árbol allí?

Un poco más adelante, en el Génesis, se presenta el opuesto de Eva, Abraham, la personificación de la obediencia perfecta. Su historia es un relato moral que refuerza la obediencia sin reservas como la primera obligación de la humanidad hacia Dios. Por orden de Yahvé, se ve a punto de matar a su único hijo amado. El mensaje parece ser que in-

---

1. Como en este momento sólo me preocupa la representación del pecado en la historia de Adán y Eva, se omiten otros niveles de interpretación, como el del desarrollo del ego.

cluso el asesinato es preferible a la desobediencia. Y lo que es peor, la obediencia triunfa sobre las fuerzas instintivas del amor y la reverencia por la vida. Yahvé recompensa a Abraham con una descendencia tan numerosa como las estrellas del cielo y las arenas de la orilla del mar (Génesis 22:17-19), nombrándolo padre de su pueblo elegido, el primer patriarca. Se inicia un pacto, inscrito sólo en los varones mediante la circuncisión. Situar los orígenes del judaísmo en Abraham implica el dominio patriarcal.

La mayoría de los académicos consideran que la historia de Adán y Eva fue escrita más tarde y diseñada específicamente para servir al Estado y a su culto.[2] Un objetivo principal era eliminar el persistente y popular culto a las diosas, incluyendo a la esposa abandonada de Yahvé (Asera). El culto a las diosas, tradicionalmente un canal importante para la devoción femenina, aparece atestiguado una y otra vez en el registro arqueológico de la antigua Palestina. La forma ortodoxa de la historia de Eva (el árbol de la vida y la malvada serpiente) fue diseñada principalmente para dar un duro golpe a Asherah, cuyo símbolo era el árbol sagrado, representado en el templo por un trozo de madera o un poste,[3] y a los cultos de las diosas aún más poderosas de Oriente y el Mediterráneo oriental, algunas asociadas con serpientes. Tanto la monarquía como el templo querían imponer una obediencia absoluta a la autoridad masculina, desde dios hasta el rey y el sumo sacerdote. La obediencia femenina se debía más a los padres, maridos y hermanos

---

2. El nombre elegido para el escenario de la historia, «Edén», es una palabra sumeria varios miles de años más antigua que los primeros escritos bíblicos. Su significado original es «estepa», la zona de pastos entre los cursos de agua y el desierto. Su uso traslada la acción al pasado más remoto conocido en la Antigüedad. Este recurso literario bastante común está calculado aquí para dar la impresión de que la propia historia se ha transmitido desde los primeros seres humanos, posiblemente a través de Abraham, que procedía de Sumer.

3. En todas las representaciones y ritos de Asherah intervienen árboles u objetos parecidos a árboles. Podía ser representada por un árbol vivo que la gente plantaba y que el Deuteronomio 16:21 prohíbe, un árbol estilizado o sagrado, un tronco cortado o un trozo de madera anicónico a veces plantado en el suelo; su imagen también se tallaba en un árbol vivo. Los pasajes que condenan su culto se encuentran en Éxodo, Deuteronomio, Reyes, Jueces, Isaías, Jeremías y Miqueas. Que originalmente era la esposa o «consorte» de Yahvé ya no se discute.

que a dios, lo que interrumpía la conexión entre las mujeres y lo divino. De este modo, el poder se centralizó y se puso bajo el dominio masculino, y el propio paraíso se imaginó principalmente como una provincia masculina.

EL PECADO ORIGINAL

En las teologías cristianas, la herencia que la humanidad recibió de Eva es un castigo doble. Así como la vida de una persona termina con el castigo de la muerte, la vida de una persona comienza con otro castigo, el pecado original. Esta doctrina, formulada 400 años después de Jesús,[4] afirma que venimos a este mundo con una mancha en el alma, que de no ser así sería inmaculada. La mancha marca nuestra descendencia directa de la desobediente Eva y su hijo asesino (Caín). Es el signo de nuestro legado humano para hacer el mal.

La única forma de librarse del pecado original es la limpieza bautismal, un rito que también convierte a la persona en cristiano. Sin ella, una persona no puede entrar en el reino de los cielos. El pecado original y su antídoto ritual demuestran cómo las religiones institucionales establecen una dicotomía de un «ellos» condenado (los no bautizados) frente a un «nosotros» salvado (los bautizados), una dicotomía cuya eficacia gira en torno al miedo a la muerte.

Como la doctrina del pecado original nos dice que somos innata e irremediablemente defectuosos, también sirve para separarnos de la naturaleza y de las criaturas más puras y sencillas de la Tierra. Peor aún, antes de la caída, Dios estaba presente con Adán y Eva en el Edén. Después de su rebelión, la humanidad en general fue condenada a morar separada de Dios. Se trata de un veredicto inmensamente trágico. El pecado original sirve como una cuña adicional entre nosotros y la divinidad. Desde la caída, los pueblos de las tres religiones abrahámicas han tenido que ganarse el derecho a reunirse con el Creador.

---

4. La doctrina se formuló después de que Pelagio, el defensor de la inocencia humana, fuera declarado hereje. Según ella, la Virgen María es la única mortal sin pecado original, por lo que recibe el nombre de Inmaculada Concepción.

LORELLA Y JOE

Las historias de Lorella y Joe ilustran cómo la creencia en el pecado puede moldear nuestras expectativas de la vida venidera e incluso afectar a nuestras experiencias después de la muerte. Ambas personas fueron educadas con los dualismos típicos de su generación: el cielo y el infierno, el bien y el mal, la recompensa y el castigo, etc. En el caso de Lorella, tenía la convicción común de que el Más Allá era bipolar y que entrar en la parte superior significaba llevar una vida lo más recta posible. Joe no se comprometía, no tenía una opinión y lo dejaba todo en manos de la religión. Ambos terminaron muy sorprendidos. Veamos primero a Lorella.

Lorella era una persona muy inteligente, curiosa y dotada de gran calidez y humor. Su defecto, sin embargo, era su rígida obediencia a las autoridades eclesiásticas, por lo que esperaba una recompensa. Lo que produjo, más bien, fue la limitación de sus habilidades innatas, un daño significativo a sus hijos y un choque muy desagradable tras su muerte. Adoptó todas las virtudes que tradicionalmente se esperaba que tuvieran las mujeres, incluido un autosacrificio que se inclinaba hacia el martirio. Aunque no era prohibicionista, desconfiaba excesivamente de la bebida. Su control moralista del consumo familiar hizo que su marido bebiera a sorbos de botellas escondidas en los cajones y los armarios y que su hijo se convirtiera en un alcohólico. La tensión que Lorella estableció entre el bien y el mal, y la obediencia y la rebelión, fue lo que más afectó a su hija. Se suponía que la estricta educación de la chica la mantendría pura de mente y cuerpo hasta el día de su boda, lo cual resultó seriamente contraproducente. La chica se convirtió en una ninfómana mentirosa, tramposa y drogadicta, que a menudo se acostaba con más de un hombre al día.

La madre y la hija desempeñaron papeles opuestos en el drama familiar, como Caín y Abel. Estoy segura de que la conexión entre ellas iba más allá de esta vida, ya que parecían haberse puesto de acuerdo para explorar ambos lados de la cuestión de la obediencia y la rebeldía, y el bien y el mal, según se ha aplicado durante mucho tiempo al sexo femenino. Ambas, en su extremismo, no entendieron nada. Lorella desarrolló un cáncer de útero y sufrió terribles dolores físicos en los meses anteriores a su muerte. Lo percibo como su ataque al vientre «pecador», esa parte de ella que dio a luz a una hija como la suya. Su hija murió un año después de una sobredosis de drogas.[5]

Yo no estuve presente cuando murió Lorella. Pero a los tres días, mientras me lavaba los dientes, me vi de repente envuelta en un torbellino de ira. Me sentí asaltada. Sabiendo al instante que era Lorella, me quedé inmóvil y escuché. Fue una de esas visitas tan llenas de emoción violenta, que al principio no podía ni organizar los pensamientos. En tales circunstancias, lo único que se puede hacer es memorizar lo que la persona está tratando de transmitir y recopilarlo más tarde.

Una vez calmada la tormenta, empezaron a surgir los motivos de la ira de Lorella. Acababa de descubrir que el cielo y el infierno no existían. Tampoco había nadie «ahí arriba» para darle el premio como madre del año o, por el contrario, para regañarla por sus fracasos. En cambio, se enfrentó a un incómodo ajuste de cuentas sobre lo que había hecho con el don de la vida. A causa de su miedo al pecado, había reprimido su naturalmente exuberante amor por la vida, cerró su naturaleza intuitiva, así como su sensualidad, y limitó el alcance de su inteligencia y curiosidad. Aunque las batallas entre el bien y el mal, y la obediencia y la rebelión, fueron extremas entre Lorella y su hija, casi todos nosotros hemos visto cómo funcionan en las familias y en nosotros mismos.

El caso de Joe es mucho más inusual. No lo conocí en vida. Mi contacto con él sucedió unos 20 años después de su muerte y a petición de su hijo Michael, a quien conocisteis en la introducción. Michael, que llevaba 3 meses muerto, había encontrado a su padre en una situación horrible y quería mi ayuda para sacarlo. No había contacto directo entre ellos, ni Michael quería tenerlo. Su padre estaba demasiado inmerso en su propia alucinación como para advertir su presencia.

Joe estaba en muy mal estado. Parecía un anciano abatido por su culpa y sus penas. Lo vi en un terreno baldío, polvoriento y amarillen-

---

5. De vez en cuando las relaciones entre las personas, a menudo padre e hijo o hermanos, son tan vinculantes que una está realmente incompleta sin la otra. Tales relaciones suelen surgir en constelaciones familiares muy fuertes en las que cada miembro trabaja un lado diferente del mismo asunto, como lo veo aquí. Una vez terminado el trabajo, morir es el siguiente paso apropiado.

to, agachado como si estuviera doblado de dolor. No se veía mucho más, excepto una especie de borde rojizo que parecía mantenerlo en ese confinamiento solitario. Por sus gestos, se apretaba la cabeza y la sacudía de lado a lado, y por sus expresiones faciales, era evidente que el hombre sufría una terrible angustia, algo parecido a las sensaciones físicas. Me recordaba los dolores fantasmas que algunas personas sienten en una extremidad amputada. Este pobre hombre estaba atrapado, aislado, en algo parecido al infierno. Michael me dijo que Joe estaba en un delirio personal de autocastigo. No hay forma de saber cómo percibía Joe el tiempo en ese estado. Desde mi punto de vista, habían pasado más de 20 años, pero puede que él lo haya vivido como horas o días, o quizás una eternidad. Definitivamente creía que no había salida. Siempre había sido un chico malo, un pecador nato. Y Dios lo sabía.

Aunque yo no tenía ni idea de cómo proceder, la solución surgió espontáneamente en cuanto capté el problema. La solución era tan imprevista desde mi punto de vista que sólo pudo proceder de otra persona. De repente, apareció un hombre de una de las vidas pasadas de Joe. Había sido capitán de Joe en alguna de las guerras declaradas durante el siglo XIX. Tuve la impresión de que se trataba de la guerra de Crimea (1853-1856). Lo que sí me quedó claro es que en esa vida Joe había sido un soldado de bajo rango. Como idolatraba a su capitán, creyendo ingenuamente que era infalible, había marchado dócilmente a las órdenes de su superior hasta su muerte. El héroe de la vida pasada de Joe, que había madurado espiritualmente desde sus días de militar, adoptó su antigua apariencia, con su uniforme y su caballo. Blandiendo su espada y haciendo sonar un cuerno, cabalgó furiosamente hacia el círculo psíquico donde Joe se mantenía cautivo. Le dio a Joe órdenes firmes de seguirlo: «¡En marcha!». Afortunadamente, el soldado que había sido Joe volvió a despertarse, y sin dudarlo se puso en marcha, siguiendo al capitán y a su caballo, y así salió de su infierno. Por fin se rompió la ilusión.

Más tarde comprendí que el capitán sentía que le debía algo a Joe. Al igual que había hecho que el joven soldado marchara hacia su muerte en la vida pasada, hizo marchar a Joe hacia una nueva vida en el Más Allá. La treta que ideó estimuló la parte del carácter de Joe que permanecía latente en esta vida: la que obedecía a la autoridad.

Aunque nunca llegué a tener contacto directo con Joe, ni supe de él después de su liberación, cabe esperar que, en cuanto se rompiera su ilusión, vería que las decisiones que tomó en ambas vidas eran las caras de una misma moneda. El golpe maestro vino, por supuesto, del capitán, quien facilitó que se diera una oportunidad para que Joe volviera a su «buen» yo: el obediente. ¿Qué otra cosa podría haber sacado a Joe del infierno? ¿Una charla sincera sobre sus alucinaciones? Nunca.

Suelo asombrarme de la sencillez infantil de lo que ocurre en las dimensiones no materiales, incluso en los sueños. Como en la historia de Joe, lo que ocurre y lo que se dice puede parecer a veces simplemente cliché, tanto que me hace dudar a la hora de describirlo. Sin embargo, lo cliché parece funcionar.

LOS DUALISMOS DEL BIEN Y EL MAL

Las historias de Lorella y Joe muestran con qué fuerza pueden operar las creencias dualistas del bien y el mal, la recompensa y el castigo, tanto en esta vida como en la siguiente. Todo el concepto de pecado se basa en esos dualismos. Éstos son creados por las personas y dominan el pensamiento moderno. También son comparados, con un lado del binario visto como mejor que el otro, en una fórmula «positivo-contra-negativo», como en los salvados y condenados, o en dualismos más neutrales, como fuerte y débil, rico y pobre, grande y pequeño, alto y bajo. Los ejemplos son interminables. La próxima vez que tengas una conversación con alguien, prueba a soltarle «muerte y vida» en lugar de «vida y muerte» y observa las reacciones.

Los dualismos son poderosos. Extraen partes del total, efectivamente eliminando el todo, forzando distinciones que pueden o no estar ahí. Establecen prejuicios, creando opuestos innecesarios y falsas categorías. Por último, transmiten esos prejuicios superficiales que asimilamos sin pensar. «Luz y oscuridad», por ejemplo, expresa un valor cultural inculcado en el que se exalta la luz, pero se teme a la oscuridad (es decir, Satanás = el príncipe de las tinieblas). Este dualismo niega, por tanto, los poderes generadores de la oscuridad, la gran creatividad de la noche, de los sueños, de la gestación fetal. También niega todos esos matices intermedios que hacen que la luz y la oscuridad no sean opuestos sino puntos arbitrarios dentro de un todo. Por último, el pensamiento dualista fomenta los prejuicios y el fanatismo, una mentalidad de ellos contra nosotros, en la que el lado «ellos» del binario es diferente e inferior al lado «nosotros». Sólo esto promueve el racismo, así como el chovinismo nacionalista, político y sexual. Con el pensamiento dualista, no puede haber unidad, ni familia global.

En el pensamiento dualista, si existe el bien, también debe existir el mal. No tengo ninguna razón para creer en el mal, y de todos los exorcismos que he realizado como profesional, todavía no he visto a nadie poseído por el mal. Sólo he visto individuos que están poseídos por una creencia profunda de que son malvados. Te garantizo que una creencia así, si se reprime lo suficiente, puede estallar en un sinfín de habilidades paranormales insospechadas que nuestros «lados buenos» no permitirían nunca.

El universo interior no reconoce el pecado ni sigue una lógica dualista, opera más bien siguiendo las pautas del pensamiento intuitivo, sólo que a una escala imposiblemente grande. En el pensamiento intuitivo –pensar con el corazón–, los dualismos suenan falsos, si es que aparecen. El pensamiento intuitivo es inclusivo; ve el conjunto, en lugar de excluir, lo cual limita la percepción sólo a las partes. Puesto que surge de las partes más profundas del ser, sabe con certeza que el universo, sea cual sea su dimensión, es benigno, que todas las cosas han sido creadas fundamentalmente a partir de la materia divina de la benignidad. El mal como categoría real según la dicotomía del bien contra el mal es inimaginable. Es una categoría falsa, artificial. Lo que el pensamiento analítico califica de malo y opone al bien, el pensamiento intuitivo no lo considera más que una distorsión de la buena intención, un intento mal dirigido de compensar una debilidad, de crecer. El mal se disuelve, entonces, en ese gran mar del bien. Cuando podamos aprender a confiar en nuestro «cerebro» intuitivo, los dualismos nos parecerán tontos y prejuiciosos y ridículamente, absurdamente mezquinos para la Mente Divina.

Aunque hayamos rechazado los puntos de vista ortodoxos de las religiones en las que nacimos, la mayoría de nosotros ha aceptado el precepto subyacente de que la matriz de la realidad está estructurada de forma dualista. De hecho, nos creemos esa suposición todos los días. Que le digas a tu hija o a tu perro que es una «niña buena» o una «niña mala», casi al mismo tiempo, sería típico de la categorización dualista diaria e irreflexiva que tanto daño hace. Es suficiente para que tu mascota se vuelva esquizofrénica. Consideremos el paradigma de recompensa-castigo. Expresiones comunes como «que se pudra en el infierno» o «al final pagará» son quizás reconfortantes, pero poco realistas. Nadie nos hará pagar nada cuando muramos. Esto no significa que la gente en el Más Allá no sienta remordimientos. Cuando fallecemos, podemos lamentar muchas cosas: la falta de valor, no haber amado lo suficiente, no haber demostrado el amor que sentíamos, no haber utilizado nuestros dones creativos. Podemos sentir remordimientos por haber herido a otros, por haber intentado aplastar el espíritu o por haber envenenado la esperanza. El núcleo del Corazón Divino está tan lleno hasta el borde de una compasión sin límites, que no hay lugar para el castigo. El conjunto de la ley es la realización, no el castigo. La única cura es verdaderamente perdonarse a sí mismo. Lo único seguro es el reconocimiento de que, a pesar de todo, todos nosotros, en todo momento y para siempre, formamos parte de Todo Lo Que Es.

¿Es fe o miedo?

Podríamos preguntarnos si la voluntad de Abraham de matar a su amado hijo fue un acto de fe o de miedo. Recordando las veces que Yahvé le había favorecido, protegido y dotado, a veces incluso conversando con él cara a cara, podríamos concluir que Abraham actuó con una gran certidumbre. Pero según el relato de Génesis 22, Yahvé envió al primer patriarca esta prueba para averiguar no si Abraham le amaba, no si Abraham confiaba en sus intenciones o tenía fe en su bondad, sino si Abraham le temía. Los antiguos utilizaban la palabra «miedo» para expresar cómo debían responder ante el terrible resplandor de los dioses y los reyes. Responder con sentimientos íntimos como el amor, la confianza o la fe era impensable.

El anticuado mandato de la obediencia total sofoca la creatividad, la espontaneidad, la curiosidad, el deseo y la inspiración, las mismas cualidades que impulsan la conciencia espiritual personal. La pura obediencia nunca nos conducirá a una comprensión real de lo divino. Ni siquiera nos permite hacer preguntas. Sin al menos un poco de intuición, nuestra verdadera naturaleza y la del Más Allá que cocreamos seguirán siendo imposibles de comprender.

Históricamente, la noción de fe era casi intercambiable con la noción de obediencia. Aunque esta ecuación se ha roto significativamente en el último siglo, también está regresando con el resurgir actual del fundamentalismo que se da en las tres religiones abrahámicas. Este renacimiento de la antigua fe en la ley y el orden no surge de una profunda confianza en que nuestra conexión con Todo Lo Que Es no puede ser rota. Es, en cambio, una fe nacida de un miedo inculcado precisamente por esa ruptura. Divide a la humanidad, colocando a un grupo o a una secta religiosa sobre otra y a los creyentes sobre los infieles.

La aceptación de una fe prefabricada llena un vacío que de otro modo sería difícil de llenar. Pero la aceptación también nos obliga a ignorar las inquietantes incoherencias, contradicciones, prejuicios y dobles raseros que detectamos en nuestras propias sectas. Nos obliga a profesar que nuestros libros sagrados personales, ya sea la Torá o el Nuevo Testamento o el Corán, son los registros reales, y los únicos legítimos, del pensamiento divino. Con demasiada frecuencia, la fe en las Escrituras se consigue con una fuerte dosis de reinterpretaciones fantasiosas que pasan por encima de contradicciones evidentes y diferencias cruciales entre nuestro mundo y los mundos antiguos en los que fueron escritas. Por supuesto que las Escrituras contienen pasajes de inspiración divina. Podemos sentirlos. Y pueden ser tan profundos que nos provocan escalofríos de revelación. Estos pasajes son grandes regalos que nos han sido transmitidos y que debemos apreciar. Sin embargo, no dan validez a ninguno de los otros.

La fe forzada no es más que un artificio para silenciar nuestras propias voces interiores. Distorsiona nuestras revelaciones y epifanías privadas, e incluso las desvaloriza por completo. Sin embargo, está diseñada para tapar a toda costa las profundas dudas e incoherencias sobre las que se construye esa fe particular. En los casos más radicales, esa falsa fe puede conducir a una negación patológica del yo, al fanatismo, a la guerra y al terrorismo, como ha ocurrido en el pasado.

Cada persona nace con una fe espiritual y biológica que es personal, íntima y optimista. La verdadera fe surge de nuestra conciencia innata y de nuestra conexión con todos los seres vivos, con la naturaleza y con Todo lo Que Es. Sólo hace falta que recuperemos esa parte infantil en cada uno de nosotros que sabe que el universo es bueno. No el bien y el diablo, ni siquiera el bien y el mal. Sólo el bien. Es saber que cada conciencia tiene un significado único y está repleta de propósito. Que la sobrevivencia más allá del cuerpo es el único resultado posible. Que el más Allá no es un juicio con condena. Todo Lo Que Es tan abarcador, tan incomprensiblemente compasivo, que incluso el perdón queda empequeñecido hasta la insignificancia. Esta fe es la que traen consigo las personas que han regresado de estados cercanos a la muerte. Para los muertos es el estado de gracia siempre presente en el que habitan.

CAPÍTULO 8

«LA EVOLUCIÓN ESPIRITUAL», EL NO TIEMPO Y EL EGO

Desde que comenzó el movimiento de contracultura New Age, o Nueva Era, en los años sesenta, se han infiltrado en el imaginario popular conceptos como evolución espiritual, planos bajos y altos (a menudo llamados planos astrales), vibraciones bajas y altas, almas nuevas y almas viejas, así como karma y deuda kármica. También nos hemos acostumbrado a la idea de que el ego no tiene sitio en el ámbito de la espiritualidad y no sobrevivirá a la muerte.

Estas ideas suelen darse por sentadas en las comunidades espirituales alternativas, pero ¿cómo se sostienen realmente bajo el escrutinio? ¿Cómo, por ejemplo, puede operar la evolución espiritual o la deuda kármica en la realidad del no-tiempo y del tiempo simultáneo, los cuales rigen en las dimensiones internas de la conciencia y en el Más Allá?

Entre los de la Nueva Era se encuentran consejeros espirituales, ministros de todas las religiones, psíquicos, sanadores, escritores, terapeutas y líderes de talleres. En las últimas décadas han surgido muchas Iglesias del Nuevo Pensamiento cuyos principios están arraigados más en la metafísica de la Nueva Era que en las tradiciones abrahámicas. Los cristianos liberales que van a la iglesia representan una gran comunidad que se define como espiritual más que religiosa. La gran diferencia entre los dos es el rechazo de los principios fijos y excluyentes en favor de una filosofía más tolerante, descentralizada e inclusiva. Las influencias más significativas en la metafísica espiritual moderna, además de su herencia judeocristiana, provienen del hinduismo y del budismo. A pesar de su mentalidad abierta, la metafísica de la Nueva Era ha asimilado las persistentes ideas de un universo moralmente dualista y del yo intrínsecamente defectuoso, nociones que examinaremos en este capítulo. Pero, primero, me gustaría introducir los movimientos esotéricos occidentales para quienes no los conozcan.

La filosofía del trascendentalismo, iniciada por Ralph Waldo Emerson y Henry David Thoreau, tuvo su auge a mediados del siglo XIX. Influenciado por los cuáqueros y las tradiciones indígenas norteamericanas, el trascendentalismo abogó por una religión intuitiva basada en la revelación directa, inspirada por una divinidad omnipresente en el universo. Los trascendentalistas creían que la inspiración divina se recibía directamente, ya que en el núcleo de cada persona hay una luz interior o sobrealma que es indestructible y eterna, y que es en sí misma divina. Es esta luz la que nos guía después de la muerte para volver a la Fuente. Aunque haya durado poco, el trascendentalismo desempeñó un gran papel en la elevación de la naturaleza a un estatus espiritual. Gracias a las voces de sus eminentes miembros, dio validez también a la experiencia interior personal y, por tanto, abrió la puerta a un auge de la mediumnidad en Estados Unidos.

La teosofía, quizás más que cualquier otra filosofía, introdujo las creencias asiáticas de la reencarnación y el karma en el pensamiento espiritual occidental. La polémica fundadora de lo que finalmente se convirtió en un movimiento mundial fue la mística rusa Helen Blavatsky, fundadora de la Sociedad Teosófica en Nueva York en 1875. Blavatsky combinó elementos del hinduismo y del budismo con su propia comprensión personal para crear un complejo conjunto de ideas. Para los teósofos, el espíritu eterno se esfuerza siempre por ascender, subiendo una escalera a través de una serie de renacimientos hacia la maestría y la perfección espirituales. Todos los individuos han de pasar por una larga serie de reencarnaciones antes de poder desprenderse de la materia y elevarse lo suficiente como para regresar a la Fuente de la que proceden. Aunque no haya jueces externos, después de cada vida la persona experimenta los efectos dolorosos que sus pensamientos, palabras y acciones personales tuvieron en los demás. Cuando regresamos a la vida en la tierra, volvemos a la exigente prueba de crear o saldar deudas kármicas. Afortunadamente, almas «muy evoluciona-das», los maestros ascendentes, nos ayudan a atravesar el trajín de la vida tras la vida.

El espiritismo surgió en la misma época que la teosofía. Sostiene que los seres sin cuerpo, especialmente los muertos, pueden comuni-carse con nosotros a través de los médiums. Ignorando el mandato contra la nigromancia en el Antiguo Testamento, los espiritistas se ba-san en los numerosos relatos de hablar en lenguas, de visiones y revela-ciones, de apariciones y voces, en el Nuevo Testamento. Al igual que la teosofía, el espiritismo enseña que el alma indestructible avanza en sa-biduría y vigor moral hasta alcanzar también la Fuente.

A diferencia de la teosofía, los espiritistas estrictos rechazan la idea de la reencarnación. En vez de brincar de un cuerpo a otro hacia la iluminación, el espíritu se mueve sucesivamente desde un plano de baja vibración (la tierra) a planos de vibración cada vez más altos en los reinos no físicos. Según algunos espiritistas, también hay planos más bajos que los planos terrestres, donde pueden ir los espíritus especial-mente malvados. Los espiritistas no creen en la resurrección, en un juicio final, en el cielo o en el infierno, a pesar de su base cristiana. A finales del siglo XIX, ya se habían formado varias organizaciones relacio-nadas con la comunicación con los espíritus. Henry Slade fundó la Asociación Nacional de Iglesias Espiritualistas en 1893, que para 1930 ya había condenado de forma oficial la creencia en la reencarnación.

La Sociedad para la Investigación Psíquica, uno de los centros más importantes para la investigación de lo paranormal y la sobrevivencia después de la muerte, fue fundada en Londres en 1882. Entre sus ilus-tres presidentes se encontraban Arthur J. Balfour, primer ministro de Inglaterra en 1902, 19 académicos, 10 miembros de la Royal Society, 5 miembros de la Academia Británica, 4 titulares de la Orden del Mérito y un premio Nobel. Por parte de los estadounidenses, William James (1842-1910), profesor de psicología en la Universidad de Harvard, contribuyó de forma significativa al estudio de la comunicación con los espíritus y la sobrevivencia después de la muerte, llegando a establecer un instituto de investigación en Harvard. Impresionado por la socie-dad londinense, ayudó a fundar la Sociedad Americana de Investigación Psíquica. Es evidente que la investigación de la sobrevivencia fue en su día una tarea muy respetada.

LA MEDIUMNIDAD

La credibilidad de la mediumnidad y la comunicación con los espíritus decayó mucho a principios del siglo xx al descubrirse algunos fraudes. Desde entonces, asociarse con lo paranormal estigmatiza a las personas que pertenecen a instituciones de la corriente principal de la política, el academicismo y, a menudo, la religión. Aun así, ninguna ley, mandato religioso, negación científica o burla popular parece poder detener la mediumnidad. De hecho, en las dos últimas décadas ha habido un auge de sesiones de espiritismo, algo así como un retroceso a los golpeadores de mesa del siglo xix. Sin embargo, el énfasis ya no está en demostrar la sobrevivencia *post mortem,* sino en transmitir mensajes de los muertos. Muchos de los mensajes que he escuchado en las sesiones de espiritismo televisadas o que he leído son extrañamente concretos, por no decir triviales. La persona fallecida puede mencionar, por ejemplo, un vestido que el observador llevaba el día anterior. No se trata de filosofía. No hay relatos cautivadores sobre la vida después de la muerte. La simplicidad de los mensajes y su enfoque materialista reflejan la tendencia conservadora de finales del siglo xx y principios del xxi. Estos mensajes son «aciertos» que potencian la credibilidad del médium, lo cual es crucial para el éxito comercial. También muestran que los muertos desean comunicarse lo más rápido posible mientras esa ventana de oportunidad está abierta para validar sus identidades y transmitir seguridad y amor.

Es cierto que algunos médiums pueden captar información telepáticamente de los vivos y no de los muertos, y que algunos son fraudes. Pero la mayoría son sanos y honestos, conocen sus fuentes y saben distinguir entre diferentes tipos o niveles de información. Algunos muestran habilidades espectaculares y transmiten mensajes innegablemente auténticos y conmovedores. Dado que los médiums trabajan con humanos, vivos o muertos, los mensajes están influenciados por la sociedad. Por ejemplo, las sesiones de espiritismo realizadas a finales del siglo xix y principios del xx en Inglaterra y Estados Unidos se vieron marcadas por la estricta mentalidad victoriana y su gusto por lo gótico, razón por la cual los mensajes tendían a ser dramáticos y moralistas. Los relatos antiguos sobre la mediumnidad se referían muchas veces a los destinos de los reyes. Hasta el siglo xviii, los muertos se comunicaban con palabras. Desde el siglo xx, los mensajes tienden a enviarse en imágenes, seguramente debido al hincapié cada vez mayor que hace nuestra sociedad en lo visual desde la aparición de la fotografía, la televisión y el cine.[1]

Los médiums de un cierto tipo no tienen trato con los fallecidos humanos normales. Aunque también recurren a los muertos para obtener información, éstos son maestros espirituales o «entidades» que ya no están enfocadas en su existencia física. El horizonte de su conciencia es mucho más extenso que el de los recién fallecidos. Sus enseñanzas se transmiten a través de médiums de trance profundo. El mensaje principal es: cada uno crea su propia realidad, algo con lo que estoy totalmente de acuerdo. Cómo lo hacemos, aunque sea absolutamente fascinante, es un tema de tal inmensidad que podría llenar (y ha llenado) volúmenes. La información sobre el Más Allá suele ser circunstancial, se incluye sólo cuando sirve al objetivo mayor de ampliar la comprensión del ser y de la realidad. Las enseñanzas del trance profundo son de calidad variable. Jane Roberts, que canalizó a Seth durante dos décadas hasta su muerte en 1984, se halla en una categoría aparte. Lamentablemente, muchos otros médiums de trance profundo, ya sea canalizando a un adepto del continente perdido de la Atlántida o a un sabio taoísta del brumoso pasado de China, enseñan que el alma evoluciona de un estado «inferior» a uno «superior» a través de una serie de reencarnaciones. Además, la mayoría cree en una ley universal, la ley de causa y efecto, que es la base dc la deuda kármica.

La visión común de la deuda kármica, tal y como saben la mayoría de los lectores, es que los malos pensamientos y actos de una vida pasada deben ser compensados en una vida futura. Los buenos pensamientos y acciones son una especie de pago inicial para la vida futura. La

---

1. Finucane, R.C.: *Appearances of the Dead: A Cultural History of Ghosts.* Prometheus Books, Amherst, Nueva York, 1984, p. 223.

antigua literatura védica del amanecer del hinduismo presenta un concepto más místico y complejo de la reencarnación y el karma. Para los que tienen menos inclinación mística, la deuda kármica, al igual que el pecado, es como un sistema de contabilidad, similar a un banco, donde una persona acumula créditos y débitos que arrastra de una vida a otra. También este sistema no difiere mucho de los principios cristianos convencionales de virtudes y pecados.

La evolución espiritual y el paradigma de lo superior frente a lo inferior

Las nociones del siglo XIX sobre la evolución espiritual y la ley de causa y efecto, que son tan importantes para la visión de la Nueva Era tras la muerte, están muy presentes en la tradición espiritual occidental. Ya sea de forma implícita o articulada, son la base de las aspiraciones morales: el esfuerzo por alcanzar logros espirituales «más elevados» y controlar el yo «inferior». La visión fresca e intuitiva y la experiencia interior personal suelen perderse al ser forzadas por estos paradigmas enlatados, que en vez de promover una visión real del Más Allá, incluso de la reencarnación, más bien la desvían.

El modelo de lo superior y lo inferior tampoco se aleja del razonamiento convencional cristiano. Aquellos pecadores cuyos delitos los arrojaron alguna vez al infierno renacen, dentro del marco de la reencarnación, a una vida dolorosa de baja vibración. Para los espiritistas, los pecadores se ven más bien convertidos en «espíritus terrestres», que habitan el mundo cruel y sombrío de los planos «bajos» o «densos» (*véase* el capítulo 14). Las almas mediocres del antiguo purgatorio o de las esferas inferiores del cielo, es decir, la gran mayoría de nosotros, son las que, según los defensores de la reencarnación, siguen siendo demasiado subdesarrolladas como para ser liberadas del ciclo de renacimiento. Se encuentran atrapadas en la tierra como en un purgatorio, donde resuelven los errores del pasado. Algunos espiritistas, por otra parte, afirman que estas almas son enviadas a la escuela en el Más Allá y que reciben lecciones perpetuas. Otros espiritistas piensan que el aprendizaje sólo se produce en la tierra, así que, si se falla en esta vida, no existe una segunda oportunidad y no hay redención.

Pasando a los reinos de vibraciones más elevadas, el alma pura que va directamente al cielo según la visión más ortodoxa es ahora, en el vocabulario de la reencarnación, un «alma vieja» que ha acumulado tanta sabiduría que puede dejar los planos terrestres por completo. Para los espiritistas, esta alma purificada se considera «avanzada». Al liberarse del cuerpo tras la muerte, se eleva para unirse a los seres superiores. Los reinos del cielo de muchas filosofías espirituales tienen más jerarquías que los reinos de las «vibraciones inferiores», ya que aquí se encuentran los «altamente evolucionados» de todos los niveles, que van desde los guías y maestros hasta los maestros ascendentes. En la teosofía y el espiritismo, estas jerarquías han sustituido el antiguo orden jerárquico de los ángeles. La Fundación Acuario, fundada por un ministro espiritista en 1955, hizo énfasis en el contacto con estos maestros, una práctica que se sigue llevando a cabo hoy en día. Según el movimiento acuariano, los maestros pertenecen a la Gran Hermandad Blanca de la Luz Cósmica.

¡Qué me dices! ¿Clubes de hombres en el Más Allá? Pensaba que el movimiento espiritual pretendía descubrir algo real sobre el Más Allá. En vez de estudiar caso por caso y así recopilar interpretaciones tentativas, tenemos categorizaciones anticuadas que arrasan con las experiencias personales, y con las diferencias de etnia, sexo, época y lugar. En vez de explorar el alma individual, siempre inquieta y en constante desarrollo, el concepto de jerarquía busca clavarla como a una mariposa muerta a un tablero de clasificación.

¿Hay almas elevadas y almas bajas, almas viejas y almas nuevas?

La noción común de un alma nueva alude a una personalidad que ha surgido por primera vez en la carne sin vidas pasadas y con poca o ninguna experiencia espiritual. Sin embargo, los informes de miles y miles de personas que han visitado a hipnotizadores y terapeutas de regresión cuentan otra historia. Hasta ahora no se ha encontrado a nadie *sin* vidas pasadas.[2] Así pues, a partir de la información que tenemos hasta el momento presente, la idea de un alma nueva no se ha demostrado. Además, las categorías de viejo y nuevo están basadas en el tiempo lineal. Dado que el alma fuera del cuerpo no se da en un universo limitado por el tiempo, como pronto explicaré, tales categorías carecen de sentido.

Por lo que he visto hasta ahora clarividentemente, toda alma posee una grandeza espectacular, una especie de inmensidad cósmica. Mirar en el alma humana —el ser eterno— es como mirar en lo profundo de una extensa y clara noche estrellada. Sencillamente, no termina nunca. La parte de la conciencia humana que se mueve fuera de su estrecho enfoque en la realidad física es tan enorme que abarca toda la experiencia humana. Se podría ver como la suma total de la memoria de la humanidad, pasada, presente y futura, buena y mala, sublime y trágica. Esta memoria es el equivalente espiritual de nuestra herencia genética. El impulso innato y constante de realizarnos y crecer nos empuja a asimilar más y más de esa suma total. Entonces aparece en la conciencia y se actualiza. A la larga, no podemos evitar este proceso al igual que un bebé no puede negarse al impulso biológico de realizar su potencial y caminar. Por supuesto que hay maestros, guías, y asesores de todo tipo en dimensiones cercanas a la nuestra. Pero ellos también comparten la misma herencia enmarañada.

La personalidad eterna e individual existe dentro de un yo aún mayor, la sobrealma, que es la entidad que da origen a la personalidad. La sobrealma actúa como sede central de mando, generando y orquestando las vidas pasadas, presentes y futuras de quienes engendra. En comparación con la personalidad individual o el yo, está «ahí fuera», englobando inmensas áreas de conocimiento y potencialidades de las que el yo individual se nutre constantemente. Gracias a la conexión profunda y constante con la sobrealma, nuestros seres individuales eternos son nuestros principales maestros personales, siempre presentes y vivos

---

2. Además de los terapeutas de regresión individuales y los hipnotizadores que han llegado a esta conclusión basándose en sus propias prácticas, Hans TenDam examina los resultados de muchos practicantes en Tendam, H.: *Exploring Reincarnation*. trad. Wils, A.E.J., Penguin Arkana, Nueva York, 1990.

en nuestro interior. Esa parte de nosotros que conoce la eternidad también sirve de guía a los demás, ayudando a la gente a morir, a tomar decisiones cruciales y a afrontar crisis, seamos o no conscientes de ello. El alma humana no puede ser confinada, ni siquiera por sí misma, al contrario, sobrepasa todos los límites y a la vez contiene todo límite. Ahora tú eres es y siempre serás trascendente.

LOS FUNDAMENTOS DEL MODELO
DE EVOLUCIÓN ESPIRITUAL

En el modelo de evolución espiritual, el invento de lo «alto» y lo «bajo» se basa en la autoridad de la teoría de la evolución de Darwin. Antes de iniciar la discusión, quiero dejar claro aquí que, aunque opino que hay fallos importantes en dicha teoría, no me adhiero en absoluto al creacionismo. La teoría de la evolución se integra en un grupo de «teorías conflictivas» de hoy en día que surgieron en el entorno intensamente convulso de finales del siglo XIX. Todas ellas, incluyendo el freudismo y el marxismo, proponen una naturaleza innata para los seres humanos y los animales que es jerárquica y violenta.

Su argumento central es esencialmente el mismo: que una parte o rama del conjunto siempre luchará por dominar a las demás. Para Darwin, el conflicto se hallaba era entre los llamados superiores y los inferiores, los poderosos y los débiles. Ciego a cualquier muestra de cooperación dentro del reino animal, vio una competencia despiadada. Todas las criaturas combaten para subir por la peligrosa escalera de la evolución hacia una forma de vida superior. Los débiles, los no aptos, los mal adaptados caen, se desvanecen en el olvido, trabados por fallos genéticos. En este modelo no hay lugar para la conciencia y la libertad de elegir ni para el altruismo y la gracia. Si esto fuera cierto, las criaturas de la Tierra, incluyendo a los humanos, se habrían aniquilado unas a otras hace tiempo. De hecho, la idea darwiniana de la «supervivencia del más fuerte» proyecta el miedo a la muerte de los humanos al mundo natural. Afortunadamente, importantes investigaciones recientes ya han puesto en duda los conceptos básicos de la genética darwiniana.[3]

El mismo ambiente de lucha jerárquica dio lugar a la teosofía y al espiritismo, que adaptaron las teorías generalizadas del darwinismo social a su propio fin. En ambas filosofías espirituales, el alma humana comienza su ascenso a través de una serie de lecciones interminables y, peldaño a peldaño, se purifica mediante el sufrimiento. Su objetivo supremo es el dominio completo sobre el yo inferior (es decir, animal), para poder unirse a la Fuente Divina. Esto se parece demasiado al darwinismo.

LA IDEA DE CAUSA Y EFECTO EN EL UNIVERSO

La teoría de la evolución espiritual no habría sido posible sin una lamentable confianza ciega en lo que suele llamarse la ley universal de causa y efecto. La evolución espiritual es vista como una reacción en cadena de una causa que produce un efecto, un efecto que produce una causa, y así sucesivamente hasta el infinito. Aunque las causas son autogeneradas en virtud del libre albedrío, los efectos –para bien o para mal– parecen estar fuera de nuestro control. Descienden sobre nosotros con una fuerza mecánica, consecuencias inevitables de una ley natural, como cuando una manzana cae de un árbol. Algunos pensadores esotéricos han tratado de atenuar esta inclemencia impersonal mediante unos agentes espirituales, conocidos a veces como los señores del karma, que intervienen y manipulan la ley con fines más amables.

---

3. Ya estamos más cerca de comprobar que la conciencia de una especie genera cambios genéticos, como sugiere la obra de Rupert Sheldrake. (Ver especialmente Sheldrake, R.: *The Presence of the Past: Morphic Resonance and the Habits of Nature*. Park Street Press, Rochester, Vermont, 1995. Más importantes son los descubrimientos de la biología cuántica que muestran un cambio inteligente, eficiente y con propósito en el nivel más minúsculo de la vida orgánica. Por último, están las investigaciones del MIT sobre las ranas que muestran de forma inequívoca que el crecimiento, como la formación de los ojos en este estudio, está diseñado por señales eléctricas y no por genes. Tengo pocas dudas de que la visión de Darwin de una adaptación de acierto o error acabará por demostrarse errónea.

Aunque se considera que la evolución nunca es fluida, sino que se desvía constantemente por giros erróneos y callejones sin salida, se piensa que sigue una trayectoria definida. Se imagina la trayectoria como trazada en una línea de tiempo.

El pasado, el presente y el futuro se suceden en una secuencia continua. Como el efecto se percibe como el resultado de una causa, siempre ocurre después de la causa. Incluso en el ámbito de la eternidad se asume esa línea de tiempo.

Karma

Para casi todos los que creen en la reencarnación, el tiempo secuencial y la ley de causa y efecto son especialmente relevantes. Según el principio del karma, nuestras vidas actuales son en gran medida los efectos acumulativos de unas causas (los pensamientos y los actos buenos y malos) que fueron activadas en la vida anterior. Así que, pongamos por caso, si tú fuiste un señor feudal en una vida medieval que explotó a sus siervos obligándolos a trabajar como esclavos, negándoles ayuda en los tiempos de hambruna, abusando sexualmente de ellos, y cosas por el estilo, las leyes del karma dictan que en alguna vida futura también tú serás víctima de un terrible sufrimiento, serás explotado y abusado por otros. Aunque este ejemplo es imperdonablemente simple, lo ofrezco aquí con el fin de ilustrar el equilibrio moral que supuestamente busca el karma. Como en el mecanismo vengativo de un infierno en las religiones occidentales tradicionales, el malo pagará al final. El karma, al igual que las religiones occidentales, también emplea la noción de recompensa. Una vida dedicada a los buenos pensamientos y acciones dará paso a una vida de felicidad. Las diferencias entre los dos sistemas son quién juzga (Dios o uno mismo) y dónde se cumplen las condenas (en el Más Allá o en una reencarnación).

¿Existe una ley del karma, como afirman muchos sistemas esotéricos? Las personas que han trabajado más directamente con la memoria reencarnatoria, Ian Stevenson y Helen Wambach, presentados en el capítulo 5, se sorprendieron al descubrir que la respuesta es no. Stevenson sólo encontró débiles indicios de karma en menos del 4% de los niños que estudió.[4] Wambach, trabajando con adultos, descubrió que el 30 % de más de 1000 participantes parecían tener algún sentido de obligaciones kármicas, mientras que otro 30 % se sentía libre para diseñar su vida actual como quisiera. El 40 % restante no lo tenía claro.[5] Del 30 % que sintió una atracción kármica, ninguno regresó para saldar sus fechorías pasadas o para recoger su justa recompensa.

Más bien volvieron a ocuparse de las relaciones con personas que habían conocido antes. Si el karma no es evidente en el 100 % de los casos, no puede considerarse una ley natural o universal. Incluso en los casos en los que la gente volvió por algo que podríamos considerar cuestiones kármicas, lo hicieron por decisión propia. Una decisión y una ley son dos cosas muy diferentes.

El tiempo secuencial, el tiempo simultáneo y el no tiempo

Los conceptos occidentales de un universo de causa y efecto y una evolución espiritual ascendente se basan en dos suposiciones. Uno de ellos es el concepto de un ser supremo o Fuente Divina que se halla fuera de nosotros en lugar de estar dentro. Se imagina que el ser o la fuente nos esperan allá arriba, en el último momento de la eternidad, en el punto final de la trayectoria evolutiva, hasta que estemos lo suficientemente avanzados como para unirnos a él. Para algunos, es un lugar o un estado más que un ser, una cumbre cósmica final, que se cierne sobre nosotros, invitándonos, desafiándonos, pero que no forma parte de nosotros.

La suposición más convincente es la noción del tiempo secuencial, que traza caminos definibles a través de la eternidad. Sin un tiempo secuencial, la ley de causa y efecto y la evolución espiritual pierden su sentido. El tiempo es mucho más complejo que antes, durante y después, o pasado, presente y futuro. Apenas debajo de la superficie, dis-

4. Stevenson, I.: *Cases of the Reincarnation Type, vol. 1.* University of Virginia Press, Charlottesville, 1975, pp. 34, 65.
5. Wambach, H.: *Life before Life,* Bantam, Nueva York, 1978, pp. 42, 75.

tintas formas de tiempo resultan simultáneas e interactivas. En los niveles más profundos de la conciencia el tiempo no existe. Para complicar más las cosas, muchas versiones diferentes del pasado, el presente y el futuro coexisten o corren paralelas a las que elegimos captar, ya estemos vivos o muertos. Sin embargo, son igual de reales, concretas y válidas, en cierto modo como los multiversos de la ciencia. Aunque en sueños cada uno de nosotros experimenta la realidad más profunda del no tiempo y del tiempo simultáneo, cómo funcionan el tiempo y el no tiempo es un tema particularmente difícil de explicar y bastante difícil de captar sin recurrir a la intuición. Sin embargo, es necesario hablar de ello para tener un conocimiento elemental de cómo es la gente del Más Allá.

En esta sección también presentaré algunas anomalías del tiempo que se dan en nuestra vida diaria. Si reconocemos que la experiencia del tiempo en el Más Allá está presente en el aquí y ahora —si prestamos atención—, comprobaremos que nos permitirá unir los dos estados de la realidad. El tiempo, según creemos conocerlo, es poco más que un efecto secundario de la vida física. Refleja la forma en que los sistemas nerviosos humanos organizan en secuencia la información que les llega. Obviamente, el sistema nervioso de una criatura creará un sentido del tiempo diferente al de otra. Un insecto con una vida de un día o dos no puede experimentar el tiempo de la misma manera que un gato doméstico o un humano. La percepción humana del tiempo es, fundamentalmente, el fruto de un condicionamiento cultural. Un bebé no percibe el tiempo de la misma manera que lo hacen los adultos. Una cultura o una época tampoco percibe y utiliza el tiempo igual que otra. ¿Qué sensación del tiempo es real?

Si somos sinceros al respecto, cada uno de nosotros experimenta diferentes tipos de tiempo cada día. Expresiones como «el tiempo vuela cuando te diviertes» y «el tiempo se detuvo» tienen un significado más profundo de lo que estamos dispuestos a admitir. Nuestra obsesión por las horas del reloj, un invento extremadamente nuevo, nos engaña y nos hace creer que la hora del reloj se basa en alguna ley absoluta. Como se supone que el tiempo del reloj es más real que las percepciones personales del tiempo, hemos perdido la confianza en esas percepciones. El tiempo del reloj sigue basándose en la percepción humana, principalmente en cómo el sistema nervioso humano ordena la información solar. No significa nada para un insecto.

Las anomalías del tiempo en el Más Allá y en los estados extracorporales surgen porque el sistema nervioso deja de dirigir la acción y los acontecimientos. En un estudio sobre experiencias cercanas a la muerte (ECM), el 71 % de los encuestados dijo haber experimentado la intemporalidad.[6] En otra investigación, se pidió a los sujetos que calcularan el tiempo que habían pasado fuera del cuerpo. En lugar de la duración de entre 1 y 5 minutos que registran típicamente los relojes, el 8 % de los participantes afirmó que habían transcurrido horas o días y, en un caso, aunque parezca mentira, la percepción del tiempo transcurrido durante un episodio cercano a la muerte fue de meses.[7]

Es natural que los niños tengan encuentros con el infinito y el no tiempo, como me ocurrió a mí cuando era niña, cuando unos segundos se expanden en un presente eterno tan amplio que todo el tiempo se desvanece en él. Los acontecimientos cruciales del nacimiento y la muerte suelen inspirar experiencias similares. Ya sea una persona que ha vivido una ECM, un niño, una madre o un padre primerizo, o un recién fallecido, la experiencia es casi imposible de describir.

La revisión de la vida, un hecho habitual en las ECM ofrece muchas percepciones novedosas del tiempo. Los que han vivido la experiencia contemplan los acontecimientos desde el nacimiento hasta la muerte, o desde la muerte hasta el nacimiento, como una serie de secuencias. Pero esas secuencias suelen ocurrir a la vez, en una sola revelación instantánea. No se trata simplemente de que el tiempo se acelere; se trata de un tiempo simultáneo en el que se sigue conservando la impresión del tiempo secuencial, un ejemplo sorprendente de cómo el tiempo secuencial está realmente *contenido* en el no tiempo.

Algunos sobrevivientes han reportado vidas pasadas en sus momentos retrospectivos. Y lo que es más destacable, otros vieron vidas futu-

---

6. Ver Stevenson, I. y Cook, E.W.: «Involuntary Memories during Severe Physical Illness or Injury», *Journal of Nervous and Mental Disease* vol. 183, pp. 452-458 (1995).

7. Ver Holden, J.M.: «Unexpected Findings in a Study of Visual Perception during Naturalistic Near-Death Out-of-Body Experience», *Journal of Near-Death Studies* vol. 7, pp. 155-163 (1989).

ras. En una ECM de 1941, un niño de 10 años se enteró de que se casaría a los 28 años. También experimentó plenamente un momento concreto en el futuro en el que su esposa permanecía de pie mientras sus 2 hijos jugaban en el suelo. Ese recuerdo del futuro fue finalmente recreado en términos físicos en 1968.[8] Por lo general, un sobreviviente siente el ambiente psicológico de cada instante, pasado o futuro, en su totalidad, incluyendo las respuestas emocionales de las personas involucradas.[9] Me deja sin aliento contemplar de qué inimaginables hazañas de genio es realmente capaz la conciencia humana.

Otra anomalía común en el Más Allá es un lapso en el tiempo. Los casos de lapso son más notables durante la comunicación con personas que han muerto, pero que aún no han aceptado o no se han dado cuenta.

Parecen haber detenido el tiempo literalmente. Un ejemplo apasionante ocurrió durante una sesión de espiritismo a finales de 1970.[10] Un hombre que había muerto durante una batalla en la Segunda Guerra Mundial se presentó a través de un médium y se anunció a su antiguo compañero de combate, un participante de la sesión. A pesar de su pánico y confusión, el soldado fallecido fue capaz de dar su nombre y rango, teniente Gacela, y reconoció fácilmente a su viejo amigo. Habían luchado codo con codo en la batalla que acabó costándole la vida al teniente. Sorprendentemente, ese soldado muerto todavía se sentía vivo y luchando en el campo de batalla. Estaba tan convencido de ello que exigió saber por qué su amigo no estaba luchando con él. ¿Dónde había estado ese hombre, ese soldado muerto, durante los últimos 35 años? Obviamente, estaba alucinando. Pero ¿en qué tiempo alucinaba? Es dudoso que se percibiera a sí mismo luchando en la misma batalla durante 35 arduos años, el tiempo que contaron los vivos. Lo que para nosotros fueron décadas debieron ser días o quizás horas para él.

El recordar que la conciencia trasciende los espacios de tiempo nos permite saber con más exactitud cómo se vive realmente el Más Allá. Para los muertos, el tiempo es psicológico, una expresión elástica de la

---

8. Moody, R.: *The Light Beyond.* Bantam Books, Nueva York, 1988, pp. 30-32.

9. Para revisiones de vida, ver Ring, K. y Valarino, E.E.: *Lessons from the Light.* Moment Point Press, Needham, Massachusetts, 2000 reinp. 2006.

10. Sherman, H.: *The Dead Are Alive: They Can and Do Communicate with You.* Ballantine, Fawcett Gold Medal, Nueva York, 1981, pp. 111-113.

conciencia, y puede ser manipulado para satisfacer fines específicos. Puede mezclarse, saltarse, invertirse, formar un círculo, condensarse y expandirse, o puede cesar por completo. El tiempo, tal como lo concebimos, carece en gran medida de sentido tras la muerte.

La reencarnación en el tiempo simultáneo

Dentro del no tiempo del Más Allá, una persona puede experimentar existencias simultáneas. Unos meses después de su muerte Michael, experimentó varias versiones de sí mismo de otras encarnaciones. Antes de su muerte, sólo tenía un escaso conocimiento de la reencarnación. Después de su muerte, se deleitó con ella. Había convocado a una serie de personalidades de otras vidas, y con ellas llegó a los tiempos en los que éstas habían vivido y muerto. Fue un encuentro alegre, en el que las versiones pasadas, presentes y futuras de sí mismo interactuaron, rellenando sus vacíos de autoconocimiento y, simplemente, divirtiéndose juntos. Al mismo tiempo, Michael fue transformándose en una personalidad tras otra, como si se probara trajes de época.

Estas personalidades distintas, de las que sólo participaron siete, se encontraban, al igual que Michael, en el estado posterior a la muerte. Dado que la noción estándar de reencarnación se basa en el tiempo secuencial, dicta que una vez que una persona se encarna, su personalidad de la vida pasada se disipa para dar paso a la nueva personalidad entrante. Esto no es cierto. Cada identidad, pasada, presente y futura permanece inviolable. Cada una perdura. Cada una sigue encontrando maneras de realizarse.

Hace años, tuve comunicación con Peter, mi primer gran amor, en dos estados de ultratumba distintos. Ambos ocurrieron de forma consecutiva, 23 años después de su muerte. En uno, era el Peter que conocí en esta vida, pero en el otro, era el hombre que conocía cuando habíamos estado juntos en la Inglaterra victoriana.[11] Su doble visita me sorprendió.

---

11. Conocí esta vida durante mi única sesión con un hipnotizador en 1974, en la que se descubrió mi nombre completo en esa existencia anterior. A través de una

Como victoriano, utilizó el elaborado lenguaje que había adoptado en esa vida. Sus expresiones eran coloridas y estaban cargadas de metáforas de la época que todavía me confunden. Parecía estar desesperado y horrorizado por el mal que había hecho. Estaba claro que buscaba una resolución. Todas estas características se remontan explícitamente a una personalidad de hace unos 150 años. La fuerza del sentimiento consiguió abrir de golpe una puerta que para nosotros llevaba más de un siglo cerrada.

Afortunadamente, la última encarnación no llevaba ningún rastro de la afición victoriana por el remordimiento exagerado. En la vida anterior, la intensidad emocional era lo que lo impulsaba. En su vida posterior, lo que lo impulsó fue el logro intelectual. En el estado actual de Peter después de su muerte, realiza investigaciones sumamente intensas, siempre alegres y mentalmente creativas.

Estos dos conjuntos de encuentros después de la muerte, tal y como yo los entiendo, demuestran que las personalidades individuales de diferentes reencarnaciones pueden coexistir, y de hecho lo hacen, después de la muerte y con un grado considerable de independencia. No hay un desmontaje de la antigua identidad para dar paso a la nueva.

No se privilegia la nueva identidad sobre la antigua, ni se jerarquizan las vidas. De hecho, como todas existen simultáneamente, no existe ningún reconocimiento de almas viejas y nuevas, almas altas y bajas, o de pasado, presente y futuro. El tiempo simultáneo y las vidas pasadas simultáneas responden a una pregunta muy común sobre la reencarnación: ¿cómo es que tan pocas personas en la Edad de Piedra se convirtieron en miles de millones en el siglo XXI sin la creación de nuevas almas? ¡Pues ignorando el tiempo secuencial!

En los consultorios de hipnotizadores y terapeutas de vidas pasadas, aparece una visión muy diferente en cuanto a la existencia simultánea de vidas pasadas. Las personalidades de vidas pasadas interactúan frecuentemente con las personalidades del presente, intercambiando información y conocimientos. Están vivos y coleando en nuestra conciencia

---

serie posterior de sucesos paranormales y sueños en 1998, fui conducida a un diminuto cementerio abandonado en el sur rural de Inglaterra, donde encontré la lápida de mi personalidad de la vida pasada.

mayor, con sus características individuales intactas. El hipnoterapeuta británico H.W. Hurst realizó una serie de pruebas psicológicas a los pacientes en su estado habitual despierto y otra vez estando en regresión en una vida pasada. Más tarde, dos psicólogos independientes analizaron los resultados y descubrieron que la similitud media de los rasgos psicológicos entre una persona y cualquiera de sus personalidades de vidas pasadas era sólo del 23 %.[12]

Las diferencias pueden ser extremas. Destacados hombres blancos recuerdan haber sido esclavas africanas; los chicanos recuerdan haber luchado como soldados británicos en la Segunda Guerra Mundial; y no hay que olvidar al niño californiano rubio de ojos azules del capítulo 5 que hablaba chino antiguo. Desde el punto de vista del joven californiano, estaba en contacto con una parte de su yo mayor que sigue viva en una antigua China aún existente, una persona que nosotros consideraríamos muerta. Pero desde el punto de vista del chino antiguo, estaba hablando con alguien que está vivo en un lugar futurista llamado Estados Unidos.

En raras ocasiones, la gente puede conocer a sus encarnaciones futuras. Esto me ocurrió hace unos 30 años en un trance. Yo era un hombre que vivía dentro de dos siglos. Lo vi sentado en un escritorio frente a instrumentos que no conozco.

Era (¿será?) un experto en comunicaciones. Reconoció fácilmente mi presencia y era plenamente consciente de que yo era su propia encarnación de una vida pasada. Con total claridad, anunció que su nombre era Bernerd. Su único comentario fue: «Así que por fin has entendido, ¿eh?». Es obvio que Bernerd me considera tonta en lo que se refiere a la comunicación interdimensional.

Aunque en el capítulo 5 vimos algunos de los casos más convincentes a favor de la reencarnación, lo más probable es que sigas sin creer en vidas pasadas porque no las recuerdas. Bueno, en realidad, sí. Sólo has aprendido a silenciar los recuerdos. No recordar algo conscientemente no es lo mismo que no tener recuerdo alguno. ¿Qué recuerdas conscientemente de tus primeros años de esta vida? Es más, ¿qué recuerdas

12. Randles, J. y Hough, P.: *The Afterlife: An Investigation into the Mysteries of Life after Death*. Piatkus Books, Londres, 1993, p. 190.

de los sueños que has tenido esta mañana? Tanto los recuerdos de vidas pasadas como los de la etapa prenatal y de la infancia en esta vida están ahí, bajo la superficie, y normalmente se pueden recuperar con la ayuda de técnicas de relajación o un estado mental modificado.

Se sabe que los niños de 2-7 años, antes de adecuarse a la censura social, tienen recuerdos de vidas pasadas que integran perfectamente en sus juegos. Con el tiempo, bloquean estos recuerdos porque nuestra sociedad los descarta como ficción, e incluso a algunos niños se les castiga por mentir cuando los mencionan. Investigaciones realizadas en países asiáticos donde se acepta la reencarnación como un hecho, revelan que el 77 % de los niños entrevistados tenían recuerdos de vidas pasadas. Y esos recuerdos se evocaron con poca o sin ninguna insistencia. Aun así, algunos padres asiáticos intentan reprimirlos, debido en parte a la superstición de que los que recuerdan mueren jóvenes.[13]

La evolución espiritual dicta que progresamos de las «almas nuevas» a las «almas viejas». Pero si se observan los registros de recuerdos de vidas pasadas en secuencia, se observa que muchos de nosotros hemos sido mejores personas, más conscientes espiritualmente, en una vida pasada. Sin duda, he tenido encarnaciones de las que me siento más orgullosa que de la actual. En las regiones profundas de la psique, nuestras distintas personalidades colaboran entre sí, con las tensiones y resistencias típicas de cualquier relación. Si aceptáramos la reencarnación de forma más consciente, tendríamos acceso a vastas áreas de conocimiento. Podemos cobrar fuerza y sabiduría de esas partes del yo en dimensiones pasadas y futuras, las cuales tienen mucho que ofrecer para ayudar a las partes del yo con menos suerte en sus luchas diarias. Y como casi todos hemos vivido como personas de otro sexo, de otra etnia y con una posición social diferente, la memoria activa de esas vidas acabaría con los prejuicios y abriría el paso a la compasión empática.

Pero como éste no es un libro sobre la reencarnación, permíteme, ahora, que resuma lo dicho sobre esta cuestión. Nuestras vidas pasadas y futuras sí que nos influyen. (De hecho, no estaría escribiendo sobre la comunicación interdimensional si no fuera por mi futura encarna-

---

13. Lester, D.: *Is There Life after Death? An Examination of the Empirical Evidence.* McFarland, Jefferson, Carolina del Norte, 2005, p. 103.

ción, Bernerd). Éstas marcan la dirección general de nuestras vidas, junto con los parámetros de las fortalezas y las limitaciones dentro de los que hemos elegido operar. Además, influyen constantemente en nuestras decisiones. Digamos, por ejemplo, que en otra vida –y recuerda que podría ser una del futuro– tú eras un hombre en una sociedad en la que la violencia era la máxima medida de hombría. En una vida así, matar tendría un valor social positivo, sería una de las proezas de los héroes. La intensidad de esa vida podría afectarte de diversas maneras, de acuerdo con otras variables. También podría dar lugar a diversas alternativas repartidas entre varias vidas en torno al mismo tema. Tal vez elijas ser una mujer inusualmente femenina o un hombre débil en una o más vidas, ya sea para evitar todo el asunto o para desarrollar otros aspectos de ti mismo. O puede que crezcas y te conviertas en un apasionado pacifista, o tal vez en un historiador de la guerra, para examinar el tema desde una cómoda distancia. A la inversa, esa vida de violencia podría llevarte a situaciones en las cuales se produce un gran número de muertes debidas a guerras o catástrofes naturales.

En otra vida, podrías incluso asesinar para recuperar una sensación de pérdida de poder. O puedes desempeñar el papel de la víctima asesinada, abordando el mismo tema desde el punto de vista opuesto. Por último, también es muy posible tener toda una serie de vidas en las que la violencia no juegue ningún papel. La decisión es tuya.

Aunque planeamos las direcciones generales antes de aterrizar en el vientre materno, los planes en sí suelen activarse en la infancia. La intensidad emocional extrema de una vida es a menudo el punto de partida del que irradian hilos de influencia de alta carga en todas las direcciones y afectan a otras vidas en otras dimensiones. También es cierto que temas que sólo se rozan ligeramente en una vida pueden ser un impulso principal en otra. Algunas personas, como Lorella (de la que hemos hablado en el capítulo 7), experimentan con ideas dualistas, como el ser rico o pobre, poderoso o manso, asesino o víctima, intelectual o emocional, etc. Las personas que quieren explorar una serie de vidas pasadas siguiendo temas binarios suelen descubrir parecidos increíbles en lugar de diferencias entre opuestos o llegan a resultados inesperados, por ejemplo, que una vida pobre produce más recompensas que una rica. Cuando el ciclo de exploración se completa, el resultado final es irónico. La visión es holística y los dualismos dejan de existir.

Las anomalías del tiempo en el presente

La diferencia entre la percepción del tiempo que tenemos y la que tienen nuestros seres queridos ya fallecidos puede resultar incómoda. Desde nuestro limitado punto de vista, esas notables diferencias parecen separarnos psicológicamente y en el tiempo de los difuntos, lo que aumenta nuestro duelo. Queremos que se queden como estaban, en la realidad que conocemos, con los mismos puntos de referencia familiares. Ellos pueden recurrir a nuestros puntos de referencia, y de hecho lo hacen, si así lo desean. Pero, a diferencia de nosotros, no se limitan a ellos.

Por lo general, en los recién fallecidos, persiste una sensación de tiempo secuencial. Recrean una versión de nuestro tiempo de la misma manera que recrean sus cuerpos o los lugares que les gustaban en la tierra. A la larga, el tiempo cronológico es una prisión de la que los fallecidos se liberan rápidamente.

El malestar también puede apaciguarse si reconocemos anomalías del tiempo similares en nuestra vida. A uno lo llamo bucle de tiempo, la intrusión de una zona de tiempo en otra. Desde nuestras posiciones en la zona del «ahora», el bucle temporal puede percibirse como si el pasado se colara en el presente o, si estamos muy atentos, como si el futuro se colara en el presente. Muchos de nosotros sentimos el bucle de tiempo como esa rara sensación de *déjà vu*, en la que nos damos cuenta de que un acontecimiento presente ya ha ocurrido. Las personas de la tercera edad suelen sentir el bucle del tiempo de forma muy real cuando reviven el pasado, un tema que retomaremos en el capítulo 10.

Podemos explicar lógicamente la intrusión del pasado en el presente llamándola memoria. Pero, en muchas ocasiones, es más que eso. El pasado es fluido y está presente en una dimensión vecina al ahora. De hecho, estamos muy ocupados dándole nueva forma. Me refiero a que no sólo retocamos nuestros recuerdos, sino que los cambiamos —nuestra infancia, nuestra edad adulta temprana, nuestras vidas pasadas— y lo hacemos incesantemente bajo la superficie. Ésta es una de las razones por las cuales dos personas que recuerdan claramente el mismo evento lo hacen de manera diferente. Con los muertos ocurre lo mismo.

Que el futuro se inmiscuya en el presente es más difícil de aceptar. Sepámoslo o no, y aunque no nos guste, ocurre constantemente. La mayoría de nosotros sabemos que tenemos influencia sobre el futuro, ya que manipulamos intencionadamente el presente para alcanzar ciertas metas deseadas. Nos sentimos cómodos con esto, ya que creemos que el futuro aún no ha ocurrido. Las visiones del futuro se consideran ensoñaciones. Aunque algunas visiones y sueños sólo son experimentos con futuros potenciales (y paralelos), otros son recuerdos adelantados del futuro o apariciones reales del futuro que emergen en el presente. Hemos visto muchos ejemplos de la intromisión del futuro en el presente en la comunicación tras la muerte, cuando los muertos nos hablan de algo que aún no ha sucedido.

Cuando tenía unos 7 años, en una ocasión caminaba hacia una carretera con la intención de cruzarla. Justo cuando llegué a la acera, sentí un golpecito en mi hombro. Sabía que no había nadie, así que lo ignoré y puse el pie sobre el borde de la acera. Volví a sentir los golpecitos, esta vez con tanta insistencia que me di la vuelta. A unos metros detrás de mí había una mujer que parecía dudar. Inmediatamente la reconocí como mi «yo» adulta. Maravillada, caminé hacia ella, alejándome de la carretera. Mientras estaba allí embobada, un coche pasó a toda velocidad sin control y pasó por encima del bordillo, exactamente donde yo acababa de estar. Me pregunto cuántas veces los actos de los ángeles de la guarda son realmente los de nuestros propios seres futuros.

Debido a mi profesión, veo regularmente acontecimientos futuros, es decir, versiones futuras del yo, que afectan al presente. Destaca un hombre en especial. Se trataba de un rubio muy guapo, trabajaba de modelo profesional y quería ser actor. En el momento en que acudió a mí, su vida era un caos. Como era llamativamente gay, dudé en explicarle que la causa era un acontecimiento aún no previsto que tendría lugar dentro de dos años, el nacimiento de su niña. Como la niña estaba vibrantemente presente en su campo áurico, debía ser consciente de ella en algún nivel. Armándome de valor, le di la noticia. Estaba furioso y se negó a creerme. Nunca tocaría a una mujer, y mucho menos dejaría embarazada a una. No volví a ver a ese hombre. Pero unos años después de nuestra sesión, un amigo suyo vino a verme para una consulta. Fue entonces que me enteré de que realmente había tenido una hija y que era muy feliz. Los niños que esperan a nacer suelen rondar a sus padres elegidos. Suelo verlos entre los 3 y los 5 años, al igual que los que tienen experiencias cercanas a la muerte.[14]

Muchos científicos consideran que el tiempo pasado y el futuro son simultáneos con el presente. Entre las muchas teorías fascinantes está el modelo de la realidad llamado «universo en bloque», que sostiene que los mundos del año 1452 y del año 8346 son tan reales y están tan presentes hoy en el espacio-tiempo como lo están Nueva York y Nueva Delhi. Además, se cree que los agujeros de gusano son los portales entre diferentes zonas de tiempo, y en algunos universos el tiempo probablemente corre hacia atrás.[15] Así que algunos estarían de acuerdo en que las zonas del pasado, el presente y el futuro que consideramos secuenciales, u otros tipos de tiempo, que yo llamaría tiempo psicológico y tiempo envuelto, son dimensiones que ocurren todas a la vez. Cada zona no se encuentra fija, sino que está en constante cambio, ya que cada una influye en las demás.

En esos raros momentos en los que podemos captar la simultaneidad del tiempo, cuando la eternidad se vuelve real en vez de teórica, la revelación de que todas las cosas suceden a la vez resulta fácil y tiene un sentido «infinito». Cuando se experimenta la eternidad en lo que yo llamo un momento infinito, se comprende tal vez lo más profundo y fundamental de la vida después de la muerte y de nuestro propio ser mayor.

---

14. Ver Lundahl, C.R.: «Near-Death Visions of Unborn Children», *Journal of Near-Death Studies* vol. 11, pp. 123-128 (1992).

15. Ver Gribbin, J. *In Search of the Multiverse,* Allen Lane, Penguin, Londres y Nueva York, 2009.

El ego, la personalidad y el cuerpo en el Más Allá

La cuestión de la sobrevivencia después de la muerte tiene mucho que ver con el ego. Por un lado, las personas que no creen en la sobrevivencia sí creen en el ego, esa parte de la psique humana anclada en el mundo material. Por otro lado, hay personas que creen en la sobrevivencia y generalmente están de acuerdo en que el ego es antiespiritual y no sobrevivirá después de la muerte. También existe la idea popular entre los grupos espirituales de que el ego nos arrastra «hacia abajo»; no podemos, por tanto, alcanzar los «planos superiores» hasta que no sea domado o aplastado. Lo que complica cualquier debate sobre el ego es que la propia palabra también puede significar vanidad y egocentrismo, características contrarias a las ideologías espirituales comunes. En definitiva, el ego y la espiritualidad parecen mezclarse tan bien como el aceite y el agua.

En el sentido más general, el ego es el reconocimiento del yo como distinto de todas las demás cosas, animadas e inanimadas. Los seres humanos y muchos otros animales han desarrollado un ego para responder mejor a las exigencias de su entorno. Su trabajo es interpretar el flujo constante de información aportada por los sentidos y hacer ajustes para así preservar la vida física. El ego funciona como una lente que se orienta hacia el exterior, actuando de mediador entre nosotros y nuestro entorno, al igual que otra lente se orienta hacia el interior del ser y las dimensiones no físicas. El ego fue la cuña que distanció a lo humanos de la naturaleza y permitió que la controlaran. Esta separación ha llegado a tales extremos que ahora estamos a punto de dañar irreversiblemente el planeta.

Junto con su progresivo distanciamiento de la naturaleza, la creciente actitud vigilante del ego en el mundo de la materia ha acabado bloqueando gran parte del yo interior no físico también. Como su función principal es proteger el cuerpo, se identifica fuertemente con el ser físico y confía sólo en la información que le proporcionan los sentidos del cuerpo. Durante el proceso de «civilización», el ego ha logrado dominar a la personalidad humana hasta tal punto que se concentra cada vez más en el dominio material con exclusión de lo demás. Se nos ha enseñado que el mundo físico es el único que cuenta, y que manipular la materia, lo que yo veo como una función del ego, es nuestra única actividad legítima. La creatividad no es válida a menos que se manifieste como algo concreto o utilizable, como una obra de arte o un programa informático para banqueros. Queda claro que éstas no son condiciones que fomenten el misticismo. A estas alturas, el pensamiento del ego se ha apoderado de Occidente, poniéndonos en contra de la naturaleza y del yo eterno interior, los dos escenarios en los que tiene lugar la muerte.

Lo que creemos que es nuestra identidad personal está hoy tan pautada por la función del ego que es fácil confundirla con la totalidad del ser. Las personas que se sienten cómodas con ese error son los realistas materialistas que conocimos en el capítulo 1. Los acérrimos pertenecen a comunidades científicas e intelectuales que opinan que la conciencia es un efecto secundario de la actividad electroquímica del cerebro físico. Cuando el cuerpo muere, uno muere. Es el ego quien habla, no todo el ser. Dado que el ego se desarrolló sólo para maniobrar en la realidad física y mantener el cuerpo fuera de peligro, le cuesta ver más allá de la vida física. Por ello, teme la aniquilación cuando la personalidad se desprende del cuerpo. La actitud materialista del «realista objetivo», que supuestamente refleja una capacidad firme para enfrentarse a los hechos, se reduce al miedo del ego a la extinción.

La opinión de que el ego no tiene cabida en el mundo del espíritu tiene una larga historia, comenzando quizás con Platón y su teoría del alma como mente pura. Platón consideraba el cuerpo como una atadura sucia del alma, lo que durante el resurgimiento del platonismo en la Edad Media dio lugar a la idea de que el castigo del cuerpo (la autoflagelación, el ayuno, etc.) daba paso a la redención y la iluminación. La pureza se reflejaba mediante un aspecto etéreo cultivado por la élite; y las figuras de piedra de apóstoles, ángeles y santos en las fachadas de las catedrales góticas se esculpían a menudo para que parecieran estar disolviéndose con el espíritu. La putrefacción del cuerpo tras su muerte era también de gran interés y daba la impresión de exponer la corrupción y la podredumbre en el núcleo mortal. Lamentablemente, fue durante ese tiempo cuando las visiones clásicas del cielo y el infierno cobraron forma.

Las almas en el infierno medieval se representaban como si todavía estuvieran cargando cuerpos. Desnudos o vestidos, también llevaban los colores bajos de la tierra (rojos sangre, negros noche y marrones estiércol). Los muertos condenados también tenían cuerpos, porque los cuerpos podían ser torturados gráficamente y sentir dolor. En contraste, las almas del cielo estaban casi sin cuerpo, representadas en blancos llenos de luz como las nubes, azules transparentes como el cielo y dorados como el sol naciente y poniente. No sentían ni el dolor ni la inmoralidad del placer físico. Podían oír, para escuchar la música celestial, y ver, para contemplar la gloria de Dios. Pero el contacto físico era demasiado inmediato, demasiado íntimo.

El mismo cielo se imaginaba como un estado perfecto, en el que el cuerpo, el ego y la individualidad personal no tenían cabida. Ya que la individualidad no puede sobrevivir ante la perfección, el modelo del cielo hasta hace poco la desterraba, aumentando así el miedo del ego a la muerte. A fin de cuentas, la perfección es la conformidad total con un estado eterno de no crecimiento, un estado que sólo puede existir teóricamente.

Las filosofías espirituales modernas han incorporado muchas de estas ideas mal articuladas sobre el ego, la personalidad y las funciones corporales en el Más Allá. Los deseos corporales se suponen ausentes, al contrario de casi todos los otros modelos del Más Allá de la Antigüedad temprana y de las religiones de la naturaleza, en los que comer, beber y hacer el amor continúan después de la muerte. El espiritismo concibe el alma sobreviviente como extremadamente pasiva, sin impulso del ego, como las almas perfectas en un cielo medieval.

La eliminación del ego en la morada celestial es, en parte, herencia de la espiritualidad moderna del neoplatonismo medieval, aunque también está influenciada por las creencias budistas e hindúes. Al igual que el neoplatonismo, consideran el mundo material y el cuerpo como una prisión y culpan al ego, con todos sus deseos y apegos, de tender las trampas que los atrapan. Es el ego el que nos hace creer en la ilusión de la realidad física. Para los budistas, el deseo es la causa de todo sufrimiento, pero yo afirmo que el deseo es la causa de todo crecimiento. En el sistema de creencias oriental, el alma alcanza finalmente un estado en el que la identidad individual se disuelve en una nada extática.

Este modelo se acerca mucho a la noción occidental de que uno se une a la Fuente.

El ego es la parte de nosotros que desea, que sigue su propio camino individual, que reconoce y evalúa el yo, y el miedo al ego acecha oscuramente en casi todas las visiones modernas del Más Allá. El ego, junto con su individualidad y sus impulsos, queda erradicado del estado exaltado, de la unión con la conciencia colectiva y de las versiones más ortodoxas del cielo, donde los más altos coros de ángeles, los serafines y querubines, sólo tienen una razón de ser, que es contemplar eternamente el rostro de Dios.

¿Desaparece todo lo que acostumbramos a experimentar como nuestra individualidad cuando morimos? La respuesta es muy sencilla. Ninguna parte de nuestra identidad muere nunca, ni siquiera el ego. Esto no quiere decir que el ego dirija las cosas en el mundo venidero, como lo hace aquí. Tampoco producirá el tipo de miedos que produce en esta vida. En cambio, se relaja y se integra más con otras partes del yo, mientras sigue expandiéndose.

Hay regiones más profundas en las realidades del Más Allá donde el ego tiene muy poca importancia. En la grandeza del ser, en la expansión del alma, el ego se conserva como lo hace un recuerdo momentáneo de la infancia. El recuerdo, por ejemplo, de nuestro cuarto cumpleaños, cuando soplamos las velas de la tarta de cumpleaños, puede representar nuestro yo que reconocemos como tal, pero que ya no somos. Puede que nos entreguemos a ello con nostalgia, incluso que volvamos a entrar en la magia de ese momento y experimentemos de nuevo ser el niño que una vez fuimos, y puede que sepamos que en algún lugar ese niño es una parte viva de nosotros, pero no somos ese niño. En cambio, contenemos al niño como una pequeña porción de nuestra identidad mayor. Del mismo modo, el yo en constante expansión sostiene al ego con afecto.

Dicho esto, hay muchos relatos de los fallecidos que muestran que el ego está muy activo. La gente suele recrear sus habitaciones o entornos favoritos, como la biblioteca o el jardín, en los que se comporta de forma muy parecida a como lo hacía cuando aún tenía cuerpo. Algunos incluso fuman puros y beben alcohol, al menos en las primeras fases de la muerte.

Al igual que las personalidades de vidas pasadas y futuras existen simultáneamente en el Más Allá, las recreaciones y actividades también tienen su lugar junto a otras, y muchas están tan expandidas que actualmente no podemos acceder a ellas. Es en estas actividades y estados de ser donde el ego pierde su importancia. Aun así, el ego no se desecha después de la muerte como un abrigo viejo. El ego en sí no tiene nada de malo, pero lo hemos dejado correr a sus anchas. Sólo tenemos que reintegrarlo con los mundos natural y espiritual a los que también pertenece.

El yo egoísta

El ego también va en contra de la corriente espiritual por sus connotaciones secundarias, que son el autoengrandecimiento y la preocupación egocéntrica por satisfacer deseos personales. En mi opinión, Satanás es una personificación del yo egoísta, que seduce a los vulnerables para que vendan sus almas a cambio de satisfacciones de la carne. Otra personificación del ego es el «hombre rico» bíblico, que tiene menos posibilidades de entrar en el reino de los cielos que un camello de caber por el ojo de una aguja. Hace poco, lograr la autoglorificación mediante grandes obras o la acumulación de enormes riquezas se consideraba una maniobra espiritual plenamente válida. La gente de antaño suponía que Dios privilegiaba a los que alcanzaban la fama y la riqueza, sobre todo si se trataba de un hombre.

Otra gran parte del paquete moderno de antiego o bondad consiste en mantener una corriente constante de amor, y cuanto más incondicional sea, mejor. El amor incondicional no juzga. La propia definición es un antónimo válido para un ego desenfrenado y egocéntrico, que estaría perfectamente dispuesto a juzgar a los demás, incluso a perjudicarlos, con el fin de elevarse a sí mismo. El modelo de la espiritualidad moderna contrasta bastante con los profetas vociferantes, delirantes y acusadores de las Escrituras. Nadie esperaba que fueran comprensivos. Las personas del pasado que dedicaban su vida a Dios, tanto monjes como monjas, ermitaños y padres de la Iglesia, eran a menudo descaradamente desagradables y agresivamente competitivos. Hasta hace poco, el amor no se consideraba la vía rápida hacia el cielo. Desde luego que no abogo por volver a esas viejas costumbres de conducta santa. Mi propósito aquí es señalar que, en épocas anteriores, la ruta hacia el favor divino era más amplia, más flexible, más impulsada por el ego que ahora.

Los miembros de las sectas espirituales se esfuerzan por mantener sus egos escondidos y sus corazones puros. Por lo que he visto como terapeuta, curandera y psíquica al servicio de esas comunidades, sus intentos de reprimir u ocultar todo lo que sea incompatible con sus nociones de espiritualidad –y eso es mucho, ¡incluidos los bocadillos de carne asada!— son la principal razón por la cual estos cultos acaban fracasando. Justo debajo de las muestras exteriores de alegría y amor suele haber una atmósfera de vigilancia contra las demostraciones de ego y negatividad. El resultado común de demasiada energía bloqueada y de paranoia espiritual es una pasividad cargada de ansiedad.

Recuerdo a una mujer que deseaba desesperadamente quedar embarazada. Por mucho que la provocara, no se atrevía a pronunciar las palabras «quiero un bebé». Lo único que pudo decir fue que, si el universo quería que una entidad pasara por ella, estaría agradecida. Eso sí que es pasivo. Nunca quedó embarazada. Su matrimonio fracasó y ella enfermó gravemente.

La pasividad sin ego también se manifiesta en versiones del Más Allá específicamente americanas o de terapia de grupo. Como almas estudiantes/pacientes, absorbemos sumisamente las lecciones y esperamos las indicaciones de los maestros/terapeutas superiores, que son los que deciden cuándo estamos listos para avanzar. La verdad es que el aprendizaje es muy poca cosa comparada con lo que ocurre en el Más Allá, la aventurera y creativa exploración de todo el ser: el pasado, el presente, el futuro y los yos probables.

• • •

El impulso innato de expansión desmorona la división entre el yo con el que nos identificamos y los que hay afuera, no todos ellos estrictamente humanos según nuestros criterios. Todos estamos en este proceso, ya estemos vivos o muertos. Y no es algo que debamos esperar hasta llegar a la cima de la escalera de la evolución. Está ocurriendo ahora mismo en otros niveles de conciencia y puede invadirnos en cualquier momento, mientras nos duchamos o freímos el pescado. Cuando lo hace, accedemos espontáneamente al espacioso presente donde todas las cosas existen a la vez. En estos preciosos y eternos segundos queda clara la unidad fundamental que subyace a toda la creación. La jerarquía y el juzgar se desvanecen ante esa realidad, al igual que el miedo y la ira. Sólo hay empatía y compasión por los demás y, donde más se necesita, por nosotros mismos. Los episodios reveladores de este tipo no duran mucho para la mayoría mientras están en el cuerpo; pero, aun así, son poderosamente indicativos de un yo mayor, ya plenamente formado, que conoce el espacioso presente y habita en él. A medida que esta expansión avanza, derribando en su camino las barreras que nos separan de nuestra unidad natural, se desata el amor incondicional.

PARTE TRES

MORIR, LA MUERTE Y MÁS ALLÁ

CAPÍTULO 9

EL TEMOR A LA MUERTE: CAUSAS Y CURAS

En la segunda parte, vimos cómo las religiones occidentales y los sistemas de creencias alternativos desarrollaron puntos de vista sobre el Más Allá que engendran miedo y quitan la confianza en la bondad natural de la humanidad y en un universo benigno. También hemos visto el miedo del ego a ser aniquilado cuando el cuerpo muere, y su terror de perder su identidad. Las filosofías religiosas-espirituales y el ego no son los únicos que se ponen del lado de la ignorancia. La sociedad también desempeña un papel importante en mantenerla e inculcar el miedo. Como pocos de nosotros queremos emprender una exploración personal de la muerte, lo que intuimos por nuestra cuenta y lo que vivimos ante la muerte de otro, seguimos atrapados en convenciones sociales que no están comprobadas. La mayoría de las instituciones seculares de hoy en día (el gobierno, la educación, la economía, la ciencia, la medicina, los productos farmacéuticos y las compañías de seguros, así como las industrias de las noticias y el entretenimiento) no sólo provocan el miedo a la muerte, sino que lo explotan. Fomentan, más que las instituciones religiosas-espirituales, la suposición de que estar vivo es siempre mejor que estar muerto. Vivimos en una cultura que se nutre de este miedo. Domina la vida diaria y merma nuestras capacidades innatas. Hace de la muerte un proceso aterrador de fracaso y ensombrece nuestras experiencias después de la muerte. También prohíbe la idea misma del contacto con los muertos.

Este miedo ha vuelto esquizofrénica a nuestra sociedad. Por un lado, el tema de la muerte se evita escrupulosamente; por otro, es una obsesión cultural. Cuando pregunto a la gente qué creen que les ocurre después de morir, me sorprende la frecuencia con la que escucho respuestas como: «No lo sé. Trato de no pensar en ello». Pero esa misma persona quizá haya pasado la noche anterior viendo cómo otros eran disparados, apuñalados, golpeados, ahogados… una y otra vez en la televisión. La evasión de la muerte en el mundo real no nos lleva a ninguna parte a la hora de comprender el destino de cada uno de nosotros. Obviamente, moriremos si evitamos pensar en ello o no. Pero cómo moriremos y lo que nos ocurrirá después es algo muy distinto.

Hablar de la muerte con los moribundos es prácticamente un tabú. Nos hacemos cómplices en la creencia de que es demasiado estresante para ellos. Lo que se disfraza de buenos modales en la cabecera de la cama es, en realidad, una táctica para evitar la incomodidad, la confusión y las emociones fuertes por parte de todos. Nos resulta demasiado incómodo abordar las creencias religiosas o motivar a los enfermos a enfrentarse a la ambivalencia. Si se tienen ideas sobre el Más Allá que contradicen lo establecido, discutirlas puede exponer a la persona en cuestión a otra crisis de ansiedad: ¿y si mi versión es errónea y mi religión tiene razón? ¿Y si ambos están equivocados y los realistas materialistas y los científicos tienen razón y no hay nada después?

Desafiar las viejas ideas, ampliar las nuevas y resolver las dudas beneficia enormemente a los moribundos y a los fallecidos. Para aquellos que prácticamente no se atrevían a cuestionar la doctrina religiosa antes de morir, el choque entre lo que realmente viven después de la muerte y lo que se les enseñó a esperar puede dejarlos perplejos y a veces muy, muy enfadados, como a Lorella (capítulo 7). Y como Joe (en el mismo capítulo), el hombre al que hubo que sacar de su propio infierno, algunos alucinarán lo que se les enseñó a esperar.

Negar o evitar la muerte y la cuestión de la sobrevivencia puede hacer que los recién fallecidos se queden atrapados en una zona intermedia hasta que alguien o algo logre ayudarlos. La evasión puede provocar que se esté tan mal preparado que ni siquiera se haya pensado en cómo se desarrollará la vida de sus familiares y amigos sin ellos. Es sorprendente la cantidad de personas que sienten desesperación o rabia cuando se dan cuenta de que el cónyuge abandonado está planeando volver a casarse. Se sabe que los asuntos de herencia no resueltos molestan a los recién fallecidos, al igual que la falta de resolución de relaciones problemáticas. Estas cuestiones tan angustiosas podrían haberse resuelto con una discusión honesta y valiente.

Una joven que conocí pasó más de dos años muriéndose a causa de un tumor cerebral, y en todo ese tiempo ni una sola persona a su alrededor mencionó palabra alguna sobre la muerte. Fingían protegerla. Aunque soportó repetidos fracasos de cirugía cerebral y más de un año de deterioro encamada, entrando y saliendo de estados de inconsciencia, nunca se planteó que el tratamiento médico no iba a curarla. La familia optó por creer que su educación cristiana tradicional sería suficiente para sacarla adelante. Pues no fue así. Ocho meses después de su muerte, seguía enfadada con su familia por no haberle dicho lo que pasaba. Se sintió perdida, traicionada y abandonada. Telepáticamente sabía que su joven y, debo decir, vigoroso marido ya estaba pensando en otras mujeres, lo que la volvía loca de celos. También acusó a sus padres de robarle deliberadamente a su único hijo. Tardé dos días en convencerla de que ella también era responsable de esa negación total y persuadirla a aceptar su estado incorpóreo y seguir adelante. Obviamente, habría sido mucho mejor para todos si hubieran hablado abiertamente con ella de la muerte. Así, habría aprovechado el tiempo antes de entrar en coma para analizar estas preguntas difíciles. Hacerlo también habría liberado a sus padres y a su marido de sus propias cargas de culpabilidad, que, por lo que me han contado, siguen siendo muy pesadas.

Pero, sobre todo, evitamos hablar directamente de la muerte con los niños. Los niños pequeños todavía están fuertemente conectados a la conciencia de las criaturas. En lugar de temer a la muerte, la incluyen en sus juegos, sus fantasías están pobladas de muertos. Pocos son los padres que se acercan a su hijo, que yace heroicamente a punto de morir en el patio trasero por una bala imaginaria, para preguntarle: «Billy, ¿qué sientes al morir?». Aunque morir es una parte natural del repertorio imaginativo de los niños, pensamos que hablarles de ello contaminará su pureza y les robará su inocencia. Así, aprenden con nuestro silencio que la muerte es algo muy malo.

La muerte es el más ordinario de los acontecimientos de la vida. Ocurre en todo momento, en los hogares y hospitales, en las calles, en los coches, en los aviones, trenes y barcos, cada fracción de segundo en todo el mundo. Y te garantizo que te pasará a ti también. Entonces, ¿por qué nos da tanto miedo hablar de ella, especialmente a los moribundos y a los niños? Nos gusta pensar que tenemos miedo a la muerte porque es lo más desconocido. Pero ¿qué cara le hemos puesto a lo desconocido? Piensa por un momento en algunas de las asociaciones que tenemos con las palabras *muerte*, *muerto*, y los ya mencionados *muertos*. Luego hay palabras relacionadas como *fatal*, *terminal* y *mortal*. ¿Qué tal *cadáver*, *tumba*, *féretro* y *ataúd*? ¿Te dan escalofríos algunas de estas palabras? Cuando piensas en la muerte en abstracto, ¿qué sentimientos asociaa con ella? ¿Pánico? ¿Ira? ¿Impotencia? ¿Arrepentimiento? ¿Repulsión? ¿Qué te ocurre cuando te enteras de que alguien ha fallecido? ¿Te imaginas un cadáver ya frío, endurecido y descolorido? ¿Te preguntas a dónde ha ido esa persona? ¿Te imaginas el hecho de estar muerto como estar suspendido en algún lugar inmóvil, sin la más mínima chispa de personalidad, como sugieren los términos *paz eterna* y *descanso eterno*?

¿Qué otras imágenes te evoca oír palabras relacionadas como *estertor de muerte*, *agonía de muerte*, *sentencia de muerte* y *lecho de muerte*? Piensa por un momento en cómo te afectan los símbolos comunes de la muerte: la Parca; una calavera y huesos cruzados; una cruz negra, a veces impresa en una imagen esquemática de un ataúd. Si asocias la muerte con hospitales, funerarias o cementerios, ¿qué tipo de sentimientos transmite cada lugar? Proyéctate en ellos y observa lo que piensas y sientes. Probablemente sea bastante espeluznante, ¿no?

La mayoría de las respuestas a estas preguntas no son más que reacciones propias de la cultura. Gran parte de lo que asociamos con la muerte proviene de cómo nuestras culturas producen la muerte, cómo la empaquetan. Pongo un ejemplo rápido: en Japón el color del luto es el blanco, no el negro. En algunas culturas, en lugar de eludir el tema de la muerte, la gente pasa una parte considerable de su vida preparándose para ella. Aunque pensamos en el fallecimiento de un ser querido como una ocasión sombría de duelo, otras mentalidades lo consideran una liberación que hay que celebrar. En Madagascar, por ejemplo, la gente baila durante las festividades especiales llevando los huesos perfumados de sus parientes fallecidos en señal de gratitud y alegría.

Ahora no puedo evitar pensar en un chiste que ilustra muy bien el contraste de opiniones. Un monje tibetano acude a una casa para asistir al cabeza de familia durante los últimos momentos de su vida. La aterrorizada y afligida familia espera que el monje haga algo para salvar la vida del anciano. El monje se sitúa tranquilamente junto a él, observándole atentamente, pero sin hacer ningún movimiento. De repente, el viejo patriarca exhala su último aliento. Tras una breve pausa, el monje mira los rostros ansiosos de los familiares y declara: «Oh, él ya está bien». Aunque la historia pretende ser divertida, se basa realmente en la teoría budista tibetana de la muerte consciente.

El problema no es la muerte, sino el miedo. Y el miedo es algo que creamos. Por eso ha habido tantos intentos de sistematizar el Más Allá, como si pudiéramos atrapar y controlar algo tan vasto como la eternidad. Por lo que veo, ningún conjunto de convicciones sistematizadas en las culturas occidentales ha podido disipar ni una pizca de nuestro miedo. Más adelante en este capítulo, veremos un grupo importante de personas que sí lo han hecho. En consecuencia, le tienen menos miedo a la vida y viven de forma más armónica con mayores capacidades fisiológicas, intelectuales y espirituales. Saben que la muerte es el momento en el que más nos reconectamos con nuestro ser superior y con la maravillosa naturaleza de la realidad.

Afortunadamente, las explicaciones establecidas no pueden contener la fuerza de la marea del conocimiento intuitivo. Cada vez son más las personas que hablan de lo que los muertos les cuentan sobre el otro lado; otras hablan de la verdadera experiencia interior de la muerte; y otras, de sus experiencias mientras estaban clínicamente muertas. Lo que dicen suele contradecir las enseñanzas convencionales y las actitudes sociales.

LA PRODUCCIÓN SOCIAL DEL MIEDO

Dado que el miedo a la muerte es una parte importante de nuestro condicionamiento social, es la base de muchas de nuestras instituciones e ideales culturales. Es uno de los principales motores de nuestra economía y de nuestras aspiraciones de riqueza y belleza. Piensa un momento. Una economía basada en el crecimiento constante se basa fundamentalmente en el miedo a la sobrevivencia. Al igual que el crecimiento material se considera el antídoto contra el estancamiento y la decadencia, se supone que la acumulación de riqueza nos da una sensación de seguridad y poder. A medida que las posesiones se acumulan, las casas se hacen más grandes y los coches más caros, esperamos que nuestras identidades sean más nítidas, más grandes, más sólidas. El aumento material nos aleja supuestamente del lado de los débiles y nos sitúa en el lado de los invencibles. Algunos de los súper ricos creen incluso que han alcanzado una especie de inmortalidad en la tierra. Este es el temible lenguaje del envejecimiento y la muerte; mientras sigamos creciendo, aún no hemos iniciado el giro descendente hacia la muerte. Irónicamente, una política económica de crecimiento constante nos conduce a un planeta tan ahogado por residuos y agotado de recursos que ya no podrá sostenernos.

Una enorme proporción de los ahorros de los ancianos se destina con frecuencia a prolongar la vida, incluso cuando la calidad de ésta se ha deteriorado significativamente. También es escandalosa la cantidad de dinero que se gasta en mantener una apariencia juvenil, sin importar la edad que se tenga. Nuestros cuerpos naturales, con todas sus características únicas e irregularidades, no tienen el protagonismo; más bien lo tiene el cuerpo idealizado, el cuerpo disciplinado y corregido quirúrgicamente. Los hombres con músculos hinchados y las mujeres con pechos de Hershey's Kiss son los iconos de la cumbre de la adultez juvenil justo antes del largo y doloroso deslizamiento hacia el envejecimiento y la muerte. Tememos lo que nos ocurrirá si no hacemos ejercicio como se nos dice, y tememos lo que comemos y lo que respiramos. Pocos de nosotros podemos disfrutar de un asado los domingos sin sentir un verdadero malestar por haber ingerido voluntariamente cantidades de colesterol. La ansiedad que rodea a todas estas cuestiones produce toxicidad en nuestros cuerpos y contamina la atmósfera psicológica.

También están las ideologías nacionales, en particular la de la industria militar de una nación, que racionaliza su exorbitancia con el cliché «matar o morir». Resulta verdaderamente chocante que las potencias mundiales se sigan midiendo por su capacidad de infligir muerte. Las guerras no se producirían, por supuesto, si la muerte no fuera la amenaza máxima. La industria militar prospera propagando una visión de un mundo inseguro.

Las religiones que transmiten una visión insegura del mundo también hablan de un mal sobrenatural que vaga por el planeta. Menos evidentes son las compañías de seguros, que nos coaccionan para que paguemos por «protegernos» contra una serie de peligros que rara vez ocurren. También resulta perjudicial marcar la historia con guerras, pestes, hambrunas, masacres, tomas de posesión dinásticas asesinas y algún desastre natural, como la explosión de la caldera que acabó con el mundo minoico. Sin darnos cuenta, asimilamos mensajes sobre un mundo inseguro y, peor aún, un universo inseguro, de casi todas las ciencias, incluyendo la biología y la medicina, la climatología, la geología, la oceanografía, la antropología física y cultural, la sociología, la primatología, incluso la astronomía y, en alarmante medida, las industrias de las noticias y del entretenimiento.

Los escenarios letales generados por los ministerios de defensa, el academicismo, las ciencias, las compañías de la salud, los medios de comunicación y las instituciones religiosas funcionan en dos direcciones. O bien somos víctimas de algo que procede del exterior (epidemias, calentamiento global, guerra atómica, megaasteroides y entropía) o somos víctimas de alguna fuerza interior incontrolable que nos lleva a la enfermedad, la violencia y la locura. En biología, la fuerza interior podría ser un defecto genético. En psicología, es el subconsciente incivilizado. Ambas reflejan las creencias religiosas de una maldad heredada. Entre lo que aprendemos en la iglesia y en la escuela, no podemos escapar de la sensación de que algo nos va atrapar y, lo que es peor, de que nos lo merecemos.

Como académica dedicada a la construcción de la historia, a menudo me enfurece la forma en que los académicos distorsionan sus descubrimientos para que encajen en el modelo de un mundo inseguro. La arqueología también tiende a fabricar interpretaciones de guerra y conflicto de la nada. El más mínimo indicio de un muro alrededor de una ciudad, por ejemplo, se convierte en un muro de defensa contra invasiones. Recuerdo un caso en el que unos arqueólogos tomaron una sola imagen en una piedra preciosa tallada en la antigua Creta de un hombre joven, casi desnudo, con una daga metida en el cinturón como la representación de un guerrero. A partir de esta imagen solitaria, extrapolaron la existencia de una sociedad guerrera. ¿Por qué? Hoy en día, los hombres de la misma región llevan estos pequeños cuchillos en el cinturón para rebanar pepinos cuando salen a comer al campo.

El supuesto instinto de sobrevivencia que los antropólogos y primatólogos dicen que forma la base misma de la naturaleza humana se inclina hacia una necesidad de «matar o morir», al igual que la industria militar. La ciencia, junto con la historia, apoya el argumento de la industria militar de que el hombre siempre ha sido y será agresivo, jerárquico y propenso a matar. El instinto de sobrevivencia va de la mano del instinto de «preservación de la especie». Aunque ambos impulsos existen realmente, los científicos les han dado una primacía indebida. Según se concibe ahora, estos supuestos instintos son agentes siempre vigilantes y de primera línea que luchan incansablemente contra la aniquilación personal y social. Nosotros y todas las criaturas de la Tierra, supuestamente, hemos hecho un juramento genético de pasar nuestras vidas en una batalla contra la muerte. Dado que imaginamos que la vida funciona según el esquema del más fuerte contra el más débil, las ocasiones en las que se elige la muerte individual e incluso masiva en lugar de la continuación de la existencia física se interpretan erróneamente como una prueba de inferioridad. Con nuestras actitudes, nunca podremos entender la desaparición de una especie de la Tierra como el resultado de una decisión colectiva, como tampoco podemos aceptar que una persona decida morir. Preferimos creer que una especie siempre se esforzará por dominar para evitar su extinción. Paradójicamente, estas suposiciones tan arraigadas sobre la autoconservación han causado más muertes de las que jamás evitarán.

En lugar de incorporar en nuestros modelos las características de las criaturas altruistas y cooperativas, aumentamos los casos de conflicto, especialmente entre los machos. Afirmamos que estamos estudiando objetivamente a los grandes simios, pero la forma en que lo hacemos influye en lo que vemos y en cómo se comportan. Además, nos hemos negado a conciliar las contradicciones que presenta un grupo de primates muy parecido a los humanos, los bonobos, que, al igual que los chimpancés, comparten toda nuestra composición genética, menos un 1 %, según algunos estudios.[1] Los grandes simios, amables, matriarcales y muy sexuales, no son competitivos y tienen una estructura social organizada según principios inclusivos y no exclusivos. Por lo tanto, simplemente quedan fuera de la narración, se ignoran o se descartan como anomalías.

Nuestras ideas sobre el «hombre primitivo» son, además, meras hipótesis. Las interminables representaciones de los primeros humanos como desconfiados y brutales, siempre en alerta contra los depredadores de afilados dientes y los astutos enemigos de los clanes competidores, han llevado a pensar que esta joven y prístina Tierra estaba llena de amenazas extraordinarias en las que la única defensa era, de nuevo, matar o morir. También nos han hecho creer que los pueblos del pasado más remoto luchaban ferozmente contra la propia muerte, igual que los modernos. Esta inclusión exagerada de nuestras propias actitudes en la historia del «amanecer del hombre» ha naturalizado el miedo a la muerte. Las inexcusables conclusiones que surgen de la antropología y de la teoría darwiniana pretenden presentar un retrato real del hombre en bruto, las tuercas genéticas de la humanidad. Por haberlas aceptado como ciertas, hemos disminuido seriamente las posibilidades de un mundo mejor.

Quizá sea peor la idea central de la teoría de la sobrevivencia de la especie: que siempre estamos impulsados genéticamente a procrear. En verdad, ¿qué nos ha aportado este alarmante aumento de la población? Ha reducido la calidad de la vida humana y ha provocado hambrunas, cada vez más enfermedades, competencia y despilfarro, y una devasta-

---

1. Las similitudes genéticas entre los humanos y ciertos simios son tan marcadas que algunos científicos abogan por trasladar a los chimpancés y los bonobos al género *Homo*, al que pertenecemos los *Homo sapiens* y los neandertales. Ver news.bbc. co.uk/2/hi/science /nature/3042781.stm para el análisis.

ción alarmantemente rápida del planeta. Nos vemos arrastrados a ello por suposiciones científicas torcidas, basadas en el miedo, y por una gran ignorancia sobre la verdadera naturaleza de la inmortalidad.

El proceso de la muerte surge de las capas más profundas del ser y es un proceso espontáneo de la naturaleza. Si no podemos confiar ni en el yo ni en la naturaleza, ¿cómo confiaremos en el proceso de la muerte? Quizá, cuando veamos la muerte como lo que realmente es, nos llevará a un concepto de nosotros mismos como parte de la naturaleza y no como algo que va en contra de ella. En el marco social actual, lo lógico es el miedo. Pero es más que eso. También es un hábito. Se necesita mucha fe para saltar por encima de ella y alcanzar cierta libertad.

LA INDUSTRIA MÉDICA Y SUS AMENAZAS DE MUERTE

Ningún ámbito de la vida moderna es más eficaz en la difusión del miedo a la muerte que la industria médica, y aquí incluyo a los fabricantes de productos farmacéuticos y de tecnología médica. El enfoque fanático de la industria en la enfermedad y no en la salud ha producido una paranoia nacional. Los expertos médicos promueven la idea de que el cuerpo es constantemente vulnerable a las enfermedades que lo llevarán al declive y a la muerte. Silenciosos e invisibles, los virus, los contaminantes ambientales (rayos ultravioletas, humo de segunda mano, radicales libres, parásitos…), las bacterias y una multitud de otros males pueden atacar arbitrariamente en cualquier momento. Esta imagen de un mundo inseguro es promovida a bombo y platillo por una ciencia que tiene la más íntima influencia sobre nosotros y a la que nos vemos obligados a depender para salvar nuestros cuerpos de la invasión.

Los médicos utilizan tácticas de miedo muy dañinas cuando detectan alguna manifestación de posible enfermedad y el paciente no coopera con el tratamiento prescrito. Alarmantemente, las tácticas del miedo también funcionan como sugestiones hipnóticas que en realidad promueven la enfermedad. Como soy una paciente poco cooperativa, mi doctora de cabecera, alguien a quien adoro, ha utilizado estas tácticas conmigo. Cuando me negué a someterme a una mamografía, de pronto habló de dos pacientes a las que «justo la semana pasada» se les había diagnosticado un cáncer de mama. Tengo una glándula tiroidea de tamaño cuatro veces mayor de lo que corresponde, hiperactiva y repleta de nódulos. Cuando me negué a pasar por el quirófano a fin de extraer esa «pobre cosa», mi doctora mencionó a una paciente a la que «justo ese mes» se le había diagnosticado un cáncer de tiroides. A continuación, describió los horrendos procedimientos para tratarla y la amenaza de vida crónica con la que tiene que vivir dicha paciente. Me puse en guardia contra sus gráficas sugestiones hipnóticas, pero comprendí que su intención era buena. Creo que en verdad tiene tales pacientes, quizá no todos en el mismo mes, y sé que se siente responsable de mí. No obstante, no me haré una mamografía ni me extirparé la tiroides. Mientras escribo esto, he decidido confiar en las inclinaciones naturales de mi cuerpo a estar sano, o al menos, lo intento. Al fin y al cabo, soy yo la que está creando el problema. Averiguar por qué lo hago curará la afección y, al mismo tiempo, despertará en mí una percepción muy valiosa sobre mí misma. Si me quitan la tiroides, no hay posibilidad de curación. Hasta ahora, ha mejorado sin asistencia médica y un año después del diagnóstico funciona con normalidad. Este camino no es para todos. Cada uno debe tomar sus propias decisiones.

Las ciencias médicas fomentan un modelo del cuerpo inconstante y poco fiable, un cuerpo que hay que vigilar. Nos ha tocado la difícil tarea de equilibrar la desconfianza en nosotros mismos con el autocontrol. ¿Cómo podemos esperar tener el control si también creemos que no podemos confiar en nosotros? Si no comemos de forma saludable y hacemos ejercicio con regularidad, si bebemos demasiado o fumamos, seguramente nos estamos condenando a una muerte prematura, o al menos a la vergüenza social.

Existe un caso famoso de una mujer en el sur de Francia (Arlés) que vivió hasta los 122 años, la centenaria más antigua documentada que se conoce. La notable longevidad de Jeanne Calment fue atribuida sobre todo a los genes y a la calidad de su alimentación. Antes de creernos por completo la idea de que los genes determinan el destino del cuerpo, para bien o para mal, deberíamos analizar a fondo casos como el de Jeanne y ver por qué los hermanos, especialmente los gemelos idénticos, difieren en cuanto a su salud o padecen afecciones distintas. A pesar de tener una composición genética similar y de comer lo mismo, nadie más en la familia de Jeanne vivió hasta los 100 años. Comía un kilo de chocolate a la semana hasta los 119 años y le encantaba el vino. Estaba físicamente muy viva, empezó a practicar la esgrima a los 85 años y seguía andando en bicicleta a los 100, no para hacer ejercicio, sino para divertirse, haciendo lo que le convenía espontáneamente. Por último, ¡no fue hasta los 119 años que dejó de fumar! Está claro que los factores que la llevaron a una vida larga están fuera de los conocimientos médicos actualmente aceptados.[2] Ella afirmaba que la razón era la abundancia de aceite de oliva que regaba en su comida y en su piel. También era propensa a los ataques de risa, lo cual supone un beneficio comprobado para la salud. La filosofía de Jeanne de no preocuparse por lo que no se puede cambiar establece una alta inmunidad al estrés. Lamentablemente, la medicina moderna aún no está preparada para asumir del todo el enorme papel que desempeña la psique en la salud y la enfermedad.

Esto no implica que nos permitamos comer, beber y fumar con desenfreno mientras vemos la televisión en la cama todo el día. Más bien, si confiáramos en nuestro cuerpo, captaríamos sus señales y haríamos lo que nos conviene, al igual que otros animales. Y haríamos lo que es bueno para nosotros, y no porque tengamos miedo de no hacerlo. En lugar de regímenes forzados —o de sentirnos culpables por la falta de ellos—, escogeríamos espontáneamente los alimentos que necesitamos, nos levantaríamos y saldríamos a dar un paseo o a echar una siesta. Instintivamente, gravitamos hacia animales domésticos para bajarnos la presión sanguínea o hacia situaciones que nos hacen llorar de risa para romper la tensión física, liberar las hormonas necesarias y eliminar la toxicidad.[3] De hecho, la mayor parte del trabajo de reparación del cuerpo tiene lugar mientras tenemos el menor control sobre él:

---

2. Por supuesto, no todos los médicos ignoran las vías no médicas para la salud y la curación, pero una gran mayoría sí lo hace. El médico Larry Dossey ofrece una serie de sorprendentes remedios no médicos, como zumbar y olvidar, en su libro Dossey, L.: *The Extraordinary Healing Power of Ordinary Things*. Random House, Three Rivers Press, Nueva York, 2006.

3. Para los estudios sobre cómo las lágrimas eliminan residuos tóxicos, ver Ibíd., pp. 58-71.

cuando dormimos, sobre todo durante las primeras horas de la mañana. El cuerpo sabe cómo curarse a sí mismo, si lo dejamos. Por desgracia, la falta de confianza de los médicos en la propia capacidad de curación del organismo y la falta de fe en que haya agentes curativos ajenos a la medicina oficial los mantiene ignorantes sobre cómo ocurren las curaciones espontáneas. Más bien, ven al cuerpo como una bomba del tiempo. El miedo que rodea a la enfermedad y a la muerte es tal que, literalmente, nos está matando.

La medicina adopta la postura de que la muerte es el enemigo final y debe ser conquistada o, al menos, aplazada el mayor tiempo posible. Una persona que supera una enfermedad mortal es admirada como una «luchadora». La metáfora de guerra se extiende a la imagen común de la muerte como «perder una batalla» contra, por ejemplo, el cáncer de hígado. Debido a que la muerte se considera un fracaso sólo del cuerpo, la mente y la voluntad están desconectadas de él en nuestro pensamiento. En consecuencia, interpretamos la muerte como un conflicto entre el cuerpo y la voluntad en lugar de un esfuerzo de cooperación entre ambos. Los médicos se ponen del lado de la voluntad y se apoderan del cuerpo, separándolo de la personalidad. Ya no es nuestro. Al final, incluso la voluntad queda subyugada a la agenda médica. Tu cuerpo se convierte en un objeto, algo que los demás pueden controlar, explorar, medir, observar, manipular…: una cosa. Aunque es nuestra creación más íntima, ahora es ajena a nosotros y sólo los expertos están capacitados para entenderla. Se convierte al final en nuestro enemigo. Cuando por fin llega el momento de dar las buenas noches, se espera que vayamos a patadas y a gritos.

La medicina no tiene toda la culpa de que exista el miedo. Parte del juramento hipocrático es, después de todo, salvar vidas, pero esto no debe obligarnos a exagerar. La medicina es, en parte, víctima del mandato científico de la objetividad materialista tras la Ilustración. Dado que lo no material (el alma, el espíritu, la psique, la mente, el corazón y la conciencia) no se puede probar ni medir, hay que negarlo o al menos eludirlo. Aunque confiamos los moribundos a los médicos, la mayoría de ellos no tienen ni idea de lo que realmente está ocurriendo. Los cursos sobre la muerte y lo que ocurre después de ella deberían ser un requisito para cualquier licenciatura en medicina, para que los médicos, las enfermeras y los paramédicos se acerquen a los moribundos con conocimientos y confianza en el proceso. Ellos son más que capaces de percibir por sí mismos los fenómenos que suceden en el lecho de muerte. No he conocido a ningún médico que no tuviera también un talento psíquico. Casi todos poseen la capacidad de ver dentro del cuerpo sin la ayuda de instrumentos, lo que yo llamo «visión de rayos x». Mi propio padre, después de mi abuelo y mi bisabuelo, todos ellos médicos, nunca erró un solo diagnóstico en 48 años de práctica gracias a esta habilidad, y esto fue en los días anteriores a las máquinas diagnósticas. Tardo pocos minutos en conseguir que los médicos tomen conciencia de ello y lo utilicen de forma más consciente. Aun así, no están dispuestos a aplicar sus habilidades psíquicas, en parte por razones legales y de seguros, y mucho menos a orientarlas hacia la percepción de lo que ocurre más allá del cuerpo durante y después de la muerte.

El personal médico sí puede comprender a un paciente que quiera morir a causa del dolor o porque no hay otro resultado posible, y lo hace. Pero si una persona quiere morir antes de que una determinada enfermedad alcance la fase final, rara vez lo admite. Consideramos que el deseo de morir es alarmante, aberrante, una transgresión contra la naturaleza humana y una bofetada a la posición superior de los vivos sobre los muertos. La verdad fundamental es que todos decidimos morir. Como verás en el próximo capítulo, jóvenes o viejos, en la enfermedad o en la salud, elegimos cuándo y cómo nos encontramos con la muerte. Si fuéramos mínimamente más conscientes de esta elección y si tuviéramos más confianza en nosotros mismos y en nuestros cuerpos, seríamos más los que optáramos por evitar el debilitamiento del cuerpo (y muy a menudo de nuestras finanzas) y nos podríamos ir mientras dormimos.

Todos estamos atrapados en esta espiral devastadora de miedo y confusión generada por los grandes y muy competitivos negocios del cuerpo. Al final, todo tiene que ver con el dinero, no con el bienestar de los seres humanos. Los médicos, puestos contra la pared a causa de la amenaza de juicios y el pago de enormes pólizas de seguro, se encuentran tan atrapados y consternados como sus pacientes. Ellos ya no tienen el derecho de actuar según sus instintos ni tienen tiempo para considerar las necesidades de la personalidad total de un paciente. Además, no saben qué hacer ante una persona en la fase final de una enfermedad que está preparada y dispuesta a morir. Al carecer de la formación y de los recursos espirituales y emocionales para acompañar al moribundo, tienen una sola opción: suprimir los síntomas con fármacos.

Cuando mi madre tuvo su primera apoplejía grave, dejó claro que no quería recuperarse. Una serie de derrames cerebrales graves en el plazo de dos días la dejaron en un estado vegetativo permanente sin posibilidad de mejora. Permaneció en el hospital bajo la supervisión constante de una enfermera durante unos meses, alimentada a través de una sonda. Para completar el proceso de muerte, tuvimos que sacarla del hospital. Aunque no se pronunciaron palabras, su médico comprendió que íbamos a dejar que su cuerpo se muriera de hambre y se deshidratara hasta dejarlo ir. Si se lo hubiéramos dicho, se habría sentido oficialmente obligado a considerar nuestras intenciones como poco éticas, si no legalmente dudosas.

La industria médica nos ha arrebatado la muerte. Ya no es nuestro ámbito y nuestro derecho como criaturas, sino una enfermedad que requiere atención médica. Además, se oculta en los hospitales, como si fuera una cosa demasiado odiosa para ser vista. En resumen, la industria médica ha desnaturalizado la muerte. La verdad es que morir es, sin duda, uno de los más fuertes instintos innatos. Al igual que todas las criaturas infantiles saben instintivamente cómo nacer, dar ese primer paso o nadar o volar, o una herida sabe cómo curarse y un pulmón cómo respirar, nosotros sabemos cómo morir.

Muchos han comentado lo valientes y llenos de gracia que son los niños cuando se acercan a la muerte. Y debo añadir que no deja de asombrarme cómo mueren mis mascotas, preparándose activamente un lugar donde no se les moleste, negándose a comer. Parecen tan serenos, confiando en que el camino que les espera conducirá a algo bueno. Con sólo un ápice de esa fe de las criaturas, podemos empezar a confiar en nuestros propios procesos de muerte.

LOS MEDIOS DE COMUNICACIÓN Y LA FABRICACIÓN DE PESADILLAS REITERATIVAS

La negación global de la muerte ha conducido a una represión masiva. Y como con cualquier represión, lo que se reprime acaba saliendo a la superficie. Cuanto más miedo se produzca en torno a una determinada represión, más aterrador será lo reprimido. Cuando se almacena en el cuerpo, se manifestará como una enfermedad. Una forma más saludable de liberarlo sería en sueños, donde los miedos reprimidos suelen adoptar formas aterradoras que nos persiguen o nos acechan amenazantes en las sombras o detrás de las puertas. Se esconden así porque nuestro subconsciente está tratando de decirnos que nos estamos ocultando algo a nosotros mismos. Las pesadillas descomprimen la represión y, a la vez, contienen información sobre lo que nos negamos a afrontar. Como rara vez tenemos el valor de enfrentarnos directamente a lo que reprimimos, aparece de forma indirecta, envuelto en símbolos. Si no captamos lo que un sueño intenta mostrarnos y reconocemos el origen del miedo, éste se repetirá una y otra vez.

En gran medida, la industria de las noticias y del entretenimiento están produciendo las pesadillas necesarias para descomprimir nuestro temor colectivo a la muerte. En lugar de un sueño, tenemos historias. En lugar de enfrentarnos a nuestro miedo en la vida real, nos enfrentamos a la muerte indirectamente a través de los libros, los periódicos, las películas, los programas de televisión y los videojuegos con su interminable oferta de guerras, ataques terroristas, hambrunas, terremotos, tsunamis, huracanes, epidemias, crímenes, incendios, etc. Basta con echar un vistazo a los programas que se emitirán en televisión esta misma noche. ¿Cuántos giran en torno a la muerte, como por ejemplo los dramas hospitalarios, los misterios de asesinatos y especialmente los que tratan el tema de la medicina forense? Mediante el sondeo y el análisis científico, los patólogos hacen hablar a los muertos. Aunque estas series pretenden mostrar un respeto sacramental por los muertos, los expertos en efectos especiales impactan y revuelven el estómago con un morbo escandaloso elaborado con colores escabrosos, ángulos de cámara y acercamientos a heridas y mutilaciones enfermizas, órganos expuestos, el interior ensangrentado del cuerpo, los agujeros de los disparos, partes del cuerpo amputadas, mandíbulas, ojos y dedos perdidos, cadáveres azules e hinchados por envenenamiento o ahogamiento o ennegrecidos y arrugados por las llamas, sangre acumulada bajo los pies o salpicada en patrones legibles, y gusanos retorciéndose por los orificios.

Esta absorción con la muerte, la decadencia y lo macabro se intensifica. Piensa en la antigua serie *Quincy*, en la que Jack Klugman interpretaba el papel de un patólogo forense. O bien se minimizaba visualmente el modo en que un cadáver se convertía en tal, o nunca se mostraba. En aquellos días de hace sólo unas décadas, los muertos rara vez aparecían tumbados en la mesa del laboratorio, y mucho menos se les arrancaba el hígado o se les abría el cráneo con un serrucho. Lo macabro presentado en un paquete «realista», «científico» permite a los cineastas y a los programas de televisión explotar nuestros miedos profundos en varios niveles a la vez.

Junto a la oferta televisiva están, por supuesto, las películas de acción, los *thrillers* y las películas de terror en las que las matanzas, a menudo con centenares de víctimas, o las tragedias medioambientales que amenazan con acabar con toda la vida del planeta constituyen las tramas. También está la reelaboración de leyendas de miedo sobre vampiros y los no muertos (momias, zombis) que acechan a los vivos. Al igual que los cuerpos habitados por extraterrestres hostiles, los virus desarrollados en proyectos gubernamentales secretos o las entidades satánicas, actualizan el miedo generalizado de perder nuestras identidades individuales después de la muerte.

Los mensajes son aún más sombríos en obras sobre desencarnados, fantasmas, *poltergeists* y los reinos que habitan. Aquí incluyo historias sobre demonios y posesión, ya que se supone que los espíritus malignos salen de la región del Más Allá que llamamos infierno. Todos estos seres suelen ser retratados como malévolos. No sólo tienen el poder –y la intención– de volvernos locos de miedo o de matarnos; también pueden arrastrar nuestras almas a dimensiones infernales de las que nunca seremos liberados.

La forma en que se ha representado a los muertos en los medios de comunicación es, en su mayor parte, espantosa. Casi nunca los vemos como personas normales y amistosas. Con pocas excepciones, están atrapados entre mundos, generalmente con un grado tal de dolor psicológico, que se han demenciado. Igual de perjudiciales son las representaciones de quienes pueden verlos. Las personas que se comunican con los muertos suelen ser representadas como anormales, que poseen una capacidad extraordinariamente rara, parecida a un gen o una enfermedad extraños. En años anteriores, las películas presentaban a los médiums como defectuosos física o mentalmente. Las visiones psíquicas solían provocar la pérdida de la vida o fuertes dolores de cabeza por la muerte de células cerebrales. Las representaciones más recientes son de personas razonablemente normales y de buen aspecto. Sin embargo, sus dones son una carga no deseada que los separa del resto de la humanidad, y los conducen inevitablemente al peligro.

Por último, la forma en que los medios de comunicación presentan la percepción psíquica de los muertos es engañosa. Incluso para los médiums de la vida real, los muertos no aparecen en forma de carne y hueso. Dicha aparición se produce a veces, más o menos con la misma frecuencia que una luna azul un 29 de febrero.

Nuestro compromiso incesante con tales pesadillas prefabricadas es un síntoma de un gran dilema que está en la base de nuestra sociedad. Si los individuos tuvieran fantasías privadas o sueños tan horribles y retorcidos como los que ofrece la industria del entretenimiento, serían diagnosticados como psicóticos y patológicamente antisociales.

TRANSFORMAR EL MIEDO A LA MUERTE

¿Qué podemos hacer con todo este miedo? Podemos deshacernos de él descubriendo cómo es realmente la muerte. Hay muchas maneras de hacerlo. Podemos morir temporalmente, es decir, en una experiencia cercana a la muerte. Menos dramático, pero casi igual de decisivo es hablar con los muertos, una opción tan importante que le he dedicado toda la cuarta parte de este libro. Los moribundos también pueden decirnos muchas cosas, si aprendemos a prestar atención. En el capítulo 10 hay muchas indicaciones al respecto. A continuación, se presenta una técnica que facilita la sensación de experimentar la muerte, aunque existen muchas otras. Ahora sólo quiero demostrar que, a pesar de su mala reputación, la muerte es algo bueno.

La muerte, la cura milagrosa

Si hablas con las personas que han pasado por ella, y aquí me refiero a los muchos millones de seres humanos que han tenido experiencias cercanas a la muerte (ECM), todas te dirán que la muerte es lo mejor que le puede pasar a alguien. Es una cura milagrosa para el cuerpo y el alma. Y lo que es mejor, los que han tenido ECM son demostraciones vivas de cómo son las personas cuando pierden el miedo a la muerte. La historia es bastante extraordinaria, así que prepárate.

Recordarás del capítulo 3 que algunos sobrevivientes de ECM fueron declarados muertos (sin signos vitales, sin actividad cardíaca o cerebral) y, sin embargo, revivieron con vívidos relatos de vida fuera del cuerpo. Dado que las muertes «cercanas» suelen tener lugar en un entorno hospitalario, las lecturas que registran el fallecimiento de una persona y su reanimación están disponibles en blanco y negro. Lo que les sucede mientras están muertos varía.[4] Como sabemos, la gran mayoría ha relatado experiencias tan sublimes, tan sagradas, que no pueden encontrar las palabras para describirlas, mientras que unos pocos

---

4. Además de las investigaciones mencionadas en esta sección, la siguiente reflexión proviene también de Bauer, M.: «Near-Death Experiences and Attitude Change», *Anabiosis* vol. 5, pp. 39-47 (1985), Flynn, C.P.: «Meetings and Implications of NDEr Transformations», *Anabiosis* vol. 2, pp. 3-14 (1982), Greyson, B.: «Near-Death Experiences and Personal Values», *American Journal of Psychiatry* vol. 140, pp. 618-620 (1983), Greyson, B. y Stevenson, I.: «The Phenomenology of Near-Death Experiences», *American Journal of Psychiatry* vol. 137 pp. 193-96 (1980), Moody, R.: *Life after Life.* Mockingbird Books, Atlanta, 1975, Musgrave, C.: «The Near-Death Experience», *Journal of Near-Death Studies* vol. 15, pp. 187–201 (1997) Noyes, R.: «The Human Experience of Death, or What Can We Learn from Near-Death Experiences?», *Omega* vol. 13, pp. 251-259 (1982-1883), RING, K.: *Heading toward Omega.* Harper Perennial, Nueva York, 1984, Rommer, B.: *Blessing in Disguise.* Llewellyn, St. Paul, Minnesota, 2000 y Sutherland, C.: «Changes in Religious Beliefs, Attitudes, and Practices following Near-Death Experiences», *Journal of Near-Death Studies* vol. 9, pp. 21-31 (1990).

tienen experiencias que son espantosas. Ya sea que el evento dure momentos u horas, que sea trascendente o infernal, la gente regresa con poco o ningún temor a la muerte. Entonces, realmente, la vida comienza.

Para los que se han enfrentado a la muerte, la pesadilla recurrente ha terminado por fin. Cuando regresan, no tienen la sensación de haber triunfado sobre la muerte o de haberla conquistado. ¿Cómo se puede triunfar sobre lo que se siente como una vuelta a casa, una fuga de la cárcel o un despertar? La magnitud del amor y la compasión es abrumadora. La sobrevivencia después de la muerte se convierte en una verdad incontestable; y la infraestructura cósmica de benevolencia, en una realidad palpable. El efecto en todos los casos es un cambio radical en su visión del mundo. Irónicamente, la muerte es el acontecimiento más inspirador de sus vidas.

Una investigación más profunda podría decirnos mucho sobre la verdadera naturaleza de la salud y la enfermedad, sobre la percepción y sobre la relación de la conciencia y la materia, y sobre la realidad en general. Los científicos ni siquiera han empezado a asimilar el material que estos muertos revividos nos aportan. Los propios términos «clínicamente muerto» o «casi muerto» subrayan su ambivalencia. Según todos los estándares médicos, la ausencia total de actividad cardíaca y de ondas cerebrales define a una persona como muerta. El cuerpo está muerto; por tanto, la persona está muerta. A veces incluso los cuerpos empiezan a ponerse tiesos. Dado que la ciencia sostiene que la vida sin cuerpo es imposible, estas personas no pueden haber estado realmente muertas. ¡Digámosle eso a alguien que sale de ella con una etiqueta en un dedo del pie en un cajón de acero! Como mínimo, las ECM nos obligan a admitir que la línea que separa a los vivos de los muertos no es tan sólida ni tan estable como fingimos creer.

Como hemos visto en el capítulo 3, igualmente problemáticas para la ciencia son las personas que son ciegas de nacimiento pero que al salir de su cuerpo vieron con un minucioso detalle lo que ocurría en su habitación de hospital. Algunos viajan durante su ECM para ver por primera vez los paisajes y edificios de su territorio natal y para visitar a personas que conocen pero que nunca han podido ver. En todos los casos, sus observaciones son acertadas. Algunos regresan tras recobrar la visión. Igual de sorprendente es que otros experimentadores vuelvan curados de las enfermedades incurables que los estaban matando, como la insuficiencia renal, la anemia aplásica (cierre de la médula ósea), el cáncer y la insuficiencia hepática en fase terminal.[5] Estos incidentes de ver sin usar los ojos, de percibir sin usar el cerebro y de curarse sin intervención médica no tienen explicación ni han sido investigados científicamente.

Mellen-Thomas Benedict presenta uno de los ejemplos más famosos.[6] En 1982, murió a causa de un tumor cerebral maligno y permaneció muerto durante una hora y media completa, un tiempo no creíble según los estándares médicos. Su cuerpo ya había empezado a enfriarse y a ponerse tieso. Según la ciencia médica no debería haber revivido en absoluto, y si por algún milagro lo hubiera hecho, debería haberlo hecho con daños cerebrales permanentes por la falta de oxígeno. Pero regresó. Tardó tres meses en reunir el coraje suficiente para hacerse un escáner cerebral. Los resultados fueron espectaculares. En lugar de daños cerebrales, su cerebro estaba libre de cualquier signo de malignidad, a pesar de que el tipo de cáncer que padecía se sabe que es el que menos remite. Otros que sobreviven vuelven con males menores desaparecidos, como migrañas crónicas, calambres, problemas estomacales, tendencia a los accidentes y mala coordinación. También hay en general una disminución del dolor.

Los investigadores observan otros cambios fisiológicos más sutiles en la disminución de la temperatura corporal, la presión arterial y el ritmo metabólico. Los sobrevivientes requieren menos sueño y tienen más energía. También muestran una mayor conciencia sensorial del olfato, el gusto y el tacto, y menor tolerancia a los fármacos y al alcohol. Su sensibilidad a la luz, al sonido y a las condiciones atmosféricas se intensifica notablemente. No cabe duda de que los que tienen ECM pasan por algún tipo de transformación electromagnética, ya que muchos de ellos provocan cortocircuitos en sus coches, ordenadores y elec-

---

5. Rommer: *Blessing in Disguise*. y Morse, M.: *Transformed by the Light: The Powerful Effect of Near-Death Experiences on People's Lives*. Villard Books, Nueva York, 1992.
6. La experiencia cercana a la muerte de Benedict se relata en muchas publicaciones. Para la historia y el comentario médico ver Chopra, D.: *Life after Death: The Burden of Proof*. Harmony Books, Nueva York, 2006, pp. 122-125.

trodomésticos, o sus relojes y grabadoras digitales dejan de funcionar. En un estudio llamado «Proyecto Omega», el 50 % de los que participantes afirmó que su sistema nervioso funcionaba de forma diferente. Más de un tercio sintió que sus cerebros se habían alterado físicamente y, de hecho, varios estudios muestran que sus capacidades mentales e intelectuales aumentaron de forma significativa.[7]

Todos estos beneficios son importantes de por sí, pero palidecen en comparación con los espectaculares cambios cognitivos reportados. Incluso las personas que han vivido ECM y que se sintieron perturbadas por el suceso hablan de profundos cambios en su orientación psicológica, con valores y objetivos vitales sustancialmente alterados. Los cambios son de por vida, y los efectos se intensifican con el tiempo.[8] Los sobrevivientes toman conciencia inmediata del mayor potencial humano. Descubren en sí mismos un respeto por toda forma de vida, se sienten conectados con todas las cosas y viven con la sensación de estar rodeados de una energía divina. Impulsados por un sentimiento de destino personal, se empeñan en cumplirlo y viven la vida con más intensidad, más propósito, hasta el final. Aunque adquieran un mayor sentido de la autoestima, su aproximación a la muerte les infunde humildad, una autoconciencia sobria y sin juicios que permite a la persona admitir su responsabilidad y evaluar con sinceridad qué necesita

---

7. Para la ampliación de la percepción mental, la sensibilidad eléctrica y otros cambios fisiológicos, ver Ring, K.: *The Omega Project: Near-Death Experiences, UFO Encounters and Mind at Large.* William Morrow, Nueva York, 1992, Morse: *Transformed by the Light.* y ATwater, P.M.H.: *Beyond the Light.* Avon, Nueva York, 1995. Para cambios neurológicos en particular, ver *The Journal of Near-Death Studies* vol. 12, n.º 1 (1994). Para hipersensibilidad a estímulos ambientales, ver especialmente a Shallis, M.: *The Electrical Connection: Its Effects on Mind and Body.* New Amsterdam Books, Nueva York, 1998, Evans, H.: *The SLI Effect.* Association for the Scientific Study of Anomalous Phenomena, Londres, 1993 y Budden, A.: *Allergies and Aliens: The Visitation Experience, an Environmental Health Issue.* Discovery Times Press, Nueva York, 1994. Ver también Brinkley, D.: *Saved by the Light: The True Story of a Man Who Died Twice and the Profound Revelations He Received:* HarperOne, Nueva York, 2000.
8. Lommel, P., Wees, R., Meyers, V. y Elfferich, I.: «NearDeath Experience in Survivors of Cardiac Arrest: A Prospective Study in the Netherlands», *Lancet* vol. 358 (15 de dieciembre 15, pp. 2039-2042 (2001).

cambiar. Como reconocen que sus vidas son producto de sus decisiones diarias y de su voluntad, consideran que tienen más control y asumen más riesgos.

La tolerancia, la preocupación y la compasión por los demás aumentan enormemente, deshaciendo viejos prejuicios y culpas y disipando la necesidad de competir. Los sobrevivientes también pierden el interés por las ganancias materiales, por estar a la altura de las expectativas sociales o por ganar aprobación. Una nueva expresividad emocional y una mentalidad abierta, así como una mayor capacidad creativa, también son típicas. Los que han sobrevivido a la muerte se vuelven más reflexivos, más filosóficos y desarrollan una sed de conocimiento, que con frecuencia los lleva a aspirar a una educación superior.

Afortunadamente para ellos, también se vuelven inmunes al miedo que la sociedad le tiene a la muerte. En consecuencia, poseen una visión más amplia y prolongada del futuro del planeta y del papel que cada individuo juega, una visión que a menudo desencadena un deseo de servir a la humanidad y una mayor sensibilidad hacia la naturaleza. El amor se convierte en lo más importante. Las orientaciones religiosas ortodoxas dan paso a una espiritualidad más universalista, que implica la intuición personal, la oración y la meditación. Lo que antes eran sólo nociones abstractas de un ser supremo se convierten ahora en una profunda certeza, incluso para los ateos. Todo eso en unos pocos minutos. ¡Uf!

Pero, espera, que aún hay más. La mayoría de las personas que han tenido ECM ha notado un aumento espectacular en sus capacidades psíquicas: telepatía, clarividencia, precognición y memoria de la reencarnación. Tienen más experiencias místicas y episodios extracorpóreos y son capaces de ver auras y a los muertos. Por último, entre el 42 % y el 65 %, según un estudio, sienten que han desarrollado el don de la curación.[9] El despertar de esas aptitudes latentes ha provocado que algunos hagan carreras radicalmente nuevas en las artes de la curación y el asesoramiento espiritual.

---

9. Para sensibilidades paranormales, ver Ring: *The Omega Project*, Morse: *Transformed by the Light*, Atwater: *Beyond the Light*; y Sutherland, C.: *Transformed by the Light: Life after Near-Death Experiences*. Bantam, Sydney y Nueva York, 1993.

Aunque el Occidente moderno no ha reconocido hasta ahora a las personas con ECM como un grupo diferenciado, las sociedades tradicionales de todo el mundo las han honrado, valorando la sabiduría y las habilidades paranormales que se despertaron en ellas durante su paseo por el otro lado. Muchos chamanes, por ejemplo, tienen fama de haber sobrevivido a una enfermedad mortal o un accidente en su juventud. La conexión psíquica-espiritual recién despertada es la fuerza que alimenta y sostiene un cambio de la visión del mundo.

Pulsar el botón de reinicio

Afortunadamente, no tenemos que esperar a despertarnos en la morgue para compartir estas experiencias transformadoras. Hace años, guie a un grupo especial de estudiantes por las escenas de su futuro lecho de muerte. La idea era contemplar sus vidas en retrospectiva, algo que la gente suele hacer espontáneamente poco antes o después de fallecer. Los resultados fueron sorprendentes. Los estudiantes, al igual que quienes han tenido una ECM, se sumieron en una hiperconciencia de una esencia milagrosa y emocionante. Desde la posición del lecho de muerte, pudieron repasar sus vidas y evaluar los roles que habían desempeñado, sus puntos fuertes y débiles y, sobre todo, los miedos y las creencias que bloqueaban el flujo del amor y la creatividad. Algunos reevaluaron su vida.

Igual que «captaron» cuáles eran los propósitos de su vida, también vieron dónde se estaban desviando del camino. Reconocieron dónde estaban negando amor, dónde estaban hiriendo a otros, y dónde la autocompasión o la cobardía los frenaba. Cuando nos encontramos en ese momento final, las inhibiciones que rigen gran parte de nuestras vidas parecen ridículas.

La mayoría de los estudiantes vislumbraron el paso a la muerte, aunque no formaba parte del experimento, y salieron con una comprensión de la vida, la muerte y el Más Allá como un ciclo glorioso y extenso. Y lo profundamente a salvo que se sentían estando muertos, inmersos en una seguridad arropada por el amor que permitía una libertad inimaginada. Lamentablemente, a menudo, no es hasta que estamos cerca de la muerte cuando nos damos cuenta de lo seguros que estamos realmente, y de que siempre lo estuvimos.

El experimento muestra cuánto sabemos realmente de nosotros mismos si dejamos de lado el miedo a la muerte. También muestra hasta qué punto ese miedo inhibe la vida. Para los estudiantes, el mero hecho de prever el final de la vida física fue como pulsar un botón de reinicio. Verdades personales enterradas salieron a la superficie: la importancia del amor, el valor, la honestidad emocional, la creatividad y la ayuda a los demás, de prestar atención a las puestas de sol, a los animales y a los niños, y, sobre todo, de considerar la vida como algo sagrado. Los estudiantes tomaron la firme decisión de honrar de forma consciente estos valores más profundos, en lugar de limitarse a hablar de ellos. También salieron decididos a conquistar lo que les impedía realizar sus potenciales individuales.

Una de las ventajas que tiene el avance rápido es que se puede cambiar cualquier cosa que a uno no le guste. Podemos, por ejemplo, tomar medidas para prevenir la enfermedad de la que nos vemos morir o, si ya ha comenzado, actuar para curarla. Incluso en el más ligero de los estados alterados, los problemas y las soluciones tienen una forma de aparecer juntos, de modo que una enfermedad puede aparecer junto con las razones por las que se desarrolla, lo que es esencial para una cura completa. Se pueden reparar las relaciones, buscar el perdón donde sea necesario, empezar a amar donde se retuvo y dejar de juzgar a los demás. Cuando nos hemos escondido detrás del miedo o hemos erosionado nuestra autoestima al no vivir de acuerdo con nuestros propios principios, se hace tan evidente que el cambio es inevitable. La honestidad emocional es sencillamente liberadora. ¿Por qué desperdiciar la vida atrapados en nuestras propias trampas?

Adelantarse a los últimos momentos en el cuerpo no es tan difícil. La mejor manera de hacerlo es con la ayuda de una amistad responsable y de confianza. Túmbate, relájate e imagínate en tu lecho de muerte. Si uno se siente demasiado incómodo con este escenario, el simple hecho de imaginar toda la vida como si ya se hubiera vivido puede dar lugar a muchas de las mismas percepciones y reducir el miedo a la muerte.

Encuentro con el Ser Eterno

Casi cualquier encuentro directo con esa parte de nosotros que es independiente del espacio, el tiempo y la materia nos aportará alguna forma de revelación. El encuentro con el yo interior también tiene una forma asombrosa de desencadenar las capacidades psíquicas naturales. Este encuentro puede producirse de muchas maneras. En el caso de los niños, normalmente se produce de forma espontánea, casi siempre a través del contacto con la naturaleza. Estados alterados causados por eventos como enfermedades, accidentes o partos pueden provocar encuentros. Podemos establecer citas deliberadas con el yo interior, idealmente a través de meditaciones o de una profunda relajación; en cualquier caso, los efectos positivos se refuerzan con la práctica. O simplemente podemos acudir a un hipnotizador o a un terapeuta de regresión. De hecho, casi cualquier situación que nos permita desconectarnos de nuestros cuerpos físicos tiene la tendencia a ponernos en contacto con nuestra naturaleza inmortal. La encrucijada interior, donde la inmortalidad se encuentra con la mortalidad, es un lugar lleno de potencial de transformación. Encontrarse con tu Ser Eterno significa también encontrarse con esa parte de uno mismo que conoce la eternidad, esa parte que llamaríamos muerto. El ser inmortal ha pasado por la muerte una y otra vez. Desde su perspectiva de *Sputnik* ve la muerte como una parte crucial del crecimiento continuo de la psique.

Yo tenía poco más de 20 años la primera y única vez que acudí a un hipnotizador, y no tenía ni idea de qué me esperaba. El hipnotizador me sugirió que entrara en el estado de *post mortem* de mi vida actual. Me sumergí con entusiasmo en la experiencia, saliendo disparada de mi cuerpo y volando hacia un universo deslumbrante. Me transformé en el «millón de puntos de luz» que describió George Bush padre, estallando en todas direcciones, viajando a la velocidad de un cohete a través de las estrellas. Para mí, la experiencia fue extática y reveladora, pero asustó mucho al hipnotizador. Me ordenó bruscamente que regresara. Como terapeuta, yo he ayudado a muchos a superar el umbral de las muertes en vidas pasadas y te garantizo que nadie abandona el cuerpo de forma permanente. La decisión de morir surge de un lugar mucho más profundo e implica un acuerdo en muchos niveles internos.

Mi experiencia de hace décadas sigue siendo vibrante hoy en día. Gracias a ella, tengo una buena idea de cómo serán mis primeros momentos después de la muerte. Si alguna vez siento el menor atisbo de miedo, basta con recordar ese viaje fuera del cuerpo para abolirlo.

• • •

Pasar tan sólo un momento al otro lado de la puerta de la muerte es el acontecimiento transformador más poderoso que hay en la vida a excepción del nacimiento. Es, sin exageración, la conversión definitiva. Es ahí donde vemos cómo nuestros mayores temores se derrumban. Donde la sobrevivencia fuera del cuerpo, fuera del tiempo y el espacio, se convierte en una verdad absoluta. Es ahí donde nos encontramos con el yo eterno –el verdadero yo– cara a cara. Es donde nos asombra la realización de que dentro o fuera del mundo de la materia estamos ilimitadamente a salvo y somos infinitamente libres. Es ahí donde se siente de forma directa la bondad elemental del universo. Es ahí también donde se revela la verdadera naturaleza de la muerte. Asimismo, experimentamos todo esto cuando estamos en contacto con los que ya se hallan al otro lado. Como perciben nuestra inmortalidad con tanta claridad y hablan directamente con ella, no podemos evitar experimentarla nosotros también. La muerte es un comienzo.

CAPÍTULO 10

PREPARARSE PARA MORIR

El ciclo de la muerte –la preparación para morir, el abandono del cuerpo y las primeras experiencias al otro lado– es único para cada persona. También varía según las creencias. Sin embargo, la experiencia interior de este ciclo surge en gran parte de una fuente más profunda, como un río subterráneo único que sube a la superficie en diferentes lugares y momentos. Por lo tanto, no importa si una persona muere rápidamente por un accidente o por un acto violento o poco a poco por una enfermedad, de viejo o joven, en China o en Brasil, hay una conciencia de algo profundo que sucede de enorme magnitud, un asombroso reconocimiento de encontrarse con un poder mayor.

En este capítulo, vamos a ver la preparación para la muerte, paso a paso, desde varios puntos de vista. El capítulo 11 nos llevará al momento de la muerte y los primeros días o semanas en el Más Allá. Hay que mencionar que el material del que parto, aunque sea fruto de mis propias observaciones o de las experiencias de otros, se sitúa en una tradición occidental moderna, con pocas excepciones. Si me hubiera criado en una cueva hace 15 000 años o en un monasterio tibetano y estuviera escribiendo sobre la muerte, estos capítulos no serían iguales.

El enfoque de nuestra propia sociedad respecto a la muerte siempre está cambiando. Antes de la Segunda Guerra Mundial, la muerte solía ocurrir en casa en medio de la familia. Desde entonces, los moribundos han sido trasladados a los hospitales, donde con frecuencia no se les prestaba atención a los supuestos casos sin esperanza. Se ha roto la nutritiva presencia continua de la familia, de los pastores locales, de los sacerdotes o rabinos, de los vecinos y de los amigos. Todos los afectados tuvieron que luchar con sentimientos de alienación e impotencia. Los pacientes se vieron sumidos a su aislamiento. Al ser considerados cuerpos en plena descomposición, dejaron de ser tratados como personas y de tener capacidad de acción. A los familiares y amigos, que eran los cuidadores tradicionales, se les advirtió de que no debían interferir. La confusión y la ansiedad aumentaron a medida que los seres queridos observaban pasivamente el espectáculo que se desarrollaba en el escenario extraño de objetos médicos y horarios inhumanos. Los pacientes estaban demasiado adormecidos por los fármacos como para responder a su entorno, lo que abría aún más la brecha entre los moribundos y quienes más los querían. Separados de sus propias experiencias internas, los moribundos yacen suspendidos en la nada, esperando que sus cuerpos den ese paso final.

Aunque muchos siguen muriendo en ese ambiente, el panorama está cambiando. A finales de la década de 1950 se inició un movimiento que intentó rehumanizar la muerte, impulsado por la médica Dame Cicely Saunders, que «resucitó» las residencias geriátricas en Londres, y por una psiquiatra, Elisabeth Kübler Ross, con su publicación de 1961, *On Death and Dying* (Sobre la muerte y el morir). Las etapas psicológicas de la muerte de Kübler-Ross (negación, ira, negociación, depresión y aceptación) reafirmaron la importancia de la mente durante el proceso. Con la llegada de los estudios sobre las ECM en los años setenta, la psique hizo una entrada fulgurante, ante la incomodidad de muchos profesionales de la medicina. Desde entonces, el movimiento de las residencias, en constante crecimiento, ha enfocado cada vez más la muerte como un acontecimiento holístico en el que el cuerpo, la mente, el corazón y el alma desempeñan papeles igualmente importantes.

Los mejores trabajadores de cuidados paliativos siguen un principio centrado en el paciente, lo que significa que asumen que los pacientes tienen razón, incluso si al principio carecen de lógica. En lugar de ignorar los esfuerzos de los moribundos por comunicarse, los cuidadores de los centros de cuidados paliativos los animan a hablar mientras escuchan y observan con mucha atención. Cuando los moribundos dicen tener una visita del Más Allá, en lugar de descartarlo, las enfermeras de los centros de cuidados paliativos lo reconocen como una señal de que la muerte se acerca y llaman a la familia. Asimismo, cuando los moribundos anuncian la hora de su propia muerte, las enfermeras llaman a la familia. El enfoque centrado en el paciente representa un gran paso en el restablecimiento de la dignidad de los moribundos y el respeto a su sabiduría.

En 1992, dos enfermeras de cuidados paliativos, Maggie Callanan y Patricia Kelley, denominaron a la conciencia expandida del moribundo «conciencia cercana a la muerte» en su libro, *Final Gifts* (Los últimos regalos). Han observado que, cuando se comprenden y satisfacen las necesidades de los moribundos, la muerte llega en paz y con poco o ningún dolor. En los próximos relatos, veremos cómo funciona la conciencia de proximidad a la muerte, así como muchos otros fenómenos que he observado.

Hay un punto que debo mencionar de inmediato. La familia y los amigos suelen temer el momento final. El tiempo se dilata. Cada detalle del acontecimiento, cada gesto y expresión facial de los moribundos, cada palabra cobra un intenso significado. Mientras que la mayoría parece irse suavemente, otros puede que se vayan con tanta dificultad que horroriza a quienes les rodean. Sea como sea, el momento de la muerte suele dejarle un recuerdo imborrable a quienes lo presencian. Los recuerdos rara vez son agradables. En algunos casos, como ocurre con los veteranos de guerra, las imágenes pueden atormentarlos durante el resto de sus vidas. Para los mismos muertos, el último momento rara vez es tan decisivo, lo que dirán a los suyos si tienen la oportunidad.

Mi primer recuerdo de la muerte es el fallecimiento de mi abuela. A los 7 años, observé con mórbida fascinación la sangre que salía a borbotones de su boca. Éste fue el último y más fuerte recuerdo que tuve de ella hasta que la conocí en forma de espíritu siendo ya adulta. Lo que para mí y mi familia supuso sus últimos momentos de tortura fue para ella casi demasiado trivial para recordarlo. Desde su punto de vista, se recuperó rápidamente. Por lo general, los fallecidos recuerdan su muerte del mismo modo que nosotros recordamos haber superado una enfermedad. La mayoría de los que murieron repentinamente en accidentes de coche o en catástrofes naturales nos aseguran que abandonaron sus cuerpos muy rápidamente y que apenas sintieron dolor. Evidentemente, algunos abandonan su cuerpo antes de sufrir el impacto,[1] un fenómeno que bien puede ser bastante común. Si hay un recuerdo perturbador, cuando regrese, se puede cambiar a una perspectiva saludable del muerto para obtener un alivio inmediato.

AVANZANDO HACIA LA MUERTE: UNA VISIÓN GENERAL

Lo ideal es que una persona muera cuando el cuerpo simplemente se «desgaste» por la vejez, como me dijo una vez mi difunta madre. A pesar de lo que parece, el período comprendido entre la vejez y la muerte tiene, en realidad, un crecimiento acelerado, similar al de la pubertad en cuanto a sus cambios psicofisiológicos. Las cualidades que han sido reprimidas suelen salir a la superficie. Un hombre que en su mejor momento ejerció un poder agresivo puede volverse más pasivo o infantil a medida que envejece. Del mismo modo, una mujer que antes era pasiva puede volverse más masculina y agresiva. Las personas dulces pueden volverse desagradables, y las cascarrabias, simpáticas. Por supuesto, muchas conservan sus características de toda la vida, pero la tendencia general es equilibrar la experiencia interior.

Como sabemos, las personas de edad avanzada visitan con frecuencia las dimensiones del pasado. Dado que la conciencia celular organiza en gran medida nuestras percepciones del tiempo, se pierde el enfoque con el envejecimiento o la enfermedad. Esto hace que la percepción se afloje, por lo que perciben más de una línea temporal. La memoria a corto plazo puede desvanecerse mientras que la memoria a largo plazo se hace más real. Los acontecimientos, las relaciones, las creencias se reajustan hacia una mejora general. Aunque una parte de la realidad en tiempo mixto puede ser un delirio, no deja de ser una forma de asimilar las estructuras de creencias formativas de la propia vida, normal-

---

1. Muchas personas muertas han reportado haber abandonado sus cuerpos antes del impacto en comunicaciones posteriores a la muerte. Bill Guggenheim y Judy Guggenheim han encontrado muchos casos con tales relatos en sus archivos. Ver Guggenheim, B. y Guggenheim, J.: *Hello from Heaven!* Bantam Books, Nueva York, 1997, pp. 149-150.

mente establecidas en la infancia. Este tipo de bucle temporal también permite a las personas reencontrarse con los seres queridos a los que pronto volverán a ver.

Si comprendiéramos mejor cómo se prepara la psique para dar ese gran salto de enfoque de lo físico a lo no físico, no malinterpretaríamos signos de crecimiento rápido y experiencias de tiempo mixto como senilidad y enfermedad. Tampoco nos sentiríamos forzados a tratarlas con drogas. Si empezamos a aceptar estas transformaciones raramente reconocidas como procesos legítimos, los moribundos podrían disfrutar de tener los pies en más de una realidad a la vez, en lugar de temerla.

En cuanto a los cambios fisiológicos que se producen en las personas con enfermedades de larga duración, Callanan y Kelley sostienen que casi todo es posible.[2] Para algunos, los últimos meses pueden suponer complicaciones y molestias, mientras que, a veces, una persona puede sentirse mejor y tener un aspecto muy parecido al que tenía cuando estaba bien hasta los últimos días. Algunas pueden pasar por oleadas en las que se sienten extremadamente enfermas y luego vuelven a sentirse bien, mientras que hay quien se deteriora de constantemente. De vez en cuando, las personas mueren mientras duermen sin que se prevea ninguna enfermedad. Otras pueden estar en coma. No es raro que una persona salga temporalmente del coma poco antes de la muerte para volver a conectarse con otra. Cuando mi primo Albert vio que los ojos de su mujer se abrían y se dio cuenta de que estaba consciente, bromeó. Ella lo miró, se rio y luego se hundió en el vacío para morir poco después.

Los síntomas más comunes son la debilidad y la fatiga extrema hasta el punto en que el moribundo no puede moverse ni reaccionar a su entorno. El sueño aparece en cualquier oportunidad, y a menudo se profundiza y pierden la conciencia. En este momento, los moribundos están más en el otro lado que aquí, utilizando las metáforas y los símbolos de su mundo interior para comunicarse. No hay más deseo de

---

2. Los aspectos fisiológicos de la muerte provienen de mi propia experiencia y especialmente del libro de Callanan, M. y Kelley, P.: *Final Gifts: Understanding the Special Awareness, Needs, and Communications of the Dying*. Bantam Books, Nueva York, 1992, pp. 33-34.

comer o beber. Los ojos adquieren característicamente un aspecto desenfocado y vidrioso, como si ya no fueran capaces de mirar hacia fuera. Los sentidos físicos dejan de percibir, siendo el oído el último en hacerlo. En los días u horas previos a la muerte, la respiración comienza a cambiar, volviéndose más irregular, quizás deteniéndose y luego comenzando de nuevo, haciéndose más lenta y rápida, más fuerte y luego más suave, hasta que cesa por completo.

Una vez que la persona acepta que la muerte está en el horizonte cercano, una orquestación del cuerpo y de la psique se hace cargo de ello, decretando los cambios que mejor logren el objetivo. El impulso de la psique hacia la muerte puede ser tan fuerte que se siente como el zumbido de un motor de alta energía. El destino puede ser tan primordial que el sufrimiento que supone llegar a él es incidental en comparación, como alcanzar la cima de una montaña o dar a luz: duro, sí, pero que merece la pena.

Resistencia y política en torno al lecho de muerte

La gente se resiste a la salida del cuerpo de sus seres queridos de muchas maneras. Esta resistencia puede manifestarse en forma de comportamiento maníaco, por ejemplo, o de distracciones agotadoras. Ante la impotencia, generalmente abrumados y confundidos, podemos gritar irracionalmente al médico o al perro, mullir compulsivamente las almohadas, lavar el coche, pintar el ático, quedarnos hasta tarde en la oficina o simplemente huir.

La resistencia también se ve cuando se intenta salvar a los moribundos de la muerte. He visto a una mujer introducir una cuchara de sopa caliente en la boca de un hombre que ya estaba en coma mortal, con la esperanza de prolongarle la vida. Una de mis propias reacciones ha sido la de empeñarme repentinamente en cuidar mi salud, con la esperanza de que la fuerza vital que yo acumulara pudiera transferirse al moribundo y devolverle la salud. El caso de un niño de 5 años que murió de un tumor cerebral debería hacernos reflexionar. Durante las 3 semanas que estuvo en coma, la familia no se separó de su cama, rezando día y noche para que recuperara la salud. Finalmente, el pastor de la familia llegó al hospital con un mensaje del niño, que lo había visitado en un sueño. En el sueño, el niño le dijo: «Es mi hora de morir. Debes decirles a mis padres que dejen de rezar». Cuando los padres se enteraron, rezaron una última oración y le dijeron a su hijo que le echarían de menos pero que entendían su necesidad de irse. El niño recuperó repentinamente la conciencia para decir que moriría pronto y lo hizo al día siguiente.[3]

La política familiar también entra en juego. Un miembro de la familia puede llegar a limitar el contacto con el moribundo o prohibirlo por completo. La mayoría de los problemas surgen de la necesidad de obtener la aprobación de los moribundos antes de que sea demasiado tarde. Aunque el desapego forma parte del proceso natural, con frecuencia se interpreta como un rechazo, lo que hace que las personas compitan por su atención. Con todo esto, a menudo se pasa por alto lo que necesitan los moribundos. Si nos diéramos cuenta de que las relaciones no sólo continúan después de la muerte, sino que mejoran, el proceso de morir sería más fácil para todos. Nos sentiríamos emocionalmente más libres para participar más plena y sinceramente en los últimos preparativos del viaje que nos espera.

SER O NO SER

Como he mencionado, elegimos cuándo y cómo morimos, un hecho que puede ser difícil de aceptar por ahora, especialmente porque estas elecciones profundas y personales rara vez son conscientes. Las decisiones que tomamos en torno a la muerte se elaboran por lo general en la conciencia interior, donde operan simultáneamente el tiempo y el no tiempo. En ese lugar interior se conoce el futuro. Justo debajo de la conciencia despierta, probamos futuros probables y elegimos los que queremos que se manifiesten. No podemos existir sin este mecanismo de prospección del futuro, ni podemos morir sin él. La influencia social es otro factor. A medida que la duración de la vida se alarga, la concien-

---

3. Morse, M.: *Closer to the Light: Learning from the Near-Death Experiences of Children.* Ivy Books, Nueva York, 1993.

cia de las masas se adapta a una mayor esperanza de vida. Sin embargo, la decisión de cuándo morir queda siempre abierta.

Dado que las personas que tienen ECM se enfrentan constantemente a la elección de «ser o no ser», exponen el proceso de decisión con una claridad asombrosa. La literatura está llena de relatos sobre las que no quieren volver. Más de una vez, una persona ha regresado y se ha enfadado con el médico que le hizo el procedimiento de reanimación. La mayoría vuelve por el bien de otra persona.

Las razones para morir son tan numerosas como las estrellas. Normalmente, se llega a un punto en el que morir es la opción más saludable que se puede tomar desde el punto de vista de la psique. Esto suele ocurrir en la vejez como un proceso gradual. Aun así, hay almas que sólo quieren una exploración tentativa de la vida física, abandonando el experimento cuando son niños pequeños o incluso en el útero. Cuando la muerte prenatal e infantil se produce sólo por razones físicas, los pequeños que piensan quedarse tienden a volver en otro cuerpo. Según la información que sale a la luz durante las sesiones de terapia de renacimiento, es habitual volver poco después de la muerte con un nuevo comienzo en un cuerpo más fuerte, y el feto o el bebé suelen reencarnarse en los mismos padres si es posible. Morir joven sucede por cualquier razón. Los actores pueden querer ser recordados en su mejor momento, por ejemplo. Otros pueden morir jóvenes para evitar una futura calamidad o enfermedad.

La elección interviene en todas las causas de mortalidad, ya sean enfermedades, violencia o accidentes. Si participan más personas, las decisiones individuales se combinan para formar acuerdos. Incluso en acontecimientos masivos como guerras, catástrofes naturales o epidemias, el grado de participación sigue siendo algo a convenir. Para aquellos que eligen morir en eventos grupales o masivos, el altruismo es a menudo la razón, ya que creen que renunciar al cuerpo sirve a un bien mayor. Las vidas pasadas también desempeñan un papel, al igual que las decisiones de la vida en general tomadas antes de la concepción.

La noción predominante de que la muerte es un accidente del destino, una desgracia genética o el resultado de que las células se vuelvan locas es para mí más ofensiva que la noción de que sea una elección personal. Sé que muchas personas se sentirán indignadas ante la idea de que se elija la muerte. La indignación también es una reacción perfectamente comprensible para las personas que se encuentran en una situación de duelo extremo. Ahora bien, cuanto mejor comprendamos la muerte y su profundo propósito de mantener el bienestar de la psique, más podremos concebir esta idea como un hecho. Y si supiéramos más sobre el Más Allá y cómo lo viven nuestros seres queridos, podríamos preguntarnos por qué tantos esperan tanto tiempo para llegar allí.

La previsión

Cuando se toma la decisión de morir, a veces aflora en la conciencia, a veces a través de los sueños. Entonces, se denomina presciencia. Sea consciente o no, la conciencia interior sigue poniendo las cosas en movimiento. Sin saber por qué, una persona puede hacer un cambio de rumbo en su vida que la prepara para la muerte. Otra puede tener presentimientos o sueños precognitivos incluso antes de que haya algún indicio de enfermedad. Una mujer, por ejemplo, anunció a su hija mientras salían de compras que ella (la madre) fallecería exactamente en 6 meses. La hija estaba extrañada, porque su madre gozaba de una excelente salud. Efectivamente, a los 6 meses, la madre murió.[4]

Los sueños precognitivos son ocasiones en las que se filtra información del yo interior. No hay forma de saber cuánta información se recuerda y cuánta se suprime. Abraham Lincoln fue uno de los que sí lo recordaba. Su sueño precognitivo ocurrió unos días antes de que le dispararan. Vio un cadáver que descansaba en un catafalco en el Salón Este de la Casa Blanca. Alrededor, la gente lloraba. Cuando exigió saber quién había muerto, le dijeron que era el presidente, que había sido asesinado.[5]

Los familiares y amigos pueden soñar con la muerte inminente de sus seres queridos. Los sueños precognitivos no tienen nada de morbo-

4. Wills-Brandon, C.: *One Last Hug before I Go*. Health Communications, Deerfield Beach, Florida, 2000, pp. 188-189.
5. Lamon, W. H.: *Recollections of Abraham Lincoln 1847-1865*. University of Nebraska Press, Lincoln, 1994, pp. 116-117.

so para los demás; se trata simplemente de información compartida a nivel interior. En contadas ocasiones, los muertos nos dirán sin rodeos que ha llegado nuestra hora para prepararnos. Una tarde, mientras lavaba su coche, la difunta esposa de Gary se le apareció para decirle que pronto estaría con ella. Esto lo preocupó, ya que era joven y sano y finalmente había superado el dolor de su muerte. Murió poco después en un espantoso accidente de coche.[6] Aunque la historia de Gary pueda parecer macabra, su mujer le estaba haciendo un favor. Por sugerencia de ella, pudo disfrutar de su familia y amigos en el tiempo que le quedaba. También creyó más firmemente en la sobrevivencia. Cuando se produjo el accidente, estaba mucho más preparado.

Si los muertos pueden saber cuándo es probable que una persona muera y los parientes y amigos cercanos a veces lo saben, lo más probable es que la persona implicada esté transmitiendo esa información en algún nivel. Una forma de hacerlo es a través de las auras, que se reducen cuando hay enfermedades terminales y antes de que se produzcan percances mortales. Edgar Cayce, el famoso «profeta durmiente», contó un incidente de este tipo en el que estaba a punto de entrar en un ascensor repleto. De repente, se dio cuenta de que las auras de las personas en el ascensor estaban reducidas a casi nada. Dio un paso para atrás rápidamente. La puerta se cerró y el ascensor se precipitó al sótano y mató a todos los que estaban dentro. Pero ningún sueño precognitivo, ningún anuncio del otro lado, ninguna mirada psíquica escribe en piedra la hora de la muerte. Las decisiones personales individuales sobre cuándo y cómo se producirá la muerte suelen estar en constante revisión.

La presciencia también se produce a escala masiva. Desde 1998, hay laboratorios que analizan cómo se relaciona el ruido aleatorio, es decir, el ruido blanco, con la conciencia de las masas. Se han instalado 50 ordenadores en todo el mundo para grabar y analizar ininterrumpidamente el ruido blanco. Cuando muestra signos de organización o de falta de aleatoriedad, es una señal para los científicos de que algo lo está afectando. Entre los muchos hallazgos notables hubo uno que se pro-

---

6. Arcangel, D.: *Afterlife Encounters: Ordinary People, Extraordinary Experiences.* Hampton Roads, Charlottesville, Virginia, 2005, p. 110.

dujo en las primeras horas del 11 de septiembre de 2001. Los cambios en el ruido blanco registrados desde esta red mundial de ordenadores mostraron que algo dramático había ocurrido en la conciencia global. La alerta se produjo a las 4 de la madrugada, 5 horas antes de que el primer avión se estrellara contra el World Trade Center, que fue más o menos a la misma hora en que los terroristas comenzaron a poner en marcha su plan. Se han registrado cambios similares en el ruido blanco durante inundaciones, bombardeos, tsunamis, terremotos, otros accidentes aéreos…, con una probabilidad de coincidencia de menos de un millón a uno.[7]

Los seres humanos perciben tales acontecimientos futuros, incluso mejor que las máquinas. Larry Dossey describe muchos relatos fascinantes de premoniciones del 11-S, muchas de las cuales salvaron vidas. Como señala, este acontecimiento generó la mayor avalancha de precogniciones individuales jamás registrada.[8] Los mismos estudiantes a los que guie a la escena de su lecho de muerte en el capítulo 9 vieron la catástrofe de Chernóbil más de una semana antes de que ocurriera y con tal detalle que uno de ellos describió a los helicópteros lanzando sacos de arena para sofocar el fuego. En aquellos días, nadie en Occidente había oído hablar de Chernóbil. Para tales eventos masivos, probamos las probabilidades futuras en estados de sueño, normalmente soñando junto a otros con una posible catástrofe en un futuro próximo. Luego aceptamos participar o no.

Esquivar la fatalidad

La presciencia también es evidente en el incalculable número de historias de personas que esquivan accidentes mortales, supuestamente por pura suerte, o que sobreviven a catástrofes naturales y epidemias gracias

---

7. Ver The Princeton Engineering Anomalies Research Laboratory en la página web de Princeton University o RADIN, D.: *The Conscious Universe: The Scientific Truth of Psychic Phenomena*. Harper and Row, Nueva York, 2009 para los análisis científicos de esta y otras investigaciones de anomalías.
8. Dossey, L.: *The Power of Premonitions: How Knowing the Future Can Shape Our Lives.* Dutton Adult, Nueva York, 2009.

a una serie de sucesos insólitos.[9] Por lo general, esto es instintivo más que consciente. Una inexplicable sensación de temor puede provocar la cancelación de un viaje en un tren que más tarde se estrellará. Una persona puede llegar tarde y perder el tren o enfermarse y quedarse en casa. También intervienen otros individuos. El tren puede perderse por atender una llamada telefónica importante, por ejemplo, o porque el perro se ha lesionado y se le debe llevar al veterinario.

En el capítulo 4 vimos ejemplos en los que los muertos advertían a la gente de un posible accidente o muerte. Otros pueden tomar conciencia de un acontecimiento personal fatal a través de los sueños. Hay quien puede enterarse a través de consultas psíquicas y, así, puede evitarlo. Aunque a veces un familiar fallecido del cliente anuncia a los psíquicos dichos acontecimientos, el conocimiento suele venir de las fronteras no contempladas de los propios campos energéticos de los clientes. Si un psíquico o los muertos no les advierten, las personas que no están preparadas para morir encuentran otra manera de eludir la fatalidad.

La investigación sobre las ECM en combate ha revelado algunos incidentes en los que la percepción sensorial de un soldado en medio de la batalla entra repentinamente en una fase supernormal. Hay informes, por ejemplo, de soldados que de repente fueron capaces de ver en una visión de 360 grados y pudieron así escapar de un daño que se iba a producir detrás de ellos. Y lo que es más sorprendente, los soldados exhiben ocasionalmente una capacidad que parece ralentizar el tiempo y magnificar los objetos. Dos veteranos de los cuarenta entrevistados por Robert Sullivan dijeron que vieron las balas venir hacia ellos mientras estaban en combate. En este estado sensorial elevado, las balas parecían tan grandes que se asemejaban a pelotas de béisbol y eran tan lentas que los soldados fueron capaces de apartarse de su camino.[10]

---

9. Para más ejemplos fascinantes, ver Dossey: *The Power of Premonitions.* en el que también se discuten los problemas de validación de las premoniciones, así como el dilema más delicado de si actuar o no en base a ellas.

10. Ver el extracto de Robert Sullivan en MoodY, R.: *The Light Beyond.* Bantam Books, Nueva York, 1988, p. 165.

Estos individuos simplemente no iban a morir. Por supuesto, los civiles también pueden desarrollar poderes sobrehumanos para evitar las catástrofes.

Hay quienes aceptan participar sólo hasta el último momento antes del final. Los accidentes no mortales y las catástrofes naturales suelen servir de catarsis para los implicados, una especie de llamada de atención que provoca una muy necesaria limpieza emocional y psíquica. Los acuerdos suelen realizarse al nivel de ondas internas. Una clienta que sólo tuvo una cita conmigo es un ejemplo interesante. Vino a pedirme información sobre una demanda que había hecho contra un hombre que la atropelló con su coche mientras ella cruzaba la calle. El golpe había provocado múltiples fracturas. Llegó a mi oficina con el cuerpo enyesado y llena de ira contra el conductor. Enseguida vi que ella y este hombre tenían fuertes conexiones de vidas pasadas, aunque no se conocían en ésta. Sorprendentemente, había aceptado golpearla para salvarla de un destino peor. Esta mujer había estado envenenándose psicológica y espiritualmente durante años. Si hubiera continuado por ese camino, habría acabado sin amigos y plagada de enfermedades. El «accidente» fue diseñado para que volviera a luchar y para que fluyeran sus impulsos curativos. También le proporcionó un objetivo muy necesario, la recuperación física, una meta concreta y realizable.

Curas espontáneas

Las enfermedades, como los accidentes, no surgen de la nada. Ya sean terminales o de corto plazo, también representan elecciones y en gran medida proceden de los patrones internos de la persona. Casi todo lo que no sea un defecto de nacimiento puede curarse si se descubren y cambian las creencias y el material reprimido del que parte la enfermedad. Estoy convencida del poder traicionero de la represión. Liberarlo casi siempre implica atravesar la barrera de la vergüenza de la que hablamos en el capítulo 7. La curación, en general, es un proceso lento en el que se cambian las decisiones y creencias internas a medida que la persona busca alternativas a la muerte. La cura también puede producirse de repente a raíz de una experiencia de conversión si es lo suficientemente poderosa como para reestructurar esas creencias indeseables y desalojar la represión, como suelen hacer las ECM. El amplio alcance de la eficacia de estas experiencias extremadamente privadas es profundo y duradero. Las conversiones públicas y las curaciones carismáticas en lugares religiosos-espirituales a veces producen curaciones. Pero, a menudo, no duran, o surgen nuevas dolencias, porque los problemas subyacentes siguen sin resolverse.

Si alguien no está listo para morir, casi cualquier cosa puede servir como agente de recuperación. Recuerdo una casita cerca de Bakersfield (California), donde la gente se reunía para rezar frente a una sombra en la pared que se asemejaba a la clásica imagen de la Virgen María. Era muy fácil ver que la sombra se debía a los árboles que bloqueaban el resplandor de la iluminación navideña. Pero los que se reunían allí se potenciaron unos a otros e infundieron de tal manera el aire de esperanza y fe que algunos experimentaron mejoras inexplicables.

El dilema de si se mantiene la esperanza en una cura espontánea o se capitula ante un pronóstico terminal debe resolverse caso por caso. Por un lado, esperar un milagro tal vez sea caer en la negación. Por otro, el creer fijamente en la fatalidad inevitable de una condición impide la reversión espontánea.

Preparación interior para la muerte

Los sueños

Por lo que he podido comprobar, una vez que se ha tomado la decisión de morir, la psique inicia un proceso de preparación interior, a veces mucho antes de que se identifique una base médica. De nuevo, una persona puede no ser consciente de esta actividad o puede notarla, pero no relacionarla con la muerte. Los sueños suelen ser los vehículos más eficaces para llevar el proceso adelante. Mi madre tuvo sueños preparatorios antes de que apareciera cualquier indicio de su enfermedad. Muchos meses antes de que una serie de derrames cerebrales la dejaran en estado vegetativo, contaba que soñaba con morir mientras dormía, un eufemismo subconsciente del coma. Participé en algunos de ellos. En el último que tuve con ella, salimos juntas a conocer el Más Allá. Nos elevamos por capas de nubes ligeras de color azul grisáceo, permaneciendo allí durante lo que parecieron horas pero que probablemente fueron sólo minutos, y luego descendimos lentamente por las mismas capas hasta despertar. A la mañana siguiente, mientras me contaba ese mismo sueño por teléfono, su habla pareció entrar en cortocircuito. Fue la primera señal de los grandes derrames que pronto se sucederían.

Los sueños ayudan a las personas que saben ya que están muriendo y son una parte importante de la conciencia cercana a la muerte. Ayudan a liberar el miedo al proceso de la muerte física y a lo que ocurre después. También señalan lo que le preocupa a la persona y lo que necesita resolverse.[11] Dado que los sueños de los moribundos rara vez son insignificantes, desenredar su significado merece toda la atención. Animar a los moribundos a hablar de ellos, sobre todo de los sentimientos que un sueño provoca, proporciona comprensión y alivio.

Las visitas preparatorias tempranas de los muertos

La preparación interior también puede invocar las visitas de familiares y amigos fallecidos mucho antes de que una persona muera. Las visitas pueden ser una señal muy temprana de la conciencia cercana a la muerte. Algunas veces los encuentros ocurren antes de que la persona sepa que está enferma o incluso antes de que la enfermedad se haya manifestado. También se sabe que las visitas se producen poco antes de un acontecimiento fatal, como ilustra la historia de Gary, narrada más arriba. No te alarmes por esto. No significa que la aparición de un difunto sea un precursor de la propia muerte. Si así fuera, estadísticamente la mayor parte de la población mundial ya estaría a dos metros bajo tierra.

Mi difunto amigo Al visitó a su madre mucho antes de que muriera. Aunque su visita fue definitivamente preparatoria, no se mencionó la

---

11. Callanan y Kelley: *Final Gifts,* p. 196.

muerte. Se diseñó, más bien, para recargar la voluntad de vivir de Mary y poner en marcha el crecimiento y la aceleración. Cuando Al murió de sida, Mary se hundió en la desesperación. Se encerró en la casa hasta el extremo de encender las luces al caer la noche. Eric, un compañero de Al, trató de intervenir, llamándola con frecuencia y visitándola. Las medidas normales no funcionaban y su estado empeoraba. Entonces, la madre un día llamó a Eric para decirle que Al había aparecido. La encontró metida en un armario, agachada de rodillas. Al estaba tomando el control. Le gritó a su madre que dejara de sufrir, que él se encontraba perfectamente bien. En realidad, no estaba muerto. Nadie está realmente muerto. Y entonces, con su característica forma de hablar, rugió: «¡Madre, contrólate!». Ella lo hizo. A partir de entonces, se agarró a la vida, empezó a viajar, incluso a hacer viajes a Atlantic City para apostar un poco. Hizo todo lo que nunca se había permitido hacer. Mary se reunió con su hijo al cabo de un año.

La aceleración y orquestación de la psique

Un hombre al que llamaré Eduardo sirve de excelente ejemplo de orquestación y aceleración. Eduardo había acudido a mí para una consulta psíquica. Su médico sospechaba que tenía cáncer, y él no quería esperar un mes para saber los resultados de los análisis. La consulta reveló su cáncer y el motivo de tenerlo, al menos a grandes rasgos. Estaba atrapado en un matrimonio horrible. Aunque sus hijos habían crecido, sentía una responsabilidad hacia su mujer, que tenía un largo historial de enfermedades mentales. Rara vez hablo directamente de la enfermedad de una persona cuando la detecto en una consulta. Decirle a alguien que tiene una enfermedad específica contribuye en gran medida a establecerla como un hecho inevitable, lo que a su vez reduce la posibilidad de que se produzca una cura espontánea. Así que, en lugar de hablar con Eduardo abiertamente sobre el cáncer que supuraba en su estómago, le hablé de lo que representaba. Con la mayor delicadeza posible, le dije que tenía dos opciones: romper su matrimonio o no hacerlo y morir. Lloró. Una semana más tarde, mientras estaba quitando la nieve que había delante de su casa, cayó muerto de un ataque al corazón a pesar de que no tenía antecedentes de enfermedades cardíacas. Así consiguió librarse del matrimonio y de la miseria de una temible enfermedad.

Cuando asistí a su funeral, sus hijos me hablaron de sus últimos días. Por primera vez en muchos años, los cuatro y sus nietos vinieron a casa para una reunión familiar más de una semana antes de su muerte. Uno de ellos incluso viajó desde Oriente Medio. Y todos seguían allí para organizar su funeral. ¡Eduardo fue una presencia activa en su funeral y estaba encantado de estar muerto!

La huida altamente orquestada de Eduardo hacia la muerte y la aceleración de Mary de un año de duración son atípicas. En la mayoría de los casos, se produce una aceleración perceptible durante el proceso de muerte, usualmente durante el mes antes de la muerte. Una persona que ha aguantado mucho tiempo puede entrar en un período en el que se siente mejor. La energía se renueva. Se recupera el estado de alerta, a veces hasta el punto de estar hiperalerta. Muchas veces, los moribundos se enamoran repentinamente de la vida, saboreando su agridulce fugacidad. Esta aceleración resulta familiar bajo condiciones mucho menos dramáticas para todo aquel que trabaje con fechas límite, siendo la gran fecha límite la propia muerte.

Dado que podemos ver cómo la preparación se produce en muchos niveles a la vez, podemos decir con seguridad que el campo de la muerte y del morir es, en última instancia, cosa de la psique, no del cuerpo. Una vez tomada la decisión, la psique se dedica a organizar las circunstancias futuras necesarias que facilitarán el fallecimiento del cuerpo. La energía de la psique para preparar el cambio de enfoque es enorme y es capaz de realizar una orquestación fabulosa. Gran parte de ella va encaminada a lograr el cierre, la resolución, la reconciliación o la conclusión de asuntos pendientes. Mi primer marido, Jacques, que murió a los 28 años, es un ejemplo claro. Armenio nacido y criado en la Ciudad Vieja de Jerusalén, hablaba seis idiomas, tenía una fuerte inclinación por la filosofía francesa y poseía un encanto irónico. Antes de saber conscientemente que estaba enfermo, su conciencia se puso en marcha estableciendo unos hitos importantes. Doce días antes de su muerte, le llegó su tan ansiada tarjeta de residencia y nos casamos. Su estatus en Estados Unidos cambió de estudiante extranjero a residente legal casado, en resumen, de niño a hombre.

Jacques fue al hospital el día después de nuestra boda. Al difundirse la noticia de que era un recién casado, se convirtió rápidamente en el favorito de las enfermeras. Y lo que es más importante, ahora me tenía a mí, una pariente con ciudadanía estadounidense, que podía relacionarse oficialmente con sus médicos, tomar decisiones y ocuparse de los muchos asuntos legales y financieros que surgen al final de una vida, incluyendo los arreglos para su cuerpo.

A ello se suman las pequeñas maravillas que llegan con la marea de su aceleración. La gente suele llamarlas coincidencias, cuando en realidad son la prueba de la coordinación precisa de la psique para cumplir ciertas condiciones. Una pequeña parte de los asuntos pendientes de Jacques era conseguirme un televisor. Espontáneamente, unas personas que conocí en el hospital me dieron uno de los suyos. Otra «coincidencia» se produjo cuando deliraba y hablaba el árabe popular de su infancia. Un paciente estadounidense situado a unas cuantas camas de distancia había aprendido el suficiente árabe mientras estaba destinado en Oriente Medio para traducir a las enfermeras lo que necesitaba Jacques.

Al noveno día de su hospitalización, fue trasladado a un box de la unidad de cuidados intensivos, donde fue conectado a un pulmón de hierro y fue monitorizado desde el otro lado de una gran ventana de cristal. La causa de su enfermedad era aún desconocida. Yo decidí quedarme en el hospital para estar a su lado. Dos noches después, cuando salí a fumar, aprovechó el momento en que estaba a solas y se arrancó el tubo del respirador. Su cuerpo conmocionado soltó chorros diminutos de sangre. Las enfermeras entraron en pánico; una incluso lloró. Se le aplicó un torniquete, dividiéndolo por la cintura, concentrando la sangre en la parte superior del cuerpo para mantener vivos el cerebro y el corazón. Murió tan sólo 20 minutos después. Cuando llegué a casa a las cuatro de la madrugada después de aquella agotadora noche, había un único mensaje en mi contestador automático, pronunciado con la inconfundible voz de Jacques: «Gracias, Julia».

Para mi tía abuela, una inmigrante italiana, la aceleración se produjo pocos días antes de su muerte. Para sorpresa de todos, de repente empezó a hablar en inglés a los 93 años. Ni siquiera nos habíamos dado cuenta de que sabía inglés, ya que en la reclusión de monja que caracterizaba su vida en América, su círculo de comunicación se limitaba a los familiares de habla italiana. Fue como si, finalmente, despertara de toda una vida de lúgubre negación para descubrirse viviendo en Estados Unidos entre gente de habla inglesa.

Reconciliación

La reconciliación es quizás el impulso más fuerte del moribundo y parece ser el principal requisito para que se produzca una muerte pacífica. La reconciliación tiene que ver sobre todo con otras personas, con sanar viejas heridas, con pedir perdón o concederlo, con expresar amor y gratitud. Pero también puede implicar la reconciliación con uno mismo, estimulando al moribundo a rectificar viejas fuentes de tristeza, culpa, ira y decepción, así como a aclarar asuntos pendientes. Como señalan Callanan y Kelley, el impulso puede hacer que se reconcilien con Dios y la religión, así como con un clero local y los miembros de una congregación. Puede surgir la necesidad de rituales, oración y confesión, formal o informal. O puede haber un repentino auge de la espiritualidad independiente de la religión organizada. En general, la conciencia cercana a la muerte busca el cierre abrazando lo que antes era divisivo, suavizando lo que era contencioso y terminando lo que se dejó sin hacer.

A medida que el proceso avanza, los moribundos tienen que confiar cada vez más en la ayuda de otros para lograr la reconciliación. Las peticiones y señales verbales pueden ser poco claras o pasar desapercibidas. Algunos de los problemas que necesitan atención pueden parecer insignificantes o irracionales para otros y ser ignorados. Si la necesidad de reconciliación no se satisface, puede dar lugar a un malestar emocional tal que la persona se muestre agitada, físicamente angustiada y quizás confundida. El moribundo puede hurgar compulsivamente en su ropa o sus sábanas, por ejemplo, o tener sueños perturbadores. Uno de los signos más importantes es el retraso de la propia muerte. Cuando se satisface la necesidad de reconciliación, la gente suele fallecer rápida y pacíficamente.

No cesan de oírse historias sobre cómo los moribundos logran la reconciliación, unas más notables que otras. Puede presentarse de muchas formas, simbólicamente, digamos, como morir en el cumpleaños de alguien a quien el moribundo había herido. Y puede comenzar en cualquier momento, aunque es más evidente en el lecho de muerte. Incluso los casos más ordinarios demuestran que la psique se cierra de formas tan complejas que rozan lo increíble.

Mi padre representa un ejemplo bien común. Se había divorciado de mi madre unos 13 años antes de morir. Durante ese tiempo, el poco contacto que tuvieron fue desagradable, y muchas cosas quedaron sin decirse. Para empeorar la situación, sus dos hermanas, con las que él vivía, lo protegían de mi madre controlando sus llamadas telefónicas. Tras unos días en la cama, cayó en la inconsciencia. Comenzó el llamado estertor de la muerte, que se produjo a trompicones. Según sus síntomas externos, nos dijeron que sólo le quedaban unas horas más de vida. Sin embargo, aguantó tres días más. La respiración entrecortada parecía hacerse más fuerte y desesperada, como si su garganta intentara formar palabras sin la ayuda de su cerebro.

Finalmente, se le ocurrió a mi sobrina que no moriría hasta escuchar la voz de mi madre. Esos milagrosos poderes de la psique se ocuparon de establecer las circunstancias que permitirían que eso sucediera. Sus hermanas salieron de la casa por primera vez en días. En esos pocos minutos, encontramos la manera de organizar una llamada telefónica de mi madre. Sosteniendo el auricular del teléfono junto a su oreja, pudimos escuchar cómo ella le hablaba lentamente, en voz baja, pero con valor y propósito. Le recordó el amor que habían compartido, rezó por él, le pidió perdón y lo perdonó también. Al final, dijo, quizás, las palabras más difíciles que alguien puede decir, palabras de liberación. Mi padre estaba inconsciente, pero la oyó. El estertor cesó inmediatamente.

En ese momento me sorprendió que algo apareciera alrededor de su cama: ángeles. Eran tan altos que sus cabezas parecían penetrar en el techo. Estaban de pie en cada esquina de la cama, como suaves luces con forma humana, manteniendo el espacio alrededor de su cuerpo sagrado y libre para dar paso a la salida de lo que quedaba de su conciencia. Para entonces, sus hermanas habían regresado. Mientras tanto, mi propia hermana se llevó a su hija de 2 años a dar un pequeño paseo. Por lo que sé ahora sobre cómo los moribundos cronometran su muerte, puedo decir con cierta seguridad que mi padre lo hizo muy bien. Sabía que, si sus hermanas no presenciaban su último aliento, nunca se lo perdonarían. Por otra parte, no había necesidad de exponer a su nieta al duelo que estaba a punto de producirse. Decidió morir en las condiciones adecuadas. Esto ocurrió unos 20 minutos después escuchar las palabras liberadoras de mi madre.

Visiones en el lecho de muerte

Las visiones en el lecho de muerte son extremadamente importantes durante el proceso. Aunque una gran mayoría se producen en los últimos 3 días de vida, otras ocurren un mes o incluso un año antes de la muerte, como ha mostrado la historia de Mary. Te recuerdo que el fenómeno se divide en dos subcategorías de visiones: visitas incorpóreas y entornos de otros mundos. En general, las visiones en el lecho de muerte suelen ir seguidas de «elevaciones de ánimo»; algunos pacientes pueden reanimarse temporalmente, mostrando nuevas fuerzas y claridad mental. Otros pueden volverse tranquilos y pacíficos. Muchos testigos a lo largo de los siglos han comentado que los rostros de los moribundos durante estas experiencias tienen una mirada de asombro y euforia, pero de vez en cuando también confusión.[12] A veces los espectadores ven o perciben cosas alrededor del cuerpo del moribundo, como un resplandor o una presencia invisible. Cuanto más familiarizados estén los cuidadores con las visiones en el lecho de muerte, más probable será que las perciban también. Lamentablemente, muchos de los enfermos están demasiado hundidos en una neblina de sustancias químicas como para tener estas experiencias o, al menos, demasiado drogados o débiles como para relatarlas.

En 1926, sir William Barrett publicó su libro *Deathbed Visions* (Visiones en el lecho de muerte), el primer estudio conocido de este tipo. En 1961, el Dr. Karlis Osis presentó una investigación más exhaustiva

---

12. Ibíd., p. 173.

que, combinada con estudios posteriores, se convirtió en un libro muy popular.[13] Se recopilaron datos de más de 1000 médicos y cuidadores de Estados Unidos e India, con un total de unas 35 540 observaciones de pacientes moribundos. Aunque las visiones diferían culturalmente, se producían independientemente de la edad, el sexo, las creencias religiosas y si las personas esperaban o no morir o incluso si creían en una vida después de la muerte. El único factor que inhibió las visiones fue el deterioro mental debido a las drogas o a un daño cerebral, un factor que también impide las ECM.

Visitantes del Más Allá

Según Osis, las apariciones de los difuntos se producen más frecuentemente que las visiones del Más Allá. En su investigación, el intervalo medio entre la primera aparición y la muerte era de unas 4 semanas. El 83 % vio a familiares fallecidos, el 90 % de los cuales eran de la familia inmediata, lo que coincide con la mayor parte del resto de las investigaciones. Las apariciones de figuras religiosas eran más frecuente entre los indios que entre los estadounidenses y coincidían con las creencias de los que las recibían. Los cristianos vieron a Jesús o a los ángeles; y los hindúes, a su dios de la muerte o a sus mensajeros.

No es de extrañar que las diferencias se reflejen también a nivel de microcultura. Recientemente, John Lerma, un médico profundamente cristiano en el corazón del Cinturón Bíblico, escribió sobre su trabajo en las residencias. Un 90 % de los 500 pacientes que encuestó personalmente vieron ángeles, una significativa discordancia con los hallazgos de Osis que fueron de un 24 % en la encuesta americana y ninguno en la de la India. Algunos de los pacientes que atendió Lerma describieron ángeles de diferentes colores, dorados, azules e incluso negros, con alas

---

13. Osis, K.B.: *Deathbed Observations by Physicians and Nurses.* Parapsychology Foundation, Nueva York, 1961. Ver también el más conocido Osis, K.B. y Haraldsson, E.: *At the Hour of Death: A New Look at the Evidence for Life after Death.* Hastings House, Nueva York, 1977.

emplumadas. También le dijeron que podía haber hasta 40 ángeles en la habitación al acercarse la hora de la muerte.[14]

Las escenas de multitudes no son inusuales. A diferencia de los pacientes de Lerma, los moribundos acostumbran a estar familiarizados con los que se presentan. Sin embargo, algunos no lo están. Un hombre a punto de morir de cáncer de riñón vio a mucha gente de pie sobre su cabeza, gente que no pudo identificar. No racionalizó su presencia ni asumió que eran ángeles; simplemente los aceptó como personas amistosas que le proporcionaban paz y consuelo.[15] En otro caso, un hombre vio repetidamente a un niño pequeño días antes de fallecer. Tanto su familia como la agencia de cuidados paliativos decidieron que el niño era un ángel, aunque el propio hombre no tenía tales suposiciones.[16] ¿Los pacientes de Lerma veían ángeles o proyectaban lo que querían ver en los muertos humanos?

Ángeles

A lo largo de los años, he llegado a reconocer un grupo discreto de entidades que sólo puedo considerar como ángeles.[17] En mi experiencia

---

14. Ver Lerma, J.: *Into the Light: Real Life Stories about Angelic Visits, Visions of the Afterlife, and Other Pre-death Experiences.* Career Press, Franklin Lakes, Nueva Jersey, 2007.

15. Ver Wills-Brandon: *One Last Hug before I Go.* pp. 121-124.

16. Ibíd., pp. 119-120.

17. La idea de seres divinos voladores y espíritus protectores es muy antigua. Para los pueblos de la Antigüedad, todo lo que se consideraba aéreo debía tener alas. Hubo muchas figuras aladas en la antigua Mesopotamia, Egipto, Canaán y Grecia, pero ninguna tiene mucha similitud con la noción moderna de los ángeles. Quizá la más impresionante era el *lamassu* asirio, una colosal figura guardiana esculpida en forma de toro alado con la cabeza divinamente coronada de un viril barbudo (hay ejemplos en el Museo Metropolitano de Arte, el Museo Británico y el Louvre). Lamasso debió de causar una impresión inolvidable en los pueblos de la Antigüedad. Sospecho que el gigantesco *lamassu* contribuyó a la visión de Ezequiel de los querubines, con sus pezuñas bovinas, sus 4 cabezas y sus 4 pares de alas. Como se ha comentado en el capítulo 6, los ángeles llegaron bastante tarde al judaísmo, apareciendo predominantemente en las corrientes más místicas. Los serafines y querubines hebreos se encontraban entre los seres más elevados

han aparecido sobre todo alrededor de los moribundos, aunque también mientras estaba sola. Permíteme decirte de entrada que, como los niños, nunca he visto ángeles con alas. No volaron ni descendieron de los cielos. Simplemente aparecieron. Yo los veo en forma de humanos altos y esbeltos, todos ellos con una belleza casi idéntica, de rasgos delicados, juveniles y andróginos. Pero aquí se acaba el parecido con los humanos. Parece que no tienen ni sustancia ni color. En cambio, sí parecen estar compuestos por una luminosidad fluida, sus rasgos trazados en una tinta viva de oro líquido y profundo. Su brillo y la movilidad fluida y pulsante de sus líneas confunden un poco la visibilidad. Las numerosas líneas de luz que irradian en distintas direcciones desde sus cabezas, por ejemplo, forman configuraciones que parecen coronas. Además, visten las convencionales túnicas largas y vaporosas, una observación que me hace sospechar que mis propias proyecciones juegan un papel en su aspecto exterior.

A pesar de su incesante vibración y fluir, dan la impresión de una intensa quietud. Según mi experiencia, no muestran ni la alegría que asociamos con los ángeles hoy en día ni la ardiente ira de los relatos bíblicos, sino más bien una solemnidad firme y serena que podría interpretarse como compasión sin emoción. Aunque tradicionalmente se ha considerado a los ángeles como mensajeros entre Dios y los mortales, ni una sola vez he recogido un pronunciamiento o un mensaje de ellos, y mucho menos un pensamiento. Al menos para mí, son silenciosos.

Los he visto llegar más a menudo en pares. Dos podrían estar a cada lado de la cabeza del moribundo y dos más a cada lado de los pies. Una vez, observé asombrada cómo uno de ellos se inclinó y levantó el cuerpo etérico de una persona, sacándolo del cuerpo físico moribundo. Y, aunque parezca improbable, alrededor de mi gata Twyla aparecieron

---

conocidos, y se fijaron imágenes de querubines en las cuatro esquinas del Arca de la Alianza. La concepción de los ángeles como adultos humanos alados puede haberse originado a partir de la creencia esotérica en el angelmorfismo, también tratada en el capítulo 6, para los verdaderamente santos. El querubín moderno es una adaptación del *putto* romano, un infante masculino regordete y sobrenatural. En algún momento alrededor del Renacimiento los *putti* fueron representados con alas y adquirieron el rango de ángeles, ahora llamados querubines.

tres minúsculos, de no más de 25 cm de altura, unas horas antes de que muriera, idénticos a los demás salvo por el tamaño.

Cuando estos gloriosos seres llegan, la muerte no es necesariamente inmediata. Hace poco, mi amigo Timothy me llamó muy emocionado dos días antes de la muerte de su hermana para decirme que había visto 4 ángeles a su alrededor. Fue bastante gratificante que sus descripciones de estos seres coincidieran exactamente con las mías. No vio que se quedaran para el momento preciso de su muerte. La presencia de los ángeles parece prepararnos para la transición. Tengo la impresión de que crean y mantienen un espacio sagrado, una especie de zona de seguridad por la que los moribundos hacen su último paso. Según mi punto de vista, trabajan con gran concentración, como si el individuo, animal o humano, fuera lo más importante en el mundo.

Amigos y familiares desencarnados

En su mayoría, las visiones en el lecho de muerte implican a amigos y familiares fallecidos (no siempre de esta vida). Vienen a ayudar en la transición, a aportar consuelo y a ayudar a resolver problemas de la vida. Muchos se acercan para llevarse a los moribundos, como han declarado abiertamente algunos cercanos a la muerte, lo que se evidencia además por la frecuencia con la que ésta se produce poco después.[18] No es raro oír a los moribundos decir cosas como «Sí, cariño, ya voy» o «Ya voy, sólo dame unos segundos» y morir justo después. Sin embargo, de vez en cuando se presentan visitantes para decirles que aún no ha llegado su momento, en cuyo caso su estado físico mejora inexplicablemente.

La mayoría del personal de las residencias ya es consciente de los visitantes invisibles. Dianne Arcangel, una experimentada trabajadora de hospicios e investigadora, afirma que nunca se ha sentado con un

---

18. En el estudio de Osis y Haraldsson, El 25 % murió en la primera hora, el 20 % en las primeras seis horas y el 62 % en el mismo día. Para estos resultados y su análisis, véase el capítulo 3, pp. 16-33, de *At the Hour of Death*. También se conocen muchos casos en los que las visitas se produjeron diariamente semanas antes del fallecimiento real.

paciente moribundo que no estuviera en presencia de una aparición.[19] ¿Cómo lo sabe? A veces, por supuesto, el paciente simplemente nos lo dice, si puede. Otros pueden decir el nombre de la persona que aparece o hablar directamente con el visitante invisible. Si no hay señales verbales, el comportamiento y el lenguaje corporal, como una cara radiante o la mirada fija en un punto cercano al techo, suelen indicar que el fenómeno está ocurriendo. Callanan y Kelley describen que los pacientes le sonríen a algo en el espacio, saludan, extienden las manos o abren los brazos, asienten con la cabeza como si respondieran a algo escuchado, intentan hablar con alguien, e incluso intentan levantarse de la cama.[20]

Y, por último, algunas personas saben cuándo los moribundos ven a los difuntos porque ellos mismos los ven, como es mi caso. De hecho, las enfermeras son especialmente expertas en esto.[21] Si no lo son, la peor reacción es tratar de invalidar la experiencia del moribundo. Para ellos, sus visitantes son ultrarreales y se aceptan sin cuestionar. Y lo son, después de todo.

En un caso, Ralph empezó a tener visiones de su amigo de la infancia Steve unas semanas antes de fallecer.[22] De niños habían pasado muchos veranos felices nadando juntos, pero de adultos, como uno vivía en Boston y el otro en Ohio, el contacto se había reducido a un intercambio de tarjetas navideñas. Ambos hombres eran jóvenes. La esposa de Ralph consideraba las visiones como un síntoma de confusión, como hace la mayoría de la gente. Momentos antes de morir, se incorporó y gritó: «¡Oh, mira, es Steve! Vino a llevarme a nadar». Poco después, la joven viuda escribió a Steve para informarle de la muerte por cáncer de su marido. Pero Steve ya había muerto unas semanas antes por complicaciones relacionadas con un accidente de coche. Aún no

---

19. Arcangel: *Afterlife Encounters*, p. 120.
20. Callanan y Kelley: *Final Gifts*, p. 173.
21. Bill Guggenheim y Judy Guggenheim descubrieron que las enfermeras tienen más comunicación después de la muerte que cualquier otra profesión. Los pacientes de las enfermeras que trabajan con enfermos terminales vuelven con frecuencia después de fallecer para darles las gracias u ofrecerles ayuda. Ver Guggenheim, B. y Guggenheim, J.: *Hello from Heaven!*, p. 174.
22. Callanan y Kelley: *Final Gifts*, pp. 84-85.

había cumplido los 30 años. Elegí este caso entre muchos otros por la juventud de las personas implicadas. Ralph, efectivamente, había visto a alguien al otro lado, aunque no tenía ninguna razón para pensar que Steve había muerto.

Lo que me fascina es cómo los muertos conocen las circunstancias exactas de los moribundos. También parecen saber justo lo que hay que hacer para abrir las mentes y los corazones a lo que está por venir. La promesa de Steve de llevar a Ralph a nadar, por ejemplo, era justo lo que Ralph necesitaba oír para avanzar felizmente y dar ese salto a otra realidad. En algunos casos, los moribundos sienten un dolor insoportable y llaman a gritos al fallecido pidiéndole ayuda. Cuando esa persona llega, el dolor parece desvanecerse y el moribundo se sume en una muerte pacífica.

¡Qué servicio prestan los muertos! La literatura está llena de testimonios de ello, llegan con intenciones de curación y reconciliación. El regreso de un hijo muerto, por ejemplo, es invariablemente una inmensa sanación para un padre moribundo. Existe incluso un relato en el que cuatro niños asesinados se acercaron a su asesino mientras éste yacía en su lecho de muerte, expresamente para perdonarle y conducirle al autoperdón antes de morir.[23]

Vistas previas del Más Allá

Aunque las visiones del Más Allá sean según las estadísticas menos frecuentes que las apariciones de los muertos, probablemente son más comunes de lo que creemos. Con frecuencia, los signos externos de ver a los muertos son claros, porque podemos observar la interacción. Dado que los moribundos no interactúan con entornos de otro mundo, normalmente faltan las señales visuales y verbales. Cuando las descripciones son habladas, suelen ser breves.[24] Una persona puede mencionar haber visto una luz o pronunciar algo como «Es tan bonito», sin olvidar que Steve Jobs exclamó: «¡Oh, wow! ¡Oh, wow! ¡Oh, wow!».

---

23. Lerma: *Into the Light*, p. 154.
24. Callanan y Kelley: *Final Gifts,* pp. 101-105.

Estas exclamaciones son a menudo las últimas palabras. Es como si la vista del mundo venidero se abriera de repente ante sus ojos, invitándoles a entrar.

Algunas personas tienen visiones cuando todavía están lo suficientemente receptivas como para describirlas. Las que pasan por ECM también las tienen. No obstante, recordemos que un pequeño porcentaje de las personas que ECM se ven en entornos desagradables, si no infernales. Si los moribundos tienen visiones aterradoras o infernales, aún no he oído hablar de ellas. Una tercera fuente para las descripciones de la otra vida son los propios muertos.

La gente se esfuerza para describir lo que ve: la asombrosa belleza, la luz de otro mundo, el follaje brillante de una vitalidad preternatural, enormes flores de una exquisitez impensable. De la hierba, los árboles, las flores y el cielo emana una energía amorosa de gran intensidad. Otras ven grandes paisajes urbanos de cristal resplandeciente o cielos con arcoíris. Para otras, lo que se despliega ante ellas es un espacio interior que, como el espacio profundo, está repleto del apresurado movimiento de las estrellas y las galaxias.

EL MOMENTO DE LA MUERTE

Los moribundos pueden controlar, y de hecho lo hacen, el día, la hora e incluso el minuto del fallecimiento, si ese control cumple un objetivo. Por supuesto, tal ajuste no siempre es posible. Pero, cuando lo es, demuestra de nuevo que los moribundos no son víctimas pasivas, sino que dirigen activamente un complejo conjunto de acontecimientos que funcionan en más de una realidad.

Los moribundos suelen tener en cuenta fechas concretas, para lo que planean morir después de una fiesta familiar, un aniversario, un cumpleaños o cualquier momento concreto de importancia personal. Abundan las historias de personas que pasan una última Navidad con la familia o que esperan un cumpleaños venidero para marcharse. Recuerdo haber leído un caso en el que un niño murió de leucemia el día después del Día de la Madre.[25] Los retrasos de este tipo suelen tener una doble intención: en primer lugar, participar por última vez en un ritual familiar y de buena voluntad y, en segundo lugar, evitar oscurecer ese día especial para los demás. El retraso se produce sobre todo porque la reconciliación aún no se ha realizado. Como su cumplimiento casi siempre implica a una persona importante, los moribundos suelen esperar hasta que esa persona esté presente o al menos pueda ser localizada.

No es tan fácil reconocer una muerte que ocurre antes de lo previsto como una que ocurre más tarde de lo previsto. Tampoco suele ser fácil aceptar psicológicamente una partida más temprana. Mi amiga Bárbara murió antes de lo esperado de cáncer de pulmón, y su sincronización fue inmejorable. Bárbara vivía en Alemania. Su hijo iba a visitarla desde Estados Unidos, preocupado por tener que volver antes de que ella falleciera. Tres días antes de la fecha prevista, se murió, más de 6 semanas antes de lo previsto por su médico. Como resultado, le ahorró a su hijo esa angustia y le dio a él y a su marido el tiempo necesario para guardar el luto juntos y organizar su funeral.

Otra madre con cáncer de pulmón evidencia el retraso más habitual. En este caso, la mujer estaba esperando que su hijo regresara de Ámsterdam. Mientras tanto, sus pulmones se habían colapsado y ya no podía respirar. Rezó pidiendo ayuda y de repente vio que una mano gigante bajaba y la levantaba. «La mano empujaba mi espalda hacia arriba y luego la dejaba bajar de nuevo hasta que empecé a respirar por mi cuenta». Permaneció estabilizada el tiempo suficiente para estar con su hijo.[26] Como cualquier persona que se prepara para un viaje lejano, los moribundos tienen el deseo natural de gozar de una despedida digna. También saben que, si sus seres queridos llegan demasiado tarde, les causará angustia, e incluso culpabilidad.

Las «circunstancias adecuadas» para morir generalmente requieren la presencia de la familia más cercana. Los moribundos también pue-

---

25. La historia de este niño y de su contacto con su madre tres semanas después de la muerte es bastante sorprendente. Ver Guggenheim y Guggenheim: *Hello from Heaven!*, p. 325.
26. Arcangel: *Afterlife Encounters*. pp. 120-121.

den esperar la llegada de alguien que pueda ayudar a sus seres queridos a lidiar con el dolor y las numerosas y difíciles tareas que les esperan. Por otro lado, pueden esperar a que alguien se vaya, como hizo mi padre con su nieta pequeña. Los hijos suelen enviar a sus padres lejos para evitarles la pena y el dolor de presenciar los últimos momentos.[27] Algunos incluso insisten en morir en un hospital o en una residencia para aliviarle la carga a sus padres.[28] Como los hijos saben que su muerte romperá el corazón de sus padres, deben encontrar la fuerza para ir en contra de los deseos de recuperación de sus progenitores. Sin éstos, el conflicto es un poco más fácil de soportar.

Independientemente de la edad o el estado, los moribundos suelen ser bastante conscientes de que están causando angustia y pueden morir más rápidamente para evitar el sufrimiento de sus seres queridos o retrasar la muerte para darles tiempo a adaptarse. La mayoría necesita saber que sus seres más cercanos y queridos apoyan su fallecimiento, y algunos quizá necesiten que se les diga que tienen permiso para morir. Si alguien cercano parece estar retrasando la muerte sin ninguna razón identificable, busquemos actitudes y miedos que puedan estar frenando a la persona. Puede que necesiten saber que uno está dispuesto a dejarlos ir. En un caso, ¡un hombre esperó hasta que su hermana le diera la orden de morir![29]

Lamentablemente, sé de algunos casos en los que el momento de la muerte fue ideado sin las mejores intenciones. Uno es el de un hombre de 96 años. Con su esposa de más de 40 años a su lado, se echó en brazos de su joven enfermera, la miró a la cara sonriendo y le dijo claramente a la enfermera que esperaba morir en sus brazos. Sin mirar siquiera a su mujer, cerró los ojos y se fue. Este acto deliberado de despecho fue el resultado de una larga y disfuncional convivencia matrimonial que ninguno de los cónyuges había intentado resolver en lo más mínimo. La segunda situación tiene más que ver con las creencias inconscientes. Una mujer que se sintió víctima del abandono supo que

---

27. Sobre el alivio del dolor, ver Callanan y Kelley: *Final Gifts,* p. 207.
28. Ver, por ejemplo, la historia de Matthew, el niño de 9 años, en Lerma: *Into the Light*. pp. 21-29.
29. Callanan y Kelley: *Final Gifts*. p. 221.

su hijo favorito había cogido un avión para verla. Murió totalmente sola una hora antes de que él llegara. Esto no fue para salvar a su hijo, que es un médico especialista en sida y está acostumbrado a la muerte, sino un último gesto en la línea de sus viejas creencias de que sus hijos no la querían.

EL ÚLTIMO EMPUJÓN

Hay un fenómeno que yo llamo el «último empujón». Se produce cuando las personas están demasiado débiles o, alternativamente, demasiado sanas para salir de su cuerpo y necesitan algún tipo de estímulo. Puede presentarse como una última fuerza, una oleada advertida por el personal médico como una mejora espontánea de los signos vitales. Sin previo aviso, una persona puede levantarse de la cama por primera vez en semanas y luego caerse, provocando el terror de todos a su alrededor. Aunque intente alcanzar a alguien a quien no vemos normalmente, el acto en sí mismo sirve de empujón final para pasar al otro lado.[30]

Mary Ellen, a quien volveremos a ver más adelante, se estaba muriendo de un cáncer de mama, que se había extendido a sus huesos, hígado y cerebro. Sólo tenía 33 años y por lo demás estaba sana, así que la muerte tardó en llegar. Durante mi visita en el hospital, me había dicho con bastante vehemencia que lo único que ya no soportaría sería que le pincharan para tomar muestras de sangre, un procedimiento rutinario. A la mañana siguiente, cuando el personal sanitario fue a tomar una muestra de sangre, apenas la aguja le pinchó la piel, murió. Me pregunto si algunas personas en coma y con soporte de vida mecánico siguen viviendo simplemente porque no existen los recursos para darle el impulso final y el proceso de aceleración mayor.

El último empujón también puede provocar un retorno momentáneo a la conciencia, como le ocurrió a la esposa de mi primo. Hay una historia notable de un hombre con alzhéimer que no podía hablar y

---

30. Ibíd., p. 183.

que estuvo al borde del coma en el transcurso de 10 años.[31] Un día, cuando sus dos hijos estaban con él, el color de su piel de pronto se volvió cenizo y se desplomó hacia delante en su silla. Un hijo le dijo al otro que llamara al 911. De repente, el padre habló tras una década de silencio: «No llames al 911, hijo. Dile a tu madre que la amo. Dile que estoy bien». Y murió. La autopsia mostró que su cerebro había sido destruido por la enfermedad.

• • •

Nosotros, como sociedad, apenas estamos empezando a reconocer los maravillosos aspectos positivos de la muerte. Si nos apartáramos y observáramos detenidamente el proceso, nos quedaríamos atónitos ante la variedad de formas en que se realiza el paso, ante su pura creatividad. Nos quedaríamos boquiabiertos al ver cómo los moribundos conocen su camino, cómo el cuerpo trabaja con la psique para resolver los problemas de la vida y catapultar el alma fuera de la materia. Los mismos moribundos estarían más en sintonía con los niveles más profundos del proceso de la muerte, más preparados para lo milagroso, más tranquilos. Morir nos abre a las grandes dimensiones del ser. Es lo más saludable que podemos hacer cuando seguir adelante en el cuerpo ya no resulta viable ni gratificante. Es saludable para nuestra psique y para el planeta. Sin la muerte, sencillamente, no estaríamos vivos.

---

31. Goswami, A.: *Physics of the Soul: The Quantum Book of Living, Dying, Reincarnation, and Immortality.* Hampton Roads, Charlottesville, Virginia, 2001, pp. 73; originalmente en Remen, R.N.: *Kitchen Table Wisdom: Stories That Heal.* Riverhead Books, Nueva York, 1996.

CAPÍTULO 11

ATRAVESAR EL UMBRAL Y EL PERÍODO DE ADAPTACIÓN

Cuando alguien se encuentra en ese lugar liminal entre la vida y la muerte, lo envuelve una sensación de carácter sagrado. Nos impresiona la preciosidad de la vida, su fragilidad, su fugacidad, su belleza y la grandeza del momento.

El tiempo se dilata, así que cada momento se hace más largo, más amplio y valioso. En esta expansión, las realidades convergen, dando vueltas y vueltas al pasado, a realidades alternativas (si hubieran detectado ese tumor antes, tal vez...) y al mundo del Más Allá. En cierta forma, todos estamos allí, reunidos en el umbral. Aunque sólo uno de nosotros lo atravesará, la realidad expandida se extiende desde el otro lado y nos toca a todos. Vemos cómo los moribundos se quedan cada vez más quietos, suspendidos entre este mundo y el siguiente, hasta que se hace difícil saber en cuál están. Finalmente, se sueltan y se elevan suavemente. Una vez que atraviesan el umbral, comienza la verdadera aventura.

Salir del cuerpo

El despegue (salir del cuerpo) es, por supuesto, el gran momento de cambio. Es en sí un logro impresionante que merece un estudio serio, sobre todo para los investigadores en el campo recientemente creado de la biología cuántica. Por ahora, podemos explorarla sólo desde perspectivas más modestas: desde la posición de un espectador clarividente y del moribundo que se halla en el acto. La experiencia interior de abandonar el cuerpo está, afortunadamente, bien atestiguada por los informes de muertes cercanas y de salidas del cuerpo y, en menor medida, por los registros de la terapia de vidas pasadas y la investigación de comunicación después de la muerte. De todas estas fuentes, los relatos son individuales y personales. Afortunadamente, en la literatura no se ha intentado encajar estas experiencias en marcos espirituales preexistentes. No obstante, el punto de vista del observador está poco atestiguado.

Casi todas las descripciones que tenemos provienen de las filosofías esotéricas del siglo xix. Por ello, he recurrido a mis propias experiencias de observación de los moribundos para obtener testimonios reales.

Lo que se ve de afuera

Antes de que suceda la última respiración, acostumbro a cambiar de enfoque y concentrarme en lo que ocurre en esos espacios apenas perceptibles adyacentes al cuerpo. Es ahí donde mejor se puede ver a una persona que abandona nuestro mundo. Mi esperanza es que sean cada vez más los que sepan observar este proceso y lo que le sigue, incluso con mucha emoción, ya que el fallecimiento, junto con el nacimiento es, sin duda, el acontecimiento más deslumbrante de la vida. La experiencia de cada uno es única, y mi intento de generalizar no le hace justicia a la brillante creatividad que se manifiesta.

Desde mi punto de vista, el cuerpo energético o etéreo se eleva fuera del físico, normalmente desde el área de la cabeza. Lo más frecuente es que una persona pase de ahí a un espacio de luz viva de color crema o dorado.

Otras veces, la salida del cuerpo es más lenta y parece que el fallecido flotara suavemente hacia arriba entre capas de atmósferas cargadas de emociones, todas ellas efervescentes con colores que representan estados psicológicos, como un ascenso por varias capas de agua, algunas más frías y oscuras, otras más cálidas y claras según la persona va subiendo levemente.

Este pequeño paso fuera de la cáscara dañada, del frágil sueño llamado vida, no siempre se logra sin una lucha. Michael murió mientras un equipo de cuidados intensivos intentaba reanimar su corazón. Cuando salía de su cuerpo, los primeros niveles por los que se elevaba eran especialmente vivos, rojos con rayas púrpuras y negros ahumados. Al recordarlo ahora, éstos debieron ser los niveles de su estado psicológico y físico inmediato, coloreados por la atmósfera de alarma en la unidad de cuidados intensivos. Por encima había un estrato más suave de amarillos brillantes, y más allá, blancos y grises como nubes. Se levantó, alcanzó las zonas amarillas, pero se hundió de nuevo en las rojas cada vez que se le aplicaron las palas en el pecho. El fenómeno, tan claro con él, también reflejaba la alerta roja de la gente que lo rodeaba. Tratando de decidir si vivía o moría, vacilaba entre volver a su cuerpo y abandonarlo por completo, alternando rápidamente entre la plena conciencia, levantándose y mirando su cuerpo con sorpresa, y lo que parecía desde el exterior como caer dormido. Una vez que atravesó las capas más densas y se adentró en las más ligeras, pareció flotar momentáneamente hacia un lado envuelto en una especie de paz ondulante. Su decisión estaba tomada.

A veces, yo y otras personas hemos visto una niebla grisácea o plateada que envuelve a los moribundos en sus últimas horas, especialmente a los que están inconscientes o muy medicados. Este fenómeno atmosférico parece un grueso manto de tierna seguridad, que invita a los más vulnerables a liberarse lentamente en él. Más raramente un fallecido ocupa el lugar de la niebla y aparece tan sólo para levantar el cuerpo etéreo del moribundo. Y, además, a menudo he tenido el privilegio de ver cómo los muertos cogen a las personas o a los animales en sus brazos en cuanto se desprenden del cuerpo, ¡como si fuera un parto!

Sin embargo, hay muchas excepciones. Nunca olvidaré a una mujer que murió en medio de un ataque de asfixia. Con un último esfuerzo para tomar aire, salió disparada hacia arriba por la cabeza en un movimiento de gran impulso, como si subiera por el chorro de agua de una ballena. Al salir, se dio la vuelta y me miró con una expresión de asombro en su rostro. Unos segundos después, se reunió con su mejor amiga muerta.

La experiencia interna

En cuanto a la experiencia interna de salir del cuerpo, la literatura sobre las experiencias extracorporales y especialmente las cercanas a la muerte nos ofrece miles de relatos demasiado variados para resumirlos aquí. Pero quiero mencionar algunos aspectos. En primer lugar, los experimentadores cercanos a la muerte informan con frecuencia que salen por la región de la cabeza y ascienden, lo que coincide con lo que yo suelo ver. Al salir y ver sus propios cuerpos, lo hacen con un inusual grado de distanciamiento emocional.

Los terapeutas de vidas pasadas siempre nos encontramos con este alejamiento. Las muertes de vidas pasadas que se presentan en las sesiones de terapia son casi siempre traumáticas. El objetivo es conseguir que el paciente vuelva a entrar mentalmente en el cuerpo para superar el trauma. Una vez que han vuelto a experimentar la muerte y la salida del cuerpo, se dan la vuelta y lo miran, normalmente con compasión, si no con lástima, como si el cuerpo y la vida que vivió pertenecieran a otra persona. No importa lo espantosa que haya sido la muerte en la vida pasada, el alivio inmediato del miedo y el sufrimiento, y la sensación de flotar en una paz exuberante son lo normal.

Una vez que los que tienen ECM se hallan fuera del cuerpo, siguen teniendo la sensación de tener un cuerpo, que ahora está libre de dolor y discapacidad. Las descripciones que dan de sus cuerpos energéticos varían mucho, desde ser un punto de conciencia hasta un campo aural coloreado, una forma parecida a una nube o una forma similar a la que acaban de dejar, pero mucho menos densa. Estas formas nunca se quedan quietas. Un hombre llamado Craig dijo que aún podía sentir los límites de su ser incluso cuando se expandía hasta lo que parecían ser kilómetros, sólo para contraerse de nuevo a su tamaño anterior, que describió como «una masa de energía con forma de huevo de alrededor de 1 m».[1] Añadió que nunca se había sentido mejor en su vida. Curiosamente, los niños suelen decirnos que son adultos cuando están fuera del cuerpo, pero no saben explicar cómo lo saben.[2]

En las primeras fases de esta experiencia, pueden intentar llamar la atención de alguien que se encuentra en la habitación, ya sea hablando o tocando, lo que, con pocas excepciones, pasa desapercibido. Raymond Moody cuenta un caso extraordinario en el que una mujer que ya estaba fuera de su cuerpo intentó impedirle que la resucitara. Contó después que, cuando se dio cuenta de que él no podía oírla, intentó sujetar su brazo, pero su mano lo atravesó. Sintió algo parecido a una corriente eléctrica que corría a través de una sustancia que tenía la consistencia de una «gelatina muy enrarecida».[3] He presenciado con frecuencia que los recién fallecidos intentan llamar la atención de los vivos, sobre todo en situaciones en las que su muerte fue abrupta o inesperada. En el estado extracorporal de los muertos y de los «casi muertos», el movimiento se realiza mediante un acto de voluntad. La gente se mueve libremente por las paredes y los techos y flota sobre los tejados. Pueden viajar a cualquier lugar con sólo poner su atención en un destino y se sabe que visitan personas y lugares, a veces por pura curiosidad. Ya hemos oído algunos informes sobre personas recién salidas del cuerpo que llaman a sus amigos y familiares para informarles de que han fallecido. La vista se vuelve panorámica, capaz de percibir en todas las direcciones a la vez, y las observaciones son muy agudas.[4] A veces la presencia persistente de los muertos se percibe de forma involuntaria. En una entrevista con 90 trabajadores de servicios de emergencia (agentes de policía, bomberos y personal de emergencias médicas), el 17 % afirmó sentir la presencia de las víctimas mortales a las que

---

1. Ring, K. y Valarino, E.E.: *Lessons from the Light.* Moment Point Press, Needham, Massachusetts, 2000, reimp. 2006, p. 14.
2. Moody, R.: *The Light Beyond.* Bantam Books, Nueva York, 1988, p. 74.
3. Ibíd., 9.
4. Ver Ring y Valarino: *Lessons from the Light.* p. 63 y capítulo 3 de este libro.

atendían, así como haber tenido contacto con ellas.[5] Al igual que en el recuerdo de vidas pasadas y en las ECM, los recién fallecidos suelen permanecer cerca y ver las escenas de sus propias muertes.

El acontecimiento de salir del cuerpo se recibe con alegría, a veces mezclada con seriedad, normalmente con alivio y, en el 99,9 % de las veces, con asombro y maravilla. Ese diminuto cambio de perspectiva desde dentro de la materia a fuera de ella, ese ligero movimiento, que no es más que un movimiento de muñeca o un chasquido de dedos, puede apartarnos instantáneamente de la persona que éramos momentos antes.

Cambio de velocidades: El túnel y otros fenómenos

Desde mi punto de vista, las personas fuera del cuerpo que son al menos un poco conscientes y no tienen intención de quedarse desaparecen 1 o 2 segundos antes de reaparecer de nuevo en otra escena. Parecen trasladarse a un entorno psicológico totalmente diferente, que coincide punto por punto con las exquisitas visiones del Más Allá en el lecho de muerte. Por otra parte, los que están demasiado sedados o en coma profundo y no pueden pasar por sí mismos pueden permanecer en la niebla de seguridad mencionada anteriormente o son atendidos por otras personas hasta que vuelven en sí, a veces en entornos de tipo hospitalario. Sin embargo, he visto a personas que estaban en coma inducido artificialmente ya activas y alerta en el otro lado, aunque sus cuerpos aún no habían muerto. En situaciones más típicas, en ese instante de desvanecimiento antes de reaparecer en un entorno diferente se producen cambios rápidos. Y bien puede corresponder a la experiencia en la que los sobrevivientes cercanos a la muerte se sienten atraídos por un túnel. Sólo en contadas ocasiones he sido testigo de cómo los muertos atraviesan túneles, y pocos han sido los que han

---

5. Ver Kelly, R.E.: «Post-mortem Contact by Fatal Injury Victims with Emergency Service Workers at the Scenes of Their Death», *Journal of Near-Death Studies* vol. 21 pp. 23-33 (2002).

comentado a los vivos haber tenido una experiencia en un túnel. Un número considerable de personas que han tenido ECM tampoco lo han visto.[6] Algunas han informado, en cambio, de haber subido unas escaleras, atravesado un puente, cruzado un río en una embarcación, atravesado portales o entrado en valles, nieblas o espacios negros con luz en los extremos. A veces se oye un sonido como un silbido o zumbido o una sensación de vibración que acompaña a lo que se percibe como movimiento.[7] También las hay que no tuvieron la impresión de ir a ningún sitio.

Considero estas sensaciones de paso como interpretaciones espaciales de una transición de una frecuencia a otra mucho más rápida. De hecho, en el espacio interior no se va a ninguna parte, porque no hay ninguna distancia real que atravesar. Esta hipótesis se basa en parte en mis propias experiencias de trance en las que de repente me sentía como si me precipitara por el espacio. Aunque no vi el «espacio», pude sentir cómo la piel de mi cara se estiraba hacia atrás y se agitaba, como ocurre cuando uno cae en caída libre desde un avión antes de que se abra el paracaídas. La analogía se vuelve más interesante si se considera que a esas velocidades, durante la caída libre desde un avión, la tierra y su horizonte adquieren una apariencia de tubo o túnel.

Las experiencias de túneles y espirales les ocurren a las personas en estados alterados, en viajes extracorporales y en sueños, donde a veces se encuentran con los muertos.[8] En un relato, una persona que tuvo una ECM se encontró en un vórtice que giraba en el sentido de las agujas del reloj, lo que se acerca bastante a la descripción de lo que yo he sentido.[9] Seguramente, dar un salto de una dimensión a otra requie-

---

6. La investigación de Atwater sobre 3000 adultos y 277 niños encontró pocos túneles reportados, ver Atwater, P.M.H.: *Beyond the Light.* Avon, Nueva York, 1995. Además, los túneles eran casi inexistentes para los sobrevivientes entrevistados del sudeste asiático, ver Lester, D.: *Is There Life after Death? An Examination of the Empirical Evidence.* McFarland, Jefferson, Carolina del Norte, 2005, pp. 51.

7. Moody, *The Light Beyond*, p. 11.

8. Guggenheim, B. y Guggenheim, J.: *Hello from Heaven!,* Bantam Books, Nueva York, 1997, p. 181.

9. Para esta y otras variaciones de la experiencia del túnel, ver Serdahely, W.J.: «Variations from the Prototypic Near-Death Experience», *Journal of Near-Death Studies,* vol. 13, pp. 185-196 (1995).

re algún tipo de ajuste en la conciencia, un ajuste que bien puede sentirse como velocidad o movimiento.

Los que ayudan

No importa en qué etapa de la muerte nos encontremos, los ayudantes están justo al otro lado. Suelen ser de la familia inmediata, un cónyuge, un padre, un abuelo o un hermano fallecido. A veces, quien se presenta puede sorprendernos.

De vez en cuando se ve a alguien que todavía está vivo. O puede que nos reciba una persona que conocimos en otra vida. Los animales domésticos son miembros habituales del comité de bienvenida, lo cual alegra enormemente a sus dueños recién fallecidos. Mi prima Cassandra fue recibida primero por sus queridos perros, ante su alegría y alivio.

Los perros estaban, a su vez, muy contentos de que estuviera de vuelta con ellos.

Luego hay veces en las que la persona que uno esperaba no está allí. Estas ausencias siempre tienen buenas razones, que no se ven de inmediato. Sé de una mujer, por ejemplo, que estaba extrañada porque su marido no se hallaba allí para darle la bienvenida, aunque sí su madre y su padre distanciado. Pronto se dio cuenta por qué. Como su matrimonio de más de medio siglo no se basó en una unión profunda y duradera sino en cuestiones prácticas y en el deber, no hubo lazos emocionales.

A veces, los recién fallecidos sienten la presencia de la familia y los amigos sólo como un ambiente psicológico de apoyo, lo que permite que experiencias más apremiantes dominen su atención. A menos que alguien esté alucinando una situación que estimule los sentimientos de soledad o esté repasando deliberadamente los episodios de soledad en la vida que acaba de abandonar, la soledad no forma parte del cuadro de la otra vida. Ante este fondo de cariño que no cesa de ronronear, algunos no sienten la necesidad de detenerse y reconocer a los que les saludan, sino que quieren seguir adelante y explorar el nuevo universo que se les presenta. Otros pueden ser envueltos inmediatamente por la Presencia.

Especialistas

Muchos tipos de ayudantes pueden caracterizarse como no humanos o sobrehumanos, de los cuales los ángeles constituyen sólo un tipo. Algunos de ellos parecen especializarse en ayudar a la gente a adaptarse tras la muerte. Ayudan a resolver conflictos de creencias espirituales, calman la conciencia torturada y ayudan a desprenderse de sentimientos de indignidad. Para ello, tanto entidades sobrehumanas como personas dedicadas a la muerte, vivas o muertas, pueden disfrazarse de alguna figura importante en el sistema de creencias del recién fallecido. Estos personajes acostumbran a ser los profetas, santos y seres parafísicos de la religión personal de la persona, aunque a veces, sólo una figura histórica o mítica determinada consigue el objetivo. Solos o con otros, los ayudantes pueden poner en escena un drama diseñado para producir un efecto catártico específico. Los casos extremos incluso implican recreaciones de infiernos arquetípicos en los que la persona se enfrenta a la autocondena más horrenda en términos gráficos, tal y como ocurre en las pesadillas. En todos los casos, el objetivo es llevar a esa persona hacia la revelación catártica, la resolución interior y la liberación.

El ser de luz

Luego está el ser de luz, un personaje de magnitud incalculable para muchos de los que tienen ECM. Las encuestas muestran que el porcentaje de sobrevivientes que se han encontrado con este ser varía desde un 16 % hasta más de la mitad.[10] Dado que los muertos permanentes no hablan de esta espléndida entidad, tengo que concluir que viene a ayudar a las personas a decidir si se quedan o si regresan a sus cuerpos.

---

10. MoodY, *The Light Beyond*, p. 17.

Lógicamente, algunas personas deciden quedarse, y en ese caso unos pocos de este grupo habrán conocido a esta figura. El ser emana tal amor y compasión inefables, muchas veces con una buena dosis de humor, que algunas personas regresan con la convicción de haber conocido a Dios o a Jesús. Esto se entiende, si se tiene en cuenta el poder abrumador de la experiencia. Pero, si uno lleva algún tiempo sumergiéndose en otras dimensiones, se da cuenta de que están pobladas por un sinfín de entidades divinamente dotadas.

Hay pocas dudas de que el ser de luz representa una personalidad concreta, que posee un conocimiento íntimo de la naturaleza humana. Yo diría que existen muchos seres de ese tipo. También sospecho que se manifiestan de diferentes formas para satisfacer las necesidades psicológicas y las ideas preconcebidas del individuo y, de hecho, las descripciones varían.

Además, diría que los seres de luz son sobrealmas humanas. Como tales, albergan toda la experiencia humana posible en su interior. Mi instinto más profundo es que personifican el magnífico potencial del alma humana, es decir, lo que ya somos en el futuro. He encontrado cierto respaldo para esta idea en Mellen-Thomas Benedict.[11] Se trata del mismo hombre que conocimos en el capítulo 9, cuyo tumor cerebral desapareció tras una ECM en 1982. En medio de la experiencia, tuvo la presencia de ánimo de decirle al ser: «Creo que entiendo lo que eres, pero de verdad quiero saber lo que realmente eres. En ese momento el ser se mostró como una «matriz» o «mandala de almas humanas». Benedicto entendió, y probablemente con bastante razón, que el mandala era una representación simbólica de lo que él llama «el yo superior», que yo identificaría con la sobrealma. Si esto es así, si es cierto que ya somos seres de luz en algún estado futuro, entonces no puede haber mayor incentivo para que el espíritu humano se expanda.

---

11. De Ring y Valarino, *Lessons from the Light*, 286.

La revisión de la vida

Una revisión de la vida puede ocurrir en cualquier momento, especialmente cuando se percibe que la vida de una persona está en peligro o se encuentra en una gran transición. Dado que los moribundos realizan revisiones de la vida o, al menos, una reflexión superintensa sobre su pasado, las revisiones de la vida son un elemento de la conciencia de proximidad a la muerte. Algunas personas incluso han descrito que fueron guiadas por su pasado por familiares fallecidos o seres angélicos. Para los moribundos y los ancianos en general, la revisión puede tener la forma de un bucle temporal, donde la inmersión en el pasado es tan total que ya no se reconoce el entorno físico.

En vista de la importancia que tienen las revisiones de la vida, me pregunto por qué hasta ahora no he oído ni una palabra sobre ellas de los propios muertos. No hace mucho tuve varias comunicaciones fuertes, claras y extensas con un hombre poco después de que muriera ahogado. Aunque nos relató a mí y a su esposa punto por punto lo que había vivido –lo que pensó y vio cuando cayó al agua, el pánico momentáneo y luego la fascinación–, la revisión de la vida, que se asocia fuertemente con el ahogo, no formó parte de ella. Aquí también advierto una discrepancia entre la muerte permanente y las ECM. El repaso de la vida de los sobrevivientes cercanos a la muerte, que se concentra en los aspectos futuristas, parece ayudar a las personas a decidir qué tipo de ética y objetivos espirituales seguirán a su regreso. Es un acontecimiento de intensidad indescriptible que las obliga a experimentar una honestidad absoluta.[12] Por otro lado, se puede suponer que algunas personas que comienzan en una ECM y pasan por una revisión de su vida decidirán no volver. Una revisión comprimida no es necesaria para las que no regresan, ya que muchas dedicarán una buena parte de su vida en el Más Allá a examinar su pasado a un ritmo más tranquilo. Una pequeña minoría de los recién fallecidos carecen de toda percepción sobre su pasado terrenal, por lo que continúan desconcertados o atascados en viejos patrones. Está claro que éstos no han tenido revisiones de la vida, a pesar de las afirmaciones comunes en la literatura

---

12. Para revisiones de vida, ver Ring y Valarino: *Lessons from the Light*.

sobre la cercanía a la muerte de que todas las personas las tienen cuando ésta acontece.

El período de adaptación

Para los que están listos para cruzar definitivamente, la atención se centra más en adaptarse al otro lado. Describir lo que la gente hace en el Más Allá es tan fácil como intentar describir lo que la gente hace en la tierra. Evidentemente, una cobertura exhaustiva es imposible, y las generalizaciones distorsionan dichas descripciones irremediablemente. Pero la alternativa es no debatir en absoluto. Todo lo que puedo ofrecer es lo que yo y otros investigadores hemos descubierto hasta ahora sobre los muertos del Occidente moderno.

La mayoría de la gente tarda unos tres días en orientarse lo suficiente para seguir adelante. Lo más habitual es que «capten» su nueva condición en un destello revelador y empiecen a probar con júbilo sus capacidades ilimitadas. Sus capacidades cognitivas ampliadas absorben sucesos que se desarrollan en más de 4 dimensiones. Para algunos esto ocurre inmediatamente después de la muerte. Otros quizás pasen por un proceso gradual después de que la conmoción de la muerte se haya calmado. La mayoría va a un lugar idílico directamente después de cambiar de marcha, mientras que una minoría va a una especie de lugar de espera temporal. Otros permanecen cerca de este plano para visitar a sus seres queridos y consolarlos.

Las «vacaciones»

En general, las personas que mueren a causa de una larga enfermedad o a un acontecimiento traumático, o que estaban muy medicadas, necesitan un descanso para recuperarse, lo que yo llamo unas «vacaciones». El enfoque principal era la enfermedad grave y estar sumido de una forma tan intensa en ella no es algo que se pueda disipar de inmediato. Es posible que se necesite un espacio para distanciarse de las huellas de la enfermedad física, para limpiar el cuerpo mental de los efectos de los fármacos y, algunas veces, de los hábitos de angustia y miedo incesantes. La recuperación total suele ser rápida y se produce en un entorno profundamente seguro con un cariño benigno y envolvente en el que se disuelven las pesadas preocupaciones de la vida física.

Qué alegría produce escuchar sus vívidos relatos acerca de su regreso a la salud juvenil y el descubrimiento de nuevas libertades. La movilidad ilimitada suele ser lo primero en la lista. «¡Mira! Puedo caminar de nuevo», gritó una tía mía que había pasado los últimos 9 años de su vida en una silla de ruedas. Sí que miré. No sólo caminaba, sino que daba saltos y volaba. Mi amiga artista Gabriela, que estuvo postrada en la cama por un doble cáncer de mama durante 2 años, estuvo patinando en su propio funeral 3 días después de su muerte, ¡usando las cuchillas para patinar en el cielo! Este ánimo infantil de juego es más propio de la expansión espiritual que cualquier otra mentalidad. Que yo sepa, nadie ha visto nunca a los muertos adoptando posturas de santidad o santurronería.

Por lo general, en el momento de sus funerales, los fallecidos ya están actuando desde un lugar de mayor visión. Sin embargo, he aprendido a no esperar la iluminación, por mínima que sea, de todos. A veces, los patrones de toda la vida persisten obstinadamente. Recuerdo haber observado con cierta diversión a un nonagenario malhumorado zumbando por su propio servicio funerario, asegurándose de que todo el mundo estaba haciendo bien su trabajo. La muerte no había borrado inmediatamente sus viejos hábitos de control y desconfianza desdeñosa, aunque en algunos momentos del servicio parecía bastante complacido, especialmente con la forma en que los participantes eran clasificados por orden de importancia en los bancos de la iglesia.

Con gran frecuencia, las personas –y los animales– entran en entornos idílicos para recuperarse plenamente. No importa a dónde vayan, se sentirán como en su hogar, dulce hogar. Aunque los paisajes de belleza sobrenatural son bastante comunes, algunos pueden trasladarse a una construcción mental de algún lugar significativo del pasado. Mi padre, que fue recibido por su hermano y su madre, llegó a una casa junto al mar en la que él había pasado las vacaciones de verano de pequeño con su familia. Michael fue a pescar a un lago grande y tranquilo. Me contó que de vez en cuando se llevaba a algunos de sus amigos vivos. Ellos, a su vez, relataron sueños superrealistas de pesca en un lago con Michael en una barca. Mi cuñado Robert fue uno de los que siguió adelante sin la asistencia de ayudantes, aunque había tenido una poderosa visión de su madre en el lecho de muerte un mes antes de fallecer. Tras un año completo de meditación antes de su muerte, estaba bastante cómodo maniobrando fuera del cuerpo. Se acercó rápidamente y, con su característica forma alegre y discreta, se limitó a decir: «Lo he logrado. No ha estado tan mal». Robert surgió en un amplio paisaje marino que brillaba con blancos y bisques nacarados, verdes marinos y azules acuáticos, colores que para él significaban paz y libertad. Era el mar que había sido su fuente de renovación espiritual. Unos días después, saltaba eufórico junto al barco que transportaba sus cenizas. Tras este paréntesis de unas semanas, se puso a trabajar en el análisis de la vida que acababa de dejar y, como había sido un arquitecto de alma y corazón, trabajó mucho en un tablero de dibujo. Fue entonces cuando se reunió con su madre.

Aquellos cuyas muertes fueron traumáticas, emocionalmente debilitantes o demasiado repentinas para resolver los problemas de la vida gravitan hacia zonas de ajuste hechas a medida. Allí asimilan el pasado, por lo general, a través de la creatividad lúdica y la interacción. Cuando Michael se hartó de pescar, construyó un restaurante en el que la gente se reunía para hablar de asuntos personales. En vida fue un restaurador. Art, que fue asesinado, se le apareció a su mujer, Pauline, en un sueño siete meses después de su muerte.[13] Le mostró una casita de 2 habitaciones donde se alojaba hasta que se trasladara a lo que él llamaba una casa de transición, donde se recuperaría del shock de su muerte. Como parte del proceso de curación, trabajaba con flores del tamaño de platos de comida. Para la mayoría de los que sufrieron enfermedades de larga duración, los entornos naturales son los agentes curativos ideales, aunque algunos crearán un entorno hospitalario alegre en el que se sientan cuidados y seguros.

Luego están las personas con energía de sobra que se lanzan al espacio interior a dar un emocionante paseo cósmico. Parecen salir disparadas de esta existencia sin mirar atrás, así como algunos se precipitan por

---

13. Guggenheim y Guggenheim: *Hello from Heaven!*, p. 175.

el canal de parto para entrar. Es posible que el viaje por el espacio interior sea una forma de enfrentarse a una expansión de conciencia inimaginablemente rápida. El alivio de salir del cuerpo y, tal vez, de una vida tan confinada como un caparazón puede ser explosivo e imparable.

Fusionándose con la Presencia

He visto a otros liberarse en un ambiente bendito y fluido. Cuando un sacerdote que conocí se levantó suavemente de su cuerpo, una luz tenue se difundió a través de él y a su alrededor, volviéndolo dorado. Entró directamente en la Presencia, sin pasar por atmósferas emocionales intermedias, sin entrar en jardines, sin encontrarse con ayudantes, nada más que aquella fusión con la luminosidad. Él lo entendió como el Espíritu Santo. En su actitud había una sensación de paz absoluta y de liberación en el amor que todo lo envuelve. Había pasado toda su vida preparándose para aquello. Entonces reconoció que siempre estamos fusionados con lo divino, sin esfuerzo, trabajemos o no en ello. Lo divino es nuestro hábitat natural. La conmovedora belleza de su fallecimiento me inspiró durante semanas.

La zona de contención

Lo que aquí llamo zona de contención no es realmente un lugar, sino una proyección de un estado mental suspendido en el que una persona está enfocada ya no del todo en la realidad física y aún no en la realidad del Más Allá. Este estado intermedio me parece una zona de luminiscencia entre blanca y dorada. Con frecuencia, hay una ilusión de una frontera o barrera al borde, de nuevo, una representación espacial de un estado interior. Cruzar la barrera equivale a un cambio total de enfoque en el mundo del Más Allá. Los que tienen ECM también se encuentran con barreras, manifestadas como un macizo de flores que bordea un jardín, por ejemplo, o percibidas como una diferencia de atmósferas, como una cortina de lluvia vista contra un cielo nublado. Saben instintivamente que si lo cruzan no volverán a la vida física. Las zonas de retención se diferencian en varios aspectos de otras condiciones. Las personas que se encuentran en ellas mantienen su atención en nuestro lado del velo, mientras que las que se hallan en las etapas de ajuste ya están plenamente comprometidas con sus nuevas vidas. Las capacidades creativas que la gran mayoría de los fallecidos utilizan para diseñar sus espacios personales parecen estar desactivadas en las zonas de retención. La persona se halla en un período de descanso.

Hay muchas razones por las que alguien puede quedarse en una zona de espera antes de seguir adelante. Una persona impulsada por quienes deja atrás podría detenerse allí para permanecer al alcance de sus circunstancias físicas y emocionales. Es probable que el padre o la madre de un niño pequeño tome este camino. En la mayoría de los casos, la gente se detiene al no poder aclarar conflictos personales importantes o asuntos sin resolver. Trabajé con una mujer que permaneció atascada durante 6 meses en nuestros términos porque no podía liberar un recuerdo reprimido que tenía desde hacía 70 años de una violación en la infancia. Cuando lo soltó, un acontecimiento realmente explosivo para ella y para mí, pudo seguir adelante. Otras permanecen en zonas de espera porque no pueden aceptar su muerte. Los realistas materialistas que se oponían rotundamente a la idea de una vida después de la muerte pueden ir a parar allí, y lo hacen, por pura negación de la sobrevivencia, incluso insistiendo en que siguen siendo de carne y hueso. Otras se quedan porque necesitan contar sus historias. La necesidad es aún más imperiosa si los vivos no saben del fallecimiento de la persona, como en los casos de desaparición, o si el fallecido fue asesinado. La confusión desempeña un papel importante para casi todas las personas que se encuentran en la zona de espera.

En ocasiones, los recién fallecidos se encierran en zonas de espera, resistiéndose a aceptar cualquier ayuda del exterior. Así, se quedan en suspensión aislada, incapaces de aliviar su confusión y de aceptar su muerte. Algunos pueden coger el siguiente tren de vuelta y reencarnar sin ninguna reflexión sobre la vida que acaban de dejar. Si lo hacen, más adelante describen este lugar intermedio como un período en blanco o un tiempo de sueño. Como regresan sin desprenderse de sus existencias anteriores, sus antiguas identidades siguen siendo dominantes en sus nuevas vidas, al menos en su juventud. La ausencia de un desprendimiento podría dejar huellas en sus cuerpos, como defectos o marcas de nacimiento, que a menudo son señales remanentes de la condición física en el momento de su muerte.

Es preciso que seamos conscientes de los estados en que están las personas en la zona de espera, porque los muertos que se encuentran allí son los que más necesitan nuestra ayuda. Al no estar centrados en el Más Allá, son más sensibles a los vivos. Para los que están en el delirio, como Joe en el capítulo 7, normalmente se necesita un mediador entre los vivos para instigar la liberación. Por esta razón, quiero referirme a una situación bastante típica de la zona de espera, por si algún día te ves en la posición de mediador.

La joven y bella Mary Ellen, mencionada en el capítulo anterior, se hallaba en una zona de espera porque aún no estaba lista para aceptar su muerte. En vida, pertenecía a una gran comunidad espiritual de la Nueva Era con una fuerte orientación curativa. Tenía esposo y era madre de 2 niños pequeños. Cuando estuvo en un estado avanzado de cáncer de mama, acudió a mi marido en ese entonces (Ron) y a mí para pedirnos ayuda. Ron también formaba parte de ese grupo.

También se nos unió Janet, otra miembro y enfermera titulada, que, como Mary Ellen, se encontraba entre el catolicismo y la Nueva Era. Alentada por la expectativa de milagro del culto, Mary Ellen continuó negando su propia enfermedad terminal. Ahora bien, ciertamente yo no rechazo la posibilidad de que se produzcan milagros, pero Mary Ellen usó esta expectativa para evitar encarar la probabilidad de su muerte. Ron y yo la llevamos a nuestro apartamento durante unos días, donde descansó con nuestro gato de 16 años, Squeekie. El gato probablemente hizo más que cualquiera de nosotros para darle un poco de paz a esa mujer tan enferma y confundida.

Ni Ron ni yo tuvimos el valor de hablar con ella directamente sobre la muerte. Ambos éramos jóvenes e inexpertos y, como los demás, esperábamos un milagro. Su enfermedad se desarrolló de forma previsible. Extrañamente, a medida que desarrollaba un nuevo síntoma, éste aparecía simultáneamente en el gato. Finalmente, Mary Ellen fue hospitalizada.

Ron, Janet y yo llegamos al hospital media hora después de su muerte. Mientras tanto, Squeekie también acababa de morir. Desde el punto de vista de una persona ajena, Mary Ellen había resuelto lo que le quedaba por resolver antes de su muerte. Cuando los tres regresamos al apartamento, nos sentamos en el suelo para meditar y enviarle «luz». Pronto un cosquilleo en la nuca (y nuestro perro ladrándole furiosamente a un punto por encima de nuestras cabezas) nos indicó que ella estaba en la habitación. El estado de ánimo que percibimos era todo menos alegre y pacífico. Nos miramos, como diciendo «Uh-oh, aquí viene». Entonces comenzó. Los tres esquivamos instintivamente los golpes de sombra que llovieron sobre nuestras cabezas. Mary Ellen estaba enfadada. No gritaba, era más bien un gemido: «No me dijisteis que esto iba a ocurrir», palabras que aún hoy me estremecen.

En concreto, acusó a Janet de haberle mentido al prometerle que la Virgen María la recibiría al otro lado, cuando en realidad no hubo nadie allí. Janet admitió, con la cara roja de vergüenza, que efectivamente le había dicho eso a Mary Ellen el día anterior a su muerte. Mientras Janet se disculpaba mirando hacia el espacio que había justo debajo del techo del salón, recuerdo haberme formulado una regla que he mantenido desde entonces: nunca, nunca le digas a alguien que se está muriendo lo que le espera, a menos que tengas algún conocimiento previo muy explícito y exacto que se refiera específicamente a esa persona y sólo a ella. No prometas que una madre o un marido o algún otro pariente cercano estará allí, o Cristo, o ángeles, o cualquier otra cosa que nos hayan enseñado a esperar. Ofrece, en cambio, un amplio abanico de posibilidades extraídas de relatos personales y no de tradiciones religiosas y espirituales. Las personas que están a punto de morir ya tienen suficientes cosas que afrontar para añadir conflictos causados por falsas expectativas.

Mary Ellen nos dijo que no había sido su intención. De verdad, no había estado preparada para morir. Nadie le había dicho la verdad. ¿Y sus hijos pequeños? ¿Qué pasaría con ellos? Hubo una pausa de unos segundos en su arenga mientras dirigía su atención a mi barriga. Controlé la reacción de cerrar las piernas. Sabía lo que estaba pensando, que quizás si yo quedaba embarazada, ella podría volver como mi hija. Imágenes de ella creciendo como mi hija pasaron por la mente de todos nosotros. Mary Ellen como niña de escuela, sus hijos casi listos para la universidad. Todos observamos como ella recorría este probable futuro para examinar su viabilidad. No tardó en darse cuenta de lo irrealizable que sería ese plan. A continuación, se marchó a toda prisa.

Me sentí dolorosamente culpable por no haber tenido las agallas de ser sincera con ella mientras estaba viva. Hay una línea sutil entre aceptar la muerte y rechazar una posible recuperación milagrosa, y yo no ayudé a Mary Ellen a caminar por esa línea. Sí, todos teníamos algo de culpa, pero ella sabía perfectamente que un cáncer de mama con metástasis en los huesos y el cerebro es la etapa final. Con todo, yo le tenía un gran aprecio. No sólo por su frágil belleza, su desamparo infantil y su tierno corazón. También me resultaba muy querida porque fue la primera persona con la que intenté quedarme después de la muerte. Se quedó conmigo durante 3 días. Gran parte de ese tiempo permanecía tumbada en mi cama en un ligero trance. Hablamos telepáticamente de la vida, de la muerte. Intenté razonar con ella para que aceptara sus nuevas circunstancias y siguiera adelante. Aunque el razonamiento suele funcionar, aparentemente no era lo que ella necesitaba. Al tercer día, apareció con mi gato Squeekie en brazos. Aquello fue tan inesperado y tan ajustado a mi propia necesidad que pensé que me lo estaba inventando todo. Pero aún más inesperada fue su justificación para presentarme al gato. Ella dijo: «¡Mira! No puedo estar muerta. Squeekie está aquí».

Cuando le dije que Squeekie también había muerto, se mostró cabizbaja. Al fracasar su última defensa, dio el primer paso hacia la aceptación.

De repente, un hombre apareció silenciosamente detrás de ella, vestido con una sencilla túnica. Aparentaba unos 40 años, era alto y de buena constitución, con el pelo castaño claro cortado a tazón, una mandíbula varonil y un rostro apuesto que transmitía su fuerza de carácter. Mary Ellen no parecía percibirlo, miraba decididamente hacia mi mundo y no hacia el suyo. El hombre me pidió en voz baja que le dijera que era un amigo de otra vida. Había venido a ayudar. Tras el mensaje que le transmití, Mary Ellen se giró hacia él. El hombre le tendió la mano y ella la tomó. Le pedí a Mary Ellen que se llevara a Squeekie hasta donde pudiera, y ella asintió. Con el gato y cogida de la mano de su amigo, se alejó lenta y tristemente. La dosis constante de expectativas poco realistas por fin se estaba agotando. Aunque nunca la volví a ver, 20 años después una médium me dijo que un «espíritu muy feliz llamado Mary Ellen» quería darme las gracias.

Suicidios

La literatura sobre experiencias cercanas a la muerte presenta un buen número de personas que han regresado después de haber intentado suicidarse. Casi siempre informan de experiencias desagradables, si no de experiencias que parecen pesadillas. Los que se suicidaron para reunirse con un ser querido fallecido nunca se encontraron con esa persona. Todos tenían intensos sentimientos de agravio por quebrantar una de las dos mayores reglas: no matar a los demás y no matarse a uno mismo. Recordemos que las víctimas de suicidio que tuvieron ECM no volvieron a intentar quitarse la vida, mientras que un alto porcentaje de sobrevivientes de suicidio que no las tuvieron sí lo intentaron.[14] Los entrevistados habían actuado debido a una combinación de desesperación incontrolable y sentimientos de impotencia. Esta condición sin resolver es tan intensa que causa repercusiones desfavorables después de la muerte, haya sido provocada por el suicidio o no.

Lo que sucede después de un suicidio efectivo depende totalmente del estado mental en que se encontraba la persona en el momento de la muerte. Los enfermos terminales que eligen el suicidio asistido para evadir una espiral de degradación del cuerpo y del espíritu están por lo general bien preparados para aceptar las consecuencias y tienen pocos problemas en el Más Allá. Una persona que ha elegido renunciar a su vida para salvar la de otro muere en la exaltada conciencia de la unidad fundamental de la humanidad, una gran ventaja para cualquiera al morir. En muchas culturas, el suicidio era visto como una acción honorable o como una forma de reparar la deshonra personal. Dos ejemplos famosos son la tradición japonesa del harakiri para preservar el honor y los suicidios de la élite romana para proteger a sus familias y propiedades del castigo del Estado. En estos casos, las personas que deciden

---

14. Ver la sinopsis de Moody de las investigaciones de Dr. Bruce Greyson en *The Light Beyond*, p. 99.

morir por su propia voluntad suelen estar bien preparadas. Como cuentan con el apoyo y la aprobación social, no tienen que pasar por la vergüenza que el acto provoca en las culturas occidentales actuales. Tampoco se teme haber cometido un pecado tan insidioso como para negarle los ritos funerarios adecuados.

Las experiencias después de la muerte de la mayoría de las víctimas de suicidio con las que he trabajado reflejan el clima emocional previo y en el momento de la muerte. Sin embargo, existen notables diferencias entre los suicidios «accidentales» por sobredosis de drogas y los suicidios intencionados. El odio a sí mismo es, por supuesto, sólo una de las razones por las que la gente acaba aniquilándose con drogas. Algunas personas han nacido para vivir al límite y mueren accidentalmente porque su última aventura les llevó demasiado lejos. Con todo, sabían y aceptaban el riesgo que corrían. Otras acuden a estados alterados inducidos químicamente creyendo que así encontrarán la sabiduría en realidades desconocidas. Una joven que conocí estaba recorriendo esta ruta, buscando a través de las neblinas oscuras de las drogas y el alcohol a su padre, ya muerto 15 años antes. No fue la hija quien me lo dijo, sino el padre, quien ansiaba que su hija dejara las borracheras, ya que sabía demasiado bien que ella podía morir tratando de encontrarlo.

Este hombre era particularmente activo y fuerte. Habló de forma insistente y extensa, con tal claridad que fui capaz de transcribir lo que decía. Justo antes de irse, me dijo que iba a visitar a sus otras hijas. Y para su asombro, lo hizo. Gracias en gran parte a su profunda preocupación y a su alto grado de participación, su hija afectada ha estado libre de drogas y alcohol durante más de 10 años.

Las muertes inducidas por las drogas a menudo conducen a una furiosa culpabilidad, a un sentimiento de sentirse engañado y, a veces, a un estado de shock. Lo peor es cuando el estado mental drogado pasa a la alucinación después de la muerte, con lo que la persona no se da cuenta de que ha muerto. Cindy, una australiana con un historial de alcoholismo e intentos de suicidio, responde exactamente a este último caso. Murió a los 32 a causa de una combinación de drogas y alcohol. Aunque no me informaron oficialmente durante casi una semana, mi cuerpo se enteró el día de su muerte. En cuestión de horas, se infló de tal manera que me sentí como un pez globo lleno de veneno. Mentalmente, fui incapaz de formar un solo pensamiento claro y luché durante todo un día contra sentimientos innombrables de perdición. Como Cindy estaba demasiado confundida como para enviar un mensaje telepático acerca de su muerte en patrones de pensamiento mental, su cuerpo envió el mensaje a nivel celular.

Me encontré con Cindy en una serie de sueños caóticos. Seguía alucinando y se aferraba tenazmente a la idea de que estaba viva. Era inútil tratar de explicarle lo que había sucedido. Cinco años más tarde, regresó. Cuando volví a intentar explicarle que ya no tenía cuerpo, su respuesta fue tan sorprendente que hasta la fecha es fácil recordarla: «Oh, no estoy muerta. Lo que pasa es que mi madre no deja de decírselo a todo el mundo». Le recordé con bastante dureza que su madre también había muerto 10 años antes. No queriendo oír eso, se marchó enfadada.

El episodio de Cindy me resulta difícil de contar, porque ofende mis propias creencias en el triunfo del espíritu humano después de la muerte. Sin embargo, me ayudó recordar que lo que son 5 años para mí pueden ser sólo momentos para los muertos. Otra posibilidad es que yo haya detectado sólo un nivel de Cindy, el de su resistencia, en lugar de sus niveles centrales. Esta posibilidad no tiene nada de extraordinario. Todos nosotros operamos en más de un plano psicológico, algunos más aparentes que otros. Pero cuando realmente analizo quién era Cindy en vida, veo a una mujer no muy diferente de la que me visitó tras su muerte. Si existe una palabra para describirla, es testaruda.

También era una persona solitaria, deprimida y resistente a la ayuda.

Si la gente tiene toda una eternidad para resolver sus problemas, ¿por qué iba a tener que cambiar Cindy, o cualquier otra persona, inmediatamente después de la muerte? ¿Por qué no puede seguir siendo igual que antes hasta sentirse preparada para seguir adelante? Ahora pienso que, si no pudo aceptar las condiciones de la vida en la tierra, tampoco será capaz de aceptar las condiciones de la vida en el Más Allá. No obstante, no puedo evitar pensar que, si hubiera muerto de forma más consciente, su experiencia tras la muerte hubiera sido radicalmente diferente.

El suicidio consciente, en el que las personas toman una decisión definitiva, acostumbra a tener resultados distintos. De hecho, en cuanto descubren que están fuera de su cuerpo, la comunicación puede ser asombrosamente clara y detallada, debido a la necesidad y las emociones intensas, los dos factores que mejor facilitan la telepatía. Como lo que impera es el pánico, la comunicación llega a tal velocidad que hay que lograr que estos seres suicidas hablen más despacio. También sienten el fuerte impulso de querer revertir la situación reencarnándose inmediatamente, algo que los ayudantes debemos evitar. Sin embargo, los suicidas conscientes suelen asimilar las consecuencias de sus actos con bastante rapidez.

Jordi tardó menos de una semana en hacerlo. Jordi era un apuesto joven de 22 años, encantador hasta el extremo, amante de la diversión e inteligente. En la víspera de su graduación universitaria, se lanzó a la vía del tren. Después, incluso él estaba aturdido por la brutalidad con la que se había tratado a sí mismo. Apenas estaba empezando a entender cuáles habían sido sus razones cuando me comuniqué con él. Uno de sus objetivos había sido castigar a sus padres. Sin embargo, desde su nuevo punto de vista, se veía a sí mismo de forma diferente, como una persona independiente del drama de su familia. Se dio cuenta de que había destruido lo que podría haber sido una vida estupenda y que, probablemente, no volvería a renacer con las mismas extraordinarias ventajas.

La muerte consciente

Ciertas personas están bien preparadas para morir e incluso lo esperan con ansias. A diferencia de la mayoría de los que se encuentran espontáneamente en el Más Allá, en una escena idílica o con familiares fallecidos, las personas que mueren conscientemente tienen más control. Ellos deciden lo que quieren y dónde quieren estar. Así fue con Caroline, una psicóloga que murió de cáncer. Varias semanas antes de su fallecimiento, me pidió que la ayudara a aceptar más plenamente su propia muerte. Me reuní con ella 3 veces a la semana. No pude evitar sentirme inspirada por su evidente estado de trascendencia, que extendía un brillo de otro mundo sobre su rostro y su cabeza calva. A medida que se acercaba el momento, se fue moviendo más y más entre distintos planos de existencia.

Aunque no estuve presente cuando murió, una hora después quise ver si podía encontrarla y ayudarla si lo necesitaba.

En lugar de quedarme en casa para hacerlo, fui al parque Riverside. Lo que vi allí me asombró. Fue uno de esos momentos preciosos en los que los fenómenos aparecen de forma tan vívida que bloquean las realidades comunes del día a día. Me quedé en la parte más alta del parque, junto a un elevado olmo, mirando hacia el río Hudson. De repente sentí algo detrás de mis ojos, como si alguien hubiera entrado en mi cabeza y estuviera mirando a través de ellos. Apenas me di cuenta de que era Caroline, el cielo irrumpió en acción. En una esquina llovía. En otro había un arcoíris y un sol brillante que, mientras lo observaba, empezaba a ponerse, aunque era el principio de la tarde. Alrededor del sol se acumulaban altas nubes en tonos rosa, dorado y púrpura. Y, finalmente, los cristales de nieve resplandecieron mientras caían bajo la luz del sol. Toda la belleza del drama de la tierra estaba presente de una sola vez. Me quedé allí con la cara inundada por las lágrimas, casi sin poder asimilarlo todo.

En ese momento salí de mi cuerpo, específicamente del lado derecho de mi cabeza. Me encontré entrando en el nido de una ardilla en lo alto del olmo que estaba a mi lado. Una vez en su interior, lo vi desde el punto de vista de la ardilla, sobrecogida por la calidez y el acogimiento del nido, el olor especiado y amaderado de su forro de hojas, el dulce aroma animal que emanaba de las crías de ardillas peludas que dormían acurrucadas entre las hojas. Lo que Caroline quería era saborear la esencia misma de la existencia terrenal antes de abandonarla. Tal vez el hecho de experimentarlo a través de mi cuerpo físico le proporcionó una inmediatez y una intensidad que, quizá, no hubiera sido posible de otro modo. Por otra parte, tal vez fue su regalo de despedida para mí. Cuando volví a mi cuerpo, Caroline salió disparada de mi cabeza hacia el cielo. El episodio completo sólo duró 10 minutos, y sin embargo sigue siendo hasta hoy uno de los más exuberantes que recuerdo. Caroline fue una mujer que no se limitó a morir conscientemente, sino que viajó con arrebato por la aceleración natural de su muerte.

Fenómenos en torno a la muerte que les ocurren a los vivos

Hasta ahora nos hemos concentrado en lo que les sucede a los moribundos cuando atraviesan el umbral final. Pero el acto final de una persona suele afectar a sus allegados de una manera extraña y profunda. En esta sección final, quiero destacar algunos fenómenos conocidos que tienen lugar durante y después de una muerte significativa. Se incluyen aquí porque o bien son poco reconocidos o bien no se tratan habitualmente en la literatura tradicional sobre el duelo.

Experiencia simultánea de muerte

Las experiencias simultáneas de muerte suelen producirse entre familiares o amigos cercanos y cuando uno de los participantes no es consciente del inminente fallecimiento del otro, como en el relato de Cindy y mío. La experiencia de la muerte suele compartirse con alguien que tuvo cierta función asistencial con el moribundo, como me ocurrió a mí con Cindy. En efecto, el moribundo pide ayuda a través de su percepción sensorial. Casi toda la información procede de la clarividencia y puede ser tan exacta que el receptor asume los síntomas o imita la experiencia cenestésicamente. La clarividencia y la clariaudiencia también suelen aparecer.

Para ser exactos, la experiencia simultánea de la muerte entra dentro de la rúbrica del trabajo de rescate, en el que todos participamos de alguna manera. Aunque la clarividencia total de una muerte parece ser algo raro, no dudaría en decir que compartir parcialmente el estado emocional, psicológico o físico de un moribundo es común, aunque rara vez se identifique conscientemente. Los animales también tienen experiencias simultáneas, como la de Squeekie con Mary Ellen, que a menudo facilitan la muerte de los animales. Que yo sepa, la proyección clarividente de síntomas a la gente nunca conduce a la fatalidad, porque el ser humano sabe en el fondo que los síntomas no son suyos.

El 16 de junio, una mujer regresaba a su casa del turno de noche a la una de la madrugada, cuando de repente se vio invadida por dolores en el pecho, debilidad y lágrimas.[15] Después de caer al suelo, comenzó a mecerse de un lado a otro y se encontró diciendo repetidamente: «No estoy preparada. No puedo morir así. Oh, por favor, por favor, no así…». Esta mujer, al igual que yo en situaciones similares, sabía instintivamente que los síntomas, pensamientos y sentimientos no eran suyos. En consecuencia, no hubo miedo y dejó que el proceso siguiera su curso. Poco después, todo se detuvo. Agotada, se fue a la cama. El día 17, a 50 km de allí, un vecino preocupado por la madre de esta mujer irrumpió en el apartamento de la madre y descubrió que había muerto allí sola. La encontraron sentada en el suelo, había fallecido de un ataque al corazón. El forense estimó la hora de la muerte entre la 1 y las 3 de la madrugada del día 16, la hora en que su hija había tenido su experiencia.

Aún más notable es la historia de Louisa Rhine, quien se despertó en California a las 4 de la madrugada al sentir que le salía sangre de la cabeza. Jadeaba y se ahogaba. Entonces oyó la voz de su hijo: «Oh, mamá, ayúdame». Dos días después supo que su hijo, un soldado enviado a Alemania, había muerto de una herida de bala en la cabeza exactamente en el mismo momento en que ella había tenido esa experiencia. Claramente, estas mujeres estaban compartiendo psíquicamente las muertes de sus seres queridos. Creo que compartir ayuda a aligerar la carga de los moribundos porque he tenido experiencias en las que he asumido espontáneamente los síntomas de personas al borde de la muerte y después se han recuperado. Sé de otros que han rescatado a personas en situación crítica de la misma manera.

---

15. Los dos relatos que siguen son de Wills-Brandon, C.: *One Last Hug before I Go.* Health Communications, Deerfield Beach, Florida, 2000, pp. 150-153.

El cordón

Un fenómeno que se produce en el momento en que una persona se da cuenta de que ha muerto un ser querido tiene que ver con lo que yo llamo el cordón.[16] En mi caso, ocurrió con la muerte de mi padre. Mientras se alejaba de su cuerpo, sentí un tirón urgente en mi plexo solar, del que salía un cordón compuesto por hilos de energía. El tirón se convirtió en un brusco y claro chasquido, como si una fuerza invisible lo hubiera arrancado. Luego siguió a mi padre hacia arriba, como una corriente de humo ondulante, para desaparecer junto con él en el aire. Una vez que se fue, sentí un vacío doloroso en ese mismo lugar. Supe intuitivamente que la parte de mi padre que yo llevaba dentro se había ido con él. Esta zona hueca en el plexo solar fue el lugar de mi duelo más profundo. No el duelo emocional, no el mental o espiritual, sino el más profundo e íntimo del cuerpo.

Desde entonces, he visto surgir esta corriente en otras personas ante la muerte de alguien especialmente cercano. Como un cordón umbilical, une a una persona con otra fundamental, normalmente una figura paterna. Su función parece estar relacionada con la dependencia interior que tiene una persona de otra para su pura sobrevivencia corporal. Esta línea de vida elemental se adhiere a cualquier persona adecuada, independientemente de su origen biológico, y puede ser transferida de una persona a otra. No soy la única que la ha visto. Un hombre que conocí estaba conectado a su madre a través de este cordón. En el momento en que se enteró de su muerte, el cordón se desconectó de él y salió disparado en chorros desde su plexo solar para adherirse a su mujer, que estaba a su lado. Tanto él como yo lo vimos suceder. Esta redirección instantánea de la cuerda no sólo causó muchos problemas matrimoniales, dándole un nuevo significado al término psicoanalítico de transferencia, sino que también pareció inhibir la capacidad de este hombre para llorar la pérdida de la presencia física de su madre.

---

16. Esto no debe confundirse con el «cordón de plata», que según los espiritistas conecta el cuerpo físico con el cuerpo astral.

Avanzar rápidamente hacia el desastre

Tras la muerte de alguien que fue nuestra fuente de identidad principal, no es raro avanzar rápidamente en sueños o en estados alterados diurnos hacia un posible episodio futuro que exprese nuestra pérdida con la máxima intensidad. Con el término «identidad primaria» me refiero a nuestro autoconcepto más profundo con respecto a otra persona; puede ser como un hijo para su madre, como una hija para su padre o como un cónyuge. También puede ser el líder de un grupo que proporciona seguridad e identidad. Sé de personas, por ejemplo, que han tenido visiones que parecen proféticas del fin del mundo justo antes o después de la pérdida de su líder religioso. Dante tuvo una visión aterradora justo cuando se enteró de que su amada Beatriz, su razón de ser, había muerto. En el mundo metafórico de los sueños y las visiones, cuando alguien tan importante para nosotros muere, el mundo tal y como lo conocíamos realmente ha terminado. Tales sueños y visiones son una forma de liberar temores a un futuro en el que se desmorona bajo nuestros pies el propio suelo sobre el que nos apoyamos.

Sueños y pesadillas

Los sueños en los que los muertos interactúan con los vivos acostumbran a ser tan potentes y lúcidos que no se puede negar que el contacto fue real. También nos llenan y renuevan de vida y acaban con la pena o la depresión. En el capítulo 16, en el que hablo sobre cómo comunicarse con los muertos, aprenderás a lograr que esos sueños ocurran.

Otra serie de sueños en los que aparecen los muertos puede ser horrorosa. Si has tenido una pesadilla relacionada con alguien que ha fallecido recientemente, has de saber que te hallas ante un conflicto interior personal. Puedes soñar, por ejemplo, que tu madre muerta está enterrada viva o que sale de su tumba en un cuerpo corrompido en su busca. Lo que estás viendo es el choque de dos conjuntos de ideas sobre la muerte. Por un lado, una persona está muerta y se descompone; por otro, esa misma persona sigue viva. El yo interior utiliza símbolos correspondientes para hacer frente a la contradicción de que esté vivo y muerto al mismo tiempo. No sé hasta qué punto las personas que se hallan en el otro lado participan realmente en estos sueños. Según mi experiencia, tengo la impresión de que esos sueños surgen de los intentos de los difuntos por establecer contacto con los vivos. Ahora bien, las imágenes macabras que nos sirven para abordar la contradicción son sólo nuestras y provienen de actitudes culturales sobre la muerte y el cuerpo.

El conflicto puede estar relacionado con algo totalmente diferente. Como demostración de lo complejos que pueden ser estos sueños, ofrezco uno sencillo que tuve poco después de la muerte de mi gata Twyla. Era una pesadilla elaborada a base del sentimiento de culpa humano. Aunque amaba a Twyla, por una combinación de razones sólo era la segunda en la jerarquía de las mascotas de la casa. Nunca le hice ningún daño, y su muerte fue natural. Aun así, me sentí culpable, como si el no haberle dado todo mi amor hubiera sido la causa directa de su muerte. Llegó a mí en un sueño sin piel, una masa sangrienta de músculos, tendones, venas y arterias. La miré, horrorizada por lo que yo había hecho. Dada su condición, yo no podía entender por qué ella se veía perfectamente sana y feliz y llena de afecto hacia mí.

Me avergüenza admitir que tardé más de una semana en comprender de qué se trataba esta pesadilla. El desollamiento representaba el feo destino de muchos animales en manos del ser humano. Para Twyla, la imagen resultaba especialmente acertada porque solíamos bromear con venderla por su pelaje, que era precioso, como el de una foca gris. Mi subconsciente también había incorporado la insensible sentencia de «Hay más de una forma de despellejar a un gato». Este gráfico polifacético, típico de los sueños, hizo aflorar mis sentimientos de culpa. Pero el verdadero significado era más profundo y, una vez descubierto, apaciguó mi conciencia. El pelaje de Twyla representaba su cuerpo mortal, su caparazón exterior. Lo que me mostró fue algo más profundo que la «piel»: la verdadera Twyla que había debajo, que estaba muy viva, más feliz que nunca, y que todavía me quería.

El estrés, el gran activador

En el período que sigue a una muerte, la mayoría de nosotros estamos agotados física, psíquica y emocionalmente. Cualquier energía que tengamos la dedicamos a ponernos en contacto con la familia y los amigos y a ocuparnos de los preparativos del funeral y de las necesidades legales. El día a día parece surrealista, pues en él puede suceder lo extraño e inusual; el ritmo de los acontecimientos parece acelerarse. A cada momento negociamos entre el luto y el alivio. En muchos sentidos, se trata de una herida psíquica, similar a las heridas causadas por una operación, pues al igual que un órgano es «cortado» de nuestro cuerpo, una persona es «cortada» de nuestra vida. ¿Cómo puede alguien a quien queremos estar aquí un minuto y desaparecer al siguiente? Tratando de convencernos de lo que parece imposible, muchos de nosotros, al menos al principio del proceso de duelo, pronunciamos internamente una letanía sobre las cosas que han desaparecido junto con el cuerpo: «Nunca podré volver a tomar tu mano…, escuchar tu risa…, mirar tus ojos…, abrazarte.,. besarte…». Tales letanías son un elemento importante del proceso de ajuste.

Así que, en general, es una época de gran estrés. Pero también es un momento de máxima actividad psíquica, porque el estrés agudiza las habilidades psíquicas. Ya hemos visto muchos ejemplos de esto, y hay más por venir. El tiempo después de la muerte es también el momento en el que tanto nosotros como los difuntos necesitamos más el contacto. Las vías entre las dimensiones son más abiertas y, por regla general, permanecen abiertas en su totalidad durante los 3 meses siguientes. A primera vista, parece injusto que justo en el momento en que el contacto es más fácil, las personas más cercanas al difunto se vean demasiado abrumadas para llevarlo a cabo. Lo cierto es que los mecanismos naturales de la psique presentan condiciones ideales; la necesidad imperiosa de contacto por ambas partes poco después de la muerte, la gran proximidad entre este mundo y el otro y la fuerte emotividad favorecen una comunicación de máxima claridad. Una fuerte emoción impulsa el contacto. Sólo es cuestión de aprender a usarla, cosa que lograrás antes de terminar de leer este libro. Mientras tanto, estate atento a tus seres queridos por el rabillo del ojo. Están cerca.

PARTE CUATRO

TODO ACERCA DEL CONTACTO

CAPÍTULO 12

ESTÁ BIEN HABLAR CON LOS MUERTOS, PERO ¿QUÉ PASA CUANDO LOS MUERTOS RESPONDEN?

Quizá la mayor pregunta de la vida sea si la personalidad sobrevive o no después de la muerte. No es de extrañar, pues, que el primer impulso humano para entrar en contacto con los difuntos sea el de averiguar, simplemente, si siguen ahí. Incluso si obtenemos un rotundo «¡Sí!», no podemos dejar de preguntarnos si esa respuesta no es más que una ilusión. Puede que nos sintamos cómodos hablando con amigos y parientes fallecidos en privado, con fotos, con lápidas, y puede que charlemos con imágenes mentales que muy a menudo confundimos con recuerdos, pero la idea de que cualquiera de ellos pueda responder es algo totalmente distinto. Sacude nuestros sistemas de creencias hasta los cimientos. Golpea una realidad contra otra y crea dilemas morales, filosóficos y psicológicos. Como sociedad, simplemente nos negamos a creer que el contacto real pueda ser posible, al menos para la persona común.

Dado que uno de mis proyectos es normalizar la comunicación bidireccional, la primera parte de este capítulo despeja las creencias que erosionan la confianza en nuestras percepciones de los muertos y, en consecuencia, las apaga. La segunda parte examina los enormes beneficios que tanto nosotros como nuestros fallecidos obtenemos cuando se establece la comunicación. El duelo es tan importante a la hora de hablar de la muerte, especialmente en lo que atañe a establecer el contacto o bloquearlo, que hay una sección sobre esto hacia el final de este capítulo.

Los muertos pueden oírnos y vernos, gritarnos y enviarnos señales, pero intentar atravesar nuestras capas de condicionamiento social es tan frustrante que la mayoría acaba por rendirse. Algunos confían en los sueños, que no siempre son tan eficaces como el contacto directo. Otros, en cambio, consultan con un médium profesional. Nuestro trabajo consiste en deshacernos del fango social para que los muertos puedan llegar directamente a nosotros cuando lo deseen y nosotros podamos llegar a ellos, de tú a tú.

Muchas otras culturas se han dado cuenta desde hace tiempo de que el contacto tiene sentido para su gente, viva o muerta, a la vez que ayuda a mantener la continuidad dentro de cualquier comunidad. Por ello, han incorporado en sus sociedades la comunión con los muertos. En muchas culturas preindustriales actuales, se permite que la barrera entre los dos mundos sea porosa, y las comunidades mantienen como mínimo a un especialista, el curandero o la curandera, el chamán, el sacerdote o la sacerdotisa, que habla con el reino de los espíritus.

En muchas partes del mundo se reserva anualmente un período de uno o dos días para el regreso de los muertos. La famosa celebración mexicana, El Día de los Muertos, consta de dos días: el primero para el regreso de los niños y bebés fallecidos, y el segundo para los adultos. En todo el mundo (Brasil, España, Guatemala, Filipinas, Haití, Japón, Corea, China, Nepal y muchos países africanos), estas celebraciones suelen incluir visitas a las tumbas y oraciones para los difuntos.

En las sociedades occidentales se conservan ritos similares. La gente acude a los chamanes modernos, en su mayoría psíquicos y médiums, para comunicarse con el otro lado. Muchos tienen rituales elaborados en torno al cadáver. El embalsamamiento, el maquillaje y el peinado están diseñados para devolverle una apariencia viva. Los objetos se introducen en el ataúd para la protección y el recuerdo. Rezamos oficialmente en las iglesias, sinagogas y mezquitas por el bienestar del alma del difunto. Cuidamos las tumbas. Y antes teníamos un período anual de tres días reservado para honrar a los muertos, Halloween (víspera de Halloween), y el día de Todos los Santos (All Hallows o Hallowmas).

Halloween se ha convertido en una burla de lo que una vez fue una importante fiesta celta-romana celebrada antes de la llegada del invierno, momento en que se creía que este mundo y el siguiente estaban más cerca. El antiguo respeto por los muertos se ha reducido a una parodia del supuesto lado oscuro de la muerte, personificado por fantasmas y brujas estereotipados, vampiros, gatos negros y murciélagos, todo ello relegado a un juego de niños. La fiesta estadounidense de Halloween ha proporcionado a la industria del entretenimiento una oportunidad para fabricar aún más películas de terror sobre los no tan muertos.

MIEDO AL CONTACTO

El miedo a los muertos y a lo paranormal, por lo general, produce una poderosa resistencia al contacto. Piensa en las palabras que tradicionalmente se utilizan para referirse a los difuntos que aparecen: *fantasmas, apariciones, espectros, sombras.* ¿Alguno de ellos describiría a tío Harry sonriendo desde la esquina de una habitación? ¿Desearías presenciar una «visita desde la tumba»? Aunque afirmamos estar libres de las supersticiones de antaño, una parte de nosotros sigue temiendo que los muertos vuelvan a perseguirnos o que presagien la muerte inmediata del espectador. A principios del siglo xx, Freud desarrolló la teoría de que en los rincones más oscuros de la psique acecha un impulso de muerte, o Tánatos, innato en la humanidad. Si creyéramos en ese instinto podríamos temer que la comunicación con los muertos active un deseo de muerte. Peor aún, nuestra cultura nos enseña que mantener contacto con los muertos nos marca como mórbidos, siniestros y oscuros, o simplemente locos.

Algunas personas evitan el contacto porque se les ha enseñado que las emociones y necesidades humanas frenan a los muertos en su avance celestial. El subtexto es que la comunicación perjudica a los muertos: mancha la pureza del alma, perturba su «descanso» o la hace descender involuntariamente a nuestro nivel. Entonces, el deseo de contacto resulta egoísta. El cristianismo ha añadido su propio matiz: si Dios quiere que una persona esté con él en el cielo, no tenemos derecho a entrometernos. ¿Acaso la muerte purifica y eleva las almas hasta tal punto que pierden toda preocupación por los vivos? ¿La emoción humana genuina puede ser de verdad perjudicial? ¿Temen los difuntos que el contacto con nosotros los saque de sus alturas espirituales recién logradas? Todos los relatos de comunicación después de la muerte recopilados hasta la fecha dicen: absolutamente no. Los muertos buscan el contacto constantemente. Saben que les beneficia tanto a ellos como a los vivos. Además, no hay razón para creer que hayan perdido sus defensas a la vez que sus cuerpos. Parece que la rígida división entre esta vida y la siguiente no se estableció para proteger a los muertos de nosotros, sino para protegernos de nuestro miedo a la muerte.

La ansiedad sobre la influencia que podemos ejercer sobre el progreso del alma demuestra lo mal que medimos la solidez del ser, dentro o fuera del cuerpo. Sería útil tener en cuenta que el alcance de un individuo siempre es vasto, irradiando en todas las direcciones telepáticamente, ya sea conscientemente o no. La influencia personal está en todas partes, durante todo el tiempo. Tratar de suprimirlo es como intentar atrapar al viento en una caja.

Los muertos, como los vivos, pueden elegir a qué están dispuestos a exponerse y a qué no. Si se ve el contacto como una llamada telefónica, se puede poner en perspectiva el problema de la influencia. Se realiza la llamada, suena en el otro extremo con la identificación de la persona que llama, y ésta puede decidir contestar o grabar el mensaje. Si hay un mensaje, la persona elige si lo oye o no, si devuelve la llamada o no. Nosotros tenemos las mismas opciones. Tampoco tenemos que responder al teléfono, metafóricamente hablando, y podemos desconectar permanentemente la línea con nuestros difuntos si lo deseamos.

Puede que evitemos el contacto porque no queremos que la persona fallecida sepa lo que está pasando en nuestros corazones y mentes. Puede que queramos enterrar la culpa de no haber hecho lo suficiente, sea cierto o no. Padres que han perdido a un hijo están a veces tan atormentados por los «y si» y los «si sólo» que se ven atrapados entre el anhelo de un encuentro y el temor de suscitar más angustia y autorreproches si lo tienen. También podemos temer que los muertos nos regañen por cosas que hicimos mal o por ignorar peticiones específicas, como esparcir las cenizas en un lugar determinado. También podemos tener miedo a que nos recriminen por el daño que cometimos contra el difunto cuando estaba vivo. Algunos temen que se revelen viejos secretos, rencores privados, celos y odios no expresados, engaños a sus cónyuges, dinero oculto, etc. O pueden quedar al descubierto nuevos secretos, como la búsqueda de otra pareja sexual antes de que se enfríe la tumba, por decirlo de algún modo.

Puede que se evite el contacto debido a un enfado contra el fallecido, un enfado que queremos ocultar. Puede provenir de sentimientos de abandono, de testamentos insatisfactorios o de un desorden dejado para que otros lo limpien. La gente también siente ira porque una persona no murió de la manera «correcta», murió demasiado repentinamente para prepararla, no «luchó» lo suficiente, no perdonó o no pidió perdón. Puede existir un sentimiento de culpa por haber deseado que una persona difícil muriera antes o bajo la tutela de otra persona. El resentimiento por haber tenido que cuidar a alguien durante mucho tiempo puede ser agudo cuando el moribundo tiene un historial de ser negligente o destructivo con el cuidador.

Cuando alguien está resentido o enfadado con el fallecido, la resistencia al contacto puede ser paralizante, incluso cuando se busca. He visto a personas que rechazan totalmente la experiencia y se quedan bloqueadas, intentan cambiar de tema o se vuelven contra mí en lugar de utilizar la conexión como plataforma para el perdón. Esta poderosa resistencia obstruye el contacto y el flujo de información.

Hace un tiempo, un hombre vino a pedirme ayuda para desarrollar sus capacidades psíquicas. Mientras estábamos sentados, su madre, que había muerto 40 años antes, apareció sobre su hombro derecho. Entonces vi que había traído a su hermano a la escena. A pesar de que le proporcioné con exactitud sus nombres, descripciones físicas, características emocionales y mensajes, algunos con detalles que sólo conocían ellos tres, el hombre insistía que no podían ser su madre y su hermano. Yo sentí un torrente de emociones tan intenso que me hizo llorar, y él no sintió nada. Esquivó todos nuestros esfuerzos para establecer contacto lanzando críticas y dudas e interrumpió repetidamente lo que su madre intentaba decir con relatos de momentos horribles de su historia familiar. Ella estaba allí para pedir perdón y él no estaba preparado para concederlo.

Sin embargo, esta historia tiene un epílogo maravilloso. A pesar de su resistencia inicial, unos meses después de nuestra sesión el hombre empezó a comunicarse con su madre por su cuenta. Acabó cediendo a los esfuerzos de su madre, quien llevaba 12 años intentando comunicarse con él. Permitir que su madre regresara a su vida le ha puesto en el camino de la verdadera curación. Igual de importantes son los cambios que he visto en ella. Gracias a que está dejando de lado la culpa, la pena y la impotencia con las que había estado luchando desde su muerte, está más lúcida y joven, y espera ayudar a su hijo a tener un futuro mejor.

Otra razón común para bloquear un encuentro es una fuerte resistencia para afrontar la muerte de alguien, a pesar de reconocerla conscientemente. Esto es comprensible y, afortunadamente, sólo es temporal, ya que se levanta cuando el sobreviviente es lo suficientemente fuerte como para aceptar del todo la pérdida. Hasta entonces, sus reacciones son inconsistentes, como si fueran retazos, ya que alguien que se niega a establecer un contacto consciente mientras está despierto puede estar soñando con el difunto, reconociendo en el sueño que el otro se ha ido físicamente.

Hace poco, me llamó por teléfono mi amiga Kathleen, de Irlanda. Me habló de la muerte de su padre, dos años atrás, debido a una apoplejía. Ella no había estado presente, un hecho que roía su conciencia. Aferrándose a las últimas y trágicas horas de la vida de su padre, imaginando sin cesar por lo que había pasado, indignada por la ignorante mala gestión de la policía y pensando en la venganza, eran su manera de no dejarlo ir. Kathleen y yo no habíamos estado en contacto durante mucho tiempo, así que ella no sabía que yo estaba escribiendo este libro. Mientras ella hablaba, su padre se acercó. Para mi sorpresa, se negó a saludarlo y comenzó, en cambio, a balbucear y arrullar a su bebé, al que tenía en su regazo. De nuevo lo intenté: «Kathleen, tu padre está aquí ahora. Habla con él». Pasó un momento de silencio. Entonces me dijo en voz baja que no quería verlo. El contacto con él significaría que él está realmente muerto, un hecho que ella aún no era capaz de admitir.

Muchos de nosotros, incluyéndome a mí, podemos aceptar la separación de los más importantes en nuestras vidas sólo de manera mesurada. A pesar de haber estado al lado de la cama mientras fallecía, elegido el ataúd o la urna al día siguiente, organizado el funeral o el servicio conmemorativo, una parte de nosotros quizá espere que el difunto regrese físicamente. Cada persona reacciona de manera diferente ante una muerte importante. Por un lado, la persona puede lanzarse a empacar todos los efectos personales del fallecido directamente después de la muerte en plan «ahora o nunca». Otras pueden dejar todo exactamente como estaba durante años, retirando sólo alguna cosa de vez en cuando. Respeta lo que necesites. Si no estása dispuesto a establecer contacto ahora, no te preocupes por perder la oportunidad. Vendrá de nuevo. Si intentas establecer contacto, pero no funciona, puedes estar evitando inconscientemente lo irremediable de tu pérdida.

Desde luego, esta moneda tiene otra cara. Me refiero especialmente a la superstición de que el contacto con los muertos nos arrastra a su lado. Los fallecidos no intentan empujarnos por el umbral. Por un lado, no tienen el poder; por otro, tal objetivo es contrario a la ética del Más Allá. Si las viejas falsedades de que los muertos nos arrastran o son contagiosos fueran ciertas, no quedaría ningún médium vivo. El miedo a que el contacto te lleve al otro lado es tan lógico como creer que, si hablas con alguien por teléfono en Dakota del Norte, serás involuntariamente teletransportado allí, para no volver nunca más.

Muchos consideran que el contacto con los muertos y, por tanto, cualquier escarceo con lo sobrenatural es peligroso y está prohibido, e incluso creen que la nigromancia provoca la condenación eterna. La mera palabra evoca imágenes de brujas, hechiceros, culto a Satanás, magia negra, vudú y similares. Se imagina a los nigromantes atrapando almas desprevenidas y utilizándolas para hacer su voluntad o convocar a los malvados habitantes del infierno.

Los religiosos conservadores tienden a considerar a los videntes modernos, es decir, a los psíquicos y a los médiums, como «falsos profetas», que reclutan a los débiles en la fe a la izquierda de Dios. Cómo se produjo esto es un misterio para mí cuando leo las cartas de Pablo, que son las fuentes más auténticas que existen de la primera generación del cristianismo. Los carismas –visiones extáticas, profecía, segunda vista, el habla en lenguas, imposición de manos– eran aspectos cruciales de la nueva fe. De todas las duras críticas que los líderes del movimiento en

Jerusalén (incluido el propio Santiago, hermano de Jesús) tenían contra la gestión de Pablo en el extranjero entre los gentiles, la importancia de los carismas no era una de ellas. Los carismas eran originalmente considerados expresiones de la gracia divina.

Así como algunos piensan que quien ejerce sus habilidades psíquicas está haciendo el «trabajo del diablo», otros los consideran mentalmente desequilibrados o anormales. Esto es en parte culpa de la representación de los medios de comunicación, de la que se ha hablado en el capítulo 9. Existe también otra opinión poco realista, que consiste en que esas personas son espiritualmente avanzadas o elegidas por Dios. Eso significa que, a menos que uno sea uno de los bendecidos, no podrá comunicarse con los habitantes del Más Allá. Está claro que la creencia predominante de que una persona «normal» no puede establecer contacto bloquea tenazmente la comunicación. En mis años como vidente profesional, siempre que veía una mirada de reverencia en los ojos de una persona, encendía un cigarrillo. Eso normalmente rompía el hechizo. Por el contrario, mi propio hermano, que se convirtió en un fanático cristiano renacido en el último año de su problemática vida, estaba convencido de que yo trabajaba para Satanás y rezaba por mi salvación. Como habíamos perdido el contacto durante la mayor parte de mi vida adulta, su convicción se basaba exclusivamente en las enseñanzas de su comunidad religiosa. La ironía es que lo vi más después de su muerte que antes.

La verdad es que los que están en contacto con los invisibles no difieren de los demás. No se encuentran en las estratosferas superiores de los planos terrestres, ni están en su «última vida» del ciclo de la reencarnación. Debido a todas las tonterías que nos han contado sobre curanderos, profetas, videntes y demás como si estuvieran espiritualmente «por encima» de nosotros, nos hemos separado de nuestras propias capacidades naturales. De nuevo, la actividad paranormal es la esencia misma de lo normal. Las capacidades que permiten ver lo invisible y oír lo inaudible nos pertenecen a todos. Como todos, tú eres un gran pieza en el mundo de la magia, como todos y cada uno de nosotros. Y nunca lo olvides. Los muertos no lo harán.

Cuanto más suspendamos las creencias y actitudes previas sobre la sobrevivencia y la actividad paranormal, ya sea desde la ciencia, la religión o la sociedad en general, más contacto tendremos, y más preciso será éste.

MIEDO A LA IMAGINACIÓN HIPERACTIVA

En nuestra sociedad, el miedo al contacto con los muertos es prácticamente inseparable del temor a tener una supuesta imaginación hiperactiva. No confiar en la imaginación pertenece a la falta de confianza en el yo interior. Si lo recuerdas, las personas (especialmente los hombres) que han tenido ECM han sido bastante reticentes al hablar de ellas por miedo a ser tachados de ilusos. Al menos sus muertes clínicas y las secuelas han quedado registradas. Pero las personas que han recibido visitas de reinos no materiales, un grupo al menos 5 veces mayor, no tienen tanta suerte, y hasta un 75 % de ellas ocultan el hecho por miedo al ridículo. Si le cuentan a alguien una experiencia, empiezan con calificativos como: «Sé que no vas a creer esto…» o «Probablemente pensarás que estoy loco…».

El propio Raymond Moody, uno de los fundadores de la investigación de las ECM, quedó sorprendido por las reacciones de sus colegas cuando se dedicó a estudiar la comunicación después de la muerte. Aunque los científicos y los médicos lo elogiaban por su valiente trabajo con las ECM, cuando se trataba de la comunicación *post mortem* un psicólogo dijo en tono de broma: « ¡Se acabó tu carrera!». Otra colega llamó al proyecto «estúpido y divertido» y le prohibió hablar de él en su presencia. El peor fue un médico que, tras leer el resumen de Moody sobre su técnica de mirar al espejo para inducir el contacto, comentó escuetamente que era una prueba clara de que Moody había «perdido el norte». Éste diagnosticó a Moody como maniacodepresivo y le recetó litio.[1]

Ya es bastante difícil demostrarle a alguien que tu abuela, muerta hace 20 años, acaba de aparecer. Pero a veces es aún más difícil convencerse a uno mismo. Cuando el contacto se produce, es demasiado fácil

---

1. Moody, R.: *Reunions: Visionary Encounters with Departed Loved Ones.* Ivy Books, Nueva York, 1994, pp. 35-36.

considerarlo como el producto de una imaginación hiperactiva. Lo que más convence a la gente de que la comunicación después de la muerte es real es su naturaleza imprevisible. Ya se trate de un contacto espontáneo o inducido deliberadamente, la forma en que aparecen los muertos y los mensajes que transmiten casi siempre nos sorprenden. Los receptores rara vez experimentan lo que esperaban o deseaban. La imprevisibilidad sugiere que los muertos que se acercan a nosotros son independientes de nuestra imaginación.

El otro escollo es la idea de que una apariencia es sólo un deseo. Bueno, ¿es así? Según una encuesta, el 82 % de las personas que tuvieron encuentros espontáneos con los fallecidos no lo anhelaban ni esperaban.[2] En cambio, muchos de los que anhelaban un contacto nunca lo tuvieron. Aunque esto proporciona cierta evidencia de que los difuntos aparecen independientemente de nuestros deseos, los resultados también pueden interpretarse como indicios de autosabotaje. No tenemos que esperar a que los muertos tomen todas las decisiones. Y el deseo es una de las formas más seguras de establecer contacto con los muertos, si sólo aprendemos a tener confianza.

Aun así, no hay nada malo en un poco de escepticismo. Mientras no detenga el proceso bruscamente, te desafiará a agudizar tus percepciones. Sin embargo, el escepticismo sano no debe confundirse con lo que Dianne Arcangel llama «escepticismo dogmático», que describe como cínico, arrogante, autosuficiente, dictatorial y autoritario.[3]

En lugar de preguntarnos si las personas que han visto u oído a los muertos estaban borrachas, drogadas o, al menos, desquiciadas, veamos algunos hechos. Como se expuso en la introducción, las investigaciones y encuestas indican que entre el 42 y el 72 % de la población estadounidense ha tenido contacto con los muertos. Y éste es sólo un dato extraído de los informes de la comunicación espontánea. Desde entonces, muchos miles de personas más han establecido un contacto significativo mediante una terapia de comunicación inducida después de la muerte, un número que probablemente aumentará en las próxi-

2. Ver Arcangel, D.: *Afterlife Encounters: Ordinary People, Extraordinary Experiences.* Hampton Roads, Charlottesville, Virginia, 2005, p. 288.

3. Ibíd., pp. 98-99.

mas décadas.[4] Tampoco se tienen en cuenta las visitas en el lecho de muerte, los encuentros en la infancia y el contacto a través de médiums. Estas estadísticas representan, en promedio, a más de la mitad de los buenos ciudadanos de Estados Unidos. ¿Están todos locos?

La gente no está emocionalmente alterada cuando se produce un encuentro, sino que por lo general está relajada, inmersa en su pasatiempo favorito, soñando despierta o durmiendo. Según los Guggenheim, muchos de ellos están conduciendo sus coches.[5] No están, pues, en una crisis que provoque delirios, sino en un estado semiconsciente, que permite la receptividad. Pero también pueden estar emocionados, aburridos, con pánico, felices o tristes. Siempre que te encuentres en un estado de expansión, en un acontecimiento especialmente alegre como una boda, contemplando el océano o las estrellas fugaces en el cielo nocturno, los difuntos podrían colarse en los rincones recién abiertos de tu conciencia expandida.

Una importante encuesta analizó qué tipo de persona es más propensa a tener encuentros con difuntos, o quizás, realmente, quién está dispuesto a admitirlo. Los que tienen experiencias son socialmente activos y tienen más recursos de lo normal. También son pensadores independientes e influyentes creadores de nuevas tendencias.[6] Éstas son las personas que tienen la seguridad en sí mismas para defender su experiencia y decir: «Sí, me he comunicado con los muertos».

Si revisamos a las personas prominentes, audaces y brillantes del pasado que admitieron abiertamente su interés por entrar en contacto con los muertos o que lo lograron, te convencerás de que estás en una excelente compañía al emprender esta búsqueda. Entre ellos hay científicos, inventores y psicólogos, filósofos y líderes religiosos, artistas y escritores, políticos, incluso presidentes y primeros ministros, militares y demasiadas celebridades para nombrarlas. Según se dice, antes de morir, Thomas Edison estaba desarrollando un teléfono que sirviera de puente entre esta vida y la siguiente. Otros científicos son Gugliel-

---

4. Ver Botkin, y A. Hogan, R.C.: *Induced After-Death Communication: A New Therapy for Healing Grief and Trauma*. Hampton Roads, Charlottesville, Virginia, 2005.
5. Guggenheim, B. y Guggenheim, J.: *Hello from Heaven!* Bantam Books, Nueva York, 1997. Ver también ARCANGEL: *Afterlife Encounters*, p. 115.
6. Arcangel: *Afterlife Encounters*, pp. 105-106.

mo Marconi, (premio Nobel de física e inventor en el campo de la telegrafía sin hilos); los físicos sir Oliver Lodge, sir William Crookes, sir William Barrett y Nikola Tesla; los inventores Benjamin Franklin y Henry Ford; los psicólogos y psiquiatras William James, Carl Jung y Elisabeth Kübler-Ross; los filósofos Sócrates y Emanuel Swedenborg; varios papas, entre ellos Pío XII y Juan Pablo II; escritores como William Shakespeare, Victor Hugo, Oliver Wendell Holmes, Mark Twain, Robert Louis Stevenson, sir Arthur Conan Doyle, Charles Dickens y el premio Nobel Thomas Mann; el senador Leland Stanford, fundador de la Universidad de Stanford (que donó una fortuna a Stanford para la investigación después de la muerte); los primeros ministros ingleses Arthur James Balfour y Winston Churchill, y los presidentes de Estados Unidos, Abraham Lincoln y Jimmy Carter.

«Hombres de verdad» también admiten ver a los muertos. Sir Hugh Dowding, de la Real Fuerza Aérea, responsable de la exitosa defensa contra la Luftwaffe nazi en la batalla de Inglaterra, que fue el verdadero punto de inflexión de la guerra, hablaba constantemente con los pilotos que encontraron la muerte bajo su mando. Durante la misma guerra, el general George Patton pasaba las tardes en profundas conversaciones con su padre muerto en su tienda de campaña. El padre se sentó, habló de estrategia y le dio ánimo. La lista de personajes importantes es interminable. También están los investigadores, médicos y psicólogos que estudian la sobrevivencia en las ECM y facilitan el contacto con los muertos.

Los investigadores influyen en el contacto, por supuesto, telepáticamente. Los más descuidados pueden obstruir la comunicación o distorsionarla. He leído de algunos que realmente filtran sus fuentes invisibles con preguntas como «¿Cree usted en Jesús?». Muchas de esas pobres almas que se esfuerzan por llegar del otro lado de la gran frontera ni siquiera sabrán lo que significa esa pregunta. ¿Y qué te pasaría a ti si te encontraras con Einstein?

Los impulsores mencionados anteriormente no temen, por lo general, a la imaginación, sino que dependen de ella para lograr avances. Si no tenemos confianza en nosotros mismos, podemos ser víctimas de la hipótesis de la imaginación hiperactiva. La actitud denigrante hacia la imaginación es producto de la mentalidad de la Edad de la Razón.

De un modo u otro, todos hemos sido objeto de este prejuicio. Los padres y los profesores intentan frenar la imaginación de los niños y moldearla según lo que la sociedad considera aceptable. Aquí es donde empieza todo. Cuando los niños cuentan a sus padres que han visto a su abuelo muerto, sus experiencias se descartan como imaginarias o se les acusa de mentir, del mismo modo que los padres reaccionan ante los recuerdos de vidas pasadas de los niños.

Como adultos, ya no necesitamos que nuestros padres nos censuren las experiencias. Lo hacemos nosotros mismos, sobre todo negándolos: «No hay nadie allí. Me lo estoy imaginando», o «debo haber soñado». La censura puede ser tan instantánea que borra el acontecimiento casi antes de que comience. Si la represión de la imaginación es lo suficientemente fuerte, puede obstruir las vías que conducen a nuestro interior, dificultando la distinción entre la fantasía y los datos reales intuidos.

Lo que llamamos la imaginación es donde se manifiesta el conocimiento interior cuando nuestra conciencia está despierta. Es el mecanismo expresivo del yo interior. Posee el tipo de racionalidad que organiza cantidades casi ilimitadas de información al instante. Una vez que dejes que tu imaginación te lleve a la verdadera racionalidad del ser interior, te darás cuenta de que tu profundidad y alcance, tu lógica infalible, hacen que la racionalidad usual parezca absurdamente inadecuada en comparación. Se necesita cierta disciplina para trabajar con la imaginación para poder recuperar los datos válidos que lleva. Si viviéramos en un entorno más iluminado, que comprendiera y valorara la imaginación por lo que realmente es –una herramienta creativa que canaliza la información y establece redes para el crecimiento y la percepción–, guiaría a la humanidad hacia extraordinarios avances.

El miedo a la imaginación hiperactiva incluye el miedo a «ver cosas». Si has tenido un encuentro, pero temes que fuera una alucinación, puedes estar seguro de que los afectados por alucinaciones que también han tenido encuentros informan que los dos no se parecen en absoluto. Como han señalado varios investigadores, difieren en cuanto a la calidad visual y emocional. Los encuentros son ordenados; las alucinaciones tienden a ser caóticas. Además, las alucinaciones generalmente van acompañadas por sentimientos de impotencia y ansiedad, casi hasta el pánico, seguidos de depresión, mientras que los estudios demuestran que los encuentros suelen provocar alegría y consuelo. Por último, las alucinaciones no curan el alma, pero el contacto sí.

¿PUEDE SER PELIGROSO EL CONTACTO?

La creencia en que el contacto con los muertos implica incurrir en las artes oscuras está muy arraigada. Aunque una parte de nosotros espera ver a la querida tía Jean, otra parte teme que lo que se presente parezca algo horrible sacado de la televisión. Muchos norteamericanos temen que cuando se abra el portal invitarán involuntariamente al mal en vez de al bien y luego serán poseídos. Películas populares como *El exorcista* y *Carrie* transmiten mensajes asombrosamente falsos sobre una oscuridad con poderes incontrolables.

Si te sientes susceptible al «mal», es bueno hacerse preguntas profundas. En primer lugar, analiza si tienes una creencia infantil de ser malo. Si te esfuerzas demasiado por ser bueno, probablemente estés encubriendo algo, un sentimiento de falta de valor, ira o vergüenza. ¿Intentas mantenerte bajo control? Si perdieras el control, ¿qué crees que pasaría? ¿Están tus actitudes religiosas o espirituales marcadas por los dualismos del bien contra el mal? Pregúntate de dónde viene la noción del mal. ¿Te han enseñado que el mal está siempre listo para tomar el control si relajas tu vigilancia? ¿Qué actitud tienes ante la posesión de poderes extraordinarios? Si los tuvieras, ¿qué harías con ellos? Incluso si crees en la existencia del mal, tener fe en que tu parte más profunda es fundamentalmente buena es suficiente para empezar. No obstante, antes de intentar establecer contacto, fija tus intenciones, como explica el capítulo 16. Te protegerán.

A decir verdad, no hay nada ahí fuera que pueda hacerte daño de verdad. Sólo el miedo que aportas a un encuentro puede hacerlo. Corres un peligro mucho mayor por su interacción diaria con los vivos. El Dr. William Roll, uno de los principales expertos en apariciones, dijo que no había descubierto ni una sola vez un caso en el que se hubiera producido un daño a alguien por una aparición.[7] Y Allan Botkin, ba-

---

7. Moody: *Reunions,* p. 65.

sándose en miles de casos de terapia de comunicación inducida después de la muerte, afirma que todos hasta ahora han sido positivos. Sin excepción, los pacientes perciben «a la persona fallecida como cariñosa, arrepentida o clemente, atenta y compasiva». En ningún caso se ha descrito que la persona que ha tenido la experiencia haya recibido un mensaje de enfado, culpabilización o dureza por parte del fallecido. Los mensajes son siempre «cariñosos, perspicaces y edificantes».[8] Las personas involucradas en el proyecto de comunicación masiva después de la muerte fundado por los Guggenheim estarían totalmente de acuerdo.

Seguramente estás orientado al contacto con una persona concreta. Si esto es así, no es probable que te encuentres con muertos fuera de tu interés inmediato. Recuerda que, en un 89 % de los casos, las personas han informado de encuentros con familiares y amigos muertos, ¡y en un 10 % con mascotas!

Bill Guggenheim y Judy Guggenheim, que han recopilado decenas de miles de relatos, señalan que todavía nadie ha informado de un contacto con alguien que haya cometido un delito malicioso o una atrocidad.[9] Bueno, eso es cierto en gran medida, pero depende del contexto. Hay casos en los que el fallecido que se comunica había causado un gran daño a otros en vida, como un asesinato o una violación. Sin embargo, en casi todos estos casos, los delincuentes ya eran conocidos por los espectadores. No eran espíritus malévolos anónimos que salían a buscar a los vulnerables. Además, por lo que se sabe, cuando un delincuente entra en contacto, no lo hace movido por la compulsión de hacer daño, sino por un remordimiento agonizante.

No obstante, enfrentarse a alguien muy temido en vida puede ser difícil. La siguiente historia de Christopher, un paciente de Botkin, es una de las más conmovedoras y valientes que he visto.[10] Demuestra que enfrentarse a su pcor miedo es el camino más seguro hacia la liberación. También muestra el inmenso poder del perdón.

La infancia de Christopher fue un verdadero infierno. Su padre era alcohólico. Traía a casa a amigos borrachos, y juntos abusaban física y

---

8. Botkin: *Induced After-Death Communication*, p. 54.
9. Guggenheim y Guggenheim: *Hello from Heaven!*, p. 239.
10. Botkin, *Induced After-Death Communication*, pp. 117-119.

sexualmente de su hijo, así como de sus dos hijas pequeñas, Fran y Jill. Christopher recuerda que una vez estuvo encerrado en un armario, escuchando a sus hermanas gritar durante horas mientras las violaban. Incluso cuando era adulto, el miedo a su padre, ya muerto desde hace mucho, seguía siendo tan fuerte que, durante un sueño relacionado con él, perdió el control de sus intestinos. Vivía su vida entre miedo y rabia extremos, puntuada por visiones intrusivas de abuso. Ambas hermanas acabaron suicidándose. Christopher buscó a Botkin por su anhelo de seguirlas. Como Fran se había suicidado sólo unas semanas antes de empezar la terapia, él y Botkin empezaron con ella. Tras la inducción, Christopher la vio. Lloró porque, por primera vez, se veía feliz. Fran se disculpó por el dolor que su suicidio le había causado y lo instó a no quitarse la vida, a no rendirse.

Christopher comenzó entonces a tener encuentros oníricos con su padre, que le pedía perdón. Finalmente, sus dos hermanas aparecieron con su padre en un sueño para animar a su hermano a perdonar, no por el bien del padre, sino por el suyo. El puro terror lo despertó.

Unos días más tarde volvió a la terapia, dispuesto a enfrentarse a su padre. Botkin se esforzó por controlar el miedo y la ira para llegar a la tristeza subyacente. Cuando su padre apareció, Christopher siguió rechazándolo. Entonces vio que su padre se daba cuenta de la magnitud del daño que había hecho, y Christopher empezó a perdonar. Cuando volvió a ver a sus hermanas en sesiones posteriores, le aseguraron que los recuerdos intrusivos, las pesadillas y los anhelos suicidas habían terminado. Resultaron estar en lo cierto.

Muchos niños sufren un maltrato similar. Pero pocos se dan cuenta, cuando son adultos, de que aún pueden romper las devastadoras ataduras de rabia, odio y miedo. A decir verdad, es más fácil trabajar con abusadores muertos que con los vivos, porque estos últimos no se resisten a aceptar su culpabilidad. Su aparente e intenso remordimiento puede cambiar la vida de la persona maltratada.

Algunos lectores creerán que los actos atroces no deben ser perdonados, que el perdón llevará a los culpables a la impunidad moral, dando lugar al caos social. El infierno debería ser su recompensa. Los críticos de las experiencias cercanas a la muerte se burlan de la ley del perdón en el Más Allá, llamándola «gracia barata». Los muertos no están de acuerdo. Incluso perdonarán a sus agresores sin que se lo pidan. También saben que reconocer el daño causado fortalece moralmente la conciencia,[11] tanto si la persona está viva como muerta, y que el arrepentimiento verdadero libera la moral natural. Saben que el perdón libera, y que aumenta la capacidad de amar. Para ellos, el perdón es la mejor parte de la Regla de Oro.

SENTIR MIEDO CUANDO SE PRODUCE EL CONTACTO

Las encuestas muestran que hasta el 98 % de las personas que tuvieron encuentros los encontraron reconfortantes hasta cierto punto; la mayoría sintió euforia y disfrutó de efectos posteriores positivos y duraderos. Sin embargo, unos cuantos entrevistados dijo sentir miedo o no sentirse cómodo.[12] Me gustaría subrayar que nadie de este grupo de 2 % se asustó por haber visto algo macabro. Por el contrario, lo que la gente percibía eran miembros de la familia y amigos jóvenes, sanos y más bellos que la última vez que los vieron en carne y hueso. Entonces, ¿por qué sintieron miedo?

En primer lugar, los encuentros de los que se informa en las encuestas fueron espontáneos, es decir, los receptores no controlaron la situación. No es de extrañar, pues, que los investigadores hayan atribuido las respuestas de miedo a la falta de comprensión y familiaridad con el fenómeno. ¡Esto lo arreglaremos muy pronto! A medida que aumentaba la comprensión del proceso, el miedo disminuía a un mero 1 % de este subgrupo. El 99 % restante tenía ganas de seguir. Afortunadamente, más de la mitad logró establecer contacto. Los siguientes encuentros les proporcionaron un enorme consuelo en lugar de miedo.

Con un contacto intencional, como el que propongo, los encuentros no están fuera de nuestro control y no nos pillan desprevenidos. Por el contrario, estamos preparados. Si los encuentros se consideraran como algo normal y, mejor, si se esperaran, la familiaridad y el apoyo social erradicarían por completo el miedo.

---

11. Ver Ibíd., 115-116.
12. Por ejemplo, los de Arcangel, *Afterlife Encounters*, pp. 284-285 y otros.

Una segunda respuesta de miedo que las encuestas descubrieron fue ocasionada por la llegada de un padre fallecido. Esta experiencia le ocurrió a un grupo de encuestados en el que más de la mitad tenía entre 3 y 17 años.[13] Aparentemente, el miedo se produce cuando los niños perciben a sus padres como disciplinarios que vuelven para reñirles. Algunos adultos han tenido reacciones similares al encontrarse con personas que eran sus superiores en la profesión. Por el contrario, los niños que no se asustaron por los encuentros con los padres fallecidos los vieron como protectores que venían a ayudarles.

Aunque estoy de acuerdo con esta explicación del miedo como reacción, no me satisface del todo. En general, los niños tienden a confundir la desaparición física de un padre con el abandono, al igual que los adultos. Y si mamá o papá los han dejado, entonces deben haber hecho algo malo. De ahí que muchos niños se sientan responsables por la muerte. Es probable que sus reacciones de miedo estén alimentadas por el temor a ser expuestos. Los niños también absorben telepáticamente las emociones y los pensamientos de los demás. Si la madre de un niño muere, por ejemplo, y su muerte se atribuye silenciosamente a las pesadas cargas de la maternidad, es probable que ese niño sienta que realmente la mató.

Como sabes, estuve presente cuando murió mi abuela, pero nadie me habló de lo que estaba pasando. Se esperaba que yo desapareciese. La atmósfera alrededor de su lecho de muerte era cruda, furiosa y llena de acusaciones tácitas. No fue hasta que tenía más de 40 años cuando finalmente tuve un sueño que me liberó de una culpa que ni siquiera sabía que tenía. Todo el sueño se caracterizó por el tipo de inquietud que provoca un sudor frío. Soñé que había asesinado a alguien y que enterraba el cuerpo detrás de una pared de ladrillos en un sótano. Una vez que me armé de valor para romper la pared, el cadáver de mi abuela se cayó. En ese instante, la comprensión de que no había matado a mi abuela después de todo me golpeó como una tonelada de ladrillos (¡probablemente de la pared!). Por fin había liberado un secreto que había mantenido bloqueado en lo más profundo (en el sótano) duran-

---

13. Ibíd., 285.

te 30 años. La culpa que había estado cargando por todas esas acusaciones tácitas había sido captada telepáticamente.

La angustia que puedan sentir los niños se aliviaría si los adultos hablaran de la muerte con ellos y les permitiesen participar en el proceso. Un niño ve directamente a través de los comentarios despectivos como «papá se fue de vacaciones» y «mamá se fue a dormir», o incluso los comentarios un poco más aceptables, pero normalmente superficiales, como que el difunto está «en el cielo» o «se lo llevó Dios». El mensaje es: no hablamos de la muerte porque es mala. Con demasiada frecuencia se deja de lado a los niños cuando hay una muerte, abandonándolos a su suerte, lo que agrava enormemente su confusión. La exclusión, al igual que el abandono, se interpreta fácilmente como un castigo. La noción de que un niño no debe ser expuesto a la muerte o que no la entenderá es realmente una venda para no ver nuestro propio malestar e ignorancia.

Cómo afrontar el duelo

La ciencia también ha investigado por qué algunos encuentros producen poco o ningún consuelo dentro del grupo del 2 % que inicialmente tenía miedo. La razón parece ser el duelo. Una persona puede verse invadida por oleadas de aflicción mientras la aparición tiene lugar. A veces estos sentimientos se presentan directamente después de un encuentro o afloran durante días como intenso anhelo por el regreso del difunto. Lo inesperado sobre este duelo intenso en este 2 % es que aparece con mayor frecuencia cuando el contacto se realiza por medio de un médium. Después de las sesiones de espiritismo, las personas se sintieron como si hubieran perdido a sus seres queridos dos veces.[14] Algunos incluso alcanzaron los mismos niveles de desolación que en el momento de su pérdida. No es puro duelo lo que sienten, sino una sensación de incapacidad.

Al principio, una sesión de espiritismo exitosa puede generar mucha emoción, incluso trascendencia. Los participantes perciben que se pro-

---

14. Ibíd., 287-288.

dujo una auténtica comunicación. Para ellos, la sobrevivencia había sido probada. Por desgracia, el ascenso puede ir seguido de una caída. En primer lugar, los muertos hablan con los médiums, no directamente con el participante. Esto coloca al participante en una posición pasiva y no interactiva, experimentando al fallecido indirectamente, lo que no es tan eficaz como la comunicación directa. Entonces, cuando el participante está de vuelta en la realidad cotidiana, puede empezar a dudar sobre la validez de la sesión de espiritismo. No es que aconseje no acudir nunca a un médium, sino que sugiero que pensemos en utilizar nuestras propias habilidades como punto de partida para desarrollar el contacto por nuestra cuenta.

Los encuentros directos, en los que la gente percibe *directamente* al difunto, no presentan estos problemas. Y no hay nada, absolutamente nada, como un encuentro directo con el difunto para aliviar el sentimiento de duelo. La intimidad y la intensidad emocional, el claro detalle de lo que se ve, se siente o se oye, dejan pocas dudas de que se produjo un contacto real y significativo. El contacto personal y sin mediación tiene un impacto y una viveza que nunca disminuyen. De hecho, ese recuerdo se vuelve más valioso con el paso del tiempo. Con la práctica de acercarnos a los difuntos siempre que lo necesitemos, en lugar de esperar y desear una visita, la agonía de la pérdida irrecuperable que agudiza tanto el pesar se reduciría de inmediato. También nos sentiríamos menos impotentes ante nuestra pérdida.

Los investigadores y terapeutas como Moody y Botkin, así como Arthur Hastings y sus colegas, que han desarrollado técnicas fiables para provocar el contacto, han quedado asombrados por la rápida resolución del duelo cuando los vivos se encuentran directamente con los muertos.[15] Botkin registra que el 96 % de los que participaron en sus primeros ensayos de comunicación inducida después de la muerte tuvieron una resolución completa de su «tristeza central». Además, se trata la ira, el abatimiento y la culpa que aíslan a la persona del dolor

---

15. Hastings, A. *et al.*, «Psychomanteum Research», *Omega* vol. 45 (2002), pp. 211-228.

profundo.[16] Por el contrario, los terapeutas tradicionales de duelo sostienen que se necesita en promedio uno o dos años para volver a la normalidad y en casos extremos nunca se logra. Los terapeutas de duelo ahora empiezan a reconocer que mantener los lazos con el fallecido ayuda a los sobrevivientes a adaptarse mejor a su pérdida, mientras que el asesoramiento antiguo trataba de cortar esos lazos. No obstante, lo que Botkin denomina sentimientos secundarios de pérdida puede presentarse en ocasiones como un cumpleaños y el aniversario de una muerte. Como estos sentimientos ya no están anclados en la tristeza central, pueden ser tratados de forma fácil y constructiva.

Algunas personas reprimen el duelo profundo porque lo ven como una indulgencia. Quienes se avergüenzan de sus emociones o niegan sentirse vulnerables también reprimirán el duelo. Permitirse un duelo completo es crucial para asimilar la pérdida de alguien querido en nuestras vidas, y eso también implica una mascota. Todavía hay que enfrentarse a ese lugar vacante en la mesa del comedor o al cuenco de comida vacío en el suelo. Conozco a una mujer que ante la muerte de su perro se encerró en su apartamento durante dos semanas de borrachera, aislándose de amigos y familiares. Si uno cree que se está protegiendo de sus propios sentimientos, se está engañando a sí mismo respecto a la sanación que puede aportar el duelo. Además, se está creando un patrón de deshonestidad emocional, el cual bloquea la comunicación, que es lo que realmente ayudaría.

Otros creen que una cara triste es lo último que quieren ver los muertos. Si bien los muertos no se alegran de ser la causa del dolor, eso no significa que carezcan de simpatía. La mayoría de las veces, están al tanto de nuestros estados emocionales, o más bien los prevén. Y a veces también nos lloran. Por regla general, animarnos es una motivación clave para conectar con nosotros en primer lugar.

El duelo es una emoción multifacética que puede utilizarse de muchas maneras. Así como algunas personas lo evitan al máximo, otras se afligen en exceso. Yo solía pertenecer a este último grupo. Tras una muerte, utilizaba el dolor obsesivo para permanecer cerca del que mu-

---

16. Botkin, *Induced After-Death Communication*, pp. 197, y la reflexión en pp. 26-34.

rió. Estaba segura de que, si dejaba traslucir un ápice de alegría, se rompería nuestra conexión. No me canso de insistir en que la pena obsesiva es un tipo de posesividad, y eso si es algo que molesta a los muertos. En algunas partes del mundo, tanto en Oriente como en Occidente, el duelo obsesivo o excesivo se fomenta, incluso se institucionaliza. La proporción entre el duelo y la fidelidad se ve mejor en las situaciones inversas en las que una persona supera una muerte demasiado rápido. Una recuperación rápida despierta sospechas sobre la sinceridad del vínculo y a veces una reprobación moral. Obviamente, no tenemos que recurrir a la aflicción como forma de mantenernos conectados. Ciertamente, los muertos no lo hacen.

Un fuerte sentimiento de duelo puede servir para bloquear la comunicación o para facilitarla. Paradójicamente, la gente suele sentir un repentino brote de dolor justo cuando los difuntos se acercan para asegurarles su continua presencia y su amor imperecedero. En cuanto se percibe la aparición del ser querido, se cae en el hábito de asociar al fallecido con el duelo. El encuentro buscado se ve entonces envuelto en una emoción incontrolable. Si se siente una fuerte oleada de pérdida, es muy probable que signifique que alguien a quien quiere está a su lado. La oleada y la aparición no son tan difíciles de separar. En el capítulo 16, explicaré cómo colaborar con una oleada de dolor para que suceda simultáneamente con el encuentro. De hecho, emplear el dolor como trampolín para hablar con el difunto es una reacción ideal.

Los estudios demuestran que cuanto más fuerte es el apoyo ante el duelo, mejor lo supera el doliente. Los muertos pueden ser facilitadores clave en nuestro grupo de apoyo si se lo permitimos. De hecho, son los mejores consejeros de duelo que existen. El dolor de cualquier intensidad, si se sigue con honestidad, puede conducir a avances en la creatividad y a saltos cuánticos en las capacidades psíquicas. El deseo sincero de mantener el contacto es una fuerza motriz tan poderosa que puede impulsarnos por un camino fascinante que nos cambia la vida.[17]

---

17. Ver, por ejemplo, la historia de A.J. Plimpton, cuyo profundo dolor por la muerte de su esposa, Wilma, le llevó a desarrollar intereses y capacidades creativas totalmente nuevas, así como las habilidades para comunicarse con ella a diario. Ver Shermam, H.: *The Dead Are Alive: They Can and Do Communicate with You!*, Ballantine, Fawcett Gold Medal, Nueva York, 1981.

Tal vez un día la aflicción ya no sea necesaria. En un mundo ideal, aceptaríamos como un hecho la continuidad ininterrumpida entre este mundo y el siguiente. Contaríamos con la accesibilidad del otro lado y podríamos sacarle mayor provecho a la interacción.

LA TERAPIA DE COMUNICACIÓN DESPUÉS DE LA MUERTE Y LOS TRASTORNOS DE ESTRÉS POSTRAUMÁTICO

Quiero concentrarme un momento en el trabajo de Botkin para destacar el inconcebible valor terapéutico de la comunicación directa con los muertos. Ante la pérdida de un ser querido, sus pacientes suelen relatar la sensación de que una parte de sí mismos les ha sido arrebatada. A menudo están deprimidos y tienen ataques de llanto. Después de la sesión en la que hubo contacto, se sienten completos de nuevo. Estos resultados son más que enormes, especialmente tras una o dos sesiones de terapia. Pero lo realmente espectacular es que el tiempo de contacto real suele durar apenas 5-20 segundos.

Es importante señalar que ni el paciente ni el terapeuta tienen el control de estas sesiones. Son los muertos los que lo tienen. Los pacientes no pueden hacer que las cosas sucedan como ellos quieren, ni experimentan lo que personalmente esperaban o deseaban. Sus creencias, ya sean de antes o después del tratamiento, no tienen ningún efecto sobre la experiencia o su resultado. Lo inesperado que resulta el contacto, junto con la viveza y la claridad del acontecimiento, disipa cualquier duda de que se haya producido un auténtico reencuentro. También los terapeutas están asombrados y se ven obligados a replantearse muchas de sus más preciadas teorías psicoanalíticas. Gracias a la fuerza de la comunicación, algunos de ellos están descubriendo con asombro que también ven y oyen lo que experimentan sus pacientes.

Después de una muerte impactante, algunas personas sufren un trastorno de estrés postraumático, normalmente reviviendo la escena de la muerte una y otra vez. Ya hemos hablado de ello en el capítulo 10. Este síndrome debilitante puede desembocar en el abuso de drogas o alcohol o depresión, trastornos graves del sueño, pesadillas repetitivas o intentos de suicidio. Con un tratamiento de comunicación después de la muerte inducido, el acontecimiento traumático retrocede rápidamente al pasado lejano y es sustituido por imágenes de felicidad, salud radiante y plenitud que nos envían los difuntos. Este alivio total de un largo tormento es un regalo incalculable, especialmente para aquellos que fueron testigos o fueron responsables de una muerte traumática. Botkin narra muchos relatos de veteranos de Vietnam que estuvieron atormentados durante décadas por las imágenes de las sangrientas muertes de compañeros, a veces por fuego amigo. O no pueden dejar de ver la mutilación y el asesinato de los inocentes, las mujeres y los niños violados y asesinados, los bebés que yacen con un disparo en la cabeza o que lloran sobre los cuerpos de sus madres muertas. Les persigue la mirada de miedo en los ojos del enemigo justo antes de ser asesinados. Algunos veteranos acudieron a terapia porque ya no podían vivir con la culpa. Otros ya no podían vivir con la rabia o el odio. En el fondo de todos estos sentimientos está la tristeza.

Unas simples palabras del muerto —el camarada, el civil asesinado, el enemigo—, un gesto amistoso, un consejo, el conocimiento de que los propios fallecidos están bien y han perdonado o piden perdón, erradican estas emociones obsesivas que les destruyen la vida. Mi consejo favorito vino de un soldado en Vietnam cuyo cuerpo fue encontrado en un río con la garganta cortada. El que lo encontró fue su compañero de combate Barry, un veterano que acudió a Botkin a causa de un sentimiento de culpa y una pena implacables. El soldado muerto lo regañó: «¿Por qué sigues pensando así? No es tu culpa, y no importa cómo sucedió. Todos éramos niños entonces. Tienes que dejar esto y cuidarte mejor. Puedes ver que todavía estoy vivo, aunque mi cuerpo ya no está». ¡Esta última línea merece un aplauso! También funcionó para Barry, pues en ese momento su tristeza y su culpa se disolvieron por completo.[18]

El asombroso éxito de la terapia al estilo de Botkin depende en primer lugar de las brillantes capacidades curativas de los muertos. Pero también nos ayudan dos cosas de nuestro lado. En primer lugar, Botkin se asegura de que sus pacientes accedan a su propia tristeza fundamental. Si no lo hacen, la comunicación no se producirá o se abortará.

---

18. Botkin: *Induced After-Death Communication,* p. 76.

Como siempre, la emoción sincera nos lleva exactamente al lugar donde más se necesita la curación. Como comentaré más adelante, una fuerte emoción genuina es la forma más fiable de atraer a un ser querido determinado. En segundo lugar, la terapia se centra estrechamente en sanar un trauma o una condición específica relacionada con la muerte. Este tipo de enfoque no es fácil de mantener dada la tendencia humana a evitar los sentimientos dolorosos. Los que no necesitamos un terapeuta podemos aprender a mantenernos centrados a pesar del dolor y la pena. Incluso podemos aprender a utilizar estos poderosos sentimientos para que se establezca el contacto. Si nos decidimos firmemente por un encuentro de curación, permanecemos con nuestras emociones de forma honesta y confiamos en que los muertos saben lo que necesitamos, todo puede resolverse en un minuto.

EL CONTACTO: ES BUENO PARA EL ALMA, TANTO PARA LA TUYA COMO PARA LA DEL MUERTO

El contacto no sólo es algo bueno, sino que es una de las mejores cosas que te pueden pasar. Varios investigadores han observado que la experiencia del contacto afecta a las personas de forma muy parecida a las de las experiencias cercanas a la muerte.[19] Si se recuerda, esos cambios son continuos, siempre son positivos y duran toda la vida. Al igual que las ECM, el contacto también sirve para eliminar el miedo a la muerte. Hemos visto que una persona se transforma drásticamente para bien cuando ese miedo se quita del medio.

Además de aliviar el dolor, una de las mayores bendiciones que nos concede la comunicación después de la muerte es el alivio de saber que nuestros seres queridos continúan vivos. El alivio puede ser abrumador, sobre todo ante la pérdida de un niño o por una muerte traumática. También descubrimos lo bien que les va. Las advertencias de los muertos salvan vidas y evitan accidentes, crímenes y suicidios. Nos dan áni-

---

19. Ver, por ejemplo, Raymond Moody, Dianne Arcangel, y Allan Botkin, entre otros.

mo, tranquilidad y valiosos consejos desde una perspectiva que es tan amplia que incluye el futuro.

La comunicación también ayuda a los muertos. Quieren hablarnos de su gratitud, transmitir mensajes a los demás, ayudarnos a encontrar cosas importantes, concluir asuntos pendientes y mostrarnos lo maravillosamente que se han recuperado. A veces es hasta crucial para su bienestar. Los he visto pasar de la confusión y la ansiedad a la pura euforia cuando sus mensajes se transmiten, sobre todo cuando la muerte llega de forma inesperada. Otros permanecen torturados por el remordimiento y desean más que nada confesar el mal que han hecho. Buscan el perdón por haber sido abusivos o demasiado duros, por no haber dicho «te quiero» o «estoy orgulloso de ti». Escuchar esas anheladas palabras puede cambiar, y ha cambiado, vidas por completo. Quieren que sepamos que siempre estarán ahí para nosotros, en nuestra graduación, en nuestro cumpleaños o en nuestra boda, el día que demos a luz y el día que fallezcamos.

Relaciones vivas

Permitir que las relaciones con las personas más importantes para nosotros en el Más Allá permanezcan vivas y activas promueve el crecimiento continuo en todos los frentes. Con el contacto continuo vemos que los muertos cambian. Llegamos a experimentar de primera mano quiénes son realmente los miembros de nuestra familia cuando los miedos y las constricciones de la existencia física desaparecen. Es mucho más importante de lo que pueda parecer a primera vista, porque lo que son afecta lo que nosotros somos. Casi todos nos identificamos con nuestras familias, aunque nos neguemos a admitirlo. Las afirmaciones habituales de que uno es como su madre o su padre son despectivas o elogiosas mientras los padres están vivos. Pero, cuando estén muertos, puede ser el mayor de los elogios.

Los cambios que ha experimentado mi propio padre me asombran. Es más ligero, suele estar de muy buen humor y es divertido, siempre alentador, y muy desenvuelto con las emociones, todo lo que no era cuando estaba vivo. Y sigue ayudándome y preocupándose. Recientemente apareció en el nacimiento de su primer bisnieto, 25 años después de su muerte. Lo creas o no, de hecho, rompió en llanto. A mi entender, estos cambios se produjeron en parte porque él sabe que lo he perdonado. También se da cuenta de que lo percibo y lo acepto tal y como es ahora. Qué alivio para los muertos que sus auténticos seres puedan por fin ser apreciados por los vivos que más les importan. Ser la hija de un padre tan maravilloso me ha cambiado de más formas de las que puedo nombrar.

A medida que los muertos descubren su verdadero yo, su nueva apertura, su amor y su carácter lúdico, su sabiduría sin pretensiones y su profundo deseo de ayudar son absolutamente contagiosos. El contacto continuo con ellos nos permite darnos cuenta de que nos hemos convertido en miembros de una familia cargada de las mejores cualidades de la naturaleza humana, con más de unos cuantos dones sobrehumanos. A través de sus ojos, vemos cómo es el mundo que viene y a partir de ese patrón empezamos a reconocer el potencial latente de un paraíso en la tierra. También empezamos a confiar, no sólo en nosotros mismos, no sólo en nuestras familias, sino en la verdadera naturaleza interna de la realidad.

• • •

A través del encuentro con los que están en el Más Allá, obtenemos una preciosa visión de la grandeza y la beneficencia del universo interior. Y lo que es más importante, el contacto estimula la vida interior y nos lleva a familiarizarnos con nuestras identidades espirituales mayores. Nuestras identidades mayores son demostraciones vivas de un tipo de bien más inclusivo, el que fluye del manantial de la espontaneidad y la confianza en uno mismo. Así que cuando los muertos te contesten, escúchalos.

CAPÍTULO 13

FAMILIARIDAD: LA CLAVE PARA UN CONTACTO EXITOSO

A estas alturas ya has leído muchos relatos sobre la comunicación entre los vivos y los muertos y tienes cierta idea de cómo es. Este capítulo te permitirá adentrarte en la experiencia y la desglosará para que tengas una idea clara de qué esperar. Algunos no están familiarizados con la comunicación después de la muerte, no la reconocen cuando ocurre y acaban ignorándola. Otros se sobresaltan tanto que detienen la comunicación antes de que pueda realizarse. Cuanto más sepas sobre las distintas formas de contacto, sobre lo que podrías ver, oír y sentir, más preparados estarás cuando ocurra. La familiaridad es la clave. Con un poco de familiaridad, sabrás cuándo hay un encuentro. Identificar las señales, generalmente sutiles, de que los difuntos están cerca se convertirá en algo natural. La familiaridad también calma la confusión. Entonces podrás empezar a sentirte relajado durante el encuentro mientras permaneces más concentrado, más receptivo a los mensajes. Además, te ayudará a mantener una comunicación bidireccional. Y lo que es mejor, facilitará la posibilidad de iniciar el contacto siempre que lo necesites. Sobre todo, la familiaridad hará que para los fallecidos sea mucho más fácil comunicarse.

De nuevo, comparémoslo con un teléfono. Cuando los teléfonos acababan de aparecer en las casas, eran un objeto que se veía con cierta desconfianza. Cuando sonaba, desataba una oleada de alarma. La gente gritaba por el auricular como si sus voces tuvieran que llegar al otro extremo de la tierra. Hoy en día, por supuesto, casi todos usamos los teléfonos con total naturalidad. Cuando suena, permanecemos serenos y en control, preparados para escuchar una voz sin cuerpo y entrar en diálogo. Lo importante es la familiaridad.

En el capítulo 4, la comunicación después de la muerte se clasificó en dos categorías tradicionales: espontánea o intencional. Sin embargo, todas las clasificaciones son sólo por conveniencia y muestran los límites actuales de nuestro pensamiento. Justo estas dos generalizaciones que parecen claras en realidad se entrecruzan. Hasta ahora, la mayoría de los encuentros parecen haberse producido de forma espontánea. También suele ser breve, con una duración de menos de un minuto, limitándose al mensaje crucial: «Estoy bien. Sé feliz. Te quiero. Volveremos a estar juntos».

La comunicación intencional suele durar más tiempo y ser más detallada. Además de la comunicación intencional privada, existen varias subcategorías distintas. Una de ellos, el gran subgrupo denominado transcomunicación instrumental, se presentó en el capítulo 4 e incluye muchos métodos diferentes. Podemos nombrar con certeza a la mediumnidad como otro gran subgrupo. Luego están las formas de contacto más pequeñas y especializadas, como las técnicas de espejo de Raymond Moody y los métodos de inducción de Allan Botkin, así como las pruebas de libros. Teniendo en cuenta que cuatro de los cinco subgrupos fueron concebidos recientemente, con la excepción de la mediumnidad, las formas y los medios para inducir el contacto, sin duda, aumentarán en las próximas décadas a medida que aumente el interés y avancen las tecnologías.

A QUIÉN ESPERAR

Como ya sabes, quienes nos encontramos del otro lado son habitualmente miembros de la familia: un cónyuge, un hijo, un hermano, un padre o un abuelo son los más comunes. Ocasionalmente aparecen juntos, una mezcla de varias generaciones. Casi siempre sus mascotas acudirán con un miembro de la familia. Puede que te encuentres con un amigo, quizás de tu infancia, un colega, un vecino. A veces te encontrarás con alguien desconocido, sólo para descubrir más tarde, normalmente a través de viejas fotografías, que esa persona era un pariente o un conocido de la familia que no conoció en vida. Una persona que no conoces o apenas conoces puede aparecer para darte un mensaje para otro de entre los vivos. Si eso te sucede, ¡felicidades! ¡Te has convertido en un médium!

También puedes encontrarte con alguien que te resulte familiar pero que no puedas ubicar. En este caso, es probable que la persona pertenezca a lo que podría llamarse su familia espiritual, muy probablemente de una o más encarnaciones en las que os conocisteis. En raras ocasiones, una persona que parece no tener relación contigo o que te resulta del todo extraña puede aparecer para actuar como mediador entre vosotros. Puede que incluso conozcas a una figura histórica o a un personaje famoso. Y además, podrías ver a un fantasma. Después de todo, muchas personas lo han hecho. Los fantasmas, sin embargo, no son humanos desencarnados. En el siguiente capítulo le diré por qué.

El grupo formado por personajes históricos y famosos es una mezcla. La mayoría de ellos no son quienes parecen ser, sino que son guías o ayudantes que adoptan la apariencia de figuras icónicas para ayudar más eficazmente. Napoleón, por ejemplo, puede ser tu icono personal de poder, liderazgo, valor y voluntad. También puede representar al hombre pequeño que salió adelante, a pesar de las adversidades. Si necesitas una dosis de alguna de estas cualidades, es posible que tu espíritu ayudante se te aparezca como Napoleón. Aun así, a veces la personalidad famosa es sólo eso, una celebridad que siente una conexión contigo.

CUÁNDO ESPERARLO

Los estudios demuestran que entre el 39,4 y el 53 % de los encuentros espontáneos se producen en el primer año después de la muerte. En una muestra de 350 casos, un porcentaje significativo, el 10,5 % se produjo en las primeras 24 horas.[1] En esa misma muestra, la frecuen-

---

1. Ver Arcangel, D.: *Afterlife Encounters: Ordinary People, Extraordinary Experience.* Hampton Roads, Charlottesville, Virginia, 2005, p. 103. En una encuesta en la

cia del contacto espontáneo disminuyó con el tiempo: hasta el 16,1 % en 1-5 años y hasta el 6,8 % en 6-10 años. Tras un lapso de 10 años hasta el momento en que se realizó esta encuesta, un lapso indefinido, pero generalmente más largo, sólo aumentó un 13,9 %. Los porcentajes son bastante elevados, pero ¿y por qué no anhelar un futuro en el que los porcentajes se acerquen más al 100, sobre todo directamente después de la muerte?

Este perfil, basado en la comunicación espontánea, se parece al de cualquier relación a distancia. Normalmente la comunicación es intensa el primer año en el que alguien cercano se muda lejos. Aunque con el tiempo se va debilitando, el vínculo perdura incluso después de décadas de silencio. Cuando por fin se comunican, parece como si nunca hubieran perdido el contacto. ¿Por qué? La verdad es que en las ondas interiores nunca se perdieron. Entonces sucede lo que tontamente llamamos una coincidencia. El teléfono suena. Tú respondes. Es tu viejo amigo del que no habías tenido noticias durante años, y exclamas: «¡No puedo creer que me estés llamando! Justo ahora estaba pensando en ti». ¿Quién llamó realmente a quién? Lo mismo ocurre con los muertos. Aquí es donde se entrecruzan la comunicación espontánea y la comunicación intencional.

El contacto puede retrasarse durante meses o años por diversas razones. Si, por ejemplo, no hay asuntos pendientes, el fallecido puede no sentir ninguna urgencia por comunicarse de inmediato. A veces la comunicación directa se retrasa porque los difuntos no se sienten apartados de sus seres queridos aquí de nuestro lado. Otra posibilidad es que el vivo esté demasiado afectado por el duelo como para poder asimilar un contacto directo. El fallecido también puede necesitar «tiempo» y «distancia» para cambiar viejos hábitos no deseados antes de comunicarse. El retraso en el contacto suele producirse entre el progenitor fallecido y el hijo adulto cuando su relación era problemática, porque el difunto necesita tiempo para asimilar sus problemas antes de tratar de comunicarse. Cuando la comunicación comienza, puede durar meses, si no más, hasta que el dilema se haya resuelto. Tuve un retraso en el

---

que participaron 1200 personas de 19 países, el 53 % de los 1978 relatos de contacto declarados se habían producido en el primer año, y el 47 %, mucho después.

contacto con ambos padres. En cambio, el contacto con personas con las que he tenido historias menos problemáticas se produce a los pocos días de su muerte.

Mientras duermes y sueñas

Innumerables encuentros ocurren en los sueños mientras dormimos. Los muertos utilizan los sueños para llegar a nosotros más que de cualquier otra manera, porque los sueños son la encrucijada natural de las realidades interiores y exteriores. En los sueños, los muertos tienen más libertad y nosotros menos resistencia. Ya sean recordados u olvidados, los encuentros en sueños te afectarán. Es posible que al día siguiente te sientas cargado de inspiración o te encuentres tarareando una melodía con una letra que transmite un mensaje importante. A diferencia del contacto que se produce mientras estamos despiertos, la mayoría de los encuentros en el estado de sueño no son tan estructurados. Tampoco son necesariamente realistas. Sé de un hombre cuyo padre apareció como una esfera de luz y lo elevó al cielo. Aunque este hombre no vio a su padre en forma humana ni escuchó sus palabras, el sueño fue el mayor punto de inflexión de su vida. Los muertos también irrumpen en los sueños. Los autores Guggenheim de *Hello from Heaven!* (¡Hola desde el cielo!) describen la intrusión como si estuvieran viendo un programa de televisión y una voz dijera de repente: «¡Interrumpimos este programa para anunciarles algo especial!».[2] En los sueños en los que están presentes tanto los muertos como los vivos, sólo el soñador se percata de la presencia del difunto; los demás participantes vivos no se dan cuenta.

---

2. Guggenheim, B. Y Guggenheim, J.: *Hello from Heaven!* Bantam Books, Nueva York, 1997, p. 144.

Mientras estamos despiertos

La comunicación espontánea mientras estamos despiertos es más probable que se produzca cuando estamos en un estado abierto y relajado, quizás soñando despiertos o conduciendo un coche, como ya se ha mencionado. Sin embargo, puede surgir mientras la gente está en medio de cualquier actividad, comiendo en un restaurante, tramitando los impuestos o paseando al perro. Es probable que ocurra durante eventos familiares importantes, como nacimientos, graduaciones, bodas, muertes y funerales. Todos son marcadores de transiciones significativas que amplían la conciencia. Los muertos llegarán tanto en momentos de angustia crítica como de alegría delirante, mientras tú estás energizado, neutral, o simplemente aburrido. Y están ahí al final de tus días para llevarte de vuelta a casa.

LAS SEÑALES: HOLA, ¿HAY ALGUIEN AQUÍ?

Si aún no has sido sorprendido por uno de tus seres queridos desencarnados, es posible que hayas tenido contacto sin darte cuenta. Las señales pueden ser sutiles, así que ¿cómo se sabe? Cuanto más informado estés sobre lo que hay que buscar, más lo percibirás. Las vías que utilizan los muertos para expresar su presencia son tan diversas que no es posible incluirlas todas aquí. Y cómo los percibimos nosotros puede ser una sorpresa para ellos también. Ellos no eligen aparecer como una esfera de luz, un olor familiar o una forma vaporosa.

Muchas personas sienten el roce de una corriente de aire fresco, como si una ventana abierta acabara de dejar entrar la brisa. Este fenómeno puede convertirse en una sensación inconfundible de hormigueo en todo el cuerpo. Más adelante hablaré más sobre ello. Es también muy común la sensación de saber, de repente, que no se está solo. Dicha percepción está estrechamente relacionada con nuestra capacidad de sentir la presencia de alguien vivo fuera de nuestro alcance visual. También es típico ver algo desde el rabillo del ojo, una turbidez o agitación en un espacio vacío en tu entorno. O puede aparecer una pequeña luz, quizás una chispa de color. Un espacio puede parecer como si lo hubiera pintado un cubista o como una imagen de televisión digital que se rompe cuando falla la señal. Estas alteraciones visuales también pueden aparecer superpuestas en casi cualquier cosa, en el cielo, por ejemplo, o en un trozo de tela, y aparecen fácilmente en las superficies reflectantes.

Puedes sentir sensaciones físicas específicas, una caricia de algún tipo, como un abrazo o un beso. En general, los acercamientos táctiles sólo se producen entre personas muy cercanas. Dado que la forma de tocar era característica del fallecido mientras estaba vivo, te resultará familiar y reconfortante y no temible. El favorito de mi padre era un cariñoso golpeteo con el dedo en mi coronilla.

Los animales pueden captar la presencia del muerto, aunque tú no puedas. Es posible que los perros le ladren a un punto concreto del espacio o que de repente se emocionen y corran. Tus mascotas muertas harán todo tipo de cosas, te saltarán encima, te lamerán y rebotarán en tu cama. Puedes sentir que tu gato se acomoda en tu regazo.

Olores que proceden de la nada no son infrecuentes. Se sabe que los aromas florales anuncian la muerte de una persona o son un deseo de feliz cumpleaños. Quizás percibas el aroma del perfume que le gustaba a tu mujer, la loción para después del afeitado que usaba tu marido o del plato que tu madre cocinaba en ocasiones especiales. Mi hermana olió el característico tabaco de pipa de cereza de mi padre unos años después de su muerte. Los olores pueden ser desde tenues hasta realmente abrumadores, literalmente llenando una habitación. En casi todos los casos en los que se registraron fenómenos olfativos, rara vez hubo otro tipo de comunicación, ni visiones, ni palabras, sólo el olor.[3] Eso es porque muy pocos saben cómo trabajar con un signo olfativo a fin de comunicarse realmente.

En mi casa se produjo un episodio de olor intenso a amoníaco. Mis dos amigos Alexandra y Jean-Pierre estaban de visita. De repente, ambos comenzaron a gritar, toser y sentir arcadas. Sus manos se levantaron para protegerse los ojos, que incluso lagrimeaban. Uno de ellos huyó de la habitación, mientras que el otro corrió en pánico. Me quedé boquia-

---

3. Heathcote-James, E.: *After-Death Communication*. Metro Publishing, Londres, 2004, p. 131.

bierta porque yo no olía nada. En cambio, vi y oí al padre muerto de Alexandra. Supongo que no necesité el olor para saber que estaba allí. En cuanto se reconoció su presencia, el olor desapareció. Alexandra y yo nos retiramos para hablar con él. Y habló, apasionadamente, durante más de una hora. Al parecer, ella y su madre habían olido amoníaco varias veces en los años anteriores. Ambos estaban convencidos de que tenía que ver con los últimos días del padre en un viejo hospital en Escocia, donde se utilizaba el amoníaco profusamente para la limpieza. Sin saber qué hacer, nunca superaron la sobrecarga olfativa para comenzar a comunicarse.

Los sonidos también forman parte del repertorio de signos sutiles. Los sonidos familiares de los pasos de cierta persona, una forma de toser, sonarse la nariz o reírse son a veces lo suficientemente claros como para hacernos reaccionar. En ocasiones, alguien puede oír el equivalente auditivo del espacio perturbado mencionado anteriormente en forma de un zumbido o un chasquido momentáneo en medio del ruido blanco de nuestras ajetreadas vidas. Algunas frases pueden pasar a la deriva, cantadas o tocadas por alguien del otro lado. Es posible que se pronuncie su nombre. Estas «intrusiones» auditivas en nuestra realidad suelen disiparse muy rápidamente.

Los muertos utilizan con frecuencia objetos inanimados para llamar nuestra atención, y tienen gran éxito con los aparatos eléctricos y electrónicos. Se producen subidas de corriente inexplicables. Bombillas nuevas se queman. Las luces, las radios y los televisores parpadean, se oscurecen o se iluminan. Después de la muerte de Michael, pasé 11 días con el teléfono sonando, el fax trinando y el contestador automático pasando a grabar, entre otros fenómenos. Todo se detuvo en cuanto comenzó la comunicación de verdad. La estufa puede calentarse y la batidora, ponerse en funcionamiento. Las cajas de música empiezan a sonar de repente, aunque lleven años rotas. Lo mismo ocurre con frecuencia con los relojes. O bien éstos pueden dejar de funcionar de repente, al igual que cualquier otra cosa. El momento exacto en que se producen estos acontecimientos suele tener algún significado para los muertos. Sally Jones regresó a casa la noche en que murió su marido para darse cuenta de que dos de sus relojes se habían detenido a las

3:45, el momento de su muerte.[4] Y, de nuevo, como en el «espacio perturbado», la imagen de su televisor o de la pantalla de su ordenador puede quedar revuelta o convertirse en el rostro de alguien que conoce en el otro lado. Las radios se han encendido precisamente cuando suena aquella canción especial. No es raro que una persona escuche la canción favorita de su ser querido a todo volumen por los altavoces de un lugar público, como un restaurante, en el momento en que entra. ¡Un fallecido aceleró un coche aparcado que estaba apagado y cerrado!

En plena noche, un matrimonio vio cómo se encendían las luces y los aparatos eléctricos, incluidos el equipo de música y el televisor, desde el piso superior hasta el sótano e incluso en el exterior de la casa. Este extravagante despliegue comenzó cuando la mujer no pudo convencer a su marido de que su abuela muerta estaba sentada a los pies de su cama.[5] Bueno, en verdad, la abuela se hizo cargo. La mujer fue capaz de comunicarse con ella de inmediato y, por tanto, no necesitó fenómenos físicos, mientras que el marido precisó un auténtico aturdimiento.

Del mismo modo, los muertos harán que se caigan las cosas: los cuadros de las paredes y las repisas, los libros de las estanterías, los papeles de los escritorios o los platos de las estanterías. Y otras cosas se levantan o se mueven o aparecen de la nada. Conozco tres casos en los que viudas de duelo reciente encontraron su flor favorita metida bajo el limpiaparabrisas de su coche. Ante sus ojos, testigos han visto cómo se abren libros y pasan a una página que contiene un mensaje para los vivos.[6] Los muertos usan imágenes a menudo para señalar su presencia. Glenda, su marido, Alec, y su amiga Lilly vieron cómo la foto de la hija de Glenda, muerta desde hacía 2 años, empezó a brillar. El resplandor duró casi 4 minutos.[7] Las imágenes pueden llevar fácilmente al contacto pleno. Para mí, el rostro del difunto sale del marco y comienza a comunicarse. En definitiva, la gama de fenómenos físicos es ilimitada.

---

4. Ibíd., p. 102.
5. Guggenheim y Guggenheim: *Hello from Heaven!*, pp. 198-99.
6. Ver Ibíd., p. 206, para un ejemplo de muchos.
7. Ibíd., p. 205.

Igual de ilimitados son los encuentros indirectos. Según los informes, las mariposas juegan aquí un papel importante, revoloteando en la habitación o posándose en tu hombro en un momento significativo. La aparición de un arcoíris también se ha interpretado como una señal de un encuentro indirecto. La fauna, los pequeños pájaros… parecen también ayudar a los muertos a llamar nuestra atención. La gente, asimismo, ayuda, normalmente sin saberlo. Aparecen por impulso con lo que su ser querido le habría regalado, un ramo de flores particular, algo del color favorito del difunto o un CD de música con un significado especial o cuya letra resulta ser un mensaje.

Cualquiera de los fenómenos mencionados representa algún tipo de contacto, pero un tipo que es unilateral y a menudo frustrante para los muertos. Es como si hicieran una llamada telefónica, y aunque tú oyes el timbre, no sabes cómo contestar. Sin embargo, incluso la más breve señal puede ser más que emocionante y tranquilizadora.

QUÉ ESPERAR

Cuando el contacto avanza más allá de los signos que acabamos de describir y del anuncio de la presencia de los muertos, entran en juego más sentidos. Por lo general, la persona siente, ve y oye al muerto simultáneamente. Dos sentidos internos encabezan la lista, uno llamado convencionalmente sintiencia y el otro es la visión. La audición ocupa el tercer lugar.

El sentir

La sintiencia

La sintiencia es una percepción físico-emocional de que alguien está ahí, una especie de saber con todo el cuerpo. Consiste en mecanismos protobiológicos y parabiológicos aún no reconocidos oficialmente. Como cada persona tiene una cierta cualidad identificable que podríamos llamar firma energética o vibración, normalmente se sabe de quién se trata a pesar de no ver ni oír nada. La comunicación tiene lugar de forma osmótica, a menudo a través de los sentimientos, muchos de los cuales no pueden ser nombrados con precisión. Existe la sensación de haber sido tocado psicológicamente por el difunto, conmovido por el amor y la comprensión mutua. En las comunicaciones sintientes después de la muerte, los sentimientos son el mensaje, sin palabras, pero tan abarcadores que a menudo la persona puede permanecer en un estado de asombro durante mucho tiempo después.

El hormigueo

La presencia de los muertos me llega más a menudo como una sensación que llamo hormigueo. Aunque el hormigueo entra obviamente en la categoría de sensación, se diferencia de la sintiencia, la cual es más común y ambigua, en su intensidad y enfoque. El hormigueo es extraordinariamente placentero y a la vez está repleto de información. La sensación es como si algo chispeante y eléctrico se derramara sobre mí. Comienza en la cabeza, luego se extiende por el cuello, los hombros y los brazos, y ocasionalmente llega a los pies, mientras fluye por mi piel, provocando una sensación similar a la de la piel de gallina. Siempre es maravillosamente energizante y a veces tan fuerte que me hace oscilar sobre mis pies. El hormigueo es muy eficaz para atraer la atención hacia lo misterioso y lo revelador. Muchas personas lo perciben cuando se sienten inspiradas. Y como los espíritus invisibles están a menudo detrás de las inspiraciones, el hormigueo puede estar ejerciendo una función doble como señal de su presencia.

Me gusta pensar que esta sensación centelleante se debe a la presencia de alto voltaje del que está fuera del cuerpo. Pero es más que eso, pues sigue los altibajos de la intensidad de los muertos. Surge exactamente cuando el contacto se refuerza y las emociones afloran con fuerza, y disminuye cuando el contacto se debilita o se vuelve más intelectual. Como tal, pertenece propiamente a la telepatía, a la intención del pensamiento del difunto, a pesar de sus características físicas. Las personas que no están familiarizadas con la sensación suelen alarmarse ligeramente la primera vez que la sienten, en parte por su fuerza y su efecto sorpresa. También tiende a hacer que sus ojos se llenen de lágrimas. La segunda vez que ocurre, les encanta. El hormigueo es algo a lo que se adquiere fácilmente una mayor sensibilidad. Cuanto más lo notes, más receptivo serás.

La visión

El segundo vehículo principal de comunicación es la visión interna. La mayoría de los encuentros visuales tienen un gran impacto emocional, aunque sean fugaces. Primero, quiero señalar lo que no se debe esperar. Las creencias populares y los medios de comunicación nos han hecho creer un montón de tonterías sobre la clarividencia. La industria del entretenimiento ha tenido que objetivar físicamente lo que es esencialmente una actividad mental para mostrarla visualmente en la pantalla, lo que ha resultado en que los muertos parezcan claros y sólidos. Los «dotados» de una segunda vista son descritos como apenas capaces de distinguir entre los muertos y los vivos. Si esto fuera realmente cierto, que no lo es, ciertamente complicaría la vida diaria. Además, gran parte de esta «visión» en la vida real se produce en plena oscuridad o con los ojos cerrados. Si todavía no está convencido de que esta visión proviene de unos ojos distintos a los de tu cabeza, considera que los ciegos, así como las personas en estados extracorporales, también «ven» a los difuntos sin el uso de sus ojos físicos.

Tras decir esto, también añadiré que hay casos en los que nuestra experiencia visual de los muertos se aproxima o incluso supera la claridad de nuestro mundo físico. Las experiencias superrealistas parecen ocurrir con más frecuencia cuando el receptor cuenta con un facilitador de la comunicación después de la muerte. Una de las razones es el uso de técnicas diseñadas para inducir estados alterados muy específicos. En consecuencia, la persona va más a fondo y se mantiene más enfocada. En segundo lugar, los facilitadores incitan a que se produzcan estados alterados, suspendiendo de antemano la realidad cotidiana. En tercer lugar, la intención y la energía del facilitador amplifican y concentran la energía electromagnética, lo que resulta en mayor claridad. Los facilitadores están realizando, en efecto, una especie de mediación.

Como los niños no han recibido formación sobre lo que es real y no, a veces también ven a los difuntos como si estuvieran presentes en carne y hueso. Al mismo tiempo, pueden percibirlos sin tener que traducirlos a la forma humana, como un torbellino de luz, por ejemplo. Para los adultos, las manifestaciones que parecen vivas ocurren, pero muy rara vez. Sin embargo, hay algunos informes fidedignos de personas que han pasado toda una noche en los brazos de su ser querido fallecido, que les acariciaba y les hablaba.[8] Los receptores han insistido en que los fallecidos fueron exactamente tan reales como cuando estaban vivos.

Lo más probable es que lo que veas sea sutil, parecido a lo que ves en tu mente. Al igual que las personas en los recuerdos visuales, los visitantes suelen mostrar forma y color, aunque los colores estén algo apagados. Muchas de mis experiencias visuales son de color plateado. Las visiones también son transparentes hasta cierto punto, ya que son pensamientos mentales proyectados por el difunto, no objetos que reflejen la luz. He visto una transparencia tan extrema que algunas partes de los cuerpos parecen vacías. A diferencia de los recuerdos, que suelen ser inmóviles, las visiones de los muertos son fluidas. Podrás observar cómo cambian sus rasgos, así como sus movimientos y actividades. Las imágenes mentales podrían compararse con hologramas en movimiento. También se han comparado con imágenes de películas, televisión y vídeos que son realistas, pero no llegar a ser tridimensionales y son algo transparentes.

Internalización

A veces los muertos aparecen como imágenes proyectadas externamente en una pantalla invisible en el espacio. Sin embargo, la mayoría los ve internamente, es decir, mentalmente. Si percibo a los muertos como

---

8. Casi cualquier recopilación de comunicaciones después de la muerte ofrecerá al menos un encuentro físico.

una proyección exterior, tras una breve pausa, la apagaré automáticamente y cambiaré a imágenes mentales interiores. Llamo a este proceso de pasar de las imágenes exteriores a las mentales, internalización, un paso extremadamente importante para maximizar la comunicación, como se explica con más detalle en el capítulo 16. La interiorización parece acercar a los muertos, con lo que la comunicación es más rápida, más completa y duradera.[9] Esto se debe a que las visiones externas no duran mucho, así que, si no se transfieren rápidamente, se puede perder la conexión. Además, la telepatía es más eficaz cuando la información es intercambiada internamente.

Cómo nos ven los muertos

A veces los muertos nos ven como lo hacen otros en el mundo físico, y a veces no. Depende de la profundidad de su enfoque. Si el enfoque es superficial, pueden incluso dejarse engañar por las apariencias, por sorprendente que parezca. Cuando mi difunto amigo Al vino de visita mientras mi gata Twyla estaba en la habitación, la confundió con su gata Peaches. En defensa de Al, debo decir que estos dos gatos eran casi idénticos y Al sabía que a veces Peaches vivía conmigo. He tenido el extraordinario privilegio de verme a mí misma a través de la visión de Peter, a quien conocistess en el capítulo 8. Fue una invitación suya, a la que me lancé, por supuesto. Para mi gran asombro, no vi ningún cuerpo humano, ni se veía nada de mi entorno físico. Lo que sí vi fue un arco puntiagudo blanco con bordes regularizados parecidos a una flama en un espacio negro. El arco encerraba una forma de flama blanca más pequeña, que se expandía y contraía ligeramente. Era como ver una especie de versión eléctrica de mí misma. Sin duda, los muertos nos perciben de una innumerable variedad de formas, muchas de ellas ciertamente exóticas. En general, sin embargo, podemos deducir de los muchos relatos de comunicación después de la muerte que los difuntos

---

9. Bill Guggenheim and Judy Guggenheim han llegado a la misma conclusión en *Hello from Heaven!*, p. 112.

suelen vernos como nos vemos a nosotros mismos, sólo que menos densos y con patrones de luz que cambian según las emociones.

Oír

Todas los testimonios de encuentros con los muertos sobre los que ha leído hasta ahora dan a entender que éstos hablan de forma muy parecida a como lo hacían mientras estaban encarnados. En realidad, no es así. La comunicación auditiva pura después de la muerte es comparativamente rara. Si oyes una voz claramente como si su fuente estuviera fuera de ti, el mensaje suele ser corto, como tu nombre o una frase breve, y casi siempre sin imágenes. Las características de la voz del hablante (entonación, pronunciación, timbre, alteraciones del habla) se conservan. Las sorprendentes palabras surgidas de la nada pueden ser pronunciadas en un grito o en un susurro; aunque incluso éstos pueden ser bastante enfáticos. Los casos en los que las voces son realmente audibles van en aumento, alcanzando hasta un 15 % cuando la comunicación es facilitada por un especialista,[10] lo que vuelve a indicar la amplificación que los facilitadores aportan sin saberlo. Al igual que los encuentros visuales, un encuentro auditivo perdura más y es más completo una vez que se interioriza. La gente titubea al intentar explicar cómo es realmente la audición interna. Afirmaciones como «no escuché palabras reales; sólo lo supe» son intentos de describir cómo la gente percibe la telepatía en la actualidad.

Para todo lo anterior, hay excepciones. De vez en cuando, la gente mantiene largas conversaciones con el difunto, por teléfono, por ejemplo, en las que la voz del difunto es fuerte y coherente. O una persona puede tener un encuentro mixto auditivo y visual en el que el fallecido parece ser externo. Hay historias fascinantes de niños sentados al lado de un padre desencarnado conversando de corazón a corazón. Te expliqué una en el capítulo 4. En la mayoría de mis comunicaciones largas, lo que dicen los fallecidos oscila entre la información no verbal, que

---

10. Según lo establecido por Raymond Moody; ver Moody, R.: *Reunions: Visionary Encounters with Departed Loved Ones.* Ivy Books, Nueva York, 1994, p. 85.

aún es bastante comprensible, y los pasajes en los que el discurso es lo suficientemente claro como para poder distinguir cada una de las palabras. Si se me escapa algo, le pido al fallecido que vaya más despacio, lo repita o lo diga más alto. A veces las palabras aparecen deletreadas en el aire. Con la comunicación espontánea después de la muerte, los vivos rara vez tienen el tiempo y el control suficientes para influenciar en la velocidad y la claridad del habla. Lo que los receptores suelen «escuchar» tiende entonces a ser ráfagas rápidas sin palabras, que luego se traducen en palabras.

Luz, atmósferas y color

Los muertos aparecen iluminados frecuentemente. La gente dice haberlos visto brillar, resplandecer, irradiar y estar iluminados desde dentro. La luz rodea sus formas, emana de sus cuerpos, rostros o cabezas, o fluye desde atrás, como los famosos efectos de contraluz de Steven Spielberg. Como en las ECM, la luz puede tener una intensidad inimaginable. Aunque la mayoría de las percepciones son internas, ocasionalmente el difunto se mostrará en un avistamiento externo tan cargado de luz que toda la habitación se llenará de una deslumbrante luminiscencia, incluso en medio de la noche. En otras visiones externas, el brillo se concentra únicamente en la forma del muerto y no afecta al espacio.

La mayoría de la gente ve una luz dorada o blanca, aunque una luz blanca plateada también es común, al igual que la iridiscencia. Otros colores que emanan del cuerpo, de la ropa, de las joyas y de los rasgos del paisaje acostumbran a estar impregnados de una cualidad resplandeciente, como si una prenda o un anillo irradiaran una vivacidad sin límites. En todos los casos que conozco, estos colores coinciden de forma realista con los que conocemos. No verás la piel verde, por ejemplo, ni la hierba rosada. Los colores alrededor del cuerpo son reveladores. Los muertos perturbados pueden mostrar una luz más oscura, quizás en grises o rojos profundos y pardos. Pero una vez que se logre la reconciliación que buscan, la atmósfera que rodea a los muertos se transformará instantáneamente. El alivio puede ser explosivo y puede hacer soltar chispas. De hecho, la mayoría de las emociones y los cambios de estado de ánimo se expresan visualmente por medio de la luz y el color.

Los cuerpos y el tacto

Como sabes, los cuerpos energéticos de los muertos aparecen con una salud exuberante. Las discapacidades desaparecen y todas las funciones se restauran. Si una persona muerta se presenta todavía con los signos de una enfermedad, una herida o cualquier estado que no sea un bienestar perfecto, considérelo como parte del mensaje, una señal de algo que quiere que sepas. Los profesionales suelen ver los daños mortales impresos en el cuerpo, como una zona roja de constricción alrededor del corazón de alguien que murió de un paro cardíaco. Pero sabemos que esto forma parte del paquete de información destinado a ayudarnos a identificar a esa persona. Los muertos siempre aparecen vestidos, lo que parece ser una regla infalible del Más Allá.

Rara vez se ve el cuerpo completo de los muertos de la cabeza a los pies. La cabeza y la parte superior del cuerpo son prioritarias. La mitad inferior, si se ve, desvanece en algún punto entre la cadera y el tobillo. Nada de los cuerpos parciales causa angustia. De hecho, la gente está demasiado involucrada como para darse cuenta. El contacto con un rostro por sí solo ya es bastante estimulante y está repleto de sorpresas.

Tampoco es raro que los muertos o partes de ellos aparezcan enormes. Además de esta cualidad expandida, sus formas pueden ser característicamente suaves y sin contracciones. A veces tengo la impresión de ver a los muertos desde la perspectiva múltiple del ojo de una mosca y tan de cerca que sus formas se arremolinan formando una imagen borrosa, de la que se puede distinguir un brazo o una cabeza. Interpreto las apariciones expandidas como demostraciones de los estados interiores expandidos de los muertos.

La sensación de ser tocado por los muertos suele ser realista, y la intención que hay detrás se entiende muy bien. Sin embargo, algunos receptores sienten el tacto como calor o lo describen como una vibración. Por razones desconocidas, en algunos relatos de comunicación después de la muerte y de ECM y fuera del cuerpo, los desencarnados prohíben específicamente el contacto o se echan atrás cuando los vivos les tienden la mano.

Cambios de edad

Una de las cosas más frecuentes que escucharás sobre la comunicación después de la muerte es que los viejos parecen más jóvenes y los jóvenes más viejos. Los psíquicos te dirán, al igual que cualquier persona que haya tenido contacto visual, que, tras el fallecimiento, las personas adoptan espontáneamente una condición de máximo potencial. La apariencia también es pura información, ya que la juventud radiante es una expresión exacta de sus estados interiores. En este sentido, los cuerpos son símbolos. Los bebés y los niños pequeños aparecen con frecuencia como niños mayores o adolescentes, y los adolescentes como adultos jóvenes. Los viejos aparecen en su mayoría en una edad media joven. Pero si tu abuela quiere transmitir «abuelidad», presentarse como una treintañera simplemente no servirá. Probablemente aparecerá con el aspecto de la abuela que conociste, aunque algo más joven y en perfecto estado de salud. La mayoría de las veces, los padres ven a sus hijos adultos como más jóvenes. Con menos frecuencia, los niños adultos aparecen tal y como eran en la infancia para enfatizar su relación con sus padres y abuelos. Cuando los niños pequeños aparecen como adultos, considéralo como un mensaje visual de que no sólo han sobrevivido a la muerte, sino que han seguido creciendo. Cuando los padres perciben a sus hijos pequeños a la edad que tenían cuando murieron, esto suele ocurrir con el propósito de tranquilizarlos. Una madre profundamente angustiada puede sentir desconcierto más que consuelo si ve a su hijo de 6 años recién fallecido convertido en un hombre joven. Sin embargo, los bebés y los niños se comunican con la madurez de un adulto.

Vestimenta, arreglo personal y adornos

El aspecto de los muertos en cuanto a vestimenta, peinados, accesorios y adornos también transmite información. Se podría decir que lo que llevan, incluidos los peinados, es una expresión externa de lo que valoran en el Más Allá. La mayoría aparecen con el mismo tipo de ropa que llevaban mientras estaban en el cuerpo, principalmente ropa informal. Que yo sepa, los difuntos occidentales nunca aparecen con nada que connote un alto estatus o formalidad. La idea clave aquí parece ser la de no llevar cosas lujosas. Muchas veces visten una de sus prendas favoritas o que era esencial para su identidad, como un uniforme.

La ropa también puede identificar a los muertos. Si no sabes quién ha aparecido, es posible que más tarde encuentres una fotografía de esa persona con la misma ropa. Algunos han descubierto lo que vieron en su visión guardado en un baúl entre otras pertenencias del difunto. Las personas que reciben mensajes para otros pueden ver al fallecido con algo que les llame la atención, por ejemplo, un atuendo ceremonial o un broche o sombrero distintivo. Cuando se transmite el mensaje y se describe la ropa, lo más probable es una mirada de reconocimiento y asombro en el rostro de la persona a quien iba dirigido el mensaje.

Los artículos de vestir también pueden incluir regalos preciados. Si un reloj fue un regalo, expresará una conexión duradera con quien lo regaló. Si se trata de un anillo de boda, considéralo una señal de que el portador aún siente un lazo matrimonial contigo. Los muertos quieren tener el mejor aspecto posible, y hemos escuchado relatos en los que aparecen pulcramente vestidos, con el pelo bien peinado e incluso maquillados.

Hay otras capas en el tema de la ropa, si me disculpa el juego de palabras. Ocasionalmente, la gente ve a sus seres queridos con túnicas, por lo general de un blanco resplandeciente. Este ropaje de ideología celestial puede ser una señal de bienestar espiritual. O lo llevan porque es lo que tú necesitas ver. También puede significar que el fallecido ha dejado atrás las características de tiempo, lugar, sexo y estatus social de su última vida. La mayoría de las veces vemos túnicas porque son lo más fáciles de proyectar para los muertos.

Paisajes y actividades

Entre las cosas que más me fascinan de la comunicación después de la muerte, están esos preciosos atisbos del entorno inmediato de los muertos. Sus entornos, como ya sabes, son en su mayoría jardines y otros escenarios de esplendor preternatural. Luego están los lugares de vacaciones, aquellos sitios donde los muertos se sintieron más felices en la tierra, que ellos recrean en su nueva vida. Lo que no es probable que veas son las imágenes convencionales del cielo o el infierno con rasgos como puertas perladas. También pueden aparecer fragmentos de paisaje que se ajustan a actividades específicas. Puede que se abra ante ti un frondoso campo verde en el que veas a tu ser querido solo o acompañado por otros frente a un caballete, con una paleta y un pincel en la mano. Sí, la gente pinta en el Más Allá; de hecho, es bastante común. También tocan música, hacen jardinería y otras pequeñas cosas, ¡como aprender a hablar en idiomas matemáticos! Lo que figura aquí sólo es típico de las sociedades occidentales de las últimas generaciones y refleja los valores culturales que la gente se lleva al Más Allá. Cuando uno se adentra y entra en contacto con los que llevan mucho tiempo en el Más Allá, los paisajes y las actividades se vuelven mucho más difíciles de describir.

Pistas de la reencarnación

Por último, quiero mencionar que los muertos pueden querer hablar de otras encarnaciones. De las togas de los hombres romanos privilegiados a los harapos de los mendigos callejeros victorianos, la ropa sirve para distinguir el tiempo y el lugar de una vida pasada. El tema de la reencarnación también puede aparecer en los entornos, como un paisaje nevado o una ciudad antigua. Lo típico es que algo en el entorno, un edificio o gente vestida de época, indique el tiempo y el lugar. Imágenes como éstas, y puede haber toda una serie de ellas, son proyectadas por el difunto para comunicar algo sobre sí mismo, lo que está explorando y posiblemente sobre su relación contigo en esas otras vidas.

Comunicación de alma a alma

Después de revisar lo que se puede esperar de la comunicación después de la muerte, es posible que desees mantener una conversación bien audible y comprometida con un ser querido fallecido al que puedas ver y percibir como si fuera de carne y hueso. Puede que incluso fantasees con la idea de que los difuntos también doblen cucharas. Pues bien, piénsalo de nuevo. Aunque las experiencias objetivas son muy persuasivas, hay otra manera de comunicarse que no tiene rival en cuanto a poder e intensidad. Yo la llamo comunicación de alma a alma. En el contacto de alma a alma, las barreras psicológicas del contacto más típico están totalmente ausentes. Nada se filtra. Te encuentras con la persona de la forma más directa. Estás tan cerca, es tan íntimo, que tal vez ni siquiera veas una forma. Si lo haces, es más probable que parezca una masa de color y luz en continuo movimiento. Al estar en contacto de alma a alma, ya no se distingue como algo separado del otro. En cambio, te fundes con tu ser querido o te sientes envuelto por él. La información se transmite fusionada, en grandes cantidades, en lugar de estar enlazada de forma lógica por medio de telepatía con palabras. Las revelaciones pueden llegar en olas largas y ondulantes. Muchos niveles de información, como la espiritual, la psicológica y la futurista, se producen a la vez. En la comunicación de alma a alma, la intensidad del amor y la compasión y el torrente de conocimiento íntimo no tienen comparación alguna. La experiencia de alma a alma parece ocurrir principalmente entre cónyuges o entre un hijo adulto y un padre fallecido, como ha sucedido con mi madre y conmigo.

• • •

Sea cual sea la forma de comunicación entre nosotros y nuestros seres queridos fallecidos, el contacto nunca deja de conmovernos profundamente. Incluso para los que estamos más familiarizados con la comunicación después de la muerte, jamás se convierte en algo rutinario. El más mínimo indicio de una presencia nos deja con profundos sentimientos de asombro, alegría y gratitud, no sólo por la aparición en sí, sino también porque los muertos nos abren paso a la magia y la magnificencia del universo que todos habitamos.

CAPÍTULO 14

LOS FANTASMAS, LAS FORMACIONES DE PENSAMIENTO Y LOS «ESPÍRITUS CONFINADOS EN LA TIERRA»

En este capítulo quiero distinguir entre los difuntos y otras personalidades de energía que confundimos con ellos. Nos ocuparemos principalmente de los fantasmas y de los supuestos espíritus confinados en la tierra. Como históricamente han sido interpretados erróneamente como trastornados o aterradores, confundirlos con los muertos sólo ha aumentado nuestro miedo y perturbado nuestra visión de lo que ocurre después de la muerte.

FANTASMAS, BROTES Y PERSONALIDADES FRAGMENTARIAS

La aparición de fantasmas tiene fama de poner los pelos de punta, a no ser, claro está, que se esté en el colegio Hogwarts con Harry Potter. Pero ¿cuál es la diferencia entre la querida tía Jean muerta y un fantasma? La respuesta breve es: mucho. La tía Jean aparecerá allí donde esté tu mente, porque acude expresamente para comunicarse contigo. Los fantasmas, en cambio, aparecen en un lugar específico. También se caracterizan por sus movimientos repetitivos, como las repeticiones de un videoclip. Por ejemplo, se puede ver a un fantasma subiendo la misma escalera, como si estuviera atrapado en un trance permanente. Algunos atraviesan las paredes de manera habitual en lugares determinados donde antes había puertas. Los fantasmas son compulsivos y ensimismados. Al carecer de cualquier intención real de interactuar, la mayoría permanece muda e indiferente a la gente y a los acontecimientos que les rodean. A diferencia de los muertos, no aparecen para decir que nos quieren, decir que están bien o dar consejos. No aparecen por nuestro bien en absoluto. Cuando los vemos, no tienen color, son tenues, carecen de pies y no emiten luz.

¿Por qué? Porque los fantasmas no están del todo presentes. Un fantasma es sólo una pequeña parte del ser central. Es una huella electromagnética creada por un humano y es perceptible (para algunos) bajo ciertas condiciones atmosféricas y emocionales. Experimentos de laboratorio han demostrado que ciertas personas con talento pueden plasmar imágenes mentales a propósito, por ejemplo, de la Torre Eiffel, sobre una película sin procesar, entre otras cosas. Las imágenes son productos de fuertes descargas de energía mental concentrada. Lo que crea una impresión fantasma es generalmente una combinación de una emoción extrema de la persona y un pensamiento obsesivo-compulsivo. Los fantasmas, por tanto, son vestigios de los pensamientos y las emociones humanas. Pueden ser tan potentes que afectan al ambiente, dando lugar a fenómenos como la conocida columna de aire frío. Los fantasmas también pueden afectar a la materia –trabajé con uno que elevaba las camas–, aunque es una excepción y más aleatorio que intencional.

Como ya he mencionado, muchas emociones y pensamientos, especialmente los más habituales que llamamos creencias, no se disipan una vez que los tenemos. Las intensas formaciones de pensamiento, como han sido llamadas tradicionalmente, pasan a tener vida propia. Cuanto más fuertes son, más duran y más presencia tienen. Pueden semimaterializarse, atraer pensamientos y sentimientos compatibles a la deriva y desprender partes de sí mismos. En resumen, los pensamientos y las emociones fuertes tienen una especie de conciencia. Aunque son fragmentos de la personalidad central que los creó, viven y crecen de forma independiente. Los fantasmas son esas personalidades fragmentarias. Pero algunos están tan excepcionalmente desarrollados que poco los distingue exteriormente de sus creadores. Mantengo como norma acercarme a los fantasmas como si fueran personalidades centrales. Merecen todo el respeto y la compasión que seamos capaces de darles.

He trabajado mucho con fantasmas y me encanta hacerlo. Mi objetivo no es destruir al fantasma, como implica el término «caza fantasmas», sino liberarlo. Aunque la naturaleza obsesionada y egocéntrica de los fantasmas puede ser difícil de comprender, el proceso, que explico en otra parte, es similar al trabajo con los muertos problemáticos.[1] Ambos procesos entran en la rúbrica de «trabajo de rescate». Claro que hay diferencias. Por un lado, los fantasmas deben salir de nuestra dimensión, en la que se encuentran atrapados, mientras que los muertos ya están fuera de ella. Una segunda diferencia es que los fantasmas son mucho menos receptivos a la intervención humana que los difuntos y casi nunca buscan ayuda. Hay que esforzarse para atraer su atención. Los muertos son muy receptivos, incluso al razonamiento, aunque al principio pueden hallarse en un estado emocional demasiado intenso, preocupados o confusos, y no dejar que nadie se les acerque. Las personalidades centrales reciben ayuda de los parientes y amigos muertos que esperan cerca. Hasta ahora, nunca he visto que aparezcan ayudantes para los fantasmas, a menos que se trate de un especialista como yo. Cuando se trata de un fantasma, el razonamiento no hará nada para aflojar su fijación, porque un fantasma es una fijación. Lo característico es que ninguna faceta de su personalidad esté lo suficientemente desarrollada como para ver su situación desde fuera, y mucho menos para evaluarla.

Las personalidades fragmentarias de uno u otro tipo están por todas partes y la gente nunca deja de crearlas. De hecho, puede que tú estés creando una ahora. Lo que ocurre es que pocas son claramente perceptibles. Brotes de personas vivas, que también son personalidades fragmentarias, están por todas partes, pero son más difíciles de localizar. Tú puedes, por ejemplo, sentarte en una silla que ha sido desocupada recientemente por alguien consumido por la pena y sentir de repente una gran tristeza sin saber por qué. Te has sentado en el sombrío brote de esa persona, un fragmento emocional del que la personalidad central

---

1. Ver mi página web: www.juliaassante.com para una serie de blogs sobre fantasmas y liberación de fantasmas.

quiere separarse. He observado una tendencia entre los ancianos que viven en residencias, especialmente los que tienen alzhéimer y otras discapacidades cognitivas, a emitir fragmentos lo suficientemente fuertes como para ser percibidos por otros como fantasmas. Según tengo entendido, los fantasmas son formas de pensamiento altamente desarrolladas, elaboradas y emitidas por los vivos en momentos críticos. Su crecimiento continúa sin importar si su creador está vivo o muerto.

He intentado aclarar lo que es un fantasma de la mejor forma posible, no porque me preocupe que al entrar en contacto con el difunto tu salón se llene de repente de espectros gimientes que se deslicen por el aire, sino porque no podemos entender a los muertos sin hacer antes algunas distinciones. Tampoco estoy preocupada, porque los fantasmas son, a fin de cuentas, inofensivos, y sus apariciones son bastante raras en comparación con las visitas de los muertos.

Espíritus confinados en la tierra

Muchos investigadores de lo paranormal e intuitivos no compartirán mi punto de vista de que los fantasmas y los muertos son entidades totalmente diferentes. En cambio, consideran a los fantasmas como una categoría especial de los muertos humanos, lo que se conoce en la literatura como espíritus confinados en la tierra. Muchos autores los definen como personas muertas que se aferran al plano terrestre.

En demasiadas ocasiones, los investigadores de lo paranormal, los psíquicos y los consejeros espirituales están aferrados a interpretaciones simplistas y anticuadas. No se dan cuenta de que están transmitiendo concepciones subjetivas influenciadas por la sociedad como si fueran verdades. La interpretación del espíritu confinado es una de estas «verdades» que no han sido examinadas. Se basa en ideas del infierno y el purgatorio, de un universo dualista e inseguro y, por último, de evolución espiritual.

La afirmación es que, debido a que estas almas torturadas no pueden o no quieren pasar a la otra vida, permanecen encarceladas en un reino astral parecido al infierno, un lugar muy cercano a la tierra, pero «más bajo». La suposición de que las dimensiones interiores son como una tarta de capas, en la que nuestro mundo está entre un plano inferior abajo y un reino celestial arriba, es sólo eso: una suposición. Existen muchas dimensiones, que son en gran medida interactivas y no tienen fronteras. Que yo sepa, no existen relatos de experiencias de vivos o muertos que describan un encuentro con una dimensión tan rígida que funciona como un corralito para un número astronómico de, «almas perdidas». Esto no es más que una versión espiritualizada del infierno y el purgatorio y un gran recurso para la industria del entretenimiento.

Estas almas «no evolucionadas» supuestamente permanecen detenidas debido a sus poderosos sentimientos negativos. Otra teoría es que algunas están atrapadas porque murieron sin creer en la vida después de la muerte. Ven y oyen a los que están en nuestra realidad, pero no entienden por qué ya no pueden comunicarse. Otra es que una muerte rápida y violenta puede expulsar el cuerpo espiritual del cuerpo físico con tal rapidez que la persona no ha notado que su cuerpo físico ya no está.

Quiero explorar más detenidamente los extremos a los que llegan los que defienden la teoría de que hay espíritus confinados, para ilustrar el tipo de mentalidad que visualiza y se empeña en divulgar una versión tan macabra del Más Allá. Harold Sherman, un espiritista estricto que rechaza la reencarnación y mantiene una creencia poco disimulada en el cielo y el infierno, afirma que estos desencarnados, sin ser conscientes de que han muerto, deambulan por ahí y regresan a los lugares familiares, tratando de llamar nuestra atención. Éstos son los más inofensivos. El autor cita a otro investigador que sólo se ha encontrado con espíritus que albergan «odio y otros pensamientos destructivos».[2] Ambos afirman que hay espíritus confinados en la tierra que influyen en las personas impulsivas y fácilmente excitables para que maten a otros seres humanos. La única motivación real para manipular a los vivos sería la naturaleza maliciosa del desencarnado. Se supone que debemos creer que estos espíritus tan virulentos nos pueden con-

2. Harold Sherman, *The Dead Are Alive: They Can and Do Communicate with You*. Ballantine, Fawcett Gold Medal, Nueva York, 1981, p. 118. Sherman es autor de varios libros sobre lo paranormal.

trolar, si estamos poseídos por alguna pasión, y convertirnos en asesinos en masa. También se adhieren supuestamente a nosotros cuando estamos, y cito aquí a Sherman, «abiertos a la posesión mediante el uso del tablero Ouija, la escritura automática, la excesiva indulgencia con el alcohol o las drogas, o como resultado de crisis nerviosas y del sórdido mal uso del sexo».[3]

Estos defensores moralistas de la hipótesis de los espíritus confinados en la tierra no se conforman con convertirnos en asesinos en masa. Según ellos, cuando morimos nosotros mismos podemos convertirnos en espíritus confinados por medio de una trampa.[4] Ellos pronuncian todas estas tonterías con una seriedad de púlpito. La salvación cae sobre sus anchas espaldas, pero todo lo que tienen que hacer estas autoridades para llevar a estas almas desquiciadas y traicioneras a la salvación es informarles de que están muertas. ¿Cómo pueden ser tan peligrosos los espíritus si todo lo que se necesita para disiparlos son un par de palabras firmes?

La hipótesis de los espíritus confinados en la tierra no concuerda en absoluto con los hallazgos de tantos otros autores que investigan la comunicación después de la muerte o la practican. En los miles y miles de incidentes recogidos, no se menciona ni una sola vez un encuentro con un espíritu confinado. Tampoco hemos visto que los muertos perjudiquen a ningún individuo vivo. Además, la mayoría de las personas que se dedican a la investigación después de la muerte se han encontrado a estas alturas con personas muertas que se habían entregado en exceso al alcohol, las drogas y el sexo «sórdido» mientras estaban en el cuerpo, pero lo que ocurrió con ellos después de la muerte tiene poco que ver con espíritus confinados. No se convirtieron en uno, ni fueron atrapados por uno. Aquí quiero recordarte la historia del capítulo 12, del padre de Cristóbal, un borracho que violaba a su hijo e hijas en orgías con sus compañeros de borrachera. Después de su muerte, no poseyó a los vivos, ni los volvió locos, ni los obligó a

---

3. Ibíd., p. 314.

4. Sherman y su colega P. Kaluaratchi comenzaron a escribir un libro con el alarmante título *The Great Drama of Earthbound Spirits — How to Escape Afterlife Entrapment*. (Ibíd., p. 117). Sin embargo, Sherman murió en 1987, antes de que se completara el libro.

cometer actos atroces; por el contrario, sintió un poderoso remordimiento y buscó el perdón.

Sherman y otros que piensan como él son firmes partidarios de la evolución espiritual y de la noción de un universo inseguro. Afirma que, en nuestro mundo actual, «la humanidad en masa se encuentra muy abajo en la escala de crecimiento espiritual, que, por todos lados, en todos los países, en todas las clases de ciudadanos, nos enfrentamos a conductas anárquicas, criminales, asesinas –incluso bestiales–, que han abierto la puerta a una posible posesión».[5] Me preocupa que alguien pueda tener una opinión tan pobre de la especie humana, designando a poblaciones enteras como mental y moralmente inferiores. La supuesta criminalidad de algunos espíritus confinados también presupone que algunas almas humanas no pueden ser rescatadas de modo alguno.

Las descripciones de los espíritus confinados son tan descabelladas y unidimensionales que no pueden aplicarse a aquella forma de vida tan milagrosa y compleja que llamamos ser humano. Quien haya indagado en las facetas más profundas del espíritu humano te dirá que, por muy simplistas que parezcan algunas personas en la superficie, su vida interior es la obra de un genio. Sherman y sus colegas tampoco parecen ser conscientes de los poderosos efectos transformadores de la muerte. Además, al parecer, pasan por alto un hecho muy crucial: que el núcleo humano proviene de la gran tela divina del bien.

Sí, algunas personas han quedado atrapadas en un engaño después de la muerte, pero es un engaño creado por ellos mismos y no es una región inferior prefabricada, o un nivel astral bajo. Casi todos estamos atrapados en una u otra ilusión. Podemos quedarnos bloqueados con la fantasía de que no valemos nada o de que no somos queridos, por ejemplo, o desviarnos seriamente con la fantasía de que la venganza pondrá las cosas en su sitio. La muerte es el mayor rompedor de fantasías que existe, incluso para los pacientes psiquiátricos y los sociópatas. Aquellos comparativamente pocos que permanecen en un sueño o pesadilla después de la muerte parecen estar pasando por algún proceso necesario de su propio diseño, un programa privado de reparación o un

---

5. Sherman: *The Dead Are Alive*, p. 314.

plan para descargar viejos odios, antes de seguir adelante. En todos los casos atascados que yo y otros hemos conocido hasta ahora, ninguno de los fallecidos se convirtió en fantasma, ni vagó por la tierra, ni atacó a los vivos.

Me parece claro que, si existen entidades afines a los espíritus confinados, en realidad, son personalidades fragmentarias, que a veces no son más que pensamientos extraviados captados telepáticamente o a través de aparatos eléctricos. Una de las razones por las que argumentaría que los espíritus confinados en la tierra no son muertos humanos es su anonimato. Prácticamente no tienen identidad, ni historia. No oímos sus voces individuales ni sus historias personales. Si son personalidades fragmentarias o formaciones de pensamiento, entonces ¿de quién son esos pensamientos? Pues, los de cualquiera. Si pudiéramos llevar la cuenta de todos los pensamientos que pasan por nuestra mente en un período de tan sólo 5 minutos, a lo mejor captaríamos unos cuantos en verdad preocupantes.

Ciertamente, nuestro mundo sería un lugar mejor si aprendiéramos a eliminar las personalidades fragmentarias y las formaciones de pensamiento problemáticas allí donde las percibimos. Aún más eficaz sería aprender a no formarlos; al fin y al cabo, son nuestras propias creaciones. Este desorden poco reconocido contamina el cuerpo, la mente y la atmósfera. Podemos vivir con ello, como con la contaminación del aire, pero viviríamos mejor si se limpiase.

Si sientes que ciertas zonas de tu casa o de tu lugar de trabajo han absorbido energías incómodas, hay muchas cosas que puedes hacer. En primer lugar, pregunte por qué están en ese lugar específico. Puede ser un lugar en el que persiste una personalidad fragmentaria infeliz o una formación de pensamiento problemática. Por otra parte, puede ser que un objeto puesto allí fuera un regalo de alguien que simplemente no te agrada. O puede recordarte un acontecimiento inquietante. Deshazte de él. Deja que el espacio libre rodee los muebles y los objetos. Elimina cosas innecesarias. Pon orden en los cajones, armarios y sótanos, todos ellos metáforas de espacio para el subconsciente. El simple hecho de lavar el suelo es una de las formas más eficaces de exorcizar una casa. Prende velas perfumadas en los lugares que parecen necesitar limpieza. Pero, sobre todo, pon música, música grande, magnífica y vigorosa como las piezas de Vivaldi, la *Resurrección* de Haendel o el *Nacimiento de Venus* de Respighi. Pon un altavoz justo en el lugar que te molesta y déjalo sonar hasta que esa zona se sienta como aireada y ligera. No hay nada como el poder de la música para transmutar las formaciones de pensamiento no deseadas.

Hay zonas de masacre, de batalla y lugares donde se ha producido un número ingente de muertes que están llenas de personalidades fragmentadas, violentas turbulencias psíquicas y, a veces, maldiciones persistentes. Están por todo el planeta, pero, afortunadamente, casi nunca son palpables. Muchos con los que me he topado eran totalmente insospechados. Nunca se me habría ocurrido, por ejemplo, que los galeones de la Armada española llevaron la guerra entre Inglaterra y España hasta la costa occidental de Cornualles. Pero los vi. Fui testigo del derramamiento de sangre. Sólo más tarde me enteré de que la lucha, efectivamente, había llegado hasta ahí. Hubo una masacre incluso en nuestra propiedad en Alemania. Lo que capté ocurrió alrededor del año 700 d. C., cuando los paganos locales se levantaron contra un grupo de cristianos recién bautizados. Nadie me lo contó, aunque el manantial que hay frente a nuestra casa es aclamado por ser el primer sitio de bautismo de toda la antigua Sajonia. Hasta ahora, las visiones que he tenido de esos huesos blanqueados que yacen en las profundidades del suelo no consagrado de nuestro patio delantero han inspirado poco más que curiosidad. Me siento mucho más incómoda cuando estoy cerca de un matadero o de una granja de cerdos. En algunas zonas del mundo, la concentración de la violencia es demasiado pronunciada como para no ser detectada. Es posible que pasen siglos antes de que se intente aclarar lugares de inhumanidad indecible como Auschwitz, si es que alguna vez se intenta. Lo que permanece en gran medida en esas zonas de intensidad negativa no son espíritus confinados, sino formaciones sin sentido llenos de terror, odio y sufrimiento. Incluso éstos pueden ser despejados si se trabaja en equipo.

· · ·

Hay muchas más cosas que las mencionadas aquí que atraviesan los espacios de la psique humana y que no se pueden definir como subproductos de pensamientos y emociones humanas. Un número infinito de entidades no son –y nunca lo han sido– parte de este mundo. He visto algunas de ellas, y conozco a otros que también las han visto. Muchas de las entidades son de una belleza indescriptible; otras, no son más que una mancha de luz. Uno de los ejemplos que más valoro es el de una personalidad energética a la que considero un ser de emoción en estado sólido. Cruzó mi dormitorio una noche cuando estaba medio dormida, una entidad dorada y maciza tallada en amor puro y sólido, un amor tan poderoso, seguro y condensado, tan compacto, que no había espacio para los aspectos más vulnerables del amor humano, como la compasión. Esa entidad está tan alejada de la capacidad humana que no podemos hacernos una idea de ella, y mucho menos describirla. Si contáramos con unos valores culturales que promovieran la investigación de este tema, se ampliaría nuestra conciencia de forma inconmensurable. Me pregunto cuántas especies de entidades hay que nunca interactuarán con nosotros, ni siquiera en las regiones más profundas del espacio interior humano, porque simplemente son demasiado diferentes.

CAPÍTULO 15

TELEPATÍA: TU HERRAMIENTA PARA LA COMUNICACIÓN TRAS LA MUERTE

Si establecer contacto con los muertos es tu primera aventura en lo «paranormal», es lógico que tengas algunas inquietudes. La telepatía es tu principal herramienta para la comunicación después de la muerte, y la encontrarás en esa caja de herramientas con la que naciste. Así que relájate. Trabajar con la telepatía no es cuestión de aprender una habilidad ajena, sino de potenciar la eficacia de algo que ya estás utilizando todos los días. Para aprovechar al máximo la telepatía, es útil ser más consciente de lo que es y de cómo funciona.

El ejemplo más común de telepatía tiene que ver con el teléfono. Si alguna vez has sabido quién está llamando antes de contestar el teléfono o estabas pensando en la persona que llamaba justo antes de que sonara, tendrás pruebas de tu capacidad telepática. Todos la usamos en mayor o menor medida. Sin la telepatía, no podríamos sobrevivir. Un bebé no podría comunicarse con su madre, ni ésta con su bebé. Las células tampoco podían comunicarse entre sí. Sin la telepatía, el rezo no tendría sentido. A mayor escala, la telepatía es el medio de la conciencia de las masas, que nos regula a nosotros y a otros animales para que podamos vivir juntos en un solo planeta. Para los humanos, es la base de las civilizaciones, que nacen de la síntesis de los acuerdos conscientes e inconscientes de las personas.

La telepatía es la lengua universal de los muertos. Por ello, pueden mantenerlo sin importar el tiempo. También es la lengua nativa de nuestro yo interior. Por eso, cuando practiquemos, la comunicación que mantenemos actualmente con los muertos será más larga.

¿QUÉ ES LA TELEPATÍA?

Me encantaría poder dar una definición de telepatía con un adorno cuasi científico, como «la telepatía implica el movimiento de unidades de conciencia (o tal vez deberíamos llamarlas partículas c), al igual que la electricidad consiste en el movimiento de electrones». En este modelo, una unidad de conciencia sería tan diminuta que haría que un electrón pareciera el Hindenburg. Pero, sinceramente, no existe una definición científica, así que tendrás que conformarte con una descriptiva. Nadie está seguro al 100 % de lo que es la electricidad, científicamente hablando, ni de cómo funciona, pero sabemos cómo utilizarla. Del mismo modo, a pesar de no conocer la física que hay detrás de la telepatía, sabemos cómo usarla. La telepatía ha sido probada una y otra vez en experimentos de laboratorio, de modo que su existencia ha sido demostrada sin lugar a dudas.

Entiendo que la telepatía es el uso de cualquier percepción extrasensorial para la transmisión y recepción de pensamientos, sentimientos e imágenes. Como tal, la telepatía abarca mucho más que nuestra comprensión habitual de ella como una comunicación mental conforme a la lógica de un pensamiento verbal. Como le dirá el príncipe de Gales, la gente tiene vínculos telepáticos con sus plantas. Que yo sepa, las plantas no envían mensajes en el inglés del rey, aunque evidentemente les gusta oírlo cuando se les habla con cariño. En cambio, la telepatía cobra la forma de un delicado sondeo bidireccional de información a nivel extrasensorial.

Volviendo a la telepatía entre humanos, imagina un escenario como éste: justo cuando estás pensando en pedir una pizza para cenar, tu cónyuge entra con el menú de una pizzería de comida para llevar. ¿Coincidencia? Pero cuando pensabas en la pizza, no sólo pensabas en palabras abstractas o verbalizabas mentalmente; también pensabas en imágenes, por ejemplo, de una masa redonda y plana. En ese momento, es probable que evocaras tanto el sabor como el tacto al recordar cómo se siente el queso caliente y la masa crujiente en la boca. Lo más probable es que estuvieras repasando algunos acontecimientos futuros probables. ¿Queso y salchichón o queso y champiñones? ¿Ray's Pizza o Pizza Hut? Así que pensar en conseguir una pizza es en realidad bastante complejo. ¿Qué parte de esa constelación de pensamientos fue captada telepáticamente? ¿Y fuiste tú quien se lo transmitió a tu cónyuge, o tu cónyuge a ti? Antes de intentar decidir, considera la posibilidad de que los dos hayáis tenido pensamientos de querer comer una pizza al mismo tiempo, que en algún lugar en el fondo de vuestras mentes hayáis acordado instantáneamente incluir una pizza en vuestro futuro inmediato.

En nuestra sociedad orientada a lo visual, el pensamiento se transmite más a menudo en imágenes que en palabras, aunque ambas no son fáciles de distinguir. Las imágenes pueden convertirse en palabras, al igual que las palabras conllevan imágenes. De hecho, en los primeros sistemas de escritura conocidos, de Mesopotamia y Egipto, cada signo escrito derivaba de una imagen. Las imágenes que rodean a una palabra pueden ser captadas y luego analizadas a fin de descifrar las connotaciones telepáticas implícitas. Las transmisiones telepáticas suelen implicar también otros sentidos: el olfato, el tacto, las impresiones que combinan el color y la temperatura, etc., que resultan difíciles de interpretar como transmisiones puramente de imágenes y palabras.

Volvamos a la pizza. Supongamos que tu cónyuge estuviera bebiendo una taza de café hirviendo en algún lugar fuera de casa. En ese mismo momento, tú estás en casa y de repente recuerdas una vez que la salsa de tomate de una pizza te quemó el paladar. No entiendes por qué ese recuerdo te vino de golpe. Lo que ocurrió fue que, cuando captaste telepáticamente la experiencia de tu cónyuge con el café hirviendo, inconscientemente trataste de darle sentido recurriendo a tu propio banco de asociaciones con esa sensación. En ese momento, tomaste como referencia el recuerdo de haber mordido un trozo de pizza demasiado caliente. Ay, el conjunto de pensamientos de la pizza entra en órbita.

Telepatía celular

Si percibes fugazmente un ardor en el interior de la boca antes de tener pensamientos o recuerdos de esa sensación, estás recibiendo información por medio de tu cuerpo y no de tu mente. A falta de un término mejor, llamo a esto telepatía celular. Muchos sanadores trabajan de esta manera, sintiendo los problemas físicos de alguien en su propio cuerpo o a través de sus manos. La telepatía celular es una de las razones por las que algunas personas pueden ver auras. Y ocurre enfáticamente entre los vivos y los muertos. Quiero recordarte aquí el modo más común de percibir a los muertos, la comunicación sentiente después de la muerte: sentir una presencia que no se ve ni se oye. Para mí personalmente es más común esa sensación de hormigueo descrita en el capítulo 13. Nuestros cuerpos captan la presencia antes que nuestras mentes. No es que los cuerpos energéticos de los muertos tengan células, pero sí tienen cargas eléctricas que se hacen palpables a los cuerpos humanos y animales, en particular a las neuronas.

Conocimiento directo

De vez en cuando, las transmisiones llegan sin palabras, imágenes o cualquier envoltura sensorial. En un instante, todo un bloque de información irrumpe en forma de revelación. Este espectacular fenómeno se llamó «conocimiento directo» en la literatura metafísica del siglo XIX. Si aún no te ha ocurrido, te garantizo que lo notarás cuando suceda.

La telepatía como conciencia que interactúa

Todas las palabras e imágenes comienzan como pensamiento antes de ser manifestadas de forma perceptible. Por pensamiento no me refiero aquí a la lógica o al pensamiento intelectual, aunque ambos pueden ser componentes. Me refiero a algo más profundo y amplio y que está arraigado en la conciencia. Las creencias son, en realidad, pensamientos; al igual que los sentimientos y las emociones, si se mira su origen.

De hecho, parece imposible nombrar algo que no sea, en cierta medida, un pensamiento o redes de pensamientos de los que somos conscientes. Tal y como se ha descrito, la conciencia en general se acumula para crear la forma, ya sea en forma de pensamientos, palabras, imágenes u objetos. Nuestros cuerpos son esencialmente formas de pensamiento, proyecciones de la conciencia interior que se realizan a velocidades tan altas que parecen ser sólidas. Recordemos la discusión sobre la ilusión de solidez en el capítulo 2. La cantidad de materia en un átomo respecto al tamaño de éste es más o menos equivalente a un guisante en un campo de fútbol. Así que cuando estás mirando tu propia mano, casi toda ella es sólo un espectáculo de luz proyectado por la conciencia, que es la maestra de las ilusiones. Sólo ese conocimiento te hará sentirte más cómodo al ver las proyecciones de los muertos. Puedes dejar de lado cualquier duda de que un yo físico pueda percibir a un otro no físico, ya que la división entre ambos es realmente tenue. Ambos son proyecciones de lo mismo (la conciencia) y comparten la misma lengua nativa de la telepatía.

Me atrevería a decir que las proyecciones en sí son de telepatía. Yo diría además que la telepatía es la conciencia interactuando con otra cosa, como otra conciencia. Esto es impactante. Dado que tu conciencia está siempre en interacción con tu entorno interior y exterior, cierta forma de telepatía estará en constante funcionamiento, por ejemplo, entre tu y tus plantas. Entonces, ¿por qué no nos damos cuenta de ello?

TELEPATÍA Y ACUERDOS COLECTIVOS

La conciencia colectiva llega a un acuerdo a través de la telepatía colectiva, que también opera durante el sueño. Eso significa que las personas de la misma civilización están en un acuerdo telepático general sobre cómo pensar, cómo percibir, lo que es posible y, sobre todo, lo que es normal y lo que consideran anormal o paranormal. Consideremos la vista como ejemplo. Ya como recién nacido, has sido condicionado a percibir de manera que concuerde con la conciencia colectiva de tu época y entorno. Te has conformado, sin saberlo, a ver el patrón de energía (la radiación de la actividad subatómica, las oscilaciones y las vibraciones, la atracción y la repulsión electromagnética) no como es realmente (o sea, como un movimiento constante) sino como materia. Una mujer que hizo una regresión conmigo a la edad de tres meses vio el sofá en el que estaba tumbada en forma de ondas ondulantes de color. Antes del condicionamiento social ella veía movimiento y luz, no materia sólida.

Todos hemos aprendido a percibir de forma culturalmente aprobada y codificada. Eso también significa que hemos aprendido a desactivar otros tipos de percepción que no se utilizan o toleran en nuestra sociedad. Algunas personas muestran capacidades perceptivas impresionantes porque fueron criadas al margen de dicho condicionamiento. Estoy pensando en los relatos documentados de bebés criados por lobos. El que mejor recuerdo es uno escrito por dos misioneros en la India. Ellos habían adoptado a un niño que llevaba más de una década viviendo con lobos. Aunque intentaron enseñarle a comportarse como un humano, se negaba a caminar erguido y se desplazaba a velocidades increíbles a cuatro patas, para lo cual sus rodillas y pies se habían adaptado mediante una piel dura. Cogía la comida y salía corriendo con ella para comer a escondidas. Pero además tenía una extraordinaria visión nocturna, así como unos sentidos del olfato y del oído que iban mucho más allá de lo que pensamos que es la capacidad humana. Este niño, que no vivió mucho tiempo en cautiverio, tenía esas habilidades porque en su sociedad de lobos eran de uso cotidiano.

A veces, culturas enteras tienen capacidades perceptivas tan ajenas a las nuestras que las descartamos alegando que son ficciones de mentes primitivas. Los antiguos griegos, por ejemplo, creían que una persona podía oír las voces de los dioses. Durante miles de años, los pueblos de la antigua Mesopotamia escribieron sobre una luz que irradiaba de ciertas personas y objetos. Estas auras brillantes, llamadas en lenguas cuneiformes *hi.li* (sumerio) o *kuzbu* (acadio), atraían y también irradiaban; eran la expresión visible del carisma. La mayoría de los académicos del antiguo Cercano Oriente ven estas descripciones como una tontería. ¿Lo serán? Los líderes del Servicio Aéreo Especial, las fuerzas especiales británicas (equivalentes a la Fuerza Delta estadounidense), no lo creen. Entrenan a sus soldados en cómo disminuir sus auras para que cuando estén escondidos, detrás de una puerta, por ejemplo, y retraigan sus auras, la detección por parte del enemigo sea casi imposible.[1]

Los acuerdos perceptivos pueden entorpecer en lugar de ayudar. Supongamos, por ejemplo, que te has criado en una sociedad en la que todos están aislados en una habitación vacía, pequeña y blanca con paredes vacías. Tu percepción de la profundidad no se habría desarrollado, porque tus ojos habrían carecido de oportunidades para enfocar objetos sobre un fondo y, especialmente, a distancia. Dado que tu sociedad no conocería la percepción de la profundidad, para ti no existiría. En cuanto a la telepatía, el Occidente industrial se parece a la Sociedad de la Caja Blanca, con demasiadas restricciones como para usar esta capacidad innata. Entonces, esta capacidad queda sin desarrollar o incluso se atrofia. Cuando nos encontramos con alguien que la ha conservado intacta, suponemos que tiene dones paranormales o, peor aún, que se está inventando la idea de la telepatía.

Esto también puede estar relacionado con la biología. En las consultas psíquicas, durante los escaneos corporales rutinarios, empecé a notar dos pistas paralelas de pequeñas glándulas que empiezan justo dentro de la base del cráneo y descienden por la columna vertebral. Como son parte del cerebro antiguo, parecen controlar los estados alterados, incluyendo el sueño. Como sólo se ven en los clientes que son psíquicamente activos, pueden estar atrofiados en los menos activos.

POR QUÉ ALGUNAS PERSONAS PARECEN SER MÁS PSÍQUICAS QUE OTRAS

Es cierto que algunas personas tienen capacidades psíquicas más fuertes que otras, así como todas las personas pueden cantar, pero algunas cantan mejor que otras. En parte, esta disparidad se debe a que cada persona valora distintas habilidades. Lamentablemente, en las culturas del Occidente moderno, las habilidades telepáticas están infravaloradas. Otro motivo tiene que ver con el plan de vida general de una

---

1. Comunicación personal de un exsoldado del SAS que no quiere ser nombrado.

persona, que es lo que marca sus aptitudes naturales. Una última parte es la de la formación.

Siempre nos hallamos en algún tipo de actividad psíquica, de forma consciente o no. A veces esas exploraciones extrasensoriales no llegan muy lejos. Por ejemplo, cuando un cocinero está asando carne en el horno sin utilizar un termómetro para carne, inconscientemente se proyectará mentalmente para «ver» si el asado está listo. En el lenguaje cotidiano esto se llama adivinar, pero es una «suposición» instruida por la telepatía. Los grandes cocineros utilizan esta habilidad de forma más consciente, y en ese caso no se le llama adivinar sino instinto, talento o experiencia. En otras ocasiones, esas antenas se abren paso y empiezan a detectar más cosas.

Nunca olvidaré a una chica que acudió a mí para una consulta. Ella y su familia eran parte de una comunidad latina en el norte de Nueva Jersey. Cuando la conocí, aún no había salido del instituto, pero ya era muy lista. Llevaba mucho maquillaje, el cabello teñido de negro y una hilera de aros en la nariz, y mascaba chicle mientras fumaba Newport Longs. Durante la lectura, mientras le describía su elevada energía psíquica, empezó a seguir lo que yo decía telepáticamente y a ver cómo los pensamientos se desplazaban en el aire antes de que yo los pronunciara. Otros clientes también han observado esto. De momento, nada del otro mundo.

Lo que sí fue un gran acontecimiento ocurrió al día siguiente y me llamó muy emocionada. Desde que había realizado la consulta psíquica, había estado experimentando con sus habilidades. «Adivina qué —dijo sin aliento—, ¡sólo tengo que mirar una máquina de Coca-Cola y sale una lata!». Suspiré. Qué fácil es para algunas personas. ¿Cuántas veces he intentado influenciar en los objetos así sin ningún resultado? Pero sí me dejó una lección: cada persona tiene aptitudes diferentes, así que hay que orientarse hacia los puntos fuertes.

El lugar en el que uno fue criado desempeña un amplio papel a la hora de determinar el alcance de las capacidades psíquicas. Si te has criado en Nápoles, Gales o Estonia, es más probable que cantes mejor que la gente de otras regiones, porque su entorno social considera que el canto es algo valioso e importante. En estos lugares hay muchos cantantes de quienes aprender, y que además fijan un alto nivel a alcanzar. Al mismo tiempo, la aptitud para cantar se considera algo natural. Y ciertas culturas consideran lo paranormal como algo natural o, como mínimo, están más acostumbrados a ello. El condicionamiento social actúa en menor medida en las subculturas, como las comunidades religiosas. Una puede valorar las experiencias místicas, por ejemplo, mientras que otra puede condenarlas, y una tercera puede decir que no existen.

Una influencia tan fuerte como la geografía es la crianza personal. Dos ejemplos ilustran familias estadounidenses que fomentaron la clarividencia en sus hijos, ya sea por accidente o no. En ambos casos, los niños crecieron con capacidades psíquicas naturales y sanas, y las integraron en su vida diaria. El primero es Sascha Feinstein. Sascha fue educado creyendo que la creatividad es el mayor regalo para la humanidad. Su padre era un artista que realizaba obras abstractas de una profundidad inusual, mientras que su madre pintaba cuadros más figurativos y con una inclinación hacia el tratamiento estético de la naturaleza. Ambos padres creían que la imaginación conduce a verdades más profundas. Aunque Sascha dejó la pintura en manos de sus padres, su amor por las artes es ilimitado. Su creatividad ha encontrado expresión en la fotografía, la música y, sobre todo, la escritura, que realiza con una inusual combinación de alegría jovial y pensamiento crítico. La creatividad fluye de él, tanto en su discurso, como en su enfoque cotidiano de la vida y en sus ámbitos elegidos, gracias a la confianza que tiene en su yo interior. Esta confianza, sumada al aprendizaje desde la primera infancia de mirar hacia dentro, de indagar a fondo en busca de significado e inspiración, le llevó a desarrollar sus dones psíquicos. Sascha no sabía de sus aptitudes extrasensoriales; simplemente las utilizaba.

La segunda es Stefanie Nagorka, una vidente profesional de primera. Stefanie es hija de dos excelentes videntes profesionales que le enseñaron a ver la clarividencia como una herramienta única. Ella y su hermana empezaron a formarse a los 13 años. Esta majestuosa mujer es la primera vidente profesional que he conocido. Mi consulta con ella me dejó boquiabierta y después me juré a mí misma que aprendería todo lo que ella sabe, aunque me llevara el resto de mi vida. Lo que para mí era en aquel entonces la cosa más grandiosa del mundo, el más extraordinario avance del saber era para ella sólo una extensión casual de lo cotidiano, empleada con imparcialidad. Lo que Stefanie sabe de manera consciente y Sascha de manera instintiva es que la capacidad psíquica y la creatividad no sólo están aliadas, sino que surgen de la misma fuente.

La tercera situación familiar que promueve las habilidades psíquicas en los niños es, lamentablemente, mucho más común que las dos anteriores. Este grupo es al que pertenezco. Sencillamente, la conciencia ampliada se desarrolla porque los niños tienen que protegerse de su entorno familiar. Aunque la famosa película *Carrie* (1976) de Brian de Palma, basada en una novela de Stephen King, es una gran exageración, capta las condiciones psicológicas de opresión, impotencia y desesperación que pueden hacer que un niño desarrolle una fuerte actividad psíquica, incluso la telequinesis. Hubo dos impulsos principales en mi infancia. Uno era la estrategia defensiva de saber lo que mis padres estaban pensando, lo cual fomentó mis habilidades telepáticas. El otro era salir de la pesadilla viviente abandonando mi cuerpo. Recuerdo que una vez intenté colarme en el salón anticuado de Jim Dear y Darling en el libro de Disney llamado *La dama y el vagabundo*. Buscando ayuda, me dirigí especialmente a lo invisible, incluso a los santos y a los ángeles. Por último, luché por lograr hacerme invisible, que es una idea común e infinitamente trágica que tienen los niños para protegerse.

Puede que los malos tratos de los padres no inspiren un cambio de personalidad de 180 grados en un niño, pero sí los obligan a desalojar temporalmente su cuerpo, al igual que casi cualquier abuso traumático. Las experiencias extracorporales, leer la mente, intentar desaparecer a otra dimensión o volverse invisible son sólo algunos de los recursos psíquicos del arsenal de los niños víctimas de maltrato.

El hecho de que el estrés produce fenómenos paranormales es ampliamente conocido. Las ECM en las que una persona se sale de un cuerpo estresado al máximo son el ejemplo más extremo. Curiosamente, las investigaciones demuestran que las personas que han tenido ECM suelen tener también un historial de traumas en la infancia.[2] Muchas religiones ritualizan el estrés para evocar revelaciones; sirva de ejemplo la antigua fórmula bíblica de ayunar «cuarenta días y cuarenta

---

2. Lester, D.: *¿Is There Life after Death? An Examination of the Empirical Evidence.* McFarland, Jefferson, Carolina del Norte, 2005, p. 43.

noches» en las duras condiciones del desierto. Varios rituales de los nativos americanos llevan el cuerpo al límite de la resistencia humana para obtener visiones. Se sabe que muchos ritos en todo el mundo aplican el estrés psicológico y físico, por ejemplo, permanecer en una tumba durante la noche o automutilarse. Como en el caso del niño traumatizado, si el peligro es percibido como lo suficientemente fuerte, la psique entra en acción. Puede optar por eludir niveles imposibles de dolor o miedo desalojando temporalmente el cuerpo, lo que puede dar lugar a una experiencia mística. O puede entrar en un estado de hiperalerta, inundado de adrenalina, en el que los sentidos, entre ellos los protobiológicos, se vuelven más agudos, y los pensamientos, las acciones y los reflejos adquieren una velocidad y una fuerza extraordinarias. Ya hemos visto varios ejemplos. De ellos obtenemos una mejor idea de lo que los humanos son realmente capaces de hacer. Tanto Sascha como Stefanie nos dirían, por supuesto, que no hay que esperar a las condiciones traumáticas para descubrirlo. Un entorno seguro que apoye la validez de la imaginación, la creatividad y el conocimiento interior es, sin duda, el mejor maestro.

VIENDO LA COMUNICACIÓN
DESDE EL OTRO LADO

Probablemente he dado la impresión de que el éxito de la comunicación después de la muerte depende totalmente de uno mismo y las capacidades propias. No es así. El éxito también depende de la capacidad de los muertos para comunicarse desde su lado. Por lo general, no se trata tanto de sus habilidades telepáticas como de otros factores, es decir, emocionales y climáticos, que determinan la claridad y la fuerza de la telepatía. El deseo, por supuesto, es el factor crucial. Ciertas condiciones psicológicas entre tú y los muertos, así como las condiciones atmosféricas meteorológicas, estacionales y circadianas y otras, promoverán el contacto o lo impedirán. Lo mismo sucede aquí y ahora. Por lo general, la gente se siente más movida a interactuar en primavera que en invierno. Las meditaciones salen mejor en determinados momentos del día o de la noche. Los biorritmos individuales también entran en juego. Tú puedes ser una persona matutina o nocturna, por ejemplo, lo que también influye en la comunicación después de la muerte.

Hay que decir que algunas personas en el otro lado no tienen el menor interés en establecer contacto con nosotros. Unos pocos que eligieron la existencia física como un experimento único o que no pudieron adaptarse a ella pueden, después de la muerte, negarse a todo recuerdo de la vida terrestre y pasar lo antes posible a dimensiones más compatibles. Hay quienes han aprovechado sus diversas encarnaciones para explorar todo lo que se habían propuesto y están preparados para vivir todo un conjunto de nuevas experiencias fuera de la esfera de nuestra comprensión inmediata. Tienen poco deseo de mantener vínculos con nuestro mundo, y aunque lo hicieran, sus experiencias resultarían demasiado extrañas para nuestra comprensión.

Algunos muertos no saben comunicarse o carecen de relaciones lo suficientemente significativas con los vivos como para hacer el intento. Otros pueden estar tan encerrados en su propia ilusión que olvidan el mundo que una vez habitaron. A menudo, permanecen en silencio porque están fuera de nuestro alcance psicológico, absortos en alguna exploración o un nivel de actividad tan poco familiar para nosotros que no pueden tender un puente telepático.

En otros casos, el silencio puede tener un propósito específico, como ayudarte a ser más independiente. Normalmente, cuando no tenemos noticias de nuestros seres queridos difuntos, sacamos muchas conclusiones erróneas: ya no me quieren; me han olvidado; no valgo la pena; tienen cosas mejores que hacer; no soy capaz de comunicarme con los muertos. La verdad es que quizá guarden silencio precisamente porque sí te quieren.

Peter eligió este camino. Fue mi máxima inspiración, un hombre que a los 24 años había alcanzado una serie de logros que muy pocos consiguen en su vida. La última vez que recibí noticias suyas fue en 1975, en una carta enviada desde Inglaterra, donde vivía. Siempre esperé que un día nos reuniéramos cuando yo hubiera alcanzado su nivel, o por lo menos casi su nivel. Durante 23 años soñé con él, sueños aterradores en los que trataba de encontrarlo. Nunca pude. En 1998, una amiga mía me invitó a visitarla en Inglaterra. Había llegado el momento de ese esperado reencuentro. Sólo dos días antes de subir al avión, comenzó la comunicación después de la muerte. Sus visitas (descritas en el capítulo 8) me sacudieron, y luché con fuerza contra el hecho de que estaba muerto. Una vez que llegué a Londres, sus antiguos colegas me confirmaron que efectivamente había fallecido en 1975. Estaba desolada. ¿Por qué no lo intuí durante todos esos años?

Un mes después me enteré. En una comunicación después de la muerte que se mantiene como una de las más fascinantes para mí, le pregunté por qué no lo supe. Su respuesta fue sencilla: «Porque no te lo dije». Comprendí inmediatamente que él se había dado cuenta del papel que desempeñaba en mi vida. Si hubiera sabido que él había muerto, eso hubiera mermado mi afán por superarme.

Afortunadamente, muchos en el Más Allá que son excelentes comunicadores no quieren guardar silencio. Pertenecen a un grupo al cual denomino mentes ruidosas. Vivas o muertas, las mentes ruidosas parecen compartir ciertas características, sobre todo, un intelecto impulsado por una fuerte emoción y muchas ganas. Todo ello supone que la telepatía sea excelente. Los comunicadores más tenaces son aquellos que no pudieron transmitir mensajes importantes antes de morir o que dejaron algo sin hacer. El hombre del capítulo 13 que se presentó con un olor a amoníaco tan fuerte como para tumbar a un elefante era uno de ellos. La urgencia se traduce en transmisiones fuertes e insistentes a todo aquel que las capte, lo que para mí son emisiones. Las víctimas de asesinato pertenecen por lo general al conjunto de locutores, es decir, víctimas de asesinato cuyos homicidios no han sido resueltos o por los que se acusó a la persona equivocada. Para contar sus historias, pueden incluso salir de las imágenes que se muestran de ellos en los noticiarios y documentales de televisión.

La gran mayoría de nuestros seres queridos se hallan entre los dos extremos de mentes taciturnas o ruidosas. Cuando el deseo o la necesidad están presentes, acaban encontrando alguna manera de comunicarse.

ESTADOS ALTERADOS

Es necesario que exista algún tipo de estado alterado para que la comunicación telepática pueda mantenerse. Investigaciones recientes de la Universidad de Wisconsin, dirigidas por el Dr. Giulio Tononi, examinan y miden la conciencia de nuevas maneras. Ahora se cree que el cerebro puede estar en un «trillón» de estados diferentes.[3] Yo estoy de acuerdo. Para mí, el estado alterado no se diferencia mucho de la concentración profunda. Cuando lees un libro, pasas la aspiradora, hablas por teléfono, te duchas, duermes, corres, haces el amor, cierras un negocio o contemplas las llamas de un fuego, alteras instantáneamente tu estado para realizar cada uno de estos actos. No puedes leer, por ejemplo, si no estás en un estado alterado; de lo contrario, no podrías bloquear los datos sensoriales para concentrarte. Cabe decir que un estado alterado sencillamente implica concentrarse en un área específica, algo que tú ya haces de forma espontánea, día tras día. No sólo estamos en algún estado alterado en cada momento, sino que otros estados también prosiguen justo debajo de la superficie. Y no importa lo que estemos haciendo, nuestro subconsciente estará también inmerso en algún tipo de sueño. La corriente interna de imágenes nunca cesa. Dado que el subconsciente es la vía de contacto más utilizada con otras dimensiones, ya estemos despiertos o dormidos, nos comunicamos constantemente con aquello que no es de este mundo.

Cuando estás inmerso en una novela, te desentiendes del mundo; sin embargo, mientras estás sentado leyendo en el sillón del salón, una parte de tu conciencia puede estar en la cocina, esperando a que hierva la sopa. Al mismo tiempo, puedes ser consciente de ciertas cosas que ocurren fuera de la casa o en tu cuerpo, como la sensación de hambre. Mientras lees, tu yo subconsciente está conectando lo que estás leyendo con tu propia experiencia personal. También intervienen muchos otros procesos internos del plano psicológico y sensorial, así como proyecciones sobre posibles futuros, ¡inclusive la trama del autor!

---

3. Ver el artículo de Zimmer, C.: «Sizing Up Consciousness by Its Bits», *New York Times*, Science section, 20 de septiembre (2010). Mi agradecimiento a Paula Johnson por señalarme este artículo.

En cuanto aprecies la variedad de estados alterados por los que pasas en un día cualquiera, te resultará más fácil localizar los que mejor se adaptan a la comunicación después de la muerte. Se convierten en sus puntos de referencia. Aquí funciona una analogía con la radio. Para simplificar, yo soy el transmisor de una emisora de radio determinada, llamémosla WBGX FM, y tú eres el receptor o la radio misma. Yo te envío señales, que en la tecnología de radio serían ondas sonoras, para que las captes. Para ello, debes utilizar tu sintonizador integrado para hallar mi emisora, que se recibe mejor por el 96.8. Si no lo encuentras, no obtendrás las frecuencias adecuadas y sólo oirás ruido. Del mismo modo, tú utilizas tu sintonizador incorporado para dar con el estado alterado adecuado para la recepción de la telepatía con un mínimo de interferencias. Una vez que sepas dónde está esa emisora en tu radio interior, puedes prefijarla en 96.8 FM para poder acceder a ella una y otra vez sin esfuerzo y captar las transmisiones de WBGX. El proceso es automático. Puedes pulsar el botón de preselección aun en medio de un caos, y seguirás sintonizando perfectamente.

TELEPATÍA FUERA DE LA MATRIZ ESPACIOTEMPORAL

A diferencia de los transmisores y receptores mecánicos, los telepáticos trabajan juntos para establecer las frecuencias adecuadas. En la mediumnidad de trance profundo, la entidad sin cuerpo (antes llamada control) puede tardar meses o años en crear los puentes psicológicos necesarios para que ella y el médium estén debidamente sintonizados. La analogía falla más aún con respecto a las diferencias entre el emisor y el receptor en la telepatía, que no son claras. En algunas situaciones, la transmisión y la recepción se producen simultáneamente, en cuyo caso es imposible distinguir el receptor del emisor.

La noción de emisor y receptor proviene de la idea del tiempo secuencial. Y como el universo interior apenas reconoce el tiempo secuencial, decir que la transmisión telepática ocurre antes que la recepción telepática sería incorrecto. Además, el pensamiento, a diferencia de las ondas sonoras, está en todas partes a la vez; no va del punto A al punto B. Es más, es posible que no se esté captando una emisión «en directo». Lo que podrías considerar que está ocurriendo en tiempo real puede ser en realidad una grabación antigua o incluso una grabación futura, pensada por alguien conocido desde otro punto fuera de nuestro espacio-tiempo. Sale a recorrer las ondas, llevando la firma de su creador.

Imaginemos que tu madre, ya fallecida, deseaba insistentemente que vivieras algún día en una bonita casa. Aunque ya no lo espere mientras se adentra en sus experiencias del Más Allá, ese deseo sigue activo en las esferas de la conciencia y, efectivamente, pondrá en su camino oportunidades para que realices una compra inusualmente buena. Como el deseo lleva la firma de tu madre, sabrás instintivamente que ella quien te ayuda detrás del escenario.

Las constelaciones de pensamientos, sentimientos o imágenes, o cualquier combinación de ellas, están impulsadas por la intención. Como tales, están vivas, crecen y son capaces de responder. La telepatía libre producida por alguien que jamás ha conocido le encontrará sólo si usted y ella están en la misma longitud de onda, por así decirlo. Lo más probable es que proceda de alguien con quien tienes una fuerte resonancia mental, emocional o psicológica. Y cuando llega, normalmente el impacto resulta en una inspiración.

EL DESPEGUE

Hasta ahora he dado muchas razones para abandonar la vieja idea de que la telepatía es estrictamente una comunicación de mente a mente. Tengo una más, que he dejado para el final porque ilustra muy bien la idea de la telepatía como conciencia en interacción. Habrás notado que la gente que ha tenido una comunicación después de la muerte incluye comentarios de haber sentido que se les quitaba un gran peso de encima. Puede que esto no sea tan metafórico como parece. Aunque la mayor parte del tiempo lo que describen es la liberación de algo agobiante o reprimido, un tipo de actividad que tiene lugar telepáticamente puede producir tal efecto. Esto ocurre cuando los muertos, literalmente, te quitan una forma de pensamiento nociva, creada por una serie de creencias arraigadas no ideales. La forma de pensamiento se presenta como un símbolo. Llamo a este acontecimiento un «despegue», porque, cuando veo que ocurre, me recuerda a la sombra que se despegó de Peter Pan en la película. Por ejemplo, una mujer experimentó un despegue cuando se encontró con su suegra muerta, alguien a quien odiaba con saña. Durante el encuentro, la nuera sintió cómo todo su odio y negatividad se desprendían de ella como si se quitara un «pesado abrigo».[4]

Conozco a una mujer que se despertó en medio de la noche y vio la sombra de su marido muerto arrodillada sobre ella. Estaba totalmente perpleja al ver que él le quitaba grilletes de las muñecas. No eran reales, por supuesto, sino grilletes fantasmas. La estaba liberando de toda una serie de pensamientos y creencias que la mantenían esclavizada a los demás. Es como si los hubiera comprimido para darles una forma simbólica que realmente lo dijera todo. Se los quitó y su vida dio un cambio brusco hacia la emancipación. A partir de entonces, superó rápidamente su duelo y comenzó por primera vez a vivir para ella misma.

A mí me ocurrió un despegue una vez. Durante la mayor parte de mis primeros años de vida se apoderó de mí un sentimiento de luto latente, que mi madre me transmitió en el vientre materno. Fui concebida un año después de la muerte de mi hermano pequeño, lo cual le causó a mi madre un dolor inconsolable. Por ello, me daba una pena excesiva la muerte de cualquier cosa inocente, especialmente animales. En mi edad adulta, apareció un querido amigo. Al igual que el marido del relato anterior, apenas le importó saludarme, sino que simplemente se puso a trabajar. Se inclinó sobre mi cuerpo y metió la mano en el costado para extraer un bebé muerto, la representación del dolor que llevaba mi madre por la muerte de su hijo. En ese momento, el fuerte remordimiento que experimentaba ante una muerte y el temor de que le ocurriera a alguien cercano me abandonaron para siempre.

Los despegues son demostraciones impresionantes de la complejidad y amplitud de las interacciones del pensamiento. Pero más que eso, demuestran la sabiduría y la compasión de los muertos y el poder intrínseco de la telepatía.

---

4. ArcangeL, D. *Afterlife Encounters: Ordinary People, Extraordinary Experiences.* Hampton Roads, Charlottesville, Virginia, 2005, p. 128.

CAPÍTULO 16

CÓMO PONERSE
EN CONTACTO

Ahora que sabes que la comunicación con los difuntos es beneficiosa para ti, y que tienes una idea de lo que puedes esperar y de las herramientas que utilizarás, es el momento de prepararse, pasar a la acción y entablar el contacto. Primero, trataremos los encuentros espontáneos y cómo trabajar con esas señales sutiles que los muertos nos dan para anunciar su presencia. Luego podrás utilizar esas señales para iniciar la comunicación. Después, exploraremos diferentes medios para que puedas iniciar el contacto por tu cuenta. Te recomiendo que leas este capítulo varias veces antes de intentar el contacto. Verá que hay varias técnicas para contactar con los muertos, así que puedes elegir la que más te agrade. No importa si olvidas parte de lo que se te sugiere. Después de unas cuantas consultas, lo que te funciona estará en algún lugar de tu mente cuando lo necesites. Además, repetiré una y otra vez lo que es esencial. Si todavía te siente inseguro, al final de este capítulo hay muchos consejos que te ayudarán, así como un repaso rápido de los pasos para facilitar tu consulta. Mientras tanto, te voy a dar 4 pequeñas reglas que son la base de todo tipo de encuentros exitosos. Más adelante las explicaré más detalladamente.

Las 4 pequeñas reglas

1. Quédate con tu emoción más genuina.

2. Habla en voz alta.
Habla en voz alta en la dirección que intuyas o imagines que se halla tu difunto. Describe todo lo que piensas, ves, sientes u oyes. No dejes de hablar.

3. Internaliza.
No importa qué fenómenos parezcan estar ocurriendo a tu alrededor, deja de percibirlos como fenómenos exteriores y comienza a buscarlos internamente. Es decir, empieza a mirar con el ojo de tu mente y a escuchar con el oído de tu mente para encontrar imágenes y mensajes mentales. Si lo recuerdas del capítulo 13, la internalización conduce a una comunicación más completa.

4. Hazle preguntas al difunto.
Plantea las preguntas directamente al difunto. Haz una pausa, mira y escucha internamente en busca de respuestas. Éstas, probablemente, se producirán en forma de imágenes o pensamientos.

Recuerda sobre todo que, pase lo que pase, nunca estarás indefenso. Si los muertos quieren comunicarse contigo, harán todo lo posible para adaptarse a tus necesidades y limitaciones. Lo segundo que se debe recordar es que hay que proceder como si los difuntos fueran los mismos de siempre, ni más ni menos. Te enseñarán los cambios que han hecho.

PREPARARSE PARA EL CONTACTO

Con un poco de preparación, en cuanto percibas una ligera señal de que un encuentro espontáneo está a punto de ocurrir, estarás listo para aprovechar la oportunidad. Lo único que falta para que la leve presencia se expanda hasta convertirse en una comunicación bidireccional es saber qué hacer. La preparación no sólo te hará más receptivo a los muertos, sino que también te acompañará cuando estés en pleno contacto y te ayudará a mantenerlo. Esta sección sobre la preparación se aplica también a la comunicación intencional.

Trabajar con los sentidos internos

Cuando trabajamos con los sentidos internos es bueno tener en cuenta que no son biológicos, aunque algunos correspondan a los sentidos biológicos. Cada percepción extrasensorial de «ver», «oír», etc. podría considerarse como un grupo de lenguaje particular para traducir proyecciones telepáticas. Como en cualquier grupo lingüístico, los sentidos se mezclan un poco como lo hacen el francés y el alemán con el inglés. Acostumbramos a concebir los cinco sentidos físicos como facultades distintas. Pero recuerda la prueba de la cebolla de nuestra infancia. Con los ojos vendados y la nariz tapada, se le da a una persona un trozo de cebolla y otro de manzana y se le pide que identifique cada uno por su sabor. Sorprendentemente, la cebolla y la manzana son difíciles de distinguir porque, en realidad, lo que creíamos que era el sabor era el olor. De igual manera, la mayoría de nosotros percibimos impresiones de color y forma cuando escuchamos música; el artista Kandinsky pintaba lo que veía mientras escuchaba música. En resumen, hay un solapamiento entre los sentidos.

Tus sentidos internos hacen lo mismo. Los sentidos protobiológicos son los primarios; son la conciencia formativa de los sentidos físicos. Sin ellos, tus sentidos físicos no podrían funcionar. Una persona ciega puede ver cuando está fuera del cuerpo mediante el sentido interno y protobiológico de la vista. Los sentidos internos son lo que nos llevamos cuando morimos, es decir, lo que utilizan los muertos. Cuando estés interpretando lo que te llega durante un contacto, te darás cuenta de que incluso los sentidos no visuales llevan luz y color y éstos conllevan elementos de otros sentidos internos y de la emoción. Bajo los cinco sentidos internos principales hay algunos más sutiles, un poco como un olor o un sonido, por ejemplo, que son difíciles de expresar con palabras. Yo los llamo sentidos parabiológicos. Cuanto más te sensibilices al exquisito funcionamiento de los sentidos internos, más cosas podrás percibir del otro lado.

Agudizar tu sentido visual interno

Lo que verás durante un encuentro se presenta en forma de imágenes interiores. Así que trabajemos para agudizar tu sentido visual interno. Sólo te llevará un minuto. Piensa en cómo te concentras en cualquier imagen mental, focalizando tu energía en la zona de tu frente, como el *Pensador* de Rodin, forzando su atención hacia el interior. Experiméntalo ahora mismo. Siéntate y cierra los ojos. En el ojo de tu mente, localiza un objeto en otra habitación de tu casa u oficina; puede ser cualquier cosa (un jarrón, un cuadro, una silla…). Coloca la imagen de ese objeto en tu foco mental. Si estás tratando de escanearlo con otros ojos justo por encima de tus cejas, acabas de toparte con la visión remota. Descríbete el objeto con el mayor detalle posible (su tamaño, color, etc.). Si descubres que sus descripciones eran inexactas, elige otro objeto y vuelve a intentarlo hasta que logres captar fielmente el objeto en imágenes mentales. Una vez que lo hayas logrado, ¡felicidades! Ya estás viendo lo no físico.

La foto instantánea: La imagen mental de un objeto fuera de tu campo de visión que acabas de hacer no es un paso pequeño. La capacidad de hacer «fotos instantáneas» mentales precisas es lo segundo en importancia, después de la emoción, para maximizar la comunicación. En cuanto tengas una imagen mental de alguien o algo del Más Allá, memorízala. Esa imagen memorizada, su instantánea, pasa a tu archivo de memoria como un documento visual fijo, que puedes encontrar y consultar cuando quieras. Tu objetivo aquí es obtener una instantánea de la imagen mental en su *forma más original*, con el mínimo de distorsiones posible, aunque no la entiendas.

Al recibir la impresión de una imagen, la tendencia psicológica es buscarle un sentido. Para ello, alteramos la imagen para que se parezca más a algo esperado. La alteración ocurre tan rápido que no nos damos cuenta de que lo estamos haciendo. En el proceso, se ignora la imagen original y ésta se pierde en la memoria. Un ejemplo clásico proviene de una de las clases de desarrollo psíquico que impartí. Le había pedido a mi hermana que fuera a algún lugar de la ciudad de Nueva York a una hora determinada para elegir un edificio o algún otro sitio. Ella debía enviarle mentalmente la imagen de su destino elegido a mis alumnos estando de pie frente a él. Algunos miembros del grupo informaron de que habían captado una oficina de correos. Cuando mi hermana volvió para contar a la clase lo que había visto, no se trataba de una oficina de correos. Pero era algo parecido: un edificio de ladrillos rojos detrás de un poste blanco de dos pisos de altura. Los estudiantes habían convertido un edificio no identificable en algo familiar. Habían transformado el poste en una asta y le habían añadido la bandera estadounidense, que ondea delante de las oficinas de correos en todo el país. Esta reelaboración inconsciente, llamada superposición analítica, toma la imagen original y busca coincidencias cercanas en nuestra memoria para interpretarla. Es la causa más común de inexactitud en el trabajo psíquico.

La única forma de evitar la superposición analítica es mantenerse abierto, muy alerta, y hacer fotos mentales lo más rápido que puedas. Quizás describas un edificio de ladrillos rojos con un poste delante indicando que te recuerda a una oficina de correos, sin olvidar que la instantánea que tienes en mente no te dice eso. No te preocupes por entender lo que ves al principio, aunque es probable que la comprensión sea inmediata. Sólo tienes que «guardar» la imagen a fin de analizarla más adelante o regresar a ella para realizar más análisis días, meses o incluso años después. Si la imagen empieza a cambiar o a moverse ante tus ojos mentales, obsérvala y haz todas las instantáneas que puedas. Como soy una persona tan orientada a lo visual, nunca dejo de buscar imágenes durante un encuentro. Mientras lo hago, mi cabeza tiende a girar ligeramente, como un faro de pequeño alcance.

El hormigueo

El hormigueo descrito en el capítulo 13 corresponde al sentido interno del tacto. Constituye uno de los signos más comunes de la presencia de los muertos. No tienes que hacer nada para adquirir una sensibilidad hacia el hormigueo, aparte de estar al tanto de su importancia. La mayoría de personas no saben lo que significa y se sienten confundida la primera vez que lo perciben. Afortunadamente, este flujo de energía ocurre en contexto, casi siempre si reconocemos que se trata de un muerto. Puede aparecer inmediatamente después de que un moribundo salga del cuerpo e intente acercarse a ti. Surge, por lo general, en el momento en que se establece el contacto en la comunicación después de la muerte intencional. Puede llegar en el momento en el que te enteras del fallecimiento de alguien. Y con frecuencia interrumpe las conversaciones en las que se habla de un fallecido en particular. A veces empezarás a sentirlo sólo después de haber reconocido uno de los otros signos sutiles. Sus milagrosos efectos energizantes permiten mantenerse hiperalerta ante cualquier imagen y pensamiento interiorizado.

La escucha profunda

Como ya he explicado, la mayor parte de lo que escuchas durante un encuentro no se producirá en forma de sonidos o palabras, sino como pensamiento. No obstante, seguirás utilizando tus sentidos internos para escuchar, proceso al que me refiero aquí como escucha profunda o escucha interior. La escucha profunda es algo natural y se asemeja a la escucha concentrada y algo forzada que se utiliza automáticamente cuando se intenta oír un susurro bajo.

Las intrusiones mentales

Las intrusiones mentales están relacionadas con el sentido auditivo interno. Son, sin duda, la forma más común en que los muertos se conectan con nosotros. Son sorprendentes, alentadoras, a menudo divertidas, pero lamentablemente también son las más fáciles de pasar por alto. La mayoría de las intrusiones cobran la forma de un pensamiento o una imagen mental. Aunque no se perciban conscientemente, se pueden sentir como una inspiración repentina, un aumento de la confianza en uno mismo o una solución a un problema que aparece de la nada. Pero muchas personas sí se dan cuenta y dan las gracias rápidamente. En cuanto uno se acostumbra a la idea de que las intrusiones son habituales, es bastante fácil saber detectarlas. Por ejemplo, puedes estar pensando en cómo decirle a tu hija que le desagrada su nuevo novio, cuando de pronto te das cuenta de que la relación no durará y no hace falta interferir. Luego está el impulso interior. ¿Cuántas veces te has dicho a ti mismo: «Algo me dice que…», o «Algo me dice que te encontraría aquí», o «No debería comprar esa casa, o «Debería cambiar de médico»? Muchas coincidencias misteriosas son puestas en marcha por los del otro lado. Por supuesto que no todas las coincidencias, intuiciones y presentimientos son regalos de los muertos, pero muchos sí lo son.

Puedes detectar una intrusión cuando tu tren de pensamiento da un giro brusco o aparece un nuevo pensamiento fuera de contexto. Presta especial atención si tus pensamientos parecen un diálogo. De vez en cuando te salen palabras de la boca, y te preguntas: ¿De dónde ha salido eso? Bueno, ahora lo sabea. Una vez que identifiques una intrusión, te puede limitar a reconocerla, dando crédito a quien lo merece, o bien puedes intentar iniciar una comunicación más larga.

Para mí, las intrusiones más fiables vienen en forma de música. Casi todos mis amigos y parientes fallecidos tiene su canción personal. Cuando empiezo a oír una en mi cabeza o me doy cuenta de que la estoy tarareando, sé quién está intentando comunicarse conmigo. La canción de Michael es la que se tocó en su funeral. La de mi padre es la melodía de la caja de música que mi hermana y yo le regalamos en su último cumpleaños. Mi madre me regaló la suya en un precioso sueño un mes después de su muerte, titulado tan acertadamente «Nos veremos». Pronto cumplió esa promesa.

A veces oirás la canción preferida del fallecido. Otras veces, estarás cantando junto con una melodía mental para luego darte cuenta de que la letra te está diciendo algo. Las intrusiones musicales persisten (a veces durante días) hasta que las reconoces o hasta que los muertos se rinden. Una vez que reconozcas una intrusión musical, anuncia que eres consciente de la llegada de esa persona: «¡Te escucho, mamá!», y empieza tu proceso de interiorización.

Condensar el campo EM

Así como tú dispones de sentidos internos para percibir energías sutiles, también tienes otro mecanismo parabiológico que genera una atmósfera a tu alrededor. Esta energía personal se ajusta constantemente a tu condición interior. Su manifestación visible es el aura. Es un tipo de campo electromagnético (EM), una de las cuatro fuerzas fundamentales de la naturaleza, aunque percibo muchos otros componentes, como hormonas fantasmas o iones negativos. El campo energético de otra persona se siente con bastante facilidad cuando está dirigido intencionalmente, algo así como un calor o una leve corriente eléctrica placentera. El campo EM puede extenderse mucho, lo que hace que la persona sea considerada carismática y sea percibida como más grande de lo que realmente es. Los grandes artistas saben ampliar sus campos hasta envolver audiencias de cientos, si no de miles de personas. Los campos individuales de la audiencia se expanden en respuesta, uniéndose al del artista y, así, proporcionándole aún más energía. Por el contrario, este campo puede retraerse casi hasta desaparecer cuando alguien se repliega para protegerse o está listo para morir, como hemos visto.

Entre otras muchas funciones de esta atmósfera personal, las dos más relevantes para la comunicación después de la muerte son, en primer lugar, que puede ampliarse y, en segundo lugar, que da información. Cuanto más gruesa sea, más información estará disponible. Cuando tiene suficiente grosor, funciona como una pantalla en la que lo invisible se hace visible. Si dos personas psíquicamente activas están juntas en este estado, el poder y la capacidad de contener y transmitir información crecen exponencialmente. El campo EM puede entonces alterar significativamente la realidad. Ocurren milagros. Se producen curaciones. Se oyen voces de forma audible. Se presencian eventos futuros. Se reciben revelaciones. Y las visiones de los desencarnados llegan con una claridad superrealista. En una escala más mundana, la unión de dos campos elevados está en la base de esa «química» mágica que experimentan los recién enamorados, ¡son las hormonas fantasmas! Lamentablemente, este aumento exponencial de energía no se ha aprovechado ni estudiado, al menos que yo sepa.

Cuando sientas la presencia de un difunto, querrás aumentar tu propio campo para que ambos os ayudéis más, como las dos personas psíquicamente activas que acabamos de mencionar. Cuando aparecen los muertos, se amplía la energía de forma espontánea hasta cierto punto, pero como te invitaré a «aumentar tu energía» en ocasiones, es mejor que lo intentes de antemano. Se hace con la imaginación. Siéntate un momento y percibe los límites de ti mismo, donde la piel entra en contacto con la atmósfera. Imagina que hay una envoltura de energía que emana de tu piel. Si quieres, puedes darle un color. Mírala mentalmente para estimar su grosor. Si no ves ni sientes nada, utiliza tu imaginación. Ahora visualiza que la envoltura se hace más gruesa, se expande como una capa de aire denso. Bombea energía en ella. Sigue haciéndolo, bombeando e intensificando, con la intención de llenar la habitación. A veces, durante este ejercicio, la gente ve un humo o una nubosidad en la habitación. Continúa hasta que tu imaginación te diga que la atmósfera de la habitación ha adquirido densidad. Ahora que ya has montado tu propia pantalla personal, imagínate que captas las proyecciones telepáticas de los difuntos. La mayoría serán visuales.

Aumentar tu energía no implica un gran esfuerzo y fuerza, sino más bien una liberación de energía de tus propias e interminables reservas internas. Si una persona acostumbra a meditar o rezar en un lugar específico, o a realizar cualquier trabajo interior intenso, la atmósfera de esa zona será más densa.

Hablar con el corazón

Nada mejora más la receptividad para la comunicación después de la muerte que abrir el corazón. Ensaya a abrir tu corazón con un amigo de confianza, no como un ejercicio preparatorio, sino para averiguar lo bien que funciona. Siéntate con un compañero dispuesto y suavice la zona del corazón estimulando un sentimiento de compasión o amor en tu pecho por esa persona. Sé que esto suena extraño. No te preocupes si no sientes verdadera compasión o amor. Me creas o no, ¡fingirlo es igual de efectivo! El chacra del corazón, como se le llama a veces, es, al igual que el cerebro, un importante centro de recogida de información, por lo que los antiguos lo consideraban la sede de la mente. Éste es el paso a otro tipo de pensamiento (el pensamiento intuitivo y holístico del que se habla en el capítulo 7), que combina la emoción y el intelecto con la información obtenida de la psique. Reconocemos inconscientemente la sabiduría y la profundidad del corazón en expresiones como «hablar del corazón», «saber en el corazón» y «seguir el corazón».

Una vez que hayas relajado la zona de tu corazón, concéntrate en la zona del corazón del amigo que está sentado ante ti. Puedes imaginar corrientes de energía conectiva que pasan de tu corazón al de tu amigo. Una vez que sientas una conexión de corazón a corazón, pregúntate: ¿Cuál es el asunto más importante en la vida de esta persona? Puede que la respuesta te sorprenda. Si crees que lo que estás consiguiendo es tan sólo lo que ya sabías, pruébalo con alguien que apenas conozcas o sal a un lugar público como un café y pruébalo con un desconocido. Siéntate en algún lugar y abre tu corazón a alguien cercano. Haz la pregunta y ve lo que sucede. Cuando te prepares para encontrarte con los muertos, suavizar tu corazón te hará más receptivo a ellos. También te hará más honesto emocionalmente, algo que los muertos encuentran irresistible. El lenguaje del corazón es lo único que ellos tienen para comunicarse.

Hablar, hablar, hablar

En más ocasiones de las que puedo contar, un ser querido fallecido se presenta justo cuando se está hablando de él. Sucede siempre, y ocurre en cualquier lugar, en público o en lugares privados. Eso es porque, sin darse cuenta, los vivos invocan rutinariamente a los muertos con sólo hablar de ellos. ¡Así que habla! Habla con alguien de confianza sobre la persona con la que quieres contactar, pero permanece atento a la posibilidad de que aparezca una tercera persona. Al hablar se estimula el ambiente con el deseo de un encuentro. Con frecuencia revela sus verdaderas creencias y preocupaciones. Y, por último, te permite aprovechar la energía añadida de una segunda persona, aunque sólo esté hablando por teléfono.

Aprovechar al máximo el encuentro espontáneo

Tras haberte familiarizado en el capítulo 13 con lo que ocurre durante un encuentro imprevisto, no te cogerá desprevenido cuando ocurra uno. Las pocas y sencillas técnicas descritas te ayudarán a maximizarlo. Pero primero tenemos que ver qué hacer cuando se te presenta un signo sutil anunciando la presencia de los muertos. Si recuerdas de ese capítulo, se trata de cambios atmosféricos, perturbaciones espaciales, olores, sonidos o voces y sensaciones físicas, como el tacto o el hormigueo. O puedes sentir oleadas de duelo. Añade a esta lista la más sutil de todas, las intrusiones mentales.

El contacto se interrumpe muy a menudo a causa de reacciones contraproducentes. Los desinformados, los temerosos y los incrédulos ignoran las señales o se cierran inmediatamente cuando empiezan a percibirlas. Otros se involucran demasiado con el fenómeno, como hizo Alexandra con el olor a amoníaco. Y hay quien se asusta tanto que no obtiene provecho de la situación. Tú, en cambio, no harás ninguna de estas cosas. Vas a reaccionar ayudando a los muertos a comunicarse.

El objetivo es abrir esas señales sutiles, incluso la oleada de duelo, para que se produzca un contacto real. A veces, una señal es todo lo que obtendrás, porque el único objetivo del difunto es hacerte saber que está cerca de ti. Y también, si un signo cae en la categoría de fenómeno físico, como una flor metida debajo de tu limpiaparabrisas, y no estuviste allí para presenciarlo, sólo puedes apreciarlo.

Utilizar signos sutiles como punto de partida

No importa qué signos logren utilizar los muertos, el proceso de hacer contacto con ellos es más o menos el mismo. Digamos que de repente te llega el olor de la colonia de tu madre ya muerta. No pierdas el tiempo preguntándote si lo estás imaginando, ¡actúa! Como ya sabes lo que significa este fenómeno, puedes participar inmediatamente en él.

Te voy a sugerir 5 pequeños pasos para cuando percibas una señal de la presencia de los muertos. Cada uno de ellos es muy fácil de hacer.

1. Quédate quieto.

En cuanto percibas una señal, quédate quieto. Mantente interiormente preparado y alerta, aunque estés gritando de emoción o llorando de pena. Créeme, puedes hacer ambas cosas al mismo tiempo. Esta quietud interior dará a tus mecanismos internos el espacio que necesitan para funcionar con claridad.

2. Aumenta tu energía.

Agranda tu energía y déjala fluir en la dirección en la que sientes una presencia con el fin de enviar a los muertos un impulso de energía para que se produzca una transmisión más clara.

3. Empieza a hablar en voz alta.

Dile al difunto en voz alta que reconoces su presencia y que le das la bienvenida. Esto es un importante consuelo para los muertos. También le darás el permiso que necesita para presentarse, y le harás saber que te puedes encontrar con él a mitad de camino. En todo momento, continúa hablando en voz alta directamente hacia donde más sientes una presencia, describiendo todo lo que experimentas. Cuando sientas una conexión, empieza a hacer preguntas.

4. Comienza a interiorizar el proceso.

Busca interiormente alguna imagen mental –puedes cerrar los ojos–, concentrándote un poco por encima de las cejas, como si miraras con un segundo par de ojos más alto. Escucha interiormente.

5. Anota lo que ves y oyes.

Haz fotos mentales. Registra cualquier pensamiento o mensaje que pueda ser del fallecido.

Resumen: Utilizando señales sutiles, los cinco pequeños pasos: Cuando percibas una señal, ponte en alerta interior, envía energía al difunto, comienza a hablar con él en voz alta y hazle preguntas, busca imágenes mentales y escucha mensajes y, por último, registra lo que ves y oyes.

En realidad, es bastante sencillo, ¿no? Puedes utilizar este mismo procedimiento para la mayoría de los signos sutiles, siempre que puedas identificar al difunto. Las mismas técnicas funcionan para las apariciones fugaces, aunque la primera tarea será atraer su atención. Confirma que puedes verlos y luego comienza tu proceso de interiorización. Si no hay señales distinguibles, pero simplemente sabes de repente que alguien está ahí, concentra tu energía donde más sientas algo. Adivina si es necesario, sólo para empezar. Si se trata de un sonido o un roce, concéntrate en el lugar en el que parece estar la fuente.

También existe la telepatía empática, en la que se capta una impresión emocional o física de los muertos. Puede que de repente empieces a reírte, por ejemplo. Reconoce las impresiones en voz alta y luego procura interiorizarlas. Pero confiar demasiado en la detección a través del cuerpo es problemático. Muchas veces las personas se ven demasiado envueltas en sus sensaciones físicas, lo que dificulta la reorientación de su atención hacia una búsqueda mental de imágenes e información.

Si no puedes identificar inmediatamente al difunto, puedes tomar algunas medidas adicionales. Como ejemplo, utilizar la sensación de una masa fría, que tiende a aparecer de forma más anónima que otros signos. Como es lo que más aparece en las películas sobre fantasmas peligrosos o entidades «malignas», en las que los médiums andan a tientas con las manos, buscando una anomalía atmosférica, su asociación popular con algo siniestro es fuerte. ¡No lo creas! Y no pierdas el tiempo buscando una corriente de aire. Se trata de hacer que esa masa fría se comunique. Lo hará en gran medida haciéndole preguntas y prestándole energía a fin de que sea más operativa en nuestra realidad.

Preparación para la comunicación intencional

Por último, pasamos a lo que hay que hacer cuando decidas que es hora de un reencuentro. Puedes elegir entre una variedad de técnicas, según lo que mejor se adapte a tus inclinaciones y preferencias. Puedes trabajar con un amigo o a solas, utilizar fotografías y otros objetos para establecer un vínculo, o preparar un encuentro en un sueño. Y puedes utilizar una combinación de técnicas o descubrir otras nuevas. Antes de iniciar el contacto, algunos preparativos que explicaré a continuación aumentarán su eficacia. Una parte crucial de esa preparación es definir sus intenciones, para que lo que ocurra durante la sesión funcione para el bien de todos los que participan.

Hacer listas

Saber lo que quiere del contacto puede ayudarte a conseguirlo. Cuanto más preciso seas sobre lo que deseas decir y escuchar, más consciente serás de tus verdaderos sentimientos. Escribe dos listas uno o dos días antes de hacer tu primer intento.

En la primera lista anota todas las cosas que más te gustaría decir a la persona fallecida, sin importar lo trascendental o lo trivial que sean. Puedes hacer la lista en forma de carta. Si la carta parece divagar o dar rodeos, organiza el contenido para que lo que quieres decir quede nítido y claro. Si tuvieras la oportunidad de decir una sola cosa, ¿cuál sería?

En la segunda lista anota todas las preguntas que quieras hacerle al difunto. Más adelante exploraremos cómo trabajar con las preguntas y las respuestas durante la comunicación para saber cuándo una pregunta se ha contestado. Dado que la elaboración de estas listas estimula su conexión con los difuntos, no te sorprendas si ya sientes a alguien cerca. Tómate tu tiempo para pensar qué preguntas hacer. Llegados a este punto, es probable que empiecen a surgir ideas y respuestas en el fondo de tu mente.

Mientras estás redactando la lista, intenta mantenerte alejado del mundo exterior. Da un paseo solo. Contempla. Probablemente descubrirás que ya estás hablando con los muertos, al menos en tu mente. Si es así, toma nota de lo que dices y sientes mentalmente. Durante este período de preparación, que no tiene por qué durar más de una hora, quizás quieras ver algunas pertenencias del fallecido si están disponibles. Sólo con sostenerlas, captarás el «aroma» o la vibración de tu ser querido. Si tienes fotos, sácalas y repásalas detenidamente. Regálate unos cuantos recuerdos, momentos felices, tristes, conmovedores y de máxima intimidad. De las fotos y pertenencias, selecciona una o dos que te hablen más y apártalas. Es posible que quieras recurrir a ellas más adelante.

En tu mente o en voz alta, dille al difunto que te estás preparando para establecer el contacto en los próximos días. Mientras tanto, mantente alerta para detectar cualquier cosa fuera de lo normal que pueda indicar que tu ser querido puede oírte y atender a su petición.

Cómo elegir el momento adecuado para establecer el contacto

Aunque no se puede hacer mucho con respecto a las condiciones atmosféricas que favorecen o dificultan la comunicación, trabajar en armonía con los ritmos circadianos personales te ayudará. Una vez que te familiarices con ellos, tendrás una idea de cuándo serás más receptivo durante cualquier período de 24 horas. Tengo tres momentos: a media mañana, después de haber realizado mi trabajo más concentrado; a última hora de la tarde, cuando mi reloj biológico se ralentiza; y sobre todo a última hora de la noche, cuando el mundo se calma y puedo percibir mejor mi yo interior.

Tómate un momento para repasar las últimas 24 horas. Obsérvate a ti mismo en el ojo de tu mente como si estuvieras viendo un vídeo de todo tu día. Fíjate en lo que hiciste, en lo que pensabas y en el momento en que te sentiste más enérgico o caíste rendido. Toma nota también de los altibajos emocionales, especialmente de las oleadas de duelo. Cuando miras hacia atrás, ¿hubo algún momento en el que sentiste que la comunicación hubiera sido posible? Y si es así, ¿por qué? ¿Fue a causa de tu estado de ánimo? ¿La hora del día? ¿Condiciones atmosféricas? ¿O fue impulsado por circunstancias externas, como el hallazgo de los zapatos viejos de tu ser querido debajo de la cama? Si no encuentras nada en las últimas 24 horas, retrocede en el tiempo hasta que encuentres ese instante en la realidad cotidiana. Ésa es tu ventana de contacto.

Crear un espacio sagrado

Tanto si planeas trabajar solo como con un amigo, prepara un espacio en tu casa donde puedas aislarte del resto del mundo. Recorre mentalmente tu casa en busca de la mejor habitación o rincón posible. Organiza la privacidad que necesitas ante lo que surja.

Los espacios pequeños y cerrados favorecen más la concentración profunda que los grandes y abiertos. Algo de oscuridad también ayuda a centrarse mejor en tus sentidos internos. La oscuridad también pide ser llenada, con pensamientos, imágenes interiores y presencias. Si te sientes incómodo sin algo de luz, mantén una pequeña lámpara encendida o enciende una vela.

Antes de empezar, podrías encender unas velas o poner música en la habitación para despejarla de cualquier forma de pensamiento residual. Lleva algunas pertenencias o una foto de la persona con la que deseas comunicarte para que ésta se centre. Ten tus listas al alcance y algo que te permita tomar notas una vez terminada la sesión. Prepara la habitación con una deliberación ritual.

En el lugar donde hago el trabajo interior, tengo una silla especial. Ésta es mi silla, que no lleva las huellas de nadie más que las mías. Si no tienes una silla personal, elige una que te resulte cómoda durante 1 hora, y si trabajas con un compañero, elige dos. No debe haber una silla o sillas que te recuerden demasiado a alguien que no sea el difunto. Utilizar la silla favorita del difunto mejorará el contacto siempre que los sentimientos y recuerdos asociados a ella no impidan tu concentración. Si son dos, colócalas de forma que estén frente a frente. Cuando estés preparado, asegúrate de que los otros miembros de tu hogar sepan que deben dejarte tranquilo, sin interrupciones, sin llamadas telefónicas, hasta que les avises.

Lugares de sepultura

Algunas personas sienten que el lugar más apropiado para la comunicación es donde están enterrados o alojados los restos del difunto. Si eres uno de ellos, tu espacio ya está ritualmente preparado. El cementerio es un lugar natural para la comunicación después de la muerte. Con sólo unos pequeños ajustes, los procedimientos descritos más adelante para los encuentros en casa servirán también en un lugar de entierro. Si la urna que contiene las cenizas no está en un cementerio sino en tu casa, llévala al espacio que has preparado.

Definir las intenciones

Al inicio de cada sesión, tanto si trabajas solo como con un amigo, o antes de irte a dormir para un encuentro de sueños, debes definir tus intenciones. Fijar las intenciones es muy parecido a decir una oración inicial. El hecho de verbalizar las intenciones impacta a los éteres con más fuerza que si se recitan en silencio. Al definirlos estableces tu objetivo general para la próxima sesión. El objetivo es siempre y sobre todo el bien general. No sólo para ti o tu compañero de sesión. No sólo para los difuntos, sino para todo lo que existe en el universo. Para alcanzar este objetivo, deberás contar con la ayuda divina. Con tanta convicción de corazón como puedas juntar, pide a un poder divino que te asegure que todo lo que ocurra será para el mejor y más completo bien de todos y todo aquello que esté involucrado.

Empieza por arriba. Invoco a Todo Lo Que Es. Otros pueden utilizar nombres diferentes para el Ser Supremo: Dios, el Señor, la Luz Divina, el Espíritu Santo, el Creador, Nuestro Padre en el Cielo, el Padre-Madre Dios. Si te sientes incómodo con la idea de una divinidad, considera el Universo más abstracto o la Presencia. Aquel nombre que te acerque más a tu propio ser mayor es el nombre que quieres. Entonces puede invocar a figuras intermediarias para que te ayuden: guías personales, ángeles, santos, parientes fallecidos y, desde luego, si eres cristiano, Jesús o María.

Aunque las palabras deben ser tuyas, tu intención puede ser algo como esto: «Pido a Todo Lo Que Es que todo lo que ocurra sea para el mejor y más completo bien para mí, para los difuntos y para todo lo que hay en el universo».

Ahora, anticipa que hay ayuda cerca. A continuación, dirigiéndote a quienes has invocado, di tu propósito más específico: que estás aquí en este momento para hablar con una persona en concreto, dando el nombre de ésta. Una vez más, solicita ayuda al mundo de los espíritus, a esos guías y parientes fallecidos que están encantados de ayudar. He aquí un ejemplo de lo que podrías decir: «Estoy aquí en este momento para ponerme en contacto con _____. Pido a todos mis guías y ayudantes que vengan en mi ayuda ahora». Haz una pausa y comprueba si hay indicios de energía acelerada, como un aumento de concentración por tu parte.

Fijar intenciones no es poca cosa. Si has rezado por el bien, ya has creado un marco beneficioso alrededor de los próximos sucesos. Entonces, lo que llegue será más fácil de aceptar, porque sabrás qué es lo mejor. Además, solicitas ayuda y te protege a ti y a la persona fallecida y evitas que la sesión tome un rumbo improductivo. Ayuda a aliviar el miedo y anima a tener fe en el proceso. Por último, y lo más importante, te alinea con la bondad que subyace en toda la creación, visible y no visible.

Después de haber fijado la intención general del bien y la intención más específica de reunirte con un determinado difunto, te dirigirás hacia la persona del Más Allá para establecer la segunda parte de tus intenciones. Decídete a establecer un contacto real. Habla directamente con la persona como si ya estuviera ante ti. Sé fuerte, incluso exigente. Di claramente el nombre de la persona tan a menudo como sea posible para enviar sus frecuencias únicas a las ondas de «radio» interdimensionales. Utiliza un epíteto personal, un apodo, un nombre de mascota, lo que tenga más fuerza. Si estás invocando a tu padre, puedes utilizar el nombre con que le llamabas de niño, papi, por ejemplo, en lugar del más adulto papá o padre. Del mismo modo, madre y mamá podrían convertirse en mami. Los nombres que usabas en la infancia suelen tener más fuerza emocional. Lo que digas ahora puede sonar así: «Te pido, _____, que estés presente conmigo ahora. Te pido, _____, que te reveles ante mí. Que todo lo que ocurra entre nosotros sea para el mejor y más completo bien tuyo, mío y del universo».

Es crucial pronunciar estas últimas palabras con la máxima convicción, ya que reafirman tus intenciones, pero esta vez directamente al difunto. Así, te aseguras de que, pase lo que pase, tu objetivo mayor es lo mejor para todos. Confía en estas palabras y el difunto también lo hará. Dilas con tal seguridad que olvidarás tus dudas y temores. Ahora que tus intenciones están claras, veremos las dos formas de llevar a cabo una sesión, sólo en vigilia o con una amistad.

Resumen: Un modelo para definir las intenciones: «Pido a Todo Lo Que Es que lo que ocurra sea para el mejor y más completo bien para mí, para los difuntos y para todo en el universo. Estoy aquí en este momento para comunicarme con _____. Pido a todos mis guías y ayudantes que me ayuden ahora. Te pido, _____, que estés presente conmigo ahora. Te pido, _____, que te reveles ante mí. Que todo lo que ocurra entre nosotros sea para el mejor y más completo bien para ti, para mí y para el universo».

La vigilia sentada, a solas

La forma más privada y, por lo general, la más poderosa de iniciar el contacto es lo que muchos llaman vigilia sentada. Por lo general, me siento en vigilia a última hora de la noche, cuando el mundo que me rodea está en reposo. No fijo la hora exacta de la vigilia, dejando que una sensación de mayor energía y alerta determine el momento de empezar. Hasta ahora, nos hemos concentrado en cómo abrir esas señales que los muertos nos dan de su presencia. Si inicias el contacto por tu cuenta, no tendrás esas señales sutiles. Así que tienes que crear tu propio punto de partida. Y ese punto de partida será, por supuesto, tu deseo auténtico de comunicarte, potenciado por la emoción. Ya he insistido muchas veces en la importancia del deseo para establecer contacto. El deseo combina la intención concentrada con el enfoque emocional. Sin ella, no ocurre mucho. Esto es cierto incluso en el caso de los videntes profesionales, que, en general, responden a la necesidad real de sus clientes, ya estén en este mundo o en el venidero.

El poder de las emociones

El contacto puede realizarse en casi todos los estados de ánimo que puedas nombrar. Puedes estar eufórico, confuso, dolido, extasiado, enfurecido, torpe, asustado, angustiado, agitado o lleno de amor. Incluso puedes ser sarcástico. Si sientes pura frustración, simplemente puedes exigirle que aparezca. A menudo lo harán. No importa la emoción sobre la que gire tu estado de ánimo, mientras sea sincera y mientras la dirijas al difunto. Las emociones visiblemente negativas, como la ira, sirven de plataforma para establecer contacto, así como las positivas. La necesidad y la emoción sinceras tienen suficiente energía para estallar hacia los reinos interiores con una agudeza que los muertos difícilmente pueden ignorar. Localizarán a una persona más allá del velo mejor que las sutilezas a medias o esquivando lo que realmente le pesa en el corazón.

Cuatro cosas te mantendrán emocionalmente honesto. En primer lugar, ocultar los sentimientos no funciona. Si sientes rabia, una voz azucarada no hará más que desbaratar tus esfuerzos. En segundo lugar, es inútil no ser honesto. Hacerlo no te traerá ninguna resolución ni hará que avance tu conciencia. Tercero, igual no se puede esconder los sentimientos ante los muertos. Por último, si estás muy ocupado ocultando sus sentimientos, no estarás abierto a la catarsis y a la euforia que aporta el contacto.

Hablar en voz alta

El hecho de trabajar solo implica encontrar la manera de no perder el impulso antes y durante el contacto. Una de las mejores maneras de no perder el ritmo es hablar en voz alta, y eso significa dirigirse directamente a la persona fallecida, si sientes que hay alguien allí o no. Hablar actúa como un tobogán interdimensional por el que la comunicación con los muertos fluye. Verbalizar las preguntas, así como las respuestas que se te ocurran, no sólo mantiene el flujo, sino que también te ayuda a concentrarte y a estructurar la sesión.

El procedimiento

Los pasos que se describen a continuación no son reglas sino recomendaciones. Deben tomarse como un modelo o un ejemplo. Deja que tu propia intuición sea tu guía más poderosa, y no olvides pedir ayuda a los muertos para establecer una conexión. Prepárate para tener algunas sorpresas.

El primer paso: Invocar al difunto

En primer lugar, prepara tu espacio. Asegúrate de tener tus listas al alcance y algo con que escribir. Siéntate y cálmate, pero no medites. Las asociaciones que comúnmente se hacen en torno a la meditación sólo te distraerán, y lo último que quieres hacer ahora es atenuar tus emociones. Con toda la sinceridad y el poder posible, establece tus intenciones, como he explicado arriba. Aumenta tu energía y procede a llevar a cabo la segunda parte, la de fijar las intenciones, invocando a esa persona en particular para que aparezca. No seas tímido. Muéstrate firme. Repite el nombre de la persona muchas veces.

Detente y busque cualquier indicio de una presencia externa e interna. Puede que sólo experimentes una elevada sensación de expectativa o que sientas que la energía a tu alrededor se acelera. A medida que avanzas con la vigilia, mantén ese reflector interior iluminado, revisando y verificando las imágenes mentales y los mensajes.

¿Qué es lo que realmente te motiva a buscar el contacto? ¿Para saber cómo se encuentra el difunto? ¿O estás tan lleno de sentimientos que te siente como un dique a punto de romperse? Sea cual sea lo que esté por encima, sigue con eso. Dirige tu preocupación principal a esa persona ahora, en voz alta.

Si lo que más deseas es saber cómo le va a la persona fallecida, libera esa emoción para impulsar la pregunta. Después de todo, tu deseo de saber no será sólo pura curiosidad intelectual. Es una necesidad auténtica, así que exprésala así: «Necesito saber cómo estás». ¿Qué impulsa esa necesidad? ¿El amor? ¿El miedo? ¿El duelo? Encuentra la respuesta y procede a partir de ahí. Si estás rebosante de sentimientos, es el momento de desahogarte. Si echas de menos al difunto, díselo. Si estás furioso con él o contigo mismo, dilo. Si no puedes soportar el dolor, habla de ello. Si te siente abandonado o asustado, díselo. También puedes estar abrumado por tu amor por el muerto, y sólo quieres compartirlo.

En todo caso, comienza con tu emoción más intensa e impulsa verbalmente tus sentimientos hacia la persona con la que deseas ponerte en contacto. Mientras haces esto, forma una imagen de esa persona en tu mente. Habla con el corazón de ésta, en sentido literal y figurado. A medida que hables, la sensación de que no estás solo aumentará.

Resumen: La vigilia sentada, invocando a los difuntos: En tu espacio preparado, fija tus intenciones generales, luego las específicas para el difunto con el que deseas contactar, y empieza a hablar con una imagen mental de esa persona desde tu emoción más profunda.

El siguiente paso: Interactuar con el difunto

Una vez que percibas una presencia, dirige tu energía hacia la zona donde más la sientas, abre tu corazón y busca en tu interior imágenes y mensajes, como se ha descrito arriba.

A veces puedes sentir el momento en que tu frecuencia de onda y la de la persona fallecida entran en sintonía, el momento en que estás «adentro, por decirlo de algún modo. Puede llegar como un golpe de energía o de emoción, un torrente de hormigueo o un chasquido, como si dos lentes hubieran encajado de repente. La sensación de estar «adentro» es algo que ya conoces. Recuerda una ocasión en la que trataste de llamar la atención de alguien. Puede que hayas estado hablando con dicha persona y que ésta no te haya escuchado. Estabais en distintas ondas. ¿Cómo sabes que la gente no está realmente prestando atención? No se trata únicamente del lenguaje corporal, ya que pueden estar mirándote directamente con los ojos fijos en tu cara. ¿Cómo puedes saber cuándo por fin capta tu atención? Si puedes recordar la fracción de segundo en la que el enfoque de alguien se sincronizó con el tuyo, entonces sabrás cómo te sienta estar en sintonía con una persona sin cuerpo.

Empieza por conversar con el difunto. Aquí es donde tus listas entran en juego. Di todas las cosas que más deseas decir. Entonces, implica al difunto más intensamente haciéndole preguntas. No sé tú, pero mi primera pregunta acostumbra a ser retórica: «¿De verdad eres tú?». Sigue la corriente de las respuestas que recibes mentalmente sin censurar. Según vayas avanzando, verás que el diálogo se hace más intenso. La energía aumenta, sobre todo al dejarse llevar emocionalmente y estar más absorto. Pueden surgir dudas, pero éstas quedan en un segundo plano cuando un encuentro llega a este punto.

Ahí sí que es importante seguir describiendo en voz alta a la persona fallecida las impresiones que estás recibiendo. Si le preguntas cómo está y percibes felicidad o ves la cara sonriente de tu amado o amada, puedes contestarle con algo parecido a: «Siento que me dices que estás feliz». Pide que te lo confirme repitiendo como una pregunta: «¿Eres feliz?». Es sorprendente comprobar cuántas veces recibirás una respuesta clara. En una respuesta afirmativa, el difunto puede sonreír con más fuerza o asentir enérgicamente con la cabeza, o puedes «oír» algo como: «¿Contento? ¡Estoy eufórico!». Si no estás seguro de haberlo oído bien, repítelo: «¿Está eufórico?». Es posible que veas al difunto saltando, corriendo o bailando para demostrarte lo contento que está. Si tu amado o amada no está contento, verás cómo mueve la cabeza de forma negativa. Pide confirmación: «¿Estás triste?». Usualmente comprenderás las razones de la tristeza de inmediato. Si no es así, pregúntale al fallecido. Observa y escucha detenidamente las respuestas visuales o verbales.

Cualquiera que sea el resultado, no dejes de describir tus impresiones en voz alta a la persona fallecida y de consultar con ella para que te lo confirme. Como la situación puede ser rápida, articularlas ayuda a formar puntos de referencia en tu memoria, a la vez que se concretan las sutilezas. También permite que los muertos sepan lo que está pasando, lo que refuerza la conexión. Mantener un diálogo con la persona fallecida favorecerá un flujo continuo y no te sentirás estancado. Es una disciplina. Y haz fotos instantáneas mentalmente. Haz todas las que puedas de todo lo que veas, describiendo a la vez lo que estás viendo. Si todo va demasiado rápido para ti, dile al difunto que hable más despacio. Recuerda que siempre puedes pedirle que repita lo que ha dicho o mostrado.

Además de las acciones, todo lo demás que aparece también contiene información: las expresiones del rostro, el movimiento, el color, la ropa y todo lo que se indica en el capítulo 13. Los muertos también pueden mostrarte símbolos u objetos, que suelen ser inmediatamente comprensibles. Si no lo entiendes de inmediato, dilo y pide una aclaración. A veces, el significado sólo se entenderá después. En cualquier caso, tienes tus instantáneas que puedes sacar de tu archivo mental cuando quieras examinarlas para obtener más información.

Si en algún momento sientes que la conexión se debilita, díselo al difunto. Haz una pausa y vuelve a aumentar la intensidad intensificando tu energía. Envíala hacia él o ella. Afina tus sentidos. Eleva tus expectativas. Vuelve a sentir tu deseo. Esfuérzate por lograr que la atención del difunto se centra en ti. Aquí puedes influir un poco, pidiéndole que se quede ahí hasta que termines. Seguir hablando y haciendo preguntas es muy efectivo para mantener la conexión. Sé lo más preciso posible. Puedes indagar sobre las experiencias actuales del fallecido o pedirle un consejo. No importa lo que sea, trata de ser específico. Muchas veces, la comunicación se agota porque se vuelve demasiado vaga.

A medida que sigues hablando, escuchando y observando, descubrirás más y más sobre cómo está el difunto, incluso qué está haciendo, si se encuentra con familiares y amigos en el Más Allá, si tiene actividades e intereses específicos y si explora algún tema. Sobre todo, aprenderás qué preocupaciones terrenales quedan por resolver. También las disculpas sinceras surgen en los primeros momentos de la comunicación. De hecho, pueden ser los primeros temas abordados.

Sigue con ello hasta que sientas que estás llegando al final. Puede que simplemente te quedes sin preguntas, al menos durante la primera sesión. O puedes sentir que la conexión es muy tenue para seguirla o que no está pasando nada nuevo. Una buena pregunta ahora es: «¿Hay algo más que quieras decirme antes de terminar?». Al final de la sesión, da las gracias al difunto. Y si lo deseas, pregúntale si quiere volver a reunirse contigo.

Cuando la sesión haya terminado, empieza a anotar todo lo que ha sucedido. Ésta es tu documentación, así que incluye la fecha y la hora de la sesión.

Resumen: Sentarse en vigilia, dialogar con los difuntos: Dirige la energía hacia donde más la sientas y comienza el proceso de interiorización y de búsqueda de imágenes y mensajes. En voz alta, empieza a decirle al difunto lo que tengas que decirle. Hazle preguntas. Pide confirmación y aclaración siempre que sea necesario. Describe todo lo que experimentas y haz instantáneas mentales. Al final de la sesión, da las gracias al fallecido. A continuación, anota todo lo ocurrido.

Qué hacer cuando no estás seguro

Si no estás seguro de si hay alguien cerca, intensifica tu campo electromagnético. Aumenta la intensidad de la atmósfera que te rodea bombeando más energía e incluso más intención hacia ella. Puedes imaginarte un vínculo de corazón a corazón entre tú y el difunto que se hace más fuerte e intenso.

Sigue diciéndote a sí mismo, «¡puedo hacerlo!». Reitera tu objetivo de establecer contacto con una convicción firme. Manteniendo una imagen de tu ser querido en mente, invoca a esa persona, utilizando su nombre con frecuencia.

Y *sigue hablando*. Literalmente, por medio del habla lograrás que tú y el muerto os comuniquéis de verdad. Describe en voz alta cualquier pensamiento que se te ocurra, por intrascendente que parezca. Plantear algunas de ellos como preguntas reforzará la sensación de que hay alguien al otro lado. Digamos que estás tratando de alcanzar a una persona llamada Jim. Crees, pero no está seguro, haber sentido una pequeña chispa de alegría o una pequeñísima descarga de emoción. Primero di lo que sientes: «Estoy sintiendo alegría». Entonces pregúntale a Jim, como si estuviera delante de ti, si esa alegría proviene de él. Espera la respuesta. Si obtiene un sí interno, tienes la respuesta. Continúa diciendo algo como: «Tengo la impresión de que eres feliz, Jim. ¿Es cierto?». Si capta un sí o ve la cara de felicidad de Jim en su mente, tienes tu respuesta. Estás «adentro», por así decirlo.

Si sigues sospechando que lo que captas es sólo una ilusión, sacude la cabeza enérgicamente y vuelve a reajustar tus intenciones con una determinación renovada para lograr un contacto real. Usa las palabras con convicción: «He fijado mi intención de establecer un contacto real contigo, Jim. Todo lo demás lo dejo a un lado». Entonces, inténtalo de nuevo. Vuelve a plantear la pregunta o, como se acaba de sugerir, replantea la impresión que tienes como pregunta. Decide que esta vez se responderá claramente. Haz una pausa. Escucha. Y mira hacia adentro. Si obtienes la misma respuesta o imagen, o ambas, estás definitivamente en contacto. Si obtienes una diferente, síguela. Jim podría no estar contento. O puede que no hayas hablado con Jim sino con otra persona.

Es útil tener en cuenta que cuando hablas con alguien por teléfono, aunque desde tu punto de vista esa persona es una voz sin cuerpo, no cuesta aceptar que es real. Es más, tú te imaginas a la persona visualmente con bastante facilidad, dándole un contenido visual a la voz. Esto es similar a lo que quieres hacer ahora. No te preocupes si la conversación te parece unilateral al principio. Poco a poco se irá convirtiendo en algo más.

Consejos para cuando nada parece funcionar

Si nada de lo que haces parece funcionar, es el momento de recurrir a la imaginación, la puerta entre los mundos. Al igual que el habla funciona como un tobogán en el que los muertos pueden entrar en cualquier momento, un encuentro imaginario en el que actúas como si ya estuviera en comunicación ofrece posibilidades nuevas que los muertos pueden aprovechar. Pregunta en voz alta: «Jim, si estuvieras aquí, ¿qué dirías?». Entonces escucha atentamente tu voz interior. Busca en tu interior una imagen mental del difunto e imagínalo hablando. Sigue haciéndolo, planteando verbalmente preguntas y dando respuestas, hasta que tengas la impresión de que tus pensamientos no son sólo tuyos. Por ejemplo, puedes tener la sensación de que una de tus respuestas es un poco errónea, como si algo o alguien independiente de ti te indicara que estás equivocado. Pide aclaración a los difuntos.

Si titubeas, quizá sea un indicio de que estás evitando algo. Al soltarlo tirarás del tapón, permitiendo que la energía emocional fluya.

Si aun así no funciona nada, consulta la sección «Solución de problemas» más abajo.

El sistema del amigo

Algunas personas se sienten más cómodas haciendo sus primeras sesiones con un amigo. Esa segunda persona es testigo del encuentro. También aporta energía a la sesión. Este enfoque tiene algunos inconvenientes, sobre todo la tendencia a retener información profundamente personal y emociones fuertes cuando se está delante de otra persona. Ten cuidado a quién eliges. Si tu amigo no se siente cómodo con emociones fuertes, elige a otra persona. Busca a alguien con un historial de apoyo. Aléjate de quienes te hayan denigrado de algún modo, hayan minado tus esfuerzos o te consideren raro. A menos que tu amigo sea capaz de concentrarse, puede ser más bien una distracción que una ayuda. Sobre todo, elige a una persona que respete tu intención de comunicarse con los muertos sin temor a ello. Lo que no quieres es a alguien que se ría por incomodidad a la hora de fijar las intenciones o justo cuando entra tu ser querido.

Antes de empezar, repasas las preguntas que quiere hacer con tu amigo. Leed juntos los procedimientos recomendados en este capítulo y hablad de cómo los llevaréis a cabo. Lo que vas a hacer es similar al modelo de la vigilia de arriba. Poneos frente a frente en el espacio sagrado que has creado y sincronizad vuestras energías abriendo vuestros corazones el uno al otro. Define tus intenciones en voz alta. Es posible que queráis cogeros de las manos mientras lo hacéis. Ahora comienza a emitir energías electromagnéticas. Llena la habitación, canalizando tu caudal de deseo conjunto. Mientras tu pareja permanece observando activamente, comienza a expresar tus inquietudes, en forma de preguntas planteadas directamente al difunto.

Lo ideal es que el amigo le haga preguntas, no necesariamente de tu lista, sino más bien sobre lo que estás pensando, viendo, oyendo y sintiendo, para que pueda avanzar. Las preguntas de tu amigo te impulsarán a articular tus experiencias internas. Si tienes dificultades para empezar, un amigo inteligente tratará de estimular la comunicación recurriendo a la imaginación. Puede preguntar, por ejemplo, «¿Qué le dirías a Jim si estuviera aquí ahora mismo? ¿Qué te diría Jim a ti? Si vieras a Jim ahora, ¿cómo se vería? ¿Qué lleva puesto?». Y luego te dará un abanico de posibilidades para que elijas: ¿Feliz? ¿Triste? ¿Más joven?

¿Mayor? Es probable que muchas de las respuestas que se le ocurran te sorprendan.

Mientras pasáis por esta etapa de preguntas, ambos habéis de permanecer atentos a las señales sutiles y, sobre todo, a las imágenes y mensajes internos. Una vez que uno de los dos perciba a la persona fallecida, ambos debéis concentraros por completo en el recién llegado. El que percibe debe mantener al otro informado sobre lo que ve, oye o siente, describiéndoselo en voz alta al fallecido. Si ambos percibís una presencia, mejor. Si los dos percibís cosas diferentes, no asumas que uno de los dos está equivocado o que ambos lo estáis inventando. ¿Recuerdas la historia del padre de Alexandra anunciándose con el olor a amoníaco? Ella lo olió y yo no, porque cada uno estaba sintonizado con un nivel diferente de su apariencia. Uno de los dos puede tener una experiencia no visual mientras que el otro, una visual. O puede que ambos veáis algo, pero no lo mismo. Digamos que uno ve a Jim más o menos como estaba al morir, y el otro lo ve sano; estáis captando áreas de información diferentes. Reúnelas después para obtener una imagen más completa. A medida que tu compromiso crece y tu amigo se sincronizan más, las diferencias de percepción disminuirán.

Como en la vigilia sentada, da las gracias al difunto cuando termine y anota todo

Resumen: El sistema de amigos: Repasad juntos las preguntas que tienes para el difunto. Luego leed este capítulo para familiarizaros con el esquema general y decidir cómo queréis proceder. En tu espacio sagrado, sentaos uno frente al otro y estableced una conexión de corazón a corazón. Fijas tus intenciones y aumenta tus energías. Empieza a hablar de tus inquietudes principales, siguiendo tu emoción más fuerte. Tu amigo puede preguntarte acerca de cualquier cosa que estés experimentando, especialmente si te cuesta empezar. Ambos debéis buscar imágenes y mensajes internos. En voz alta, se debe describir lo que se capta (pensamientos, sentimientos, imágenes o mensajes) al difunto, mientras se mantiene informado al amigo. Al final da las gracias al difunto. Luego comparad vuestras experiencias.

OTRAS TÉCNICAS DE COMUNICACIÓN INTENCIONAL

A lo largo de los milenios, la gente ha utilizado muchas otras formas de comunicarse con los muertos, como los rituales con fuego, humo, agua, sangre, fluidos corporales, cristales, ungüentos especiales, psico-délicos y otras sustancias; los sueños; el entierro en vivo; el sacrificio de animales y la automutilación. A éstos se suman la meditación del espejo, la escritura de cartas, el golpeo de mesas y, más recientemente, el uso de tableros de Ouija y la desensibilización y el reprocesamiento del movimiento ocular (EMDR), entre otros. En esta sección, describo sólo algunas técnicas, elegidas entre las muchas por su familiaridad psicológica. Aun así, te darán una idea del abanico de formas de comunicación después de la muerte.

Utilizar imágenes

Una forma eficaz de iniciar la comunicación es hablar con una imagen del fallecido. Éste es un método común y tradicional, que resulta natural para la mayoría de las personas. Todos hemos oído hablar de los vivos que le dan un beso de buenas noches a la foto del difunto en su mesita de noche o que tienen discusiones regulares con una foto en la repisa de la chimenea. Muchos de los que hablan con imágenes afirman que sienten que el difunto los escucha, a veces incluso les responde, y que lo que ocurre es útil y reconfortante. Dado que hablar con una imagen es una forma de enraizar, es especialmente útil si estás experimentando una ola de duelo.

Las fotografías no son sólo puertas de entrada al pasado; son portadoras de información vital. Los psíquicos suelen decir mucho sobre las personas y los animales, sobre su personalidad, su estado de salud y su futuro, con sólo mirar una foto. En cierto modo, las fotografías llevan consigo realidades adyacentes que pueden leerse al margen de la página. Es algo que puedes aprovechar.

Utilizar imágenes para iniciar el contacto puede ayudar a mantener el enfoque. Y se adapta fácilmente al procedimiento de la vigilia sentada. La única diferencia es que, en lugar de hablar con lo que ves en el ojo de tu mente o percibes fuera de ti mismo, hablarás con una imagen. Si sientes que te pierdes en la imagen, estás entrando en trance y tendrás algún tipo de contacto significativo. Por otra parte, si empiezas a sentir la presencia de tu ser querido independientemente de su parecido, cambia a imágenes internas para aprovechar al máximo el encuentro.

Preparar un encuentro en un sueño

Lo más probable es que tengas un encuentro en un sueño, lo planees o no. Recordarlo cuando estás despierto es otra cosa. Como los muertos consideran la realidad de los sueños tan legítima como la realidad física, los encuentros en sueños son tan válidos como si estamos despiertos.

Hay una diferencia entre soñar *con* alguien y soñar *sobre* alguien. Un sueño con un difunto puede no ser un sueño de contacto sino una exploración de alguna faceta de su relación. También siguen secuencias ordenadas más parecidas a nuestra realidad. Soñar *sobre* alguien, por el contrario, acostumbra a ser confuso, fragmentado y lleno de símbolos y metáforas.

En mi caso, los grandes sueños se producen más frecuentemente con las siestas de la tarde, cuando el sueño es más ligero y está menos implicado en la reparación del cuerpo. Las siestas cortas de unos 20 minutos parecen ser las más beneficiosas. Recordar los sueños es más difícil si el sueño es profundo. Unos cuantos tragos de café o té antes de dormir te ayudarán a mantenerte en un nivel de alerta interno que facilitará el recuerdo.

Ten un bolígrafo y un cuaderno junto a la cama para anotar el sueño en cuanto te despiertes. Si quieres, pon tus listas bajo la almohada. Para estimular el clima emocional, puedes tener una pertenencia del difunto en la cama. Pon una foto de esa persona al alcance de la vista, junto a una luz tenue. Acostado, míralo fijamente, centrándote en los rasgos de la cara. Mientras lo haces, relaja lentamente tu cuerpo de la cabeza a los pies.

Una vez que estés relajado, plantea tus intenciones generales para el mejor bien posible. Las intenciones más específicas de reunirte con tu ser querido las plantearás como una sugestión hipnótica. Normalmente, nos dormimos por sugestión hipnótica, aunque no nos sorprendemos haciéndolo. El momento justo antes de caer en el sueño es cuando la orden de ir al encuentro del difunto es más fuerte. Utilizando una imagen o concentrándote mentalmente en la persona con la que quieres contactar, repite tu intención de reunirte con esa persona ahora mismo en este preciso instante de sueño. Luego díselo de nuevo directamente al difunto, utilizando su nombre. Repítelo hipnóticamente una y otra vez en sincronía con tu respiración. «En mis sueños, me encuentro contigo», diciendo el nombre del difunto. Observa que aquí estoy utilizando el tiempo presente. Ésta es una técnica de hipnosis. Decir «me encuentro contigo», en lugar de «me encontraré contigo», es una instrucción más definitiva. Dite a ti mismo que es fácil recordar el sueño porque quieres recordarlo. Déjate llevar por la sugerencia en lugar de forzarla. Si al mismo tiempo te dices mentalmente que no funcionará, es probable que sigas más bien esa sugerencia.

Los encuentros en estado de sueño suelen despertarnos. Si el tuyo lo hace, permanece acostado sin moverte y repasa rápidamente todas las secuencias, tomando mentalmente tantas instantáneas de los puntos clave como puedas. Empieza por escribir tan pronto como termines el repaso inicial; habrá más. Anota todo: las imágenes, matices de sentimientos, acontecimientos, palabras, sonidos, colores, atmósfera emocional, etc. Los detalles, con sus muchos significados, son como puertas que se abren a una nueva visión o a una secuencia olvidada.

Si hiciste las sugerencias, pero no recuerdas nada cuando despiertas, permanece quieto. Trata de no despertar del todo. Permite que tu mente se sumerja en un estado de ensueño y busca en tu memoria de sueños. Sigue el sentimiento o la imagen que esté más presente. Quédate con él hasta que se revele el sueño o al menos veas el rostro de la persona implicada. Si ves un rostro, investiga la emoción asociada a éste hasta que su contexto aflore. Volver a entrar en el sueño original y recorrerlo mediante la memoria, en lugar de entrar en un nuevo sueño, requerirá cierta disciplina.

Si no ves nada, confíe en que el sueño que deseas puede aparecer una o dos noches después de haber hecho las sugerencias. Si no tienes un encuentro en sueños después de dos noches, repite el proceso.

Escritura automática

Algunas personas han tenido éxito utilizando la escritura automática como técnica para iniciar el contacto. Si te animas, el proceso es bastante sencillo. Siéntate con papel y bolígrafo en un lugar tranquilo y piensa en la persona con la que quieres contactar. Define tus intenciones. Sostén el bolígrafo ligeramente sobre el papel, listo para escribir. Mantén el brazo y la mano para escribir relajados, lo más alejados posible del resto del cuerpo. Deja que tu mano siga cualquier impulso físico. Procura no influir en la dirección que toma tu mano; simplemente déjala actuar. Puede que recibas una palabra o un dibujo. La escritura espontánea puede tener un aspecto algo alocado y desordenado, con letras grandes. Algunos escritores automáticos escriben resmas sin pausa, así que ten una pila de papel disponible. Muchos oyen telepáticamente las palabras mientras las escriben.

Transcomunicación instrumental

Por muy intrigante que sea, experimentar con ella según el estado actual de nuestros conocimientos es tedioso y requiere un compromiso prolongado para obtener resultados. También se necesita un equipo. Si tu único interés es contactar a una persona específica, este método probablemente no sea el más indicado. La comunicación suele ser muy breve y unilateral, y el muerto casi siempre es anónimo. La ventaja de utilizar equipos es, por supuesto, que puedes obtener pruebas materiales de sobrevivencia tras la muerte. Si estás interesado en experimentar con ella, busca en Internet los fenómenos de transcomunicación instrumental o de voz electrónica. Encontrarás una buena variedad de páginas web (la mayoría en inglés). La calidad de la información es dispar. Algunos de las páginas web sólo buscan entretener o escandalizar. Por lo tanto, discrimina.

BÚSQUEDA DE PROBLEMAS

¿Qué hacer si has intentado ponerte en contacto, pero no has tenido éxito hasta ahora? A veces los muertos no pueden o no quieren comunicarse cuando tú lo deseas. Si intuyes que es así, reafirma claramente tu deseo de contacto. Dile al difunto como si estuviera allí mismo que ya has hecho todo lo que sabes hacer para encontrarte con él o ella. Deja entonces que sea el difunto quien inicie el contacto. Mientras tanto, podrías pedir una señal o un mensaje que te dé una idea de por qué han fallado tus intentos. Podrías considerar la posibilidad de acudir a un médium profesional.

Si el problema está de tu lado, hay muchas cosas que puedes hacer. En primer lugar, asegúrate de elegir un momento del día que se adapte a tus necesidades internas y no a la comodidad de los demás. Asegúrate entonces de crear un espacio en el que te sientas seguro. Después, consulta la sección «Revisión rápida de los pasos» y haz una lista mental. ¿Qué pasos pudiste realizar con confianza y cuáles te causaron incomodidad? ¿Omitiste alguno de ellos? ¿Evitaste algo, como hablar en voz alta? Aprovecha los pasos que te inspiraron confianza. Antes de volver a intentar el contacto, practica lo que omitiste o te hizo sentir incómodo hasta que no te moleste.

Otra posibilidad es si has sido demasiado tímido al comunicar a los muertos lo que quieres. Iniciar la comunicación después de la muerte puede requerir un cierto grado de agresividad. No quiero decir combatividad sino, más bien, una determinación agresiva.

Puedes intentar cooperar con un amigo, sobre todo si tienes problemas para retener el impulso por tu cuenta. O utiliza una imagen que te ayude a mantener la concentración. Puedes tener más éxito recurriendo a los sueños para lograr un encuentro.

Por otra parte, puede que te estés esforzando demasiado, un problema bastante común. El esforzarse demasiado puede significar inseguridad en uno mismo. Puedes creer, por ejemplo, que no eres digno de tener un encuentro. Si te estás esforzando demasiado, date un descanso de una o dos semanas. Mientras tanto, dedícate a fomentar tu confianza. Puedes crear algunas afirmaciones propias, como: «Me merezco tener un encuentro», que repetirás una y otra vez hasta que lo creas de verdad. Lo mejor (y más difícil) es mirarse en un espejo cuando se dicen las afirmaciones. Igual de importante es dejar tiempo para el ocio. Haz algo lúdico y completamente desconectado de la persona con la que quieres contactar.

La resistencia

Algunas personas realmente no quieren comunicarse con los muertos, aunque digan que sí. Dadas nuestras actitudes actuales, la resistencia es más la regla que la excepción. Como sabes, la razón principal es casi siempre el miedo. La resistencia a la comunicación después de la muerte puede generar síntomas que, afortunadamente, son fáciles de reconocer. Si alguno de los siguientes puntos te resulta aplicable, pregúntate de inmediato: «¿A qué le temo más?». Lo primero que te viene a la mente acostumbra a ser lo más acertado. Releer el capítulo 12 te ayudará a superar la resistencia.

Los síntomas de resistencia son más frecuentes en los encuentros espontáneos que en los intencionales. Ya conoces muchos de estos síntomas, como el timbre del teléfono y otras anomalías eléctricas y electrónicas que provocan los muertos cuando uno no los percibe. Luego está el arrebato de dolor que te distrae justo cuando aparece tu ser querido. Los destellos de ira que en realidad ocultan sentimientos de vulnerabilidad son comunes. Además, de repente una persona puede tener dolor de cabeza, un episodio de estornudos, un molesto picor o una oleada de náuseas. Muchos se desconectan con cambios bruscos de actividad. Una persona puede estar leyendo tranquilamente cuando un difunto se acerca y, en lugar de adentrarse en la experiencia, se levanta por impulso y se pone a limpiar la casa. Si está en una conversación con alguien sobre el difunto y el sujeto invisible participa, es probable que su resistencia inconsciente provoque un cambio de tema inmediato. Los accidentes menores, como cortarse un dedo o dejar caer algo, también pueden distraer tu atención de los muertos.

Lo bueno es que, si notas un síntoma y de verdad quieres vencer su resistencia, puedes aprovecharlo como señal de la llegada del difunto. Entonces puedes dejar que el síntoma se manifieste mientras inicias tu búsqueda de una presencia. Puedes tener dolor de cabeza, por ejemplo, sentir duelo, estar recogiendo los restos de la caída de un vaso y, al mismo tiempo, seguir buscando imágenes y mensajes internos.

Un síntoma que sí parece ser irremediable es el entumecimiento. Éste se asocia más con la comunicación intencional después de la muerte que con los encuentros espontáneos. Ya que el carácter del entumecimiento no permite actividad alguna, ni psicológica ni físicamente, salir de él es difícil. Si ya has experimentado una sensación de entumecimiento, intenta evitar que se repita averiguando su origen.

RECIBIR MENSAJES PARA TERCEROS

Muchas personas perciben a los difuntos que están cerca de amigos y parientes. Ahora que estás más sensibilizado a la comunicación con los difuntos, esto puede ocurrirte. Aunque suelo animar a la gente a que dé los mensajes que captan para otros, en algunas situaciones, sería mejor que no lo hicieras. Si una persona no está preparada psicológicamente para aceptar el mensaje o la existencia de la comunicación después de la muerte, puede que el esfuerzo provoque ira o angustia en lugar de comprensión. Encuentra otra forma de hacer llegar el mensaje. Si no puedes hacerlo sin revelar tu fuente, pídele a la persona muerta que se comunique en sueños. Ten por seguro que los vivos recibirán el mensaje cuando estén preparados, con o sin su ayuda.

Si sientes que la persona está abierta a la comunicación después de la muerte, sigue adelante y relata el mensaje. Lo importante es utilizar la compasión y la máxima discreción al transmitir lo que probablemente sea información muy privada. No tengas miedo de describir cómo recibiste el mensaje. Muchas veces los detalles que el difunto te muestra de su entorno, su vestimenta y la elección de sus palabras son pistas que te indican su identidad. A menudo tienen un significado personal para el destinatario.

Si recibes información sobre cuándo va a morir alguien, nunca, y lo repito, nunca, se lo digas a la persona. El momento y la manera de morir no están escritos en piedra; son una elección individual continua y siempre cambiante. Profetizar una muerte inminente o una muerte temprana actúa como una sugestión hipnótica, la cual termina fijando el tiempo y los medios en nuestra realidad. En cambio, entabla una conversación con esa persona sobre la sobrevivencia y el Más Allá, sobre sus temores, creencias y esperanzas. Sin imponer tus propias ideas, ayúdalo a moverse hacia puntos de vista más constructivos. A veces, sólo hablar cambia la orientación de una persona, de modo que los que tenían la intención de morir jóvenes, por ejemplo, viven hasta una edad avanzada. Además, si se trata de una persona viva en fase terminal, indicar un plazo de tiempo puede ser de gran ayuda para los cuidadores.

Al adquirir más práctica y, con ello, más precisión sobre lo que los muertos quieren expresar, tu confianza en ellos aumentará. Basándose en su larga experiencia, los mejores médiums siguen una política sencilla: los muertos siempre tienen razón.

REVISIÓN RÁPIDA DE LOS PASOS A SEGUIR PARA LA COMUNICACIÓN DESPUÉS DE LA MUERTE

Las 4 pequeñas reglas:

1. Permanece en tu emoción más verdadera.
2. Habla en voz alta.
3. Internaliza.
4. Haz preguntas.

Para los encuentros espontáneos:
   – Quédate quieto al primer indicio de la presencia sutil del difunto.
   – Espesa tu energía y deja que fluya en la dirección en la que notaste la señal.
   – Comienza a hablar en voz alta, dando a conocer al difunto que has entendido la señal. Sigue hablando con el fallecido y haciéndole preguntas sin cesar.
   – Inicia el proceso de internalización.
   – Haz instantáneas mentales y escucha internamente.

Para la comunicación intencional tras la muerte:
- Escribe dos listas.
- Prepara un espacio sagrado.
- Establece intenciones por el bien general.
- Aumenta tu energía.
- Establece tus intenciones personales para el encuentro, dirigiéndolas a la persona que deseas alcanzar.
- Repite con frecuencia el nombre del fallecido.
- Comienza a hablar directamente con una imagen mental del difunto partiendo de tu emoción más sincera.
- Enfócate en plan de búsqueda y quédate allí durante todo el tiempo.
- Cuando percibas una presencia, dirige su energía hacia ella.
- Habla y haz preguntas.
- Interioriza todo lo que veas, tomando instantáneas y realizando una escucha interior para detectar cualquier mensaje.
- Describe verbalmente tus impresiones al difunto y pide que te lo confirme.
- Al final de la sesión, da las gracias al difunto.

CONCLUSIÓN

¿Cómo sería el mundo si no tuviéramos miedo a la muerte?

En estas páginas, hemos escuchado a sólo algunos de los muchos millones de personas que han conocido la muerte, ya sea en una muerte clínica, en una terapia de vidas pasadas o a través de la comunicación directa con los difuntos. Podemos llegar a varias conclusiones gracias a sus testimonios. La primera es quizá la más sorprendente: nunca estamos más muertos que ahora. Conviene repetir lo que un muerto le dijo a su amigo: « Puedes ver que todavía estoy vivo; sólo que mi cuerpo ya no está».[1] En apoyo de esta asombrosa afirmación están las demostraciones de las experiencias cercanas a la muerte en las que la identidad, las percepciones, el pensamiento y la memoria pueden funcionar, y lo hacen, sin un cuerpo físico.

La ciencia acude para informarnos de que la brecha entre lo físico y lo no físico es extremadamente estrecha, irregular, e incluso se supera en ciertos puntos subatómicos. Ya sea a nivel cuántico o al nivel más amplio del multiverso, los dos ámbitos están mucho más cerca de lo que pensamos. A su vez, la diferencia entre nosotros y los muertos resulta más pequeña de lo que creemos. En realidad, es literalmente infi-

---

1. Botkin, A. y Hogan, R.C.: *Induced After-Death Communication: A New Therapy for Healing Grief and Trauma*. Hampton Roads, Charlottesville, Virginia, 2005, p. 76, y el capítulo 12 de este libro.

nitesimal, ya que un 99,99999999999999 % de los átomos de nuestro cuerpo físico son espacio vacío. Nosotros y los muertos estamos hechos básicamente del mismo tejido: la conciencia. Hablamos el mismo idioma de la telepatía, compartimos los mismos recuerdos y los dos usamos nuestros sentidos parabiológicos internos. La muerte no es lo que nos separa de los difuntos, sino el miedo.

Comunicarse con los muertos es un afán innato, una parte natural de la constitución humana. También se encuentra entre el puñado de elementos universales de la especie humana. El contacto entre los vivos y los muertos es en realidad un acontecimiento habitual, que ocurre subconscientemente en los sueños y en la privacidad de nuestras mentes. Aunque casi todos estamos en comunicación con el Más Allá de una u otra manera, sigue siendo uno de los secretos mejor guardados del mundo.

Los muchos millones de personas que han tenido encuentros con la muerte y los muertos nos presentan una visión totalmente nueva del Más Allá, construida a partir de experiencias individuales y no basadas en constructos sociales y tradiciones religiosas. Ellos describen con coherencia el Más Allá como una realidad o un estado mental en el que lo inefable tiene lugar, en el que niveles increíbles de amor, perdón, comprensión, seguridad, libertad, creatividad y sabiduría son reivindicados como derechos de la humanidad otorgados por Dios. Por último, han demostrado que sí podemos saber algo real sobre el Más Allá. Es la última frontera que nos queda por explorar, el destino final en la vida de cada criatura de la tierra.

¿Cómo sería el mundo si se terminara nuestro miedo a la muerte? ¿Cómo sería el mundo si el contacto consciente con los muertos fuera una parte normal de la vida cotidiana? Reducir el miedo a la muerte lleva a un mayor contacto con los muertos, y más contacto con los muertos disminuye el miedo a la muerte. Es un círculo.

Los capítulos 9 y 12 presentan información sobre los cambios que se producen en las personas cuando ese miedo desaparece. Las capacidades mentales, intelectuales y psíquicas aumentan considerablemente. La gente se vuelve más reflexiva, más filosófica, más espiritual, más consciente de sus reencarnaciones. También desarrollan un apetito por el saber. Disminuyen los deseos de éxito y de ganancia material, así como el impulso de competir. En cambio, hay una tendencia más fuerte a prestar servicio y un mayor sentido de propósito personal en la vida. Las antiguas creencias dualistas que fomentan prejuicios, exclusivismo y una mentalidad de «ellos contra nosotros» dan paso a la preocupación y la compasión por los demás. Se desarrolla rápidamente una mayor sensibilidad hacia la naturaleza y el medio ambiente. La veneración por todo tipo de vida y el amor mismo pasan a ser los valores más importantes.

¿Cómo sería el mundo si todos fuéramos así? ¿Invertiríamos en dualismos que ponen a un sexo en contra del otro, a una raza en contra de otra, a una nación en contra de otra, a los jóvenes en contra de los viejos, a los ricos en contra de los pobres, sobre todo si la reencarnación se ve como un hecho y recordamos más vidas pasadas de diferentes sexos, razas y clases sociales y económicas? ¿Seríamos una sola familia global, cuidando unos de otros, a todas las criaturas de la tierra y al propio planeta? ¿Cómo cambiaría nuestra actitud hacia la muerte? ¿Seguiría existiendo el luto, o consideraríamos la muerte como un motivo para celebrar un nacimiento en el mundo venidero? ¿Qué significaría para los moribundos saber que pueden seguir comunicándose con sus seres queridos, que nunca es demasiado tarde, porque las relaciones aún viven y siguen creciendo? ¿Que no se enfrentarán a un juicio, sino a la compasión y a una conciencia ampliada? ¿Qué significaría para los muertos si su existencia fuera por fin aceptada y no descartada?

Si comprendiéramos realmente nuestra inmortalidad, ¿cómo cambiaría nuestra actitud sobre la salud y el cuerpo? Si dejáramos de sentir temor ante el envejecimiento, ¿qué pasaría? ¿Seríamos como otros animales, viviendo la vida hasta el final en un alto estado de salud hasta que llegue ese momento? ¿Cuántas curas espontáneas más se producirían si dejáramos de lado el miedo y redescubriéramos nuestra confianza natural en el cuerpo?

¿Cómo cambiarían la moral, nuestros sistemas judiciales[1] y nuestras instituciones religiosas? ¿El castigo o la amenaza de castigo seguirían

---

1. Ver las especulaciones sensibles y realistas de Gary Schwartz sobre este tema y sobre los grandes cambios en general que se producirían si creyéramos en lo que él llama la «hipótesis del alma viviente», en su libro Schwartz, G.: *The Afterlife Ex-*

siendo la norma? Los líderes de la Iglesia han criticado la regla del perdón después de la muerte como «gracia barata», y muchos otros creen que no puede haber moralidad sin castigo. Pero los hechos indican que el castigo es la raíz de la inmoralidad para empezar. Pregúntele a cualquier guardia de prisión sobre la infancia de los reclusos. La criminalidad surge de una creencia inculcada de ser malo, de estar equivocado, de ser débil, no querido, no deseado, de una infancia en la que se ha vivido el castigo, el abuso físico y el odio. El castigo no rehabilita; el verdadero perdón sí. El verdadero perdón y la reconciliación interna fortalecen la conciencia y nos llevan de vuelta a nuestra moralidad natural. Dado que el castigo que infligimos aquí en la tierra y la amenaza de este que imaginamos en el mundo venidero no han mejorado el promedio de moralidad durante los últimos cinco milenios, es poco probable que lo hagan en el futuro.

Si perdiéramos el miedo a la muerte y comprendiéramos el universo por lo que es, ¿cómo cambiarían nuestras explicaciones de la realidad? ¿Cómo cambiarían los relatos de la historia, por ejemplo, o los de la biología, la psicología, la antropología y la arqueología, que pretenden decirnos lo que significa ser humano? ¿Cómo los modificaríamos y cómo los enseñaríamos? ¿Qué pasaría con la creencia de «hombre y agresión» o con la de «matar o morir»? ¿Se volvería obsoleta la guerra?[2]

Los muertos son potencialmente un recurso sin fondo para el conocimiento. Con la normalización de la comunicación después de la muerte, ¿cuánta más inspiración y conocimientos tendríamos en las ciencias naturales y sociales, en la psicología, la medicina, la historia y las artes?

En el último siglo hemos visto muchos avances que promueven un mundo más amable y justo. Están apareciendo por primera vez en la historia de la humanidad. Entre ellos se encuentran los derechos humanos, los de las mujeres, los de los homosexuales y los lentamente emergentes derechos de los animales. Los dos primeros movimientos han

periments: *Breakthrough Scientific Evidence of Life after Death.* Atria Books, Nueva York, 2002, capítulos 18 y 19.

2. Como sugiere Moody, R.: *Reunions: Visionary Encounters with Departed Loved Ones.* Ivy Books, Nueva York, 1994, p.102.

llegado a las sociedades más secuestradas, más resistentes, en gran parte gracias al poder globalizador de Internet, pero también al mayor y más rápido poder de la comunicación telepática en masa, que es la verdadera fuerza de cambio de la conciencia colectiva. La tecnología no sólo nos ha dado los medios para comunicarnos instantáneamente en todo el mundo, sino que también sirve como entrenamiento para la comunicación telepática, ya sea de una persona a otra o de una dimensión a otra. La telepatía se difunde rápidamente y, al igual que Internet, atraviesa todas las barreras. Esto lo sabemos a ciencia cierta. Lo vemos en animales separados por grandes distancias, incluso en ciertas especies de árboles, y ordenadores de universidades de todo el mundo han monitoreado la actividad simultánea de la conciencia masiva telepática, incluso precognitiva, en humanos. No cabe duda de que la conciencia colectiva ya está cambiando con respecto a la muerte, el Más Allá y la comunicación con otras dimensiones, al menos en el Occidente. Las asombrosas semejanzas entre los dos sistemas de comunicación, el telepático y el tecnológico, permiten que se alíen fácilmente y colaboren para lograr un cambio global.

¿Cómo sería de verdad practicar la comunicación interdimensional? ¿Cómo sería experimentar por uno mismo los estados ampliados de la misma? ¿Y poder usar nuestros sentidos parabiológicos conscientemente? ¿Hasta dónde podría llegar la humanidad? Te garantizo que si nosotros, como sociedad, aprendemos a normalizar la comunicación con el Más Allá, el efecto en un futuro no muy lejano, dentro de los próximos 200 años, será espectacular. La gente en los siglos venideros bien podría mirar hacia atrás y preguntarse cómo nos las arreglamos para sobrevivir sin ella.

¿Cómo sería si por fin supiéramos que el universo físico es sólo un modo en el que emerge la realidad? ¿Saber que no estamos solos? ¿Cómo cambiaría la conciencia colectiva con respecto a nuestra posición en el universo y a la misma naturaleza del universo? Sin duda, nos encontraríamos ante una verdadera revolución. Como ocurre con todas las revoluciones, una revolución de la conciencia traerá consigo penurias, dificultades y confusión, pero los frutos serán más que dignos del intento. Irónicamente, al final son los muertos los que pueden enseñarnos a vivir, a ser felices, a jugar, a amar, a ser nosotros mismos.

Además, son los muertos los que disponen de los planos para lograr un paraíso en la tierra.

A medida que nos adentremos en la comunicación interdimensional, la humanidad empezará a vislumbrar estados del ser aún más grandes y exaltados. ¿Cómo sería, por ejemplo, poder conversar con el ser de luz, con su sobrealma, y con otros aún más extraordinarios que viven en dimensiones no físicas? ¿Saber que alguna versión futura de nuestra propia alma inquieta ya va en esas direcciones, que esas transfiguraciones inimaginables nos esperan? Y, sobre todo, ¿cómo sería vivir día a día sabiendo que la Presencia está en la tierra, envuelta como está en el corazón de Todo Lo Que Es? Por todo lo que sabemos hasta ahora de los muertos y de los clínicamente muertos, la exquisita nitidez del reino material es algo que debemos apreciar, explorar lúdicamente y disfrutar. Sin duda, seríamos más si pudiéramos dejar de esforzarnos tanto por seguir vivos. Estamos vivos. Y siempre estaremos vivos.

AGRADECIMIENTOS

Estoy en gran deuda con mi hermana, Paula Johnson. Su minuciosa lectura crítica del manuscrito, sus valiosas recomendaciones instintivas e inteligentes para mejorarlo, y su ferviente compromiso con el mensaje del libro están muy por encima de lo que cualquier hermana podría esperar. Este libro no estaría donde está sin ella. No se puede ser más dichoso que yo por haber tenido al Dr. Larry Dossey como mi primer lector externo. Su firme creencia en este libro, sus palabras de ánimo y sus incesantes (¡y exitosos!) esfuerzos por encontrarle un hogar marcaron la diferencia. Larry, ¡eres un regalo del cielo! Y un gran agradecimiento a la maravillosa Georgia Hughes, una editora realmente dotada y con la que es un placer trabajar, y a todo el equipo de New World Library, especialmente a Kristen Cashman, Kim Corbin y a la editora independiente Robin Whitaker, por su experiencia, calidez y entusiasmo. Ha sido un placer trabajar con todos vosotros.

Agradezco a los generosos amigos que leyeron todo o parte del borrador. Por encima de todo está Timothy Thorson, mi único apoyo al inicio de este material y su primer lector. Timothy, ¿qué habría hecho sin ti? Anne Dehne colaboró con Timothy para llevar el manuscrito a su fase final. El compromiso que sentí por parte de ambos, sus sugerencias y su confianza en este proyecto fueron regalos insuperables. Wally Ballach y Frances Duncan leyeron las primeras versiones del manuscrito y ofrecieron consejos muy acertados. Y gracias, Frances, por tu apoyo incondicional y por las divertidas sesiones de reflexión que tuvimos juntos. Mi agradecimiento a Suzanne McCleod no tiene límites por su infinita atención y ayuda. Su aguda inteligencia dio lugar a muchas discusiones estimulantes. Un agradecimiento muy especial a Mark Coles, cuyo fabuloso trabajo en la creación de la página web de The Last Frontier fue un verdadero acto de amistad; y al chico maravilla, Gernot Haas, por difundir el mensaje.

No hay palabras que puedan expresar adecuadamente mi gratitud hacia mi marido, el profesor Walter Mayer, por cogerme de la mano incansablemente en todas las fases altas y bajas del desarrollo de este libro. Como él mismo es un escritor de libros, sus consejos, su conocimiento del proceso de escritura y su convicción notablemente firme en el mensaje del libro me dieron el valor para continuar. Por último, este libro no podría haberse escrito sin la incalculable ayuda de los numerosos difuntos que compartieron sus experiencias y conocimientos sobre la realidad deslumbrante y milagrosa en la que viven.

ACERCA DE LA AUTORA

Julia Assante es tanto mística como erudita. Es profesional de la intuición y médium desde hace más de cuatro décadas. También es activa como terapeuta de vidas pasadas y ministra de todas las fes. Julia ofrece talleres en Estados Unidos y Europa, dedicados a liberar todas las capacidades psíquicas naturales de las personas, desde la visión remota y la curación hasta los recuerdos de reencarnaciones y la comunicación después de la muerte. Su precisión en telepatía ha sido probada clínicamente en la Universidad de Columbia (1987), la cual la calificó muy por encima de otros psíquicos profesionales. Como académica (doctorada en la Universidad de Columbia), sus publicaciones destacadas sobre la magia, el culto y la religión del antiguo Cercano Oriente han permitido modificar muchos de los antiguos planteamientos en los estudios de la Antigüedad. Ha enseñado en Columbia, Bryn Mawr y la Universidad de Münster (Alemania) y ha dado discursos en muchas universidades importantes de todo el mundo. Actualmente, divide su tiempo entre Estados Unidos (norte de California) y Europa (Francia y Alemania). Su página web oficial es www.juliaassante.com.

ÍNDICE